汉文帝刘恒,人称"三代后第一贤君"。

汉文帝勇于纳谏,张释之犯跸之断、袁盎却坐之谏,无不受纳。宋人绘《却坐图》,描写"却坐"之事,图中文帝右侧坐者为皇后窦氏,左前立者为慎夫人,进谏者自然是中郎将袁盎了。

汉代画像砖"车马过桥"

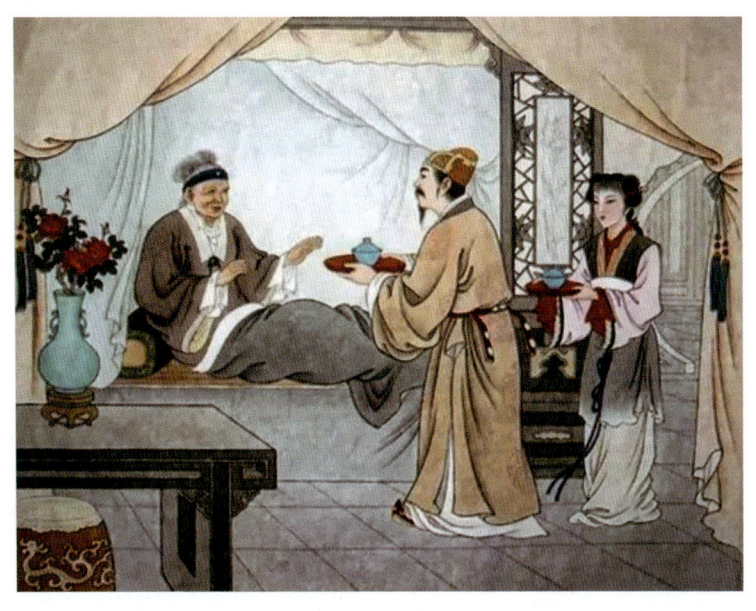

汉文帝刘恒事母至孝,母病则衣不解带、亲尝汤药,后人列之于"二十四孝"。其时民女缇萦舍身救父,亦被视为孝亲的典型。

文帝皇后窦氏尊崇黄老之学,深刻影响文、景两朝。景帝时,她曾让儒生辕固到兽圈"击彘"。而汉人的斗兽活动,画像石不乏再现。

汉景帝刘启,与乃父共同缔造了"文景之治"。

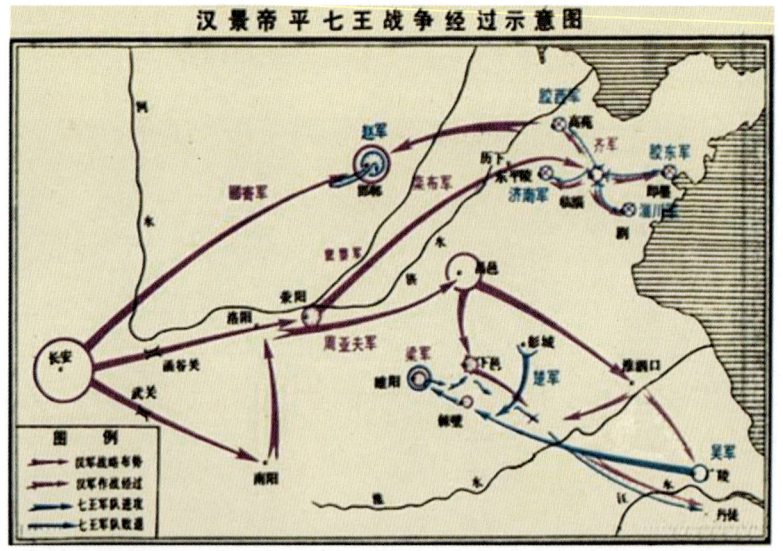

景帝时期的"吴楚七国之乱",既是影响深远的历史事件,亦可谓其时各色人等现形的大舞台。

文景时期代表人物，周勃、周亚夫可谓典型。周勃诛吕安刘，罢相就封后曾被下狱；周亚夫平定叛乱，狱中绝食呕血而死。父子际遇令人感慨，也折射了两朝皇帝形象。

周勃画像

元代的五彩兽耳尊，所绘为"周亚夫军细柳营图"。

文景时期、无为而治,经济发展,百姓安乐。画像砖(拓片)描绘的弋猎、收获(上)以及杂技舞乐(下),可谓形象反映。

史说历代焦点人物

史说汉文帝

汉文帝父子与文景之治

乔继堂 —— 编著

上海科学技术文献出版社
Shanghai Scientific and Technological Literature Press

图书在版编目(CIP)数据

史说汉文帝 / 乔继堂编著 . —上海：上海科学技术文献出版社，2025. —ISBN 978-7-5439-9351-8

Ⅰ．K827=341

中国国家版本馆CIP数据核字第2025AE6526号

责任编辑：姚紫薇
封面设计：留白文化

史说汉文帝
SHISHUO HANWENDI

乔继堂　编著
出版发行：上海科学技术文献出版社
地　　址：上海市淮海中路1329号4楼
邮政编码：200031
经　　销：全国新华书店
印　　刷：商务印书馆上海印刷有限公司
开　　本：850mm×1168mm　1/32
印　　张：15.375
插　　页：4
字　　数：371 000
版　　次：2025年3月第1版　2025年3月第1次印刷
书　　号：ISBN 978-7-5439-9351-8
定　　价：68.00元

http://www.sstlp.com

目 录

三代后第一贤君

汉文帝刘恒 ··· 3
《史记·孝文本纪》 ····································· 46
《汉书·文帝纪》 ··· 56
汉文帝诏书与书信 ······································· 67
古今名家评说 ··· 79

子承父业有惭德

汉景帝刘启 ··· 101
《史记·孝景本纪》 ····································· 118
《汉书·景帝纪》 ··· 121
汉景帝诏书 ··· 127
古今名家评说 ··· 132

诛除诸吕关系人

吕二代中坚吕产 ·· 141
吕二代骨干吕禄 ·· 145
临光侯吕嬃 ··· 148
绛侯周勃 ·· 149
齐哀王刘襄 ··· 156
朱虚侯刘章 ··· 162
东牟侯刘兴居 ··· 167
曲周侯郦寄 ··· 169
典客刘揭 ·· 173

宗正刘郢客……174
平阳侯曹窋……175
襄平侯纪通……177
后少帝刘弘……178

太后·后妃·公主

文帝太后薄氏……183
文帝窦皇后……186
文帝慎夫人……191
景帝薄皇后……193
景帝王皇后……194
景帝妃栗姬……201
程姬与唐姬……203
王儿姁与贾夫人……204
馆陶长公主刘嫖……205

与众不同的外戚

轵侯薄昭……211
彭城郡守窦长君……217
章武侯窦广国……218
南皮侯窦彭祖……220
魏其侯窦婴……221
清郭侯驷钧……228
盖侯王信……230

形形色色的兄弟子侄

淮南厉王刘长……237
梁孝王刘武……243
代孝王刘参……250

梁怀王刘揖……………………………………251
临江闵王刘荣……………………………………252
河间献王刘德……………………………………255
临江哀王刘阏于…………………………………261
鲁共王刘馀………………………………………261
江都易王刘非……………………………………262
长沙定王刘发……………………………………264
赵敬肃王刘彭祖…………………………………265
胶西王刘端………………………………………267
中山靖王刘胜……………………………………268
其他景帝四王……………………………………272

七国之乱与叛乱诸王

吴王刘濞…………………………………………277
楚王刘戊…………………………………………289
赵王刘遂…………………………………………293
胶西王刘卬………………………………………296
其他齐地叛乱三王………………………………301
齐地未叛二王……………………………………304

丞相多能知大体

曲逆侯陈平………………………………………311
颍阴侯灌婴………………………………………314
北平侯张苍………………………………………319
关内侯申屠嘉……………………………………323
开封侯陶青………………………………………326
桃侯刘舍…………………………………………327
建陵侯卫绾………………………………………329

鲁相田叔……………………………………………… 331

武将最数周亚夫

卫将军宋昌……………………………………………… 339
郎中令张武……………………………………………… 343
大将军柴武……………………………………………… 345
大将军张相如…………………………………………… 349
陇西将军周灶…………………………………………… 353
太尉周亚夫……………………………………………… 355
鄃侯栾布………………………………………………… 364

文臣表率关世风

太中大夫贾谊…………………………………………… 371
太常袁盎………………………………………………… 377
御史大夫晁错…………………………………………… 387
廷尉张释之……………………………………………… 395
郎中署长冯唐…………………………………………… 400
万石君石奋……………………………………………… 404
太中大夫直不疑………………………………………… 410
郎中令周仁……………………………………………… 411
中尉郅都………………………………………………… 413
河东郡守季布…………………………………………… 418
蜀郡郡守文翁…………………………………………… 421

一时文士尽风流

儒士贾山………………………………………………… 427
辩士邹阳………………………………………………… 430
辞赋家枚乘……………………………………………… 438
传经伏生………………………………………………… 441

博士辕固·· 445
博士韩婴·· 449
博士胡毋生·· 452

几个特殊人物

嬖臣邓通·· 457
宦官赵同、北宫伯子································ 460
神仙家公孙臣·· 462
方士新垣平·· 463
卜者司马季主·· 466
善相许负·· 471
侠客剧孟·· 474
名医淳于意·· 476
民女淳于缇萦·· 482

三代后第一贤君

历史上的治世,论汉则文景,论唐则贞观;开元、康乾之盛,未足道也。汉、唐两太宗,善政固多,求言纳谏尤为突出,古来谓为"盛德"。求言则来贤,纳谏则寡过,有此则足以致治矣。"深仁厚泽",括尽汉文一世特点。仁不深、泽不厚,任是如何"繁荣""安定",百姓不舒坦、不开心,都不配谈这"治"字。"三代以后第一贤君",汉文帝当之无愧;而其"自愧不称帝王之职",正其所可以无愧者也。

汉文帝刘恒

刘恒（前202—前157），西汉第三位皇帝（不计前后少帝）。汉高祖刘邦第四子，母薄姬；汉景帝刘启之父。谥号"孝文"，庙号"太宗"。初封代王，诛除诸吕后，朝臣迎立即帝位。在位二十三年多，为汉初首个在位超过十年的皇帝。其间重农务本，轻徭薄赋；省刑慎法，化民以德；和睦邻邦，不事征战；求言纳谏，责己揽过；躬亲俭朴，表率天下。经济长足发展，财丰物阜，百姓安居乐业，社会安定，成为中国历史上的第一个治世，与景帝时期合称"文景之治"；其本人亦备受赞誉，谓之"三代后第一贤君"。

一、母有贵相　生有贵征

刘恒是汉高祖刘邦第四子，母亲薄姬。在高祖刘邦的妻妾之中，薄姬出身低微、地位低下，不受宠幸；她进入汉宫可谓身非由己，受孕生子亦属偶然。

薄氏的父亲，是会稽郡吴县（今江苏苏州）人。他与人称"魏媪"的女子私通，生了薄氏。而这位"魏媪"，却有一定的身份，乃旧时魏国的宗室女子。父亲去世后，薄氏随母亲魏媪，生活在魏王宫。秦朝灭亡后，项羽封立诸侯王，魏王魏豹正是其中之一。

当时，楚、汉为诸侯中两股最大的势力，楚汉相争，其他诸王不是偏向其中一方，就是忽左忽右。在两股势力之中，魏王魏豹原本在汉王刘邦一边，却因为薄氏的尊贵之相，先是中立，后来又站在楚霸王项羽一边，成了汉王刘邦的敌人。

汉王三年（前204），汉军打垮魏国，俘虏了魏王及其宫人。就这样，薄氏也跟随母亲魏媪，一起被俘虏到了荥阳（今属河南），在织室里织布。

有一次，刘邦闲逛，无意中进了织室，见到其中一位"织女"颇有姿色，便把她要进了王宫。这个人正是薄氏。结束劳作生活，再度成为宫中之人，薄氏母子自然很是欣慰。可刘邦把薄氏要进后宫，转脸就忘个一干二净，并无一星半点的垂幸。

过了一年，战争形势大有好转，刘邦有了享受美人之乐的闲心。有一天，刘邦坐在河南宫内的成皋台上，管夫人、赵子儿两位美人相伴。这两位美人，原本也来自魏宫，与薄氏彼此要好，当初曾相约"富贵莫相忘"。"莫相忘"的誓约，总是靠不住。此时，两位美人早忘了从前的姐妹，只是把当日与薄氏约定之言，当作笑料说给汉王刘邦听。

刘邦听了，"心惨然，怜薄氏"（《史记·外戚世家》），当天就把薄氏召了来。薄氏对刘邦说："昨天夜里，我梦见一条苍龙盘在肚子上。"（《史记》："昨暮夜，妾梦苍龙据吾腹。"《汉书》："昨暮梦龙据妾胸。"）刘邦说："这是要显贵的兆头，我为你促成这件好事。"（《史记》："此贵征也，吾为女遂成之。"《汉书》："是贵征也，吾为汝成之。"）随即"幸之"。就是这一"幸"，薄氏在汉王五年（前202）生下了刘恒。

还是在魏王宫的时候，有一次，魏媪邀请相士许负，给自己的女儿看相。见到年幼的薄氏，许负大为惊异，说她将来会生个天子（"云当生天子"，《史记·外戚世家》）。

许负是当时著名的女相士，看相多有奇验；薄氏又梦见苍龙蟠身，而大王"遂成之"。这无一不是"真龙天子"的征兆。汉文帝刘启的未来，似乎此时就已经注定了。

二、受封代王　经营藩国

刘邦一时心生怜悯，御幸薄氏，此后便极少光顾。称帝之后，后宫佳丽成群，高祖刘邦有的是偏宠之人，比如刘如意之母戚夫人，等等。不过，高祖对薄氏的不"幸"，却成了她的大幸，吕后因此不怎么嫉恨她。

母亲被冷落，也决定了儿子不受宠爱。在父亲面前，刘恒没有耍乖的机会，更不用说像刘如意那样，经常挂在父亲的嘴边。生活在被冷落的角落里，薄氏母子逢事三思而行，处处谨慎小心，谁也不敢得罪。正因如此，在朝臣的眼里，刘恒也就留下了"贤智温良"的好印象。

高帝十年（前197），代郡（治代县，在今河北蔚县东北）太守陈豨据郡反叛，汉高祖刘邦御驾亲征，平息了叛乱。基于国家长期安全的考虑，高祖认为，代郡地处边塞，与匈奴相接，是北方门户。应当以代郡为基础，加上太原郡的大部以及其他地方，建立一个代国，使之成为北方屏障。

"非刘氏不王"，是当时汉朝的大原则，封谁为代王呢？这个新设的代国，地处边境，既不辽阔，又不富庶，并不是一块"肥肉"。燕王卢绾、相国萧何等三十三位朝臣，都说刘恒最合适。（"燕王绾、相国何等三十三人皆曰：'子恒贤知温良，请立以为代王，都晋阳。'"《汉书·高帝纪下》）于是，高帝十一年（前196），八岁的刘恒被封为代王，国都晋阳（今山西太原）。随后，代王刘恒就到了封国。

第二年（前195）四月，汉高祖驾崩长乐宫。刘恒是否曾回长安参加丧礼，史无明载。史书讲到了"群臣"在丧期的活动，却没讲到藩王们的事。高祖去世后，吕后迟迟不肯发丧，因为她担心群臣和将领趁机造反。就此看来，不让藩王参与丧葬，也在情理之中。

也正是上述原因，惠帝在位以及高后称制期间，藩王很少入朝。一方面，高后防备藩王；另一方面，藩王们也不想到京城"找死"。因此，多年之间，只有惠帝二年（前193），楚元王刘交（高祖同父异母弟）、齐悼惠王刘肥（高祖庶长子）曾到京朝见，而刘肥就险些被吕后杀害。惠帝六年（前189），长安城工程竣工，有夸示朝廷威势的必要，于是"诸侯来会，十月朝贺"（《史记·吕太后本纪》）。这一次，刘恒可能到长安参加了"朝贺"。此外，直到即皇帝位，就不曾到过长安。

高后七年（前181），也就是去世前一年的秋天，吕后曾派使者告诉刘恒，说打算要他去当赵王。当时，吕后正忙着"王诸吕"，恨不能把所有军政大权和有利之事都交给娘家门里的人。而且在这以前，刘恒有三个弟兄死在了赵王任上，对刘氏弟兄来说，做赵王简直就等于进坟墓。赵国国都邯郸，是当时经济、文化发达而又安全的地带。而代国贫穷落后，又时刻面临匈奴的威胁，要刘恒离开代国而到赵国，其用意显而易见。刘恒婉言谢绝了，表示"愿守代边"。事实证明，吕后要刘恒当赵王，只是在试探他；刘恒谢绝之后，她就把赵王的位子给了侄儿吕禄。

刘恒的母亲薄氏，终汉高祖刘邦之世，一直处在"诸姬"亦即众妾的行列，人称"薄姬"，地位一直没有上升。刘邦去世后，"高祖后宫唯独无宠疏远者得无恙"，其他人"皆幽之，不得出宫"（《史记·外戚世家》）。薄姬当然属于"无宠疏远者"，吕后放过了她，让她出宫到代国居住。到了儿子的王国里，薄氏自然就成了王太后。

刘恒任代王十五年，并非无所作为。尽管初时年纪尚小，但有朝廷任命的官员辅佐，信用他们、相安无事即可。因此，十五年间，代王刘恒与民休息，发展生产，恭俭作则，代地得到了较大发展，社会也很是安定。同时，复杂的政治环境和母亲的悉心教导，养成了刘恒谨慎沉静的性格，也为他即位后成功应对功臣和用人施政打下了良好的基础。

三、远离朝廷　风云不惊

刘恒受封代王的第二年，父亲汉高祖刘邦就去世了，因此，他做代王的这十五年，几乎与汉惠帝刘盈在位及高后吕雉称制相始终。这期间，代国风平浪静，朝中则可谓风云变幻、雷霆激荡，大是不同。

朝中的大不同，概括来说，也不过是刘、吕之间的此消彼长。以吕后为首的吕氏势力大肆膨胀，尽握朝中大权，刘氏宗室惨遭戕害，势力日益式微。

汉惠帝刘盈是高祖刘邦次子，皇后吕雉所出。刘邦本来不怎么喜欢这个儿子，戚夫人所生的刘如意，才是他所称心如意的。是商山四皓的出现，才使刘盈保住了太子之位，并继位为帝。随着吕后对高祖后人和姬妾的戕害，原本"仁弱"的刘盈受到强烈刺激，逐渐远离朝政，饮酒淫乐，二十二岁就去世了。

汉惠帝刘盈去世后，先后曾有两位刘氏皇帝登基。只不过，他们要么并非刘盈后代，要么并非真正的刘氏子弟，而且都是娃娃，朝政大权都在太后吕氏手中，两位"少帝"形同傀儡，也就很少进入"汉帝"统系。

第一位叫刘恭，史称"前少帝"。惠帝刘盈的皇后张嫣，本是姐姐鲁元公主的女儿，母亲吕后的外孙女。吕后安排儿子娶外孙女，意在亲上加亲。但由于近亲结婚，张嫣年纪又小，一直没有生育。于是，吕后指使张嫣假装怀孕，夺取后宫美人所生之子，取名"刘恭"，并立为太子。当然，为了保密，孩子的生母只能除掉。("惠帝即位,吕太后欲为重亲,以公主女配帝为皇后。欲其生子,万方终无子,乃使阳为有身,取后宫美人子名之,杀其母,立所名子为太子。"《汉书·外戚传上》)

惠帝刘盈去世后,太子刘恭顺利继位。新皇帝年幼,不能处理朝政,吕后临朝称制,行使皇帝权力。继位四年后,年龄渐长的刘恭知道了自己的身世,恨恨地说:"太后安能杀吾母而名我?我壮即为所为!"(《汉书·外戚传上》)长大成人,他要以其人之道还治其人之身。吕后听了这话,哪肯放过?于是把刘恭囚于永巷之中,对外谎称皇帝生了重病,禁止别人看望。不久,吕后又废掉了刘恭,最后暗中杀害。

为废除刘恭、选立新君,吕后下诏说:"凡有天下、治万民者,盖之如天,容之如地;上有欢心以使百姓,百姓欣然以事其上,欢欣交通而天下治。今皇帝疾久不已,乃失惑昏乱,不能继嗣奉宗庙、守祭祀,不可属天下。其议代之。"吕后让群臣讨论,群臣哪敢议论?因而皆曰:"皇太后为天下计,所以安宗庙、社稷甚深。顿首奉诏。"(《汉书·高后纪》)

随后,吕后改立恒山王(《史记》作"常山王")刘弘为帝,又将侄儿吕禄之女嫁给他,立为皇后。刘弘也是一位年幼的"少帝",史称"后少帝"。他的身世,记载歧出,有说他不是惠帝之子,身世与刘恭略同;有说他确为惠帝之子,但后来朝臣出于某种目的,捏造了他的身世。

吕后去世后,诸吕密谋作乱。齐王刘襄得知消息,率先发兵西进,准备诛除诸吕,进而自立为帝。刘襄的两个弟弟——朱虚侯刘章、东牟侯刘兴居,都在朝廷禁卫军任职,是他的奥援。首要目标相同,丞相陈平、太尉周勃,便与刘章等合谋铲除诸吕。相国吕产入宫,打算挟持少帝刘弘,控制局面。周勃夺取北军兵权后,派刘章带一千人入宫阻止吕产。刘章杀死吕产,周勃派兵四出抓捕吕氏族人,无论男女老幼,全部诛灭。曾经不可一世的吕氏,一日之间灰飞烟灭。

四、仁孝闻名　群臣迎立

远离京城,不涉朝政,低调内敛,刘恒母子度过了十几年平静的日子,躲过了吕后的迫害,平安地活了下来,并熬到了出头之日。

高后八年(前180)秋天,先后有重大消息传到中都——此时代国的国都,已经迁到了中都(今山西平遥西南)。先是听说,秋七月,吕太后"驾崩"长安未央宫。接着传来的,是宫廷变乱的消息,上将军吕禄、相国吕产密谋作乱,刘氏宗亲配合太尉周勃、丞相陈平等,果断出手,诛杀诸吕,控制了局面。

诸吕诛除之后,刘氏政权基本恢复正规,帝位问题如何处理,很快提上了议事日程。

首先是小皇帝刘弘如何处置。在这一点上,周勃、陈平等朝臣意见一致:不能留,一来刘弘并非惠帝之子,二来留着是个祸害。《史记·吕太后本纪》载云:"诸大臣相与阴谋曰:'少帝及梁、淮阳、恒山王,皆非真孝惠子也。吕后以计诈名他人子,杀其母,养后宫,令孝惠子之,立以为后及诸王,以强吕氏。今皆已夷灭诸吕,而置所立,即长用事,吾属无类矣。'"(《汉书·张陈王周传》略同)名不正言不顺之外,更重要的是,吕后扶植起来的刘弘,长大亲政之后,诛杀诸吕的朝臣都不会有好下场。

接着是立何人为帝。众人的一致意见是"视诸王最贤者立之"。有人提议:"齐王,高帝长孙,可立也。"齐王刘襄(谥"哀")是汉高祖刘邦的长孙,说起来算得上名正言顺。但众人都认为:"吕氏以外家恶,而几危宗庙、乱功臣。今齐王舅驷钧,虎而冠。即立齐王,复为吕氏矣。"(《史记·吕太后本纪》)吕氏当政的祸害犹在眼前，怎能蹈前车覆辙？不管刘襄本人如何，有个凶横的舅舅，就算不上"贤"。

汉高祖刘邦共育有八子，其中只有次子刘盈为吕后所出。其他兄弟六人，有四人为吕后所害：老三赵王刘如意，被毒而死；老五赵王刘恢，受迫自杀；老六赵王刘友，囚禁饿死；老八燕王刘建早逝，有一子，亦被吕后派人杀死。只有老大刘肥善终，那还是发现吕后要杀自己，赶忙用二十个县的封土献给吕后的女儿鲁元公主，并以母礼尊奉这个同父异母的妹妹，才换得吕后高兴，安全离开长安，得以保住性命。到吕后去世、议立新君之时，只有淮南王刘长和代王刘恒硕果仅存。淮南王刘长年幼，母亲、娘家人又不怎么样，自然也不在当立之列。

诸臣权衡一番，最后决定迎立代王刘恒。大家认为，高祖在世的两个儿子中，代王刘恒年龄居长，为人仁孝宽厚，娘家人也谨慎善良。立长本来就名正言顺，何况代王刘恒还以仁孝名闻天下呢。（"代王方今高帝见子，最长，仁孝宽厚，太后家薄氏谨良。且立长固顺，况以仁孝闻天下乎！"《史记·吕太后本纪》）于是，便暗中派人前往代国通报、迎请。

对于刘恒母子来说，朝中的风云变幻，原本似乎不甚相干。可就在这年的闰九月，周勃、陈平等朝臣所派秘使来到代国，说是要迎接代王到长安继位。这让原本心情平静的刘恒，霎时间波澜起伏。不过，刘恒及其僚属深知，朝中形势诡谲凶险，稍不留神就可能陷入危险境地，甚至万劫不复，不能不谨慎处之。

刘恒让代国郎中令张武等人讨论，都说事情并不可信。大家认为：如今朝中的大臣，都是高祖刘邦时期的将领，熟悉军事，诡计多端。他们所属意的，并非就是一辈子做朝臣，只不过慑于高祖、吕后的威势，不敢犯上作乱而已。如今诛杀诸吕，喋血京城，不一定还会闹出什么事情来。迎立代王，不过是个名头罢了。因此，建议代王"称疾无往，以观其变"——托辞生病，暂时不去，看看形势如何发展再说。

代国中尉宋昌与众不同，觉得"群臣之议皆非"，事情确实可信，劝刘恒不要疑虑。宋昌如此论断，主要是基于对天下大势和个人情况两方面的认识。就天下大势而言，天下归心刘氏，人力不可动摇。他从秦王朝土崩瓦解开始，分析了刘氏获得天下的轨迹：秦末战乱，豪杰并起，人人都自以为能够得到天下，最后刘氏登上了天子之位，别人也就不再存有希望；高祖分封子弟，在全国各地做诸侯王，犬牙相制，坚如磐石，强大无匹；汉朝建立后，铲除秦朝苛政，与民休养生息，百姓人人自安，天下难以动摇。

针对大家担心的朝中老臣"习兵事，多谋诈，其属意非止此"，宋昌认为，吕氏专权，权倾朝野，不可谓不强悍。然而，太尉周勃持节到了北军，振臂一呼，人们无不倾向刘氏，最终诛灭诸吕。这些，都说明刘氏天下"乃天授，非人力也"。如今朝臣便是有什么不轨图谋，百姓也不肯答应，怎么可能独断专行呢？何况刘氏宗亲遍布朝野，内有朱虚侯刘章、东牟侯刘兴居，外有吴、楚、淮南、琅邪、齐、代诸王，既亲又强，令人畏惧。强悍的吕后都一朝瓦解，谁还会自讨灭亡？

就个人情况而言，宋昌也认为无可怀疑。因为"方今高帝子独淮南王与大王，大王又长，贤圣仁孝闻于天下，故大臣因天下之心而欲迎立大王"（《史记·孝文本纪》）。在世的高祖刘邦之子，只有淮南王刘长和代王刘恒，而代王又年龄居长，贤圣仁孝的品德天下闻名。因而，朝臣是根据"天心之心"才要迎立代王的。

宋昌的分析，有理有据，尤其是"天下归心"，颇能动人。刘恒心有所动，把这事报告了母亲——王太后薄氏，薄氏也说不出个道道来，事情依然犹疑未定。

卜以决疑，向来是古人面对疑惑的对策之一。刘恒也请卜人为之占卜。结果卜得"大横"之兆，其辞曰："大横庚庚，余为天王，夏启以光。"这卜辞，首句说的是龟兆之形：大横，指龟兆的横向纹理；庚庚，端端正正的样子。"夏启以光"，倒着推衍第二句，是说五帝之时传位以贤，三王之时传位以子，夏启继承父亲大禹之位，能够发扬光大，刘恒也像夏启那样，继承父业，光而大之。不过，对于"余为天王"，刘恒有些不解："寡人本已是王，又有什么王呢？"卜人说："所谓'天王'，是天子呀！"

占卜之后，有了基本判断，为保万无一失，刘恒又派舅舅薄昭前往长安，去见太尉周勃等朝臣。到京城之后，周勃等人一五一十，详细说明了迎立代王的原委。薄昭回来报告说："事情确实，没什么可怀疑的。"刘恒笑着对宋昌说："果然如你所言。"

五、代邸受玺　未央登基

确定朝臣迎立的真实性之后，代王刘恒启程入京。刘恒乘坐代王专车，中尉宋昌陪同；郎中令张武等六人，各乘驿站的普通车子，作为随从。一支小小的车队，踏上了前往长安的道路。

走到离长安城约五十里的高陵（今陕西高陵），刘恒命车队停下来休息，派宋昌先行一步，到前边去看看有何变化。宋昌到了渭桥，朝中自丞相陈平以下的大小官员，早已等候在那里。宋昌回来报告了代王，车队便快马加鞭，赶到了渭桥。群臣拜见，口口称臣；刘恒下车，一一还礼。

这时，太尉周勃走上前来，对代王刘恒说："愿请间。"此言略同于当今之"借一步说话"，即暂时离开众人，说几句"不足为外人道"的话。宋昌说："如果说的是公事，就当着大家说；如果说的是私事，王者是没有私事。"于是，周勃跪了下来，拿出天子玺符（印信），捧献代王。刘恒推辞说："到代邸再作商量吧。"所谓"代邸"，就是代国驻汉都长安的办事处。刘恒当下并未接受天子玺符，并非拒绝继位，而是觉得周勃的做法简单草率，太不郑重了。这样重大的事情，必须郑重其事，也才可以免除嫌疑。

代王一行很快就到了代邸，群臣也一齐随从而来。这时，以陈平、周勃为首的八名朝臣礼拜"上议"——敬献诸臣定议，请代王即天子之位。这八个人，都是策动诛除诸吕、迎立代王的骨干，包括：丞相陈平、太尉周勃、大将军陈武、御史大夫张苍、宗正刘郢（客）、朱虚侯刘章、东牟侯刘兴居、典客刘揭，其中一半是刘氏宗亲。"上议"中说：小皇帝刘弘等，都不是孝惠皇帝的儿子，没有奉祀宗庙的资格。经过征求阴安侯（刘邦大嫂）、顷王后（刘邦二嫂）、琅邪王刘泽（刘邦同曾祖的弟兄），以及其他宗室、列侯、二千石高官的意见，认为代王是高皇帝之子，应当成为皇位继承人，请代王即天子位。

对于诸臣之议，刘恒表示："奉祀高帝宗庙，是件大事。我不佞（不才），不足以称（不够相称）。希望请楚王考虑个更合适的人，我不敢担当。""不佞""不称"，更多是当此"重事"之时必要的客套话而已。其实，诸臣之议，集中了刘氏宗亲和上层官员的意见，且把宗亲置于首位，既符合刘恒的意愿，也合于他的利益。但刘氏宗亲中，没有提到楚元王刘交的态度，这让刘恒有些顾虑。刘交是刘邦的同父异母弟，刘恒的叔父，他的态度既可影响一部分宗族，也可影响一部分官员，万一他提出异议，朝臣如何对待？

刘恒提及楚元王刘交，其实是要把问题甩给朝臣。此时，箭在弦上、不得不发，结果是"群臣皆伏，固请"。这表明，即便楚元王刘交有异议，诸臣之议也不会受到影响，代王也用不着担嫌疑。于是，刘恒先面向西，以宾主礼说了三遍"不敢当"；然后又面向南,以君臣礼说了两遍"不敢当"。既然用起了君臣之礼,那就是已经"当"起来了。

接着,陈平等人都说:"我们这些臣子计议,大王奉祀高祖宗庙,最合宜、最相称了;就是天下各位诸侯、亿万百姓,也都以为合宜不过。我们这些臣子为宗庙、社稷考虑,不敢轻忽。深切希望大王能够听从我们的计议。"随即,诸臣拜了两拜,献上了天子玺符。刘恒说:"既然宗室、将、相、王、列侯,都以为没有比我更合适的人选,我也就不敢再推辞了。"于是,代王刘恒即了"天子位",群臣以次排列,侍奉两旁。

既然已经即天子之位,就不当再住在藩邸,而应进入皇宫——未央宫。这需要有人先去"除宫",以便天子入居。这事既重要又荣耀,因而东牟侯刘兴居主动请缨说:"诛杀诸吕,我没有什么功劳,请让我去清理皇宫。"("诛吕氏吾无功,请得除宫。"《史记·吕太后本纪》)

与刘兴居同行的,是汝阴侯夏侯婴,他时任太仆,掌管皇帝车驾。刘兴居与夏侯婴从旁门进了未央宫,对少帝刘弘说:"你不是孝惠帝的儿子,不应该当皇帝。"又挥令左右的卫士放下兵器离开。会看眼色的卫士丢下兵器就走了,有几个却要"忠于职守",既不肯离开,也不放下兵器。直到他们的顶头上司宦者令(太监头头)张泽下了命令,才扔下兵器离开。夏侯婴用一辆轻便车子,载着少帝出了未央宫。小皇帝好像还不明白是怎么回事,就问:"要带我到哪里去呀?"夏侯婴说:"到你住的地方。"随即带到了少府(管理皇帝私人生活所需的官府)。

随后,刘兴居与夏侯婴引导天子法驾,到代邸去迎接刘恒。傍晚,法驾行至端门(未央宫前殿正南门),十多个手持兵器的谒者(掌管引见、内外通报之官)上前挡住去路,说:"天子在里面,足下是干什么的,要到里面去?"他们似乎还不知道发生了什么事情。刘恒通告太尉周勃，周勃前去说明，这些谒者也都扔下兵器离去。

皇宫侍卫而可以一麾而去，或者片言"缴械"，这些小插曲，也可谓"天下归心"的注脚了。

六、拉打兼施　巩固地位

从藩王做到皇帝，从边远小郡住进皇宫，来之不易，居之更属不易。因此，采取措施巩固已得地位，进而稳定政权，成为刘恒即位后的基本动作。

没有自身安全，其他一切均属奢谈。而安全保卫，军队是重中之重。驻守长安的南军和北军，直接控制京城与皇宫，至关重要。进入未央宫当晚，汉文帝就任命宋昌为卫将军，统率南军和北军；又命张武为中郎将，负责皇宫巡察守卫，并统领直接为皇帝服务的各种官员。宋昌和张武均来自代国，是汉文帝刘恒的亲信，由他们掌握京城和皇宫的卫戍，可以确保基本安全。

随后，汉文帝"还坐前殿"，给丞相、太尉、御史大夫下达第一道诏书，要他们发布皇帝即位的公告。也就在当天夜里，"有司分部诛灭梁、淮阳、常山王及少帝于邸"，"有关部门"把小皇帝刘弘以及汉惠帝的其他几个"非真"之子，分别在各自的府邸处死，以除后患。

汉文帝这第一道诏书云："制诏丞相、太尉、御史大夫：间者诸吕用事擅权，谋为大逆，欲危刘氏宗庙，赖将、相、列侯、宗室、大臣诛之，皆伏其辜。朕初即位，其赦天下，赐民爵一级，女子百户牛、酒，酺五日。"前边说的，已经过去；后边说眼下，是要在全国范围内，以各种形式的举措，为新皇帝即位营造出大喜大庆的热烈气氛。

"赦天下，赐民爵一级，女子百户牛、酒，酺五日"，内容可谓丰富。"赦天下",是在全国范围内赦免一批罪犯,使这些人沐浴皇恩。"赐民爵一级",指将家庭或家族男性家长或族长的爵位提高一级。当时的爵位分二十等,视功劳大小而分别授予。普通百姓的爵位称作"民爵",都属于低等级别,主要是让受爵者获得荣誉,提高威信,受到尊敬。此外也有某些实质性待遇,比如到达到第四级"不更",可以免除值更守夜的劳役;达到第八级"公车",可以获得乘坐公家车辆的资格,等等。"女子百户牛、酒",即家庭主妇以百户为单位,发给若干酒、肉。"酺五日",则是允许在五天之内聚集饮食,而当时法令规定不得聚众饮酒,三人无故群饮就要罚金四两。这些举措,使新皇帝恩泽广被,一时间万民欢庆。

接着,汉文帝又采取几项措施,以收买人心、培植势力。首先,表彰、赏赐功臣。凡是在诛除诸吕和迎立代王中立了功的,一一表彰,给予厚赏;功大而无爵的,赏赐之外,再予封侯。这些功臣,虽不尽可以为己所用,但迎立之功不可泯没。此外,文帝还提高了曾经跟随高祖征战的列侯、官员的待遇。这些人都是老臣,年高望重,笼络他们,对于朝中根基不厚的刘恒来说,十分必要。

其次,安置亲信,掌握要害。上述功臣、老臣,都算不上"自己人"。"一朝天子一朝臣",要巩固地位、大展拳脚,还得靠自己的亲信。对代国"从龙"而来的臣僚,汉文帝另眼相待,全都安置在重要的位置,宋昌、张武即属显例。这些人不仅"官皆至九卿",而且宋昌还被封为列侯(壮武侯)。此外,文帝的舅父薄昭也被任命为车骑将军,封为轵侯。

当然,事情总是两方面的,有拉就必然有打,笼络的同时,反方向的抑制和排挤也是必需的。两下用力,才更有效用。

汉文帝即位不久,就下达诏书说:大批列侯居住京师,不仅要耗费大量物资，给运输供应造成沉重负担，而且他们也没有办法"教训其民"。因此诏令：列侯都要回到自己的封国去；有官职在身不能离开，或朝廷特许留下的，也要把太子送到封国去。

这道诏令，关涉的都是上层人物，因而遇到了很大的阻力。列侯们除了爵位，还想在京城谋取有实权的职位，所以大多托辞不走，诏书下达一年之久也不见行动。文帝颇为恼火，再次下诏说："前时诏书要列侯各到封国，托辞不走。丞相（指周勃）是我器重的人，请他为我率领列侯就国。"文帝要丞相周勃带头各到封国，以此消解列侯们的怨言。在这种情况下，周勃被免了相职，回到了封地绛县（今山西曲沃东）。

然而，汉文帝让列侯就国，名义之外，实际上是要处理一批不放心的人物，以此巩固自己的地位。周勃本人，就是其中最突出的一个。

周勃曾经跟随汉高祖征战，是三朝老臣，更是诛灭诸吕、迎立代王的核心人物之一。对于周勃，汉文帝刘恒应当心存感念，但又心怀畏惧，很不放心。即位之后，文帝并没有打算改变周勃太尉的职位，丞相仍由陈平担任。陈平出身谋士，一向谋虑深远，他感到自己与周勃之间有失平衡，处于危险地位，托病不出，坚持要把周勃的位置排在自己之上。文帝只好把丞相之职一分为二，要周勃任右丞相，位置在前；陈平任左丞相，位居其次。空出来的太尉一职，由大将军灌婴担任。

周勃功高权大，每当"朝罢趋出，意得甚，有骄主色"，而汉文帝对他却是"礼之恭，常目送之"。郎中袁盎指出，皇帝对周勃的过分谦恭，使"臣主失礼"。自那以后，上朝时，文帝的神色越来越"庄"，周勃的神色越来越"畏"。有人对周勃说："你诛吕氏、立代王，威震天下；受重赏、处尊位，得宠已极。长此下去，势必引祸及身。"周勃猛然意识到问题的严重，立即

"请归相印",汉文帝毫不迟疑地答应了。周勃当右丞相前后只有一个多月。辞相一年后,丞相陈平去世,因无合适人选,文帝又让周勃当了丞相。复职后十个月,又以列侯归国的名义免了职。

后来,有人上书说,周勃在家经常披挂战甲,家人接待客人时手拿兵器,像是要谋反。汉文帝立即命人将其抓进了监狱。幸亏周勃与薄昭有些交情,通过薄昭向薄太后解释:自从罢职后,时刻担心被抓去杀头,因而家中有所戒备,并无造反之意。薄太后也相信周勃不会造反,骂儿子说:"绛侯怀揣皇帝宝玺、统帅长安北军的时候不造反,如今住在一个小县里,倒会造反吗?"文帝亲自调阅周勃的案卷,确无造反实据,才放了他,恢复了他的爵邑。周勃出狱后,在家颐养天年,得以善终。汉文帝最终未让周勃横死,算是中国帝王史上少见的特例了。

七、与民休息　发展生产

秦末的连年战乱,以及汉初的诸侯反叛,使社会动荡不安,生产受到严重破坏,田地荒芜,粮食短缺,百姓饥饿,死者过半。汉朝建立之初,统治者废除秦朝苛政,采取轻徭薄赋、修养生息的政策,以恢复和发展社会生产。

汉文帝即位,继续实行与民休息、安定百姓的基本国策。自吕后八年(前180)末,至文帝后元七年(前157),在位的二十三年中,与民休息、安定百姓的政策可谓一以贯之,而这也是造就"文景之治"的根本原因。

在古代,农业一直是最为重要的生产部门,历代皇朝大多采取重农政策。汉文帝十分重视农业生产,多次指出农为"天下之本"。他在诏书中说:"农,天下之大本也,民所恃以生也,而民或不务本而事末,故生不遂。"(《汉书·文帝纪》)认为百姓依靠农业而生,如果弃本而务末,生计就会出现问题。因此,"道

（导）民之路，在于务本"，最重要的是把百姓引上务本之路。这些主张，从思想意识的角度奠定了重农务本的基调。

历来劝农，有一种高规格的仪式，就是帝后亲耕、亲蚕。文帝即位不久，就开籍田亲耕，"给宗庙粢盛"的意义之外，当然还有劝农。不仅如此，他还"亲率群臣农以劝之"，带领群臣做出表率。但更重要的劝农力量是地方官，尤其基层官吏，更是劝农促农的生力军。针对"吏奉吾诏不勤，而劝民不明"的情况，要求官吏深入民间，体察百姓疾苦；否则，"吾农民甚苦，而吏莫之省，将何以劝焉？"此外，文帝时期，基层社会还设有"力田"（类似于如今的"种粮大户"），是率农务本的民间性代表。可见，当时从上到下，齐心合力务本劝农，形成了风气。

税多赋重，历来都是阻碍农业发展的主要因素。为了调动农民的积极性，促进农业发展，文帝二年（前178）和十二年（前168），曾两次"除田租税之半"，即将此前高祖、惠帝、高后时期的"十五税一"，减半为"三十税一"。十三年（前167），还曾一度宣布"除田之租税"——免除全部田租。自此之后，"三十税一"成为汉朝定制，而这也是中国古代社会田赋最低的时期。"薄赋"的同时，还有"轻徭"，其时徭役也减少到了三年服役一次。此外，朝廷还鼓励百姓"辟野"开荒，并给予各种税收优惠。

农业的大力发展，必然使粮价大为降低；而"谷贱伤农"，粮食卖不出个好价钱，又会挫伤百姓种粮的积极性。针对这种矛盾，晁错主张"贵五谷而贱金玉"，建议"募天下之人入粟于边，以受爵免罪"，即鼓励有钱人家多买农民粮食，捐献给国家并运到边境的粮库，朝廷赐予不同爵位，或者以此赎罪。文帝采纳了这一建议，稳定了粮价，充实了边防。接着，晁错又建议，边境积粟足支五年，可令入粟者输于郡县；边境和郡县都已充实，就可以免除天下田租。入粟拜爵办法的实行，农民收入有了一定保障，国家的粮食储备也充足了。

农业之外，在工商业方面，汉文帝下诏"弛山泽之禁"，开放国家所有的山林川泽，从而促进了百姓的副业，发展了与关系国计民生的盐、铁生产。文帝十二年（前168），又废除了过关用传（进出关须有证件）制度，商品流通和经济交往更加便利。如此一来，工商杂税收入逐步超过田租收入，朝廷也就有了减免田租的财力。汉廷在"异物内流，利不外泄"的原则下，与匈奴等周边部族通关市，发展边境贸易，也取得了巨大的贸易顺差。

尽管采取了种种措施，但传统农业靠天吃饭，加之基础薄弱，"岁一不登"，便会"民有饥色"。何况鳏寡孤独等弱势群体，以及年少、高龄者，原本就需要社会的帮助和照顾。汉文帝对此十分重视，采取了积极措施。

即位不久，汉文帝就下诏，要官吏体察民间疾苦，对鳏寡孤独、贫穷困窘的人，要想出赈济的办法，否则就是失职。对老人，要按时慰问，赐予酒肉。当时，有的地方供给老人饭食，用的是陈谷子，文帝给予严厉批评，并指示有司制定相关法令。

根据诏书的精神，有关官府制定出养老法令，下达各县、道（部族区域的行政区划，相当于县）。其内容为："年八十以上，每人每月赐米一石，肉二十斤，酒五斗；年九十以上，每人另加帛两匹，絮三斤。所赐物品，由县令过目。赐给九十岁以上老人的物品，由县丞（位次于县令的官职）或县尉（位次于县丞）致送；不满九十岁的，由啬夫、令史（低于县丞、县尉的官职）致送。郡太守派都吏（负责检查的官职，后世称"督邮"）巡行各县，对不合规定的，予以督责。对刑徒和有罪未及判决的，不用此令。"汉代的这种养老制度，是我国历史上最为完善、最可称道的。

八、改革刑律　刑罚大省

秦王朝严刑峻法，举世闻名。汉王刘邦入秦，与民约法三章，深受欢迎。汉文帝时期，文帝刘恒在"绝秦之迹，除其乱法"思想的指导下，对刑律进行了一系列的改革，一时间"刑罚大省"。与此同时，在执行律法方面，文帝本人也比较能够尊重有司的判决。

先秦法家主张"重刑轻罪"，即对轻罪处以较重刑罚。汉初崇尚黄老，反对法家的主张。汉文帝主张法律要公正，判罪要恰当，注重积极的引导，而不是消极的惩罚。法律公正，人民就会诚实；判罪恰当，人民就会服从。用不公正的法律去治罪，这种法律反而在祸害人民，造成残暴行为，从而也就失去了法律本身的意义。

秦朝刑法有所谓"收孥相坐律令"，一人犯罪，他的父母、兄弟、姐妹、妻子和子女都要连坐，重的处死，轻的没官为奴。文帝二年（前178），汉文帝下诏指出："法律的作用在于惩治恶人、引导善人。罪犯受刑，罪有应得；无罪的父母、妻子、儿女、兄弟等，还要连坐受罚，很不妥当。"要求左右丞相陈平、周勃及太尉灌婴、御史大夫张苍等，与群臣一起讨论如何解决。

周勃等人并不认同文帝的意见，他们认为，老百姓不能自我约束，必须通过严酷的刑罚加以规制。如果知道自身犯法，亲人也将受到株连，他们才会遵守律令。而且连坐法自古就有，行之有效，应以保持不变为宜。

汉文帝不为所动，二次下诏，措辞严厉。这一次，矛头不仅指向"收孥"这种害人之法，而且指出使用害民之法是官吏的失职，矛头进而指向了"残害百姓的暴吏"，要群臣讨论如何处置。皇帝如此坚定而严厉，周勃等人遂立即着手废除了收孥之法。此后，对于重罪之外的一般性犯罪，均不再罪及亲属。

"肉刑"是一种残害肢体的刑罚，包括黥（刺面涅墨）、劓（割掉鼻子）、刖（砍断脚趾）、宫（割除睾丸）等。肉刑不仅伤残肢体、损害身体机能，而且严重打击尊严、损害人格。然而，这种原始的酷刑，却从夏、商、周三代，一直沿用到了汉初。在文帝朝，这种酷刑终于被下诏废除了。

说起来，汉文帝废除肉刑，还与一位民间小女子有关。那是文帝十三年（前167），齐国的太仓令淳于意，因受陷害获罪被押赴长安，即将处以肉刑。淳于意有五个女儿，却没有儿子。临行之时，他骂几个女儿，说没生儿子，缓急之际派不上用场。小女儿缇萦不甘心，便随父亲千里迢迢来到长安，冒死向朝廷上书，表示愿意没官为婢，替父赎罪，使父亲得到改过自新的机会。

淳于缇萦的孝心，给了汉文帝很大促动。鉴于一贯的法治思想，文帝觉得肉刑"断支体，刻肌肤，终身不息"（《汉书·刑法志》），非常残忍，非常不德，绝不应该是为民父母者的本意。于是，他下令免除淳于意的刑罚，令其携女归家，并下诏书给御史大夫："其除肉刑，有以易之。"指示废除肉刑，用别的来代替。

这一次，基本上没有遇到了朝臣的阻碍。丞相张苍、御史大夫冯敬，虽然说"肉刑所以禁奸，所由来者久矣"，但还是有感于皇上的"盛德"，制定出了新的法令。黥、劓、刖三种肉刑就此废除，以城旦舂（劳役）、髡钳（剃发、以铁束颈）以及笞刑等来替代。《汉书·文帝纪》云："五月，除肉刑法，语在《刑法志》。"文帝十三年五月，由此成为中国历史上一个里程碑式的时刻，汉文帝成为史上第一个废除肉刑的皇帝。只不过有些遗憾的是，在施行笞刑时，由于打得多、下手重，犯人往往会被打残甚至打死。到了景帝时期，又多次减少笞打数量，并不准换人施刑，情况才大为好转。

汉文帝在废除肉刑的诏书中，还要求"令罪人各以轻重，不亡逃，有年而免"，也"具为令"。就是犯人各按罪行轻重处罚，不逃亡的，刑期届满，要解除刑罚，使他们做回庶民，也要制定出相关法令。"有年而免"，被认为是法律史上"有期徒刑"概念的滥觞。此前大多数犯人没有刑期，终生服劳役。而遵照文帝诏命所制新法，才规定了服刑期限；服刑期满，免为庶人。

封建时代的皇帝，出言为法，司空见惯，却很少遵行法律的。这方面，汉文帝"循守成法"，不以个人意志破坏法律规定。每当意见相左，虽有争执甚至不满，但最终多能听从有司的判决，从而体现出对法律的尊重。

有一次，汉文帝出行路过渭桥，有人"犯跸"——惊了皇帝的车马。文帝十分恼火，命令拘捕其人，交予有司查办。廷尉张释之审讯后，查清了案情：那人听到车马声，远避不及，便躲在桥下。过了好一会，以为车马已经过去，却不料从桥下出来正好碰上，那人撒腿便跑，这才惊了御驾的马。按照法律，这种情况要"罚金四两"，张释之遂依法判决。

汉文帝得知判决，大为不满，说："这人惊了我的马，幸亏我的马温驯，要是别的马，不就伤了我吗？廷尉却只判罚款！"张释之说："法律是天子和天下人共同遵守的，现在法律就是这样规定的，如果随意改变，法律就会失去威信。当时要是就地把这人杀掉，也就罢了；既然交给廷尉处理，而廷尉是天下司法的标准，稍有偏差就会使下层法官丢开法律随意判决。因此，我只能严格按律判决，希望陛下体察。"过了好一会儿，文帝说："廷尉是对的。"

据《史记》和《汉书》记载，在一系列法律改革实施之后，文帝时期的社会"风气笃厚，禁网疏阔，刑罚大省"，以至一年之中仅"断狱四百，有刑错（通"措"）之风焉"。全国一年只有四百起案件，刑罚几乎等于搁置不用。"文景之治"，"刑错之风"也是代表性的一个方面。

九、施行德政　揽过自咎

汉文帝时期，与"刑罚大省"相对的，则是德治的加强；"刑错之风"的形成，"文景之治"的造就，仁德之治是关键的一环。

由于早年的生平和教养，汉文帝刘恒养成了较好的德行和品性，贤德之名朝野皆知。诛除诸吕之后，朝中大臣所以迎立，年长之外，亦正缘于此。即位之后，文帝施行仁政，对内对外，不论亲疏，都以仁德为先；而出现问题、有所不足，他都以自己"不德"自咎，从不诿过别人。

汉文帝登基之后，很快颁发一系列诏书，涉及大赦天下、广开言路、轻徭薄赋、省减刑罚、养老扶弱，等等。这些政令的颁布及其具体措施的推行，均可谓文帝时期德政的表现。

外戚品行如何，曾经是刘恒能否继位的一个衡量标准。即位之后，汉文帝也很注重外戚德行的养成。文帝窦皇后的兄弟窦长君、窦少君（广国），是窦氏立为皇后之后才相认团聚的。周勃、灌婴等人，建议挑选老成长者、节慨士人，跟窦氏兄弟居处、交往、教育、引导他们，文帝欣然应允。经过言传身教、耳濡目染，兄弟二人果然都成了谦谦君子，不因为身份尊贵而傲慢无礼、目中无人。（"窦长君、少君由此为退让君子，不敢以尊贵骄人。"《史记·外戚列传》）

朱虚侯（加封济北王）刘兴居，因诛除诸吕后，兄长齐王刘襄未能登上皇位，颇有不满。后来，两位兄长先后抑郁而死，因怨生恨，便在朝廷大军出击匈奴，皇帝也离开京城长安之际，发兵反叛。此时，汉文帝发布诏令说："济北王背德反上，连累了济北的官吏百姓，这是大逆不道。济北的官吏和民众，凡是在朝廷大军到来之前就停止反叛活动的,以及率部投降或献出城邑投降的,一律赦免,官爵复原。那些开始曾与刘兴居一起造反但后来投降了的,也予以赦免。"叛乱平息后,刘兴居被俘自杀,济北国的官吏、百姓全都予以赦免。

文帝后元六年(前159),天下干旱,又发生了蝗灾。汉文帝施恩于民:诏令诸侯不要向朝廷进贡,解除民众开发山林湖泊的禁令,减少宫中各种服饰、车驾和狗马,裁减朝廷官吏的人数,敞开粮仓救济贫苦百性,允许民间买卖爵位。

内政如此,对外也是如此。吕后时期,由于朝廷政策的失误,南越王赵佗与朝廷关系恶化,不仅自立为帝,还进犯朝廷的长沙郡。汉文帝改变前朝政策,还采取种种仁德措施,诸如尊重南越的风俗习惯;修缮赵佗祖坟,并派人守护、定期祭祀;撤掉进攻南越的军官;封赵佗的兄弟做官,等等。在文帝诚意的感召下,赵佗去掉了帝号,甘心向大汉称臣,从而避免了干戈、赢得了和平。匈奴入侵,文帝也以自己德行浅薄、没能传播到远处自咎,意欲以之使其柔服。

封建时代,天象异常等,总被认作上天对人间的示警。每次遇到这种情况,汉文帝总是归过于己,下诏自责。

文帝二年(前178)十一月三十日,发生日食;十二月十五日,又日食。文帝下诏说:"我听说:天生万民,为他们设置君王,以养育治理他们。人主道德不够,布施政令不公平,上天就会示以灾异,告诫君王治政不好。十一月三十日有日食,谴责见于上天,灾异没有比这更大的了。……天下的治乱,责任在我一人,……我不能治理教育百姓,牵累了日月星的光明,这种不德很大。诏令到达之后,要仔细思索我的过失,以及所知、所见、所思达不到的,都告诉我。同时还要举荐贤良方正、直言敢谏的人,以便纠正、补充我不足的地方。"

天道如此，人事也是如此。文帝十三年（前167），废除"秘祝"，诏书说："我听说，天之道，是祸自怨恨而起、福由行德而生。百官的过错，应当由我一人承担责任。现在秘祝官把过错推给下边，这是显扬我的无德，我很不赞成。应当取消这种做法。"同年，淳于缇萦上书救父（免受肉刑），文帝下诏废除肉刑，诏书说："如今法令中有三种肉刑，犯法之事却未能禁止，问题出在哪里？不就是因为我道德不厚、教化不明吗？我自己很感惭愧。训导的方法不纯正、不完善，愚昧的百姓就会走上犯罪之路。……施用刑罚，以致割断肢体、刻伤肌肤，一辈子也长不好，多么令人痛苦而又不合道德！"

文帝十四年（前166）春天，汉文帝针对掌管祭祀的祠官，只为皇帝一人而不为百姓祈福，下诏说："从前先王远施恩惠而不求回报，遥祭山川却不为自己祈福，尊贤抑亲，先民后己，圣明到了极点。如今听说祠官祈祷，全都是为我一个人，而不为百姓祈福，我感到非常渐愧。凭着我这样无德，却独自享受神灵降福，百姓却享受不到，这等于加重我的无德。"（《增祀无祈诏》）下令祠官改变过去的做法。

汉文帝归过于己，处处以"不德"自咎；而为政举措，则无不以"德"与"不德"为去取标准。如此重德，势必给臣僚以深刻影响，他们施政也就必然以德为尚。在整个文帝时期，官场相对清明，没有出现汉武帝时期那样的酷吏，官吏的贪赃枉法也较为少见。

十、躬修俭节　以德化民

奢侈逸乐，可谓古来帝王的通病。汉文帝刘恒却能躬行节俭，堪称楷模。史书记载的几件事情，至今令人称赏不置。

汉文帝不论在国事开支还是个人用度方面，都精打细算，简朴从事。他严令各级官吏要"务省徭费以便民"（《汉书·文帝纪》）。文帝二年（前178），他下诏："我担心匈奴内侵，所以不能停止边防的事。但长安的各种守卫机构那么多，开销太大，卫将军所属的军队要撤销。太仆要清点马匹，除留下必用的以外，要全部送给驿站使用。"

汉文帝衣着朴素，经常"身衣弋绨"——身穿黑色粗绸做成的衣服。不仅自己如此，后妃们也都服用朴素，就连最为宠幸的慎夫人，衣服也不准长得下摆拖到地上。宫里的帐幕、帷子，都不允许刺绣花纹图案过度装饰。皇帝、后妃如此俭朴，作出榜样，上行下效，必然会造成全社会的节俭风尚。

汉文帝曾想在宫里建造一座露台，找来工匠一算，结果要花费上百金。听到花费如此，文帝说："百金相当于十户中等人家的产业，我承受了先帝留下来的宫室，时常担心有辱于先帝，还建造高台干什么呢？"还曾有人进献千里马，文帝以为用不上，也没有接受。

汉文帝在位二十三年，宫室、苑囿、车骑、服御，几乎没有新增。这在古来帝王，真可谓绝无仅有。而且对于逝后的丧葬，文帝也主张简办薄葬。在遗诏中，他批评厚葬陋俗，明确要求陪葬品"皆以瓦器，不得以金银铜锡为饰"；"不治坟"——不修高大的墓冢；"霸陵山川因其故，勿有所改"，即因地制宜，不许大兴土木，甚至改变山川原本的模样。如此，既可以节省财力物力，又不会给老百姓增添麻烦。后来赤眉军攻进长安，开挖了许多皇陵，唯独没动汉文帝的陵墓，原因不言而喻。

在基层治理中，汉文帝重视以德导民、以德化民。文帝十二年，汉文帝颁布《置三老孝悌力田常员诏》，诏书指出："孝悌，天下之大顺也；力田，为生之本也；三老，众民之师也；廉吏，民之表也。朕甚嘉此二三大夫之行。"孝悌、力田、三老、廉吏，对于家庭和睦、农业发展、乡村秩序、基层治理，都有各自的作用，不可或缺。因此，要求按户籍人口，常设三老、孝悌、力田，以便"各率其意，以道（导）民"——让这些人作表率，引导、带动当地民众。

对待亲属、臣僚，文帝也多以宽容为怀，以德化为本。淮南王刘长是文帝的异母弟，他恃亲而骄，在封国为非作歹，俨然王国"天子"，而且屡次上书出言不逊。文帝耳闻目见，觉得有失管教。舅舅薄昭为人老成，又是长辈，于是便让他写信给刘长，欲其改过易行。薄昭的这封信，写得很认真，也很诚恳，亦责亦劝。可惜刘长怙恶不悛，未能悔改。

张武是代国来的"从龙"之臣，位至九卿，地位仅次于宋昌。如此地位和亲信，臣僚必然有巴结的，而张武抵抗不住诱惑，私下接受过贿赂。文帝发觉后，并未交给官吏查究，反倒赐给金钱，让其惭愧悔改。《史记·孝文本纪》云"群臣如张武等"，则受贿的非只张武一人，而其他人也应是如此对待的。如此感化，对于良知未泯者来说，确实会取得格外的效果。

汉代崇尚孝道，而在这一方面，文帝刘恒最为突出。她对母亲极为孝顺，相传早年间母亲患病，他曾亲尝汤药，试试温度等等，然后再给母亲喝。其间，他总是守护着母亲，看到母亲睡了，才趴在母亲床边睡一会儿。《二十四孝》中的"亲尝汤药"，说的就是汉文帝孝敬母亲的事情。而文帝的孝行，无疑影响到了他的后代，汉景帝刘启、梁王刘武都很孝顺，刘武尤其以孝著称。

太史公司马迁在《史记·孝文本纪》末尾总结道：

> 孝文帝从代国来到京城长安，即位二十三年，宫室、园囿、狗马、服饰、车驾等等，什么都没有增加。但凡对百姓不便的事情，就予以废止，以便利民众。……南越王赵佗自

立为帝,文帝却把他的兄弟召来,使他们显贵,报之以德。赵佗于是取消了帝号,向汉朝称臣。汉与匈奴相约和亲,匈奴背约入侵劫掠,文帝却只命令边塞戒备防守,不发兵深入匈奴境内,不愿意给百姓带来烦扰和劳苦。吴王刘濞谎称有病不朝见,文帝就顺势赐给他凭几和手杖,以表示关怀他年纪大,可以免去进京朝觐之礼。群臣中如袁盎等人进说言事,虽然直率尖锐,文帝却总是宽容采纳。大臣中如张武等人接受别人贿赂,事情发觉,文帝就从皇宫府库中取出金钱赐给他们,用这种办法使他们内心羞愧,而不是交给执法官吏处理。文帝一心致力于用恩德感化臣民,因此天下富足,礼义兴盛。

司马迁还说:"汉兴,至孝文四十有余载,德至盛也。"班固也称赞汉文帝"以德化民,躬修俭节,思安百姓"的美好品行。

十一、求贤纳言 从谏如流

对于封建帝王来说,本人贤明与否,政治清明与否,用人、纳谏是一块试金石。用人、纳谏无不出色,其人即为明君,治世就会出现。在这方面,汉文帝刘恒,均堪称道。

在秦朝及汉初,法律均规定,皇帝不论好坏,都不能随便议论,更不能有所怨恨,否则就犯了"诽谤妖言罪";即使诅咒天地,由于事关"天子",也便犯了"民诅上罪"。汉文帝即位第二年(文帝二年,前178),就下诏废除了这些罪行。在《除诽谤訞言法诏》中,文帝说:"古时候治天下,朝廷设立进善之旌、诽谤之木,以此招来进谏之人,寻求好的治国方法。现在法律中规定了诽谤訞(古同"妖")言罪,这会使群臣不敢讲真话,君主无从得知自己的过失,又怎能招致远方的贤良之士呢?要废除掉。"民间的诅咒天地，只不过是"细民之愚"而已，如果给无知愚民安上"大逆""诽谤"之罪，很不妥当。"从今以后，有犯了这些的，都无需追究"。

秦及汉初，朝廷设有专职的祝官，碰上天灾人祸，就令祝官祝祷，说皇上英明，凡事都是臣下不好，从而"移其咎恶于众官及百姓"（《史记·封禅书》张守节《正义》）——把罪过都归咎到百官和百姓的头上。这种行为，因为"国家讳之，故曰秘"（《史记·孝文本纪》裴骃《集解》引应劭语），故称"秘祝"。汉文帝对此不以为然，他说："祸是由怨恨导致的，福是由做好事得来的。百官的错误，是我由于没有把他们引导好。现在秘祝官把过错推到臣下身上，这等于显扬我的不德，我很不赞成。"下令"除之"，以后不准再搞秘祝。

关于国家的一些重大举措，汉文帝多是先交予相关大臣，要求他们进行讨论，拿出方案来，然后据此做出决断。比如关于废除肉刑，就是这样的。此外，文帝还曾专门下诏求言，如后元元年（前163），就下《民食不足求言诏》，说是：多年来年景很差，收获不好，十分忧心。这到底是什么原因呢？是不是我"政有所失而行有过"呢？"细大之义，吾未能得其中。其与丞相、列侯、吏二千石、博士议之，有可以佐百姓者，率意远思，无有所隐也。"不仅求言范围广泛，而且要求知无不言、言无不尽，可谓虚怀若谷。

由于广开言路，文帝时期，也确实得到了一些有识之士提出的建议、对策。其中，贾谊、袁盎、晁错以及贾山可谓代表。贾谊提出农业生产是立国的根本，只有粮食积贮足够多，才可攻可守；晁错提出重农轻商，使农民附着于土地的主张，文帝都采取措施加以实行。

国家大政之外，在涉及自身的其他方面，汉文帝也大多能够从谏如流，甚至在冲突激烈的情况下，最终也能作出正确的抉择。

袁盎在文帝朝任郎中，谏诤之事算得上最多。文帝即位之初，对老臣周勃毕恭毕敬，袁盎认为有失君臣之礼，之后文帝便渐渐威严起来。文帝"飙车"——从霸陵山坡驱车直下，袁盎一边策马紧随，挽住御驾缰绳紧紧护着，一边进谏，文帝终于停了下来。文帝宠幸宦官赵同，出行同乘一车，袁盎拦车进谏，文帝便让赵同立即下车。文帝宠幸慎夫人，管事的人往往将其坐席与皇后并排。有一次袁盎看到，就把慎夫人的坐席往后拉了拉。尽管文帝盛怒离开，听了袁盎"人彘"之警，最终不仅释然，还给予了赏赐。

张释之担任廷尉，严格执法，从不阿附上意，敢于据理争辩。前述"犯跸"一案，张释之依法判决，文帝大为不满，张释之据理力争，最后文帝承认"廷尉是对的"。又有一次，有人偷了汉高祖庙里的玉环，被卫士抓获。文帝非常生气，责令严惩盗犯。张释之依照相关法律，奏请文帝判处弃市（杀头示众）。文帝大怒，认为应当诛其九族。张释之据法以争，说："依照法律，弃市已是最高处罚了。盗窃宗庙器物就诛灭全族，如果以后有人偷挖长陵上的一抔土，又该如何处罚？"汉文帝和薄太后商议良久，批准了张释之的判决。此外，张释之最初担任谒者时，还曾劝谏文帝不要任命伶牙俐齿的啬夫为上林令，文帝也听从了。

郎中署长冯唐，祖上是赵国人，熟悉战国时期的赵国名将廉颇和李牧。有一次，汉文帝到郎署，闲谈之中，听冯唐讲述了廉颇和李牧的许多事迹。文帝越听越兴奋，说只要是有廉颇和李牧那样的将军，就不用担心匈奴了。可冯唐却说："陛下就是得到廉颇和李牧，也是不能用的。"文帝问原因何在，冯唐说："廉颇、李牧能打胜仗，是因为赵国君主充分信任，给他们自主权，不干涉具体事务，只要求他们打胜仗。"接着，冯唐转而说到当下:"现在魏尚做云中郡郡守,优待士卒,打了很多胜仗,匈奴不敢接近云中。但就因为上报战功所交首级比所报数字差六个人头,陛下就把他罢官、削爵、判刑。立了大功不受奖赏,出了小错却受重罚。所以说,就是得到廉颇、李牧,也是不能用的。"文帝听了很高兴,当天就派冯唐持节赦免魏尚,恢复其云中郡守之职,并任命冯唐为车骑都尉。

当然,对于臣下的献策或进谏,汉文帝也并不是都能听得进去,或者都能付诸实施。对于贾谊、袁盎等人节制诸侯王势力的策略,文帝就没能给予足够重视,终至养虎遗患。这既是因为形格势阻,时机不成熟,也有文帝自身的因素。

十二、一意姑息 诸侯坐大

秦朝二世而亡,有人认为,原因就在于废封建而行郡县,失去了诸侯的屏藩。因而,汉朝建立之后,汉高祖刘邦分封了不少藩王。尽管后来"非刘氏不王",但刘氏藩王本身仍旧不少,藩王属国的土地、人民,远远超过了朝廷郡县所有。诸侯势力恶性发展,逐渐形成尾大不掉之势。

即位之初的汉文帝刘恒,如何对待刘氏诸王,情况复杂。吕后称制期间,刘氏诸王受到严重摧残;诛除诸吕,恢复刘氏地位势所必然。因此,在登基不久,除保留旧有诸侯王之外,又封原赵幽王刘友之子刘遂为赵王,徙封原琅邪王刘泽为燕王。后来,又封刘遂之弟刘辟疆为河间王,朱虚侯刘章为城阳王,东牟侯刘兴居为济北王。

汉文帝封刘氏为王,消除吕氏影响之外,更现实的原因是笼络刘氏宗族,加强自己的力量,同时抗衡周勃等老臣。即位之初,刘恒对老臣的疑忌,要远远超过诸侯王。不过,刘氏诸王——除了自己的三个儿子刘武、刘参、刘揖,同样让人不放心,叛乱不说是此起彼伏，也可谓不绝如缕。

实际上，吕后去世之后，齐王刘襄举兵西进，本来就打算以弟弟刘章、刘兴居为内应，自己打进长安做皇帝的。只是刘襄的舅舅驷钧为人暴恶，陈平、周勃等老臣鉴于吕氏之祸，才放弃了齐王刘襄，选择了代王刘恒。虽然刘章、刘兴居也迁封为王，但刘襄没能登上皇位，刘章没能成为赵王，三兄弟心怀不满。后来，两个哥哥先后抑郁而终。文帝三年（前177），匈奴大举入侵，朝廷大军出击，文帝也一时离开京城长安，济北王刘兴居遂乘机起兵叛乱。文帝派柴武为大将军率兵平叛，叛军土崩瓦解，刘兴居被俘自杀，济北国除，而刘兴居之外的人均免于追究。

济北王刘兴居发动叛乱，开了同姓诸王反抗汉廷的先例。三年之后，淮南王刘长接踵而来，又露出谋反迹象，只不过事情尚未发动，就被朝廷处置了。

淮南王刘长是汉文帝刘恒异母弟，为人跛扈，胆大妄为，横行不法。就在刘兴居反叛的那年，刘长到长安朝见，因为个人嫌隙，竟然擅自击杀了辟阳侯审食其。袁盎因此劝谏文帝节制诸侯王，但文帝没有听从，而刘长也更加骄横起来。文帝六年（前174），棘蒲侯柴武（陈武）之子柴奇意图谋反，牵连到了淮南王刘长。刘长本来多有不法之事，又牵扯上谋反事件，文帝便派人传其入京，罢去王位，贬往蜀地，囚车传送，刘长途中绝食而死。

刘兴居的起兵叛乱和刘长的图谋叛乱，虽然实力有限、来势不猛，很快就平息了，但汉初诸侯王势力的恶性发展，实际上已经成为对抗中央朝廷的分裂势力。对此，朝中有识之士早已预见，认为非从根本上解决不可。淮南王刘长击杀郦食其后，袁盎就曾劝谏文帝。而对此进行全面分析、提出系统对策的，是年轻的贾谊。

文帝六年（前174），梁怀王太傅贾谊上《陈政事疏》（即

《治安策》），提出诸多国家长治久安的方策。贾谊指出，危害王朝安定的因素，首先就在于诸侯王的存在及其叛乱阴谋。诸侯王的叛乱，不在于亲疏，而是取决于形势和力量。因此，同姓诸侯王并不比异姓王更可靠。总归是疏者必危，亲者必乱；强者先反叛，弱者后反叛。

针对这种情况，贾谊提出了两个方面的措施：一曰定礼制，二曰定地制。定礼制，即强调君臣名分，诸侯王按人臣之礼行事，不得僭越。这是一种柔性的约束机制。定地制，即"割地定制"，则是一种刚性制约了。基于"强者先反"的历史教训，贾谊提出"众建诸侯而少其力"：在诸王原有的封地上分封更多的诸侯，分散和削弱诸侯力量，如此逐代分割下去，愈分愈少，直到"地尽而止"。

汉文帝十分欣赏贾谊的《治安策》，不过，当时的要务是稳定政局，恢复和发展社会生产，形势不允许采取激烈的方式，只能等待时机再予实施。直到文帝十六年（前164），齐文王刘则去世，无子嗣位，文帝趁机将最大的齐国一分为六；同时，又封刘长的三子刘安、刘勃、刘赐等为王，将淮南国一分为三。

然而，终其一生，对于同姓诸侯王，汉文帝基本上采取姑息甚至纵容的政策，因而使诸侯王进一步坐大，最终导致了景帝时期的吴楚七国之乱。

十三、南和南越　北备匈奴

汉文帝刘恒即位后，不仅内政复杂棘手，边事也十分严峻。在国力不强的情况下，面对"胡强南劲"的形势，文帝采取了正确的对策，赢得了较好的外部环境。

所谓"胡强南劲"，"胡强"指北方的匈奴，"南劲"指南方的南越。

南越亦称"南粤"。秦王朝时，秦始皇略定岭南，设置桂林（治今广西桂平）、南海（治番禺，即今广州）、象郡（治临尘，即今广西崇左）三郡。秦朝末年，南海郡尉赵佗乘乱扩大势力；秦朝灭亡后，便合并桂林、象郡，自立为王。汉朝初年，由于朝廷无力远征，汉高祖接受陆贾的建议，遣使封赵佗为南越王，命其"和集百越，毋为南边患害"。吕后称制后，对南越实施封锁政策，限制铁器、农具等输出。赵佗不甘心，遂公开称帝（南越武帝），并发兵攻打相邻的长沙郡。吕后下令毁其祖坟，并派兵讨伐，但汉军水土不服，无功而返。

文帝即位后，改弦易辙，采取了安抚的政策。汉文帝不仅下令恢复流通，向南越提供发展生产所需的铁器、农具、马牛羊等；同时还派人修复了真定（今河北正定）的赵佗祖坟，设置守邑，岁时祭祀；慰问了赵佗在故乡的亲人，还让其亲族兄弟做了官。随后，派遣陆贾携带诏书和礼物，再次出使南越，带去文帝给赵佗的书信。（一般古文选本，题曰《汉文帝赐南越王赵佗书》，见《汉书·西南夷两粤朝鲜传》。）信中说：

> 皇帝恭敬地问候南粤王，以最诚挚的心情！
> 我是高皇帝庶出的儿子，被弃置在外，领受北边的代国。由于路途遥远、多有阻隔，加之质朴愚陋，未能与南粤通使。高皇帝丢下群臣而去，孝惠帝即位，高后亲自处理政事，不幸患病，并且日益严重，因而治国乖乱苛暴。吕氏诸人改变旧规、扰乱法度，高后不能独立制服，于是就把外姓之子当作惠帝的继承人。仰赖宗庙神灵和功臣们的力量，已经将诸吕诛杀。因为王侯官吏不肯答应，我才不得不继立为帝，现在已经即位。
> 从前我听说您给将军隆虑侯周灶去信，寻访您的兄

弟，请求罢免长沙郡带兵进攻南粤的两位将军。我按照您的信，撤回了将军博阳侯陈濞；您在真定的兄弟，也已经派人前去问候，并修缮了您先人的坟墓。前些时我听说您发兵攻打边境，不断制造祸患。那个时候，长沙国遭了殃，南郡受害更重；就是您的南粤国，又怎能独得好处呢？一定要牺牲众多士卒，损伤优良将领和官吏，使百姓妻子失去丈夫、儿子失去父亲、父母失去儿子，得到一个、失去十个，我不忍心做啊。

我想把南粤与长沙地界犬牙相错的地方划直，就此询问官吏，官吏说："这是高皇帝用来把长沙和粤隔开的。"我不能随便改变。官吏说："获得你的地盘，不足以称为大；得到你的财富，不足以称为富。服岭以南，南粤王自己管理。"即使这样，您仍自号称为"帝"。两帝并立，您却没有派一个使者沟通，这是在争位；相争而不让，仁者是不会做的。我希望与您共弃前嫌，从今以至永远，像原来一样互通使者。所以我派陆贾，尽快把我的想法告知您，希望您接受我的意见，不再抢掠为患。

祝愿您快乐无忧，并代为问候邻国。

汉文帝的这封信，写得十分诚恳。首先叙述自己即位，以及慰问兄弟、修复祖坟等情；接着晓谕赵佗，只要削去帝号，不再扰乱附近郡国，就认其为王，许其自治，通使往来。在文帝诚意的感召下，赵佗削去帝号，重新臣服汉朝，朝廷恢复其王号。就这样，汉文帝即位不久（文帝元年，前179），就和平解决了南越问题。此后，赵佗作为朝廷藩属守护岭南，相安无事，直到武帝时才去世。

对于北方的匈奴，自白登之围以来，汉廷对之实行和亲政策，虽然收到一定效果，但并未根本解除匈奴的威胁，双方一直处于战和不定的状态。汉文帝即位后，为了谋求安定的发展环境，对匈奴克制忍让，尽力避免大动干戈。然而，匈奴虽然获得不少好处，但却不肯信守和亲盟约，屡屡侵入汉境，肆意劫掠。

文帝三年（前177），匈奴右贤王背弃和亲之约，率数万大军侵占河南地（今内蒙古鄂尔多斯地区），并进袭上郡（今陕西绥德地区），杀掠汉民，威胁长安。文帝命丞相灌婴率八万五千大军出击，匈奴亦即退去；因济北王刘兴居乘机反叛，随即撤军，并未追击。这一次，双方虽未深入交兵，却是汉廷自白登之围后对匈奴的第一次大规模军事行动，表明汉王朝并不甘于和亲政策。

文帝六年（前174），冒顿单于去世，其子稽粥即位，号称"老上单于"。文帝十四年（前166）冬，老上单于亲率十四万大军侵入北地郡（治马岭，今甘肃庆阳），杀死了北地都尉孙卬，进占朝那（今甘肃平凉西北）、萧关（今甘肃固原东南）、彭阳（今甘肃镇原东南），烧毁中宫（秦宫，故址在今甘肃固原），前锋直抵岐州雍（今宝鸡凤翔）、甘泉（今陕西淳化西北），距离长安仅约二百里，直接威胁西汉王朝的统治中心。

汉文帝得报，立即命中尉周谷、郎中令张武为将军，发车千乘、骑十万，屯驻长安附近，拱卫京师；又拜昌侯卢卿为上郡将军，宁侯魏遬为北地将军，隆虑侯周灶为陇西将军，东阳侯张相如为大将军，成侯董赤为前将军，大发上郡、北地、陇西等处兵马车骑，迎击匈奴。苦战一月有余，老上单于才退出塞外。汉军将匈奴驱逐出塞，便撤回内地，因此未能给敌人以杀伤。从此，匈奴日益骄横，每年入侵边境，大量杀害、掳掠人民、畜产，其中云中、辽东最为突出，而代郡遭杀掠多达万余人。汉王朝深以为患，不得不遣使者重新与匈奴修好和亲。

文帝后元四年（前160），老上单于稽粥去世，其子军臣立为单于，仍以汉奸中行说为亲信，积极准备攻汉。文帝后元六年（前158），军臣单于背弃和亲之约，大举入侵。他以六万骑兵，分两路，每路三万骑，分别侵入上郡和云中郡，杀掠甚众。文帝刘恒以中大夫令勉为车骑将军，率军进驻飞狐（今山西上党）；以原楚相苏意为将军，率兵进入代地，进驻句注（今山西代县西北）；又派将军张武屯兵北地。同时，置三将军，命河内太守周亚夫驻屯细柳，祝兹侯徐厉驻屯棘门，宗正刘礼驻屯霸上，拱卫长安。匈奴见汉军加强了守备，无机可乘，遂退出了塞外。汉军也随即罢兵撤警。

面对匈奴的侵扰，汉廷亟须行之有效的御边之策。时任太子家令的晁错上书文帝，分析汉匈双方的形势，建议实行"徙民实边"之策。即：在边地建立城邑，招募内地百姓迁徙边地，一面种田，一面备胡；每个城邑迁徙居民千户以上，由官府发给农具、衣服、粮食，直到他们能自给为止；迁往边地的百姓，按什伍进行军事化组织，平时加以训练，有事则可应敌；凡能抵抗匈奴侵扰，夺回被掠的财富，由官府照价赏赐一半。

汉文帝不同程度上采纳了晁错的策略，从而改变了单一轮换屯戍制，既促进了边郡的开发，又加强了抗击匈奴的防御力量，也有利于内地社会经济的恢复和发展。此外，文帝还在边地建立马苑三十六所，分布在北部和西部，用官奴婢三万人，养马三十万匹。在民间，同样奖励老百姓养马，以满足边防对马匹的需求。这些举措，为后来汉朝大规模出击匈奴打下了基础。

十四、宣室问神　中道改元

汉文帝刘恒，诸多方面均可谓贤明，但也有着不能否认的不足，诸如猜忌功臣、重用亲信，纵容亲属、宠幸嬖臣，看重鬼神、相信祥瑞，等等。尽管这可谓封建帝王的通病，文帝身上表现并不突出,却也算得白璧微瑕。

绛侯周勃是三朝老臣,在诛除诸吕、迎立代王中,居功至伟。刘恒即位之后,对太尉周勃赏赐最多,超过了丞相陈平、大将军灌婴诸人;同样的是,周勃受到文帝的猜忌也最为突出。起初,陈平因周勃功高,主动提议让出丞相之职,文帝采取两全之策,设左右双丞相,周勃为右丞相,位在左前。然而,因有人警劝,周勃很快就辞了职,陈平独任丞相。周勃任相才一个多月,他之所以辞相,原因不过是古来就有的"位极人臣""功高震主",担心惹祸上身。而祸从何来?自然是皇上。

陈平去世后,因为一时没有合适人选,周勃再次担任丞相。这次任相,也只有十个月,随后就被免了职。原来,一年之前,汉文帝诏令列侯等就国,结果大多数人等待观望,没有行动。于是,文帝诏令丞相周勃带头,回到自己的封地去。诏令列侯就国,本来就是要让旧日重臣远离朝廷,不无防嫌之意;让丞相带头,也正好有了解除周勃职务的借口。虽说列侯就国以"教驯(训)其民",理由足够冠冕堂皇;但诏令也说朝廷有职务的,可以遣太子就国,周勃何尝没有职务?不想让你干罢了。

如此的政治敏感,作为汉高祖刘邦老臣,周勃当然是具备的;皇上(以及皇后)虐杀功臣,在周勃也是记忆犹新。缘此,周勃免相就国之后,约有一年多,每遇河东郡守、尉巡视各县,往往心不自安,披甲相见,而且两旁护着家丁,各持兵械,以防不测。有人因此告发周勃有谋反的迹象,汉文帝毫不犹疑,立即命令廷尉处理。其实,正如薄太后所说:"绛侯怀揣皇帝宝玺、统帅长安北军的时候不造反,如今住在一个小县里,倒会造反吗?"只不过是文帝对周勃过度猜忌,心存成见罢了。幸运的是,周勃最终被释放、复爵;不像他的儿子周亚夫,最终饿死在了监狱里。

然而，对待自己的亲信，就不一样了。从代国"从龙"的几个人，宋昌很快就封了侯，其他六人后来也均位列九卿。其中张武受贿，汉文帝不仅未加处罚，而且还拿出皇家府库的钱财给他，要他羞愧感悟。如此"德化"，未尝不可，可就怕用不到周勃之类的人身上。

淮南王刘长最终走上不归路，也不无文帝纵容的原因。汉高祖刘邦的几个儿子，大多数为吕后所害，到后来只剩下了刘恒和刘长。对于这个异母弟，汉文帝很是宽容，多次违反法令，都大度宽赦。后来，刘长因私怨亲手打死辟阳侯审食其，还命手下断其首领，如此出格恶劣的事情，文帝也没有追究。当时，袁盎曾建议夺去刘长的王位、削除封地，给予儆戒，以免生出更多祸患，文帝也没有同意。这使刘长更加横行不法、胆大妄为，朝中诸大臣都惧怕他，就连文帝母亲薄太后和太子刘启，对他都有几分忌惮。而且逐渐地，刘长上书文帝，也常常出言不逊。

此时，汉文帝觉得没有管教好这个弟弟，深感自责，便让母舅薄昭给刘长写信，婉言规劝。谁知刘长收到书信，很不高兴，不仅没有收敛，而且越来越放纵，违法犯禁的行为越来越多，终至走上了谋反之路。有司查究，落实了刘长的很多不法之事，判决弃市，文帝不忍，赦其死罪，废除王号，又同意将其流放蜀地，结果刘长在途中不食而死。得知刘长的死讯，文帝十分悲哀，下令杀了押送囚车的吏卒、不开封条看视的侍者；却又以列侯的礼节安葬刘长，并将他的四个儿子先后封侯、封王。汉文帝如此纵容诸侯王，实际上为景帝时的吴楚七国之乱、武帝时的淮南王刘安谋反，埋下了祸根。

另一位亦可谓纵容致祸的，是汉文帝的母舅薄昭。薄昭本来"素称长者"，朝臣迎立刘恒，他也是"加分"因素。然而，刘恒即位之后，薄昭不仅封侯，还典兵——任车骑将军。

在其封地，薄昭之侄薄贵，仗着薄昭与太后的权势，为非作歹，做了不少坏事。文帝派朝臣钟毓前去处置，得悉犯罪情形，果断将薄贵处斩。钟毓回朝之时，薄昭也去迎接，得知侄儿已被处斩，便命人将其绑回府中，擅自处置。钟毓据理力争，毫不退让，薄昭恼羞成怒，竟然将钟毓一刀刺死。得知此事，文帝非常生气，最终以亲自祭奠逼迫薄昭自杀。后人对此肯否不一，司马光则就事前着眼，指出汉文帝未能"慎乎始"，他说："薄昭虽素称长者，文帝不为置贤师傅，而用之典兵；骄而犯上，至于杀汉使者，非有恃而然乎？若又从而赦之，则与成、哀之世何异哉！……然则欲慰母心者，将慎之于始乎？"（《资治通鉴·汉纪六》）

汉文帝所宠幸纵容的，还有嬖臣邓通、宦官赵同等。《史记·佞幸列传》记载了文帝的三个宠臣，事迹较多的，一是士人邓通，一是宦者赵同。"赵同以星气幸，邓通无伎能"。然而，就是这个"无伎能"的邓通——大概"吮痈"算不得技能，却最为文帝宠幸。邓通本来"愿谨"（老实谨慎），但未免恃宠而骄，在朝堂上无精打采、举止轻慢。丞相申屠嘉"请"到相府中，一顿训诫、恐吓，这家伙老实了许多。后来，许负给邓通看相，说他会饿死，于是文帝赏赐无数不说，还把蜀地严道（今四川荥经县）铜山赐给他，准许他私自采铜铸钱。结果，邓通还是饿死了。

汉文帝时期，很有一些文人儒生，其中最为杰出者，当属贾谊。贾谊曾屡上书奏，提出多方面的对策建议。文帝虽然认可，却大多未能施行。他欣赏贾谊的才能，本打算委以重任，却因为老臣的非议，始终未能重用，客观上也导致贾谊过早离世。在贾谊任长沙王太傅三年后，文帝曾召他入京，在未央宫祭神的"宣室"接见他，询问鬼神之事。贾谊讲得详细，文帝听得投入，还不知不觉中移坐到了坐席的前端。唐代诗人李商隐因此讽喻说："宣室求贤访逐臣，贾生才调更无伦。可怜夜半虚前席，不问苍生问鬼神。"

　　上文引述《史记》谓"赵同以星气幸",汉文帝时期,因望气得到宠幸的,还有一位新垣平。文帝十五年(前165),方士新垣平进见文帝,说长安东北有五彩神气,形似人的冠冕,天降祥瑞,应该立祠奉祀上帝。文帝听信这话,就在渭阳建了座五帝庙(此处"五帝",指东南西北中五方之帝),并在第二年夏天亲自郊祀。祭祀之后,还封新垣平为上大夫,赏赐多达千金。后来的一天,文帝出游,走到长门,隐约看到路北有五个人,以为是五帝降临,随即在那里建筑"五帝坛",以"五牢"(牛、羊、猪各五)致祭。

　　谁知新垣平并未见好就收,而是继续玩弄骗人的把戏。他说当初周鼎失落在泗水里,如今河水泛滥,连通了泗水,自己望见东北方的汾阴有金宝气,表明周鼎即将出现,应该主动迎接。文帝命人在汾阴(在今山西万荣县境)修了一座祠庙,坐南朝北,面临黄河,"欲祠(祭祀)出周鼎"(《史记·封禅书》),可周鼎并未出现。

　　文帝十七年(前164),新垣平又说有宝玉之气来到天子阙下,随后果然有人献上一尊玉杯,上面还刻着"人主延寿"四字。文帝见此,自然大喜,于是"始更为元年,令天下大酺"(《史记·封禅书》作:"始更以十七年为元年,令天下大酺。")——决定改元,并令天下人聚饮。因此,汉文帝在位的二十三年,前十七年一般称"文帝×年",或加"前(元)"字样;后六年,则称"后(元)×年"。

　　对新垣平的所作所为,丞相张苍和廷尉张释之等,早就起了怀疑,并已派人进行调查。结果,新垣平的伎俩很快就被揭穿,比如那尊玉杯,是他事先安排,让人献上的;杯上的字,则是工匠临时镌刻的。于是,文帝下令革去新垣平的官职,交给廷尉等审问。铁证如山，新垣平承认欺诈，随后被斩杀，并诛灭三族。

在新垣平之前，文帝十四年（前166），公孙臣曾上书，论述"秦得水德，汉当土德"，瑞应为黄龙。丞相张苍也是此一方面的行家，他认为秦朝残暴，历时又短，不能算水德，汉朝才是水德，符应是河决金堤。第二年夏天，地方报告陇西成纪有黄龙出现，文帝召回公孙臣，拜为博士，命其与儒生一起草议改正朔、易服色诸事，以顺应土德。

不同于秦皇汉武，汉文帝毕竟是个质朴、贤明的君主。新垣平欺诈事件揭穿后，文帝再也懒得去理什么改正朔、易服色、祀神明的事情；渭阳五帝庙、长门五帝坛，则交给朝廷的祠官打理，按时奉祀，自己也不再去了。（"自是之后，文帝怠于改正朔服色神明之事，而渭阳、长门五帝使祠官领，以时致礼，不往焉。"《史记·封禅书》）

十五、预立太子　生前遗诏

在封建时代，继嗣是个不容轻忽的问题，皇室尤其如此，处理不好，往往会造成某种劫难。因此，及早建储，都可谓历代皇室事务中的重中之重。

汉文帝即位不久，元年（前179）正月，主管大臣就进言："及早确立太子，是尊奉宗庙的保障。请皇帝确立太子。"登基没多少日子就立太子，未免太过匆忙，觉得无法向天下人交待，因此文帝没有同意。有关大臣坚持自己的意见，并说早早确立太子，正是为了尊奉宗庙社稷，正是不忘天下。

代王刘恒从未料到自己会登上皇位，朝臣迎立之初，他始终犹疑观望。直到长安代邸群臣共请，他还提到了楚元王刘交，可见不无顾忌。此时朝臣请立太子，心中未尝绝无此种心理，因此他说："楚王是我的叔父，年龄也高，见多识广，了解很多道理，明白国家的大体。吴王是我的兄长,贤惠仁慈,又爱好美德。淮南王是我的弟弟,能以才德辅佐我。有他们,难道还不算预有安排了吗?诸侯王、宗室、兄弟和有功的大臣,很多人有才有德,这是国家的幸运、天下人的福分。现在不推举他们,却要先立太子,人们就会认为我忘掉了贤能有德的人,而只想着自己的儿子,不是为天下人着想。我觉得这样做很不可取。"

文帝的这番话,似乎在强调传贤,但这早已不合时宜。因此大臣说:"古代殷、周立国,太平安定长达一千多年,就是因为预先确立了太子。继承人必须是自己的儿子,这一点由来已久。"接着,朝臣们指出,传子是祖宗立下的规矩:"高祖平定天下,封建诸侯,成为本朝皇帝的太祖;诸侯王和列侯首先受封的,也都成为各自藩国的始祖。子孙继承,世世代代不断绝,这是普天之下的大原则,所以高祖设立这种制度来安定天下人心。现在如果抛开当立太子之人,却从诸侯或宗室中另选别人,那就违背高祖的本意了。另议别人是不合适的。"最后,朝臣建议:"陛下的儿子启最大,纯厚仁爱,请立他为太子。"

在朝臣的坚持之下,汉文帝这才同意,于是立长子刘启为太子。之后,终文帝一朝,在太子问题上再无波澜,刘启在父亲去世后顺利继位。

汉文帝去世之前,留下了一篇长长的遗诏,对自己的后事做了详尽安排。遗诏说:

> 我听说天下万物萌芽生长,最终没有不死的。死是天地之间的常理,事物的自然归宿,有什么值得过分悲哀呢?当今之时,世人都喜欢活着而不乐意死,死了还要厚葬,以致残破家业;还要加重服丧,以致损害身体。我很不赞成。况且我生前德行无多,没有给百姓什么帮助;如今死了,又让

人们加重服丧、长期哭吊，遭受严寒酷暑的折磨，使天下的父子为我悲哀，使天下的老幼损伤心志，减少饮食，中断对鬼神的祭祀，其实是加重我的无德，我怎么向天下人交待呢？

我有幸得以保护宗庙，凭着渺小之身依托在天下诸侯之上，至今已二十多年。依靠天地的神灵、社稷的福气，才使国内安宁，没有战乱。我不聪敏，时常担心有过错，使先帝遗留的美德蒙羞；岁长月久，总是担心不能维持始终。如今侥幸享尽天年，又能供奉在高庙里享受祭祀。我本不贤明，却能有这样的结果，我认为就很好了，还有什么可悲哀的呢！

现在诏令全国官吏和百姓，诏令到达后，哭吊三天就除去丧服。不要禁止娶妻、嫁女、祭祀、饮酒、吃肉。应当参加丧事、服丧哭祭的人，都不要赤脚。服丧的麻带宽度不要超过三寸，不要陈列车驾和兵器，不要动员民间男女到宫殿来哭祭。宫中应当哭祭的人，都在早上和晚上各哭十五声，行礼完毕就停止。不是早上和晚上哭祭的时间，不准擅自哭泣。下葬以后，按丧服制度。应服丧九个月的大功只服十五天，应服丧五个月的小功只服十四天，应服丧三个月的缌麻只服七天，期满就脱去丧服。其他不在此令中的事宜，都参照此令办理。要把这道诏令通告天下，使天下人都明白我的心意。葬我的霸陵，周围山水要保留原样，不要有所改变。后宫夫人以下直至少使，全都遣归娘家。

文帝后元七年（前157）六月，汉文帝在长安未央宫去世，终年四十五岁，葬霸陵（在今陕西西安东）。谥号"孝文"，（汉代以孝治天下，帝谥多"孝"字；谥法：道德博厚、慈惠爱民等曰"文"。）庙号"太宗"。（"祖有功而宗有德"——有取天下之功的称为"祖"，有治天下之德的称为"宗"。）

《史记·孝文本纪》

孝文皇帝，高祖中子也。高祖十一年春，已破陈豨军，定代地，立为代王，都中都。太后薄氏子。即位十七年，高后八年七月，高后崩。九月，诸吕吕产等欲为乱，以危刘氏，大臣共诛之，谋召立代王，事在吕后语中。

丞相陈平、太尉周勃等使人迎代王。代王问左右郎中令张武等。张武等议曰："汉大臣皆故高帝时大将，习兵，多谋诈，此其属意非止此也，特畏高帝、吕太后威耳。今已诛诸吕，新喋血京师，此以迎大王为名，实不可信。愿大王称疾毋往，以观其变。"中尉宋昌进曰："群臣之议皆非也。夫秦失其政，诸侯豪桀并起，人人自以为得之者以万数，然卒践天子之位者，刘氏也，天下绝望，一矣。高帝封王子弟，地犬牙相制，此所谓盘石之宗也，天下服其疆，二矣。汉兴，除秦苛政，约法令，施德惠，人人自安，难动摇，三矣。夫以吕太后之严，立诸吕为三王，擅权专制，然而太尉以一节入北军一呼，士皆左袒为刘氏，叛诸吕，卒以灭之。此乃天授，非人力也。今大臣虽欲为变，百姓弗为使，其党宁能专一邪？方今内有朱虚、东牟之亲，外畏吴、楚、淮南、琅邪、齐、代之疆。方今高帝子独淮南王与大王，大王又长，贤圣仁孝闻于天下，故大臣因天下之心而欲迎立大王，大王勿疑也。"代王报太后计之，犹与未定。卜之龟，卦兆得大横。占曰："大横庚庚，余为天王，夏启以光。"代王曰："寡人固已为王矣，又何王？"卜人曰："所谓天王者乃天子。"于是代王乃遣太后弟薄昭往见绛侯，绛侯等具为昭言所以迎立王意。薄昭还报曰:"信矣,毋可疑者。"代王乃笑谓宋昌曰:"果如公言。"乃命宋昌参乘,张武等六人乘传诣长安。至高陵休止,而使宋昌先驰之长安观变。

昌至渭桥,丞相以下皆迎。宋昌还报。代王驰至渭桥,群臣拜谒称臣。代王下车拜。太尉勃进曰:"愿请间言。"宋昌曰:"所言公,公言之。所言私,王者不受私。"太尉乃跪上天子玺符。代王谢曰:"至代邸而议之。"遂驰入代邸。群臣从至。丞相陈平、太尉周勃、大将军陈武、御史大夫张苍、宗正刘郢、朱虚侯刘章、东牟侯刘兴居、典客刘揭,皆再拜言曰:"子弘等皆非孝惠帝子,不当奉宗庙。臣谨请(与)阴安侯列侯顷王后与琅邪王、宗室、大臣、列侯、吏二千石议曰:'大王高帝长子,宜为高帝嗣。'愿大王即天子位。"代王曰:"奉高帝宗庙,重事也。寡人不佞,不足以称宗庙。愿请楚王计宜者,寡人不敢当。"群臣皆伏固请。代王西乡让者三,南乡让者再。丞相平等皆曰:"臣伏计之,大王奉高帝宗庙最宜称,虽天下诸侯万民以为宜。臣等为宗庙社稷计,不敢忽。愿大王幸听臣等。臣谨奉天子玺符再拜上。"代王曰:"宗室将相王列侯以为莫宜寡人,寡人不敢辞。"遂即天子位。

群臣以礼次侍。乃使太仆婴与东牟侯兴居清宫,奉天子法驾,迎于代邸。皇帝即日夕入未央宫。乃夜拜宋昌为卫将军,镇抚南北军。以张武为郎中令,行殿中。还坐前殿。于是夜下诏书曰:"间者诸吕用事擅权,谋为大逆,欲以危刘氏宗庙,赖将相列侯、宗室大臣诛之,皆伏其辜。朕初即位,其赦天下,赐民爵一级,女子百户牛酒,酺五日。"

孝文皇帝元年十月庚戌,徙立故琅邪王为燕王。

辛亥,皇帝即阼,谒高庙。右丞相平徙为左丞相,太尉勃为右丞相，大将军灌婴为太尉。诸吕所夺齐楚故地，皆复与之。

壬子，遣车骑将军薄昭迎皇太后于代。皇帝曰："吕产自置为相国，吕禄为上将军，擅矫遣灌将军婴将兵击齐，欲代刘氏，婴留荥阳弗击，与诸侯合谋以诛吕氏。吕产欲为不善，丞相陈平与太尉周勃谋夺吕产等军。朱虚侯刘章首先捕吕产等。太尉身率襄平侯通持节承诏入北军。典客刘揭身夺赵王吕禄印。益封太尉勃万户，赐金五千斤。丞相陈平、灌将军婴邑各三千户，金二千斤。朱虚侯刘章、襄平侯通、东牟侯刘兴居邑各二千户，金千斤。封典客揭为阳信侯，赐金千斤。"

十二月，上曰："法者，治之正也，所以禁暴而率善人也。今犯法已论，而使毋罪之父母妻子同产坐之，及为收帑，朕甚不取。其议之。"有司皆曰："民不能自治，故为法以禁之。相坐坐收，所以累其心，使重犯法，所从来远矣。如故便。"上曰："朕闻法正则民悫，罪当则民从。且夫牧民而导之善者，吏也。其既不能导，又以不正之法罪之，是反害于民为暴者也。何以禁之？朕未见其便，其孰计之。"有司皆曰："陛下加大惠，德甚盛，非臣等所及也。请奉诏书，除收帑诸相坐律令。"

正月，有司言曰："蚤建太子，所以尊宗庙。请立太子。"上曰："朕既不德，上帝神明未歆享，天下人民未有嗛志。今纵不能博求天下贤圣有德之人而禅天下焉，而曰豫建太子，是重吾不德也。谓天下何？其安之。"有司曰："豫建太子，所以重宗庙社稷，不忘天下也。"上曰："楚王，季父也，春秋高，阅天下之义理多矣，明于国家之大体。吴王于朕，兄也，惠仁以好德。淮南王，弟也，秉德以陪朕。岂为不豫哉！诸侯王宗室昆弟有功臣，多贤及有德义者，若举有德以陪朕之不能终，是社稷之灵、天下之福也。今不选举焉，而曰必子，人其以朕为忘贤有德者而专于子,非所以忧天下也。朕甚不取也。"有司皆固请曰:"古者殷周有国,治安皆千余岁,古之有天下者莫长焉,用此道也。立嗣必子,所从来远矣。高帝亲率士大夫,始平天下,建诸侯,为帝者太祖。诸侯王及列侯始受国者,皆亦为其国祖。子孙继嗣,世世弗绝,天下之大义也,故高帝设之,以抚海内。今释宜建而更选于诸侯及宗室,非高帝之志也。更议不宜。子某最长,纯厚慈仁,请建以为太子。"上乃许之。因赐天下民当代父后者爵各一级。封将军薄昭为轵侯。

三月,有司请立皇后。薄太后曰:"诸侯皆同姓,立太子母为皇后。"皇后姓窦氏。上为立后故,赐天下鳏寡孤独穷困,及年八十已上、孤儿九岁已下,布帛米肉各有数。上从代来,初即位,施德惠天下,填抚诸侯四夷皆洽骤,乃循从代来功臣。上曰:"方大臣之诛诸吕迎朕,朕狐疑,皆止朕,唯中尉宋昌劝朕,朕以得保奉宗庙。已尊昌为卫将军,其封昌为壮武侯。诸从朕六人,官皆至九卿。"

上曰:"列侯从高帝入蜀、汉中者六十八人,皆益封各三百户;故吏二千石以上从高帝颍川守尊等十人,食邑六百户;淮阳守申徒嘉等十人,五百户;卫尉定等十人,四百户。封淮南王舅父赵兼为周阳侯,齐王舅父驷钧为清郭侯。"秋,封故常山丞相蔡兼为樊侯。

人或说右丞相曰:"君本诛诸吕,迎代王,今又矜其功,受上赏,处尊位,祸且及身。"右丞相勃乃谢病免罢,左丞相平专为丞相。

二年十月,丞相平卒,复以绛侯勃为丞相。上曰:"朕闻古者诸侯建国千余(岁),各守其地,以时入贡,民不劳苦,上下驩欣,靡有遗德。今列侯多居长安,邑远,吏卒给输费苦,而列侯亦无由教驯其民。其令列侯之国，为吏及诏所止者，遣太子。"

十一月晦，日有食之。十二月望，日又食。上曰："朕闻之，天生蒸民，为之置君以养治之。人主不德，布政不均，则天示之以菑，以诫不治。乃十一月晦，日有食之，适见于天，菑孰大焉！朕获保宗庙，以微眇之身托于兆民君王之上，天下治乱，在朕一人，唯二三执政犹吾股肱也。朕下不能理育群生，上以累三光之明，其不德大矣。令至，其悉思朕之过失，及知见思之所不及，匄以告朕。及举贤良方正能直言极谏者，以匡朕之不逮。因各饬其任职，务省繇费以便民。朕既不能远德，故憪然念外人之有非，是以设备未息。今纵不能罢边屯戍，而又饬兵厚卫，其罢卫将军军。太仆见马遗财足，余皆以给传置。"

正月，上曰："农，天下之本，其开籍田，朕亲率耕，以给宗庙粢盛。"

三月，有司请立皇子为诸侯王。上曰："赵幽王幽死，朕甚怜之，已立其长子遂为赵王。遂弟辟彊及齐悼惠王子朱虚侯章、东牟侯兴居有功，可王。"乃立赵幽王少子辟彊为河间王，以齐剧郡立朱虚侯为城阳王，立东牟侯为济北王，皇子武为代王，子参为太原王，子揖为梁王。

上曰："古之治天下，朝有进善之旌、诽谤之木，所以通治道而来谏者。今法有诽谤訞言之罪，是使众臣不敢尽情，而上无由闻过失也。将何以来远方之贤良？其除之。民或祝诅上以相约结而后相谩，吏以为大逆；其他言，而吏又以为诽谤。此细民之愚无知抵死，朕甚不取。自今以来，有犯此者，勿听治。"

九月，初与郡国守相为铜虎符、竹使符。

三年十月丁酉晦，日有食之。十一月，上曰："前日遣列侯之国，或辞未行。丞相，朕之所重，其为朕率列侯之国。"绛侯勃免丞相就国，以太尉颍阴侯婴为丞相。罢太尉官，属丞相。四月，城阳王章薨。淮南王长与从者魏敬杀辟阳侯审食其。

五月，匈奴入北地，居河南为寇。帝初幸甘泉。六月，帝曰："汉与匈奴约为昆弟，毋使害边境，所以输遗匈奴甚厚。今右贤王离其国，将众居河南降地，非常故，往来近塞，捕杀吏卒，驱保塞蛮夷，令不得居其故，陵轹边吏，入盗，甚敖无道，非约也。其发边吏骑八万五千诣高奴，遣丞相颍阴侯灌婴击匈奴。"匈奴去，发中尉材官属卫将军军长安。

辛卯，帝自甘泉之高奴，因幸太原，见故群臣，皆赐之。举功行赏，诸民里赐牛酒。复晋阳中都民三岁。留游太原十余日。

济北王兴居闻帝之代，欲往击胡，乃反，发兵欲袭荥阳。于是诏罢丞相兵，遣棘蒲侯陈武为大将军，将十万往击之。祁侯贺为将军，军荥阳。七月辛亥，帝自太原至长安。乃诏有司曰："济北王背德反上，诖误吏民，为大逆。济北吏民，兵未至先自定，及以军地邑降者，皆赦之，复官爵。与王兴居去来，亦赦之。"八月，破济北军，虏其王。赦济北诸吏民与王反者。

六年，有司言淮南王长废先帝法，不听天子诏，居处毋度，出入拟于天子，擅为法令，与棘蒲侯太子奇谋反，遣人使闽越及匈奴，发其兵，欲以危宗庙社稷。群臣议，皆曰"长当弃市"。帝不忍致法于王，赦其罪，废勿王。群臣请处王蜀严道、邛都，帝许之。长未到处所，行病死，上怜之。后十六年，追尊淮南王长，谥为厉王，立其子三人为淮南王、衡山王、庐江王。

十三年夏，上曰："盖闻天道，祸自怨起而福繇德兴。百官之非，宜由朕躬。今秘祝之官移过于下，以彰吾之不德，朕甚不取。其除之。"

五月，齐太仓令淳于公有罪当刑，诏狱逮徙系长安。太仓公无男，有女五人。太仓公将行会逮，骂其女曰："生子不生男，有缓急，非有益也！"其少女缇萦自伤泣，乃随其父至长安，上书曰："妾父为吏，齐中皆称其廉平，今坐法当刑。妾伤夫死者不可复生，刑者不可复属，虽复欲改过自新，其道无由也。妾愿没入为官婢，赎父刑罪，使得自新。"书奏天子，天子怜悲其意，乃下诏曰："盖闻有虞氏之时，画衣冠、异章服以为僇，而民不犯。何则？至治也。今法有肉刑三，而奸不止，其咎安在？非乃朕德薄而教不明欤？吾甚自愧。故夫驯道不纯而愚民陷焉。《诗》曰：'恺悌君子，民之父母。'今人有过，教未施而刑加焉，或欲改行为善，而道毋由也。朕甚怜之。夫刑至断支体、刻肌肤，终身不息，何其楚痛而不德也，岂称为民父母之意哉？其除肉刑。"

上曰："农，天下之本，务莫大焉。今勤身从事而有租税之赋，是为本末者毋以异，其于劝农之道未备。其除田之租税。"

十四年冬，匈奴谋入边为寇，攻朝那塞，杀北地都尉卬。上乃遣三将军军陇西、北地、上郡，中尉周舍为卫将军，郎中令张武为车骑将军，军渭北，车千乘，骑卒十万。帝亲自劳军，勒兵申教令，赐军吏卒。帝欲自将击匈奴，群臣谏，皆不听。皇太后固要帝，帝乃止。于是以东阳侯张相如为大将军，成侯赤为内史，栾布为将军，击匈奴。匈奴遁走。

春，上曰："朕获执牺牲珪币，以事上帝宗庙，十四年于今，历日长，以不敏不明而久抚临天下，朕甚自愧。其广增诸祀墠场珪币。昔先王远施不求其报，望祀不祈其福，右贤左戚，先民后己，至明之极也。今吾闻祠官祝釐，皆归福朕躬，不为百姓，朕甚愧之。夫以朕不德，而躬享独美其福，百姓不与焉，是重吾不德。其令祠官致敬，毋有所祈。"

是时北平侯张苍为丞相，方明律历。鲁人公孙臣上书陈终始传五德事，言方今土德时，土德应黄龙见，当改正朔服色制度。天子下其事与丞相议。丞相推以为今水德，始明正十月上黑事，以为其言非是，请罢之。

十五年，黄龙见成纪，天子乃复召鲁公孙臣，以为博士，申明土德事。于是上乃下诏曰："有异物之神见于成纪，无害于民，岁以有年。朕亲郊祀上帝诸神。礼官议，毋讳以劳朕。"有司礼官皆曰："古者天子夏躬亲礼祀上帝于郊，故曰郊。"于是天子始幸雍，郊见五帝，以孟夏四月答礼焉。赵人新垣平以望气见，因说上设立渭阳五庙。欲出周鼎，当有玉英见。

十六年，上亲郊见渭阳五帝庙，亦以夏答礼而尚赤。

十七年，得玉杯，刻曰"人主延寿"。于是天子始更为元年，令天下大酺。其岁，新垣平事觉，夷三族。

后二年，上曰："朕既不明，不能远德，是以使方外之国或不宁息。夫四荒之外不安其生，封畿之内勤劳不处，二者之咎，皆自于朕之德薄而不能远达也。间者累年，匈奴并暴边境，多杀吏民，边臣兵吏又不能谕吾内志，以重吾不德也。夫久结难连兵，中外之国将何以自宁？今朕夙兴夜寐，勤劳天下，忧苦万民，为之怛惕不安，未尝一日忘于心，故遣使者冠盖相望，结轶于道，以谕朕意于单于。今单于反古之道，计社稷之安，便万民之利，亲与朕俱弃细过，偕之大道，结兄弟之义，以全天下元元之民。和亲已定，始于今年。"

后六年冬，匈奴三万人入上郡，三万人入云中。以中大夫令勉为车骑将军，军飞狐；故楚相苏意为将军，军句注；将军张武屯北地；河内守周亚夫为将军，居细柳；宗正刘礼为将军，居霸上；祝兹侯军棘门：以备胡。数月，胡人去，亦罢。

天下旱，蝗。帝加惠：令诸侯毋入贡，弛山泽，减诸服御狗马，损郎吏员，发仓庾以振贫民，民得卖爵。

孝文帝从代来，即位二十三年，宫室苑囿、狗马服御，无所增益，有不便，辄弛以利民。尝欲作露台，召匠计之，直百金。上曰："百金，中民十家之产。吾奉先帝宫室，常恐羞之，何以台为！"上常衣绨衣，所幸慎夫人，令衣不得曳地，帏帐不得文绣，以示敦朴，为天下先。治霸陵皆以瓦器，不得以金银铜锡为饰，不治坟，欲为省，毋烦民。南越王尉佗自立为武帝，然上召贵尉佗兄弟，以德报之，佗遂去帝称臣。与匈奴和亲，匈奴背约入盗，然令边备守，不发兵深入，恶烦苦百姓。吴王诈病不朝，就赐几杖。群臣如袁盎等称说虽切，常假借用之。群臣如张武等受赂遗金钱，觉，上乃发御府金钱赐之，以愧其心，弗下吏。专务以德化民，是以海内殷富，兴于礼义。

后七年六月己亥，帝崩于未央宫。遗诏曰："朕闻盖天下万物之萌生，靡不有死。死者天地之理，物之自然者，奚可甚哀？当今之时，世咸嘉生而恶死，厚葬以破业，重服以伤生，吾甚不取。且朕既不德，无以佐百姓；今崩，又使重服久临，以离寒暑之数，哀人之父子，伤长幼之志，损其饮食，绝鬼神之祭祀，以重吾不德也，谓天下何！朕获保宗庙，以眇眇之身托于天下君王之上，二十有余年矣。赖天地之灵，社稷之福，方内安宁，靡有兵革。朕既不敏，常畏过行，以羞先帝之遗德；维年之久长，惧于不终。今乃幸以天年，得复供养于高庙，朕之不明与嘉之，其奚哀悲之有！其令天下吏民，令到出临三日，皆释服。毋禁取妇嫁女、祠祀、饮酒食肉者。自当给丧事服临者，皆无践。绖带无过三寸，毋布车及兵器，毋发民男女哭临宫殿。宫殿中当临者，皆以旦夕各十五举声，礼毕罢。非旦夕临时，禁毋得擅哭。已下，服大红十五日，小红十四日，纤七日，释服。他不在令中者，皆以此令比率从事。布告天下，使明知朕意。霸陵山川因其故，毋有所改。归夫人以下至少使。"令中尉亚夫为车骑将军，属国悍为将屯将军，郎中令武为复土将军，发近县见卒万六千人，发内史卒万五千人，藏郭穿复土属将军武。

乙巳，群臣皆顿首上尊号曰孝文皇帝。

太子即位于高庙。丁未，袭号曰皇帝。

孝景皇帝元年十月，制诏御史："盖闻古者祖有功而宗有德，制礼乐各有由。闻歌者，所以发德也；舞者，所以明功也。高庙酎，奏《武德》《文始》《五行》之舞。孝惠庙酎，奏《文始》《五行》之舞。孝文皇帝临天下，通关梁，不异远方。除诽谤，去肉刑，赏赐长老，收恤孤独，以育群生。减嗜欲，不受献，不私其利也。罪人不帑，不诛无罪。除宫、肉刑，出美人，重绝人之世。朕既不敏，不能识。此皆上古之所不及，而孝文皇帝亲行之。德厚侔天地，利泽施四海，靡不获福焉。明象乎日月，而庙乐不称。朕甚惧焉。其为孝文皇帝庙为《昭德》之舞，以明休德。然后祖宗之功德著于竹帛，施于万世，永永无穷，朕甚嘉之。其与丞相、列侯、中二千石、礼官具为礼仪奏。"丞相臣嘉等言："陛下永思孝道，立《昭德》之舞以明孝文皇帝之盛德。皆臣嘉等愚所不及。臣谨议：世功莫大于高皇帝，德莫盛于孝文皇帝，高皇庙宜为帝者太祖之庙，孝文皇帝庙宜为帝者太宗之庙。天子宜世世献祖宗之庙。郡国诸侯宜各为孝文皇帝立太宗之庙。诸侯王列侯使者侍祠天子，岁献祖宗之庙。请著之竹帛，宣布天下。"制曰："可。"

太史公曰：孔子言"必世然后仁。善人之治国百年，亦可以胜残去杀"，诚哉是言！汉兴，至孝文四十有余载，德至盛也。廪廪乡改正服封禅矣，谦让未成于今。呜呼，岂不仁哉！

孝文在代，兆遇大横。宋昌建册，绛侯奉迎。南面而让，天下归诚。务农先籍，布德偃兵。除帑削谤，政简刑清。绨衣率俗，露台罢营。法宽张武，狱恤缇萦。霸陵如故，千年颂声。

《汉书·文帝纪》

孝文皇帝，高祖中子也，母曰薄姬。高祖十一年，诛陈豨，定代地，立为代王，都中都。十七年秋，高后崩，诸吕谋为乱，欲危刘氏。丞相陈平、太尉周勃、朱虚侯刘章等共诛之，谋立代王。语在《高后纪》《高五王传》。

大臣遂使人迎代王。郎中令张武等议，皆曰："汉大臣皆故高帝时将，习兵事，多谋诈，其属意非止此也，特畏高帝、吕太后威耳。今已诛诸吕，新喋血京师，以迎大王为名，实不可信。愿称疾无往，以观其变。"中尉宋昌进曰："群臣之议皆非也。夫秦失其政，豪杰并起，人人自以为得之者以万数，然卒践天子位者，刘氏也，天下绝望，一矣。高帝王子弟，地犬牙相制，所谓盘石之宗也，天下服其强，二矣。汉兴，除秦烦苛，约法令，施德惠，人人自安，难动摇，三矣。夫以吕太后之严，立诸吕为三王,擅权专制,然而太尉以一节入北军一呼,士皆袒左为刘氏,畔诸吕,卒以灭之。此乃天授,非人力也。今大臣虽欲为变,百姓弗为使,其党宁能专一邪?内有朱虚、东牟之亲,外畏吴、楚、淮南、琅邪、齐、代之强。方今高帝子独淮南王与大王,大王又长,贤圣仁孝闻于天下,故大臣因天下之心而欲迎立大王,大王勿疑也。"代王报太后,计犹豫未定。卜之,兆得大横。占曰:"大横庚庚,余为天王,夏启以光。"代王曰:"寡人固已为王,又何王乎?"卜人曰:"所谓天王者,乃天子也。"于是代王乃遣太后弟薄昭见太尉勃,勃等具言所以迎立王者。昭还报曰:"信矣,无可疑者。"代王笑谓宋昌曰:"果如公言。"乃令宋昌骖乘,张武等六人乘六乘传,诣长安,至高陵止,而使宋昌先之长安观变。

昌至渭桥,丞相已下皆迎。昌还报,代王乃进至渭桥。群臣拜谒称臣,代王下拜。太尉勃进曰:"愿请间。"宋昌曰:"所言公,公言之;所言私,王者无私。"太尉勃乃跪上天子玺。代王谢曰:"至邸而议之。"

闰月己酉,入代邸。群臣从至,上议曰:"丞相臣平、太尉臣勃、大将军臣武、御史大夫臣苍、宗正臣郢、朱虚侯臣章、东牟侯臣兴居、典客臣揭再拜言大王足下:子弘等皆非孝惠皇帝子,不当奉宗庙。臣谨请阴安侯、顷王后、琅邪王、列侯、吏二千石议,大王高皇帝子,宜为嗣,愿大王即天子位。"代王曰:"奉高帝宗庙,重事也。寡人不佞,不足以称。愿请楚王计宜者,寡人弗敢当。"群臣皆伏,固请。代王西乡让者三,南乡让者再。丞相平等皆曰:"臣伏计之,大王奉高祖宗庙最宜称,虽天下诸侯万民皆以为宜。臣等为宗庙、社稷计,不敢忽。愿大王幸听臣等。臣谨奉天子玺、符再拜上。"代王曰:"宗室、将、相、王、列侯以为莫宜寡人,寡人不敢辞。"遂即天子位。群臣以次侍。

使太仆婴、东牟侯兴居先清宫，奉天子法驾迎代邸。皇帝即日夕入未央宫。夜拜宋昌为卫将军，领南北军，张武为郎中令，行殿中。还坐前殿，下诏曰："制诏丞相、太尉、御史大夫：间者诸吕用事擅权，谋为大逆，欲危刘氏宗庙，赖将、相、列侯、宗室、大臣诛之，皆伏其辜。朕初即位，其赦天下，赐民爵一级，女子百户牛、酒，酺五日。"

元年冬十月辛亥，皇帝见于高庙。遣车骑将军薄昭迎皇太后于代。诏曰："前吕产自置为相国，吕禄为上将军，擅遣将军灌婴将兵击齐，欲代刘氏。婴留荥阳，与诸侯合谋以诛吕氏。吕产欲为不善，丞相平与太尉勃等谋夺产等军。朱虚侯章首先捕斩产。太尉勃身率襄平侯通持节承诏入北军。典客揭夺吕禄印。其益封太尉勃邑万户，赐金五千斤。丞相平、将军婴邑各三千户，金二千斤。朱虚侯章、襄平侯通邑各二千户，金千斤。封典客揭为阳信侯，赐金千斤。"

十二月，立赵幽王子遂为赵王，徙琅邪王泽为燕王。吕氏所夺齐、楚地皆归之。尽除收帑相坐律令。

正月，有司请蚤建太子，所以尊宗庙也。诏曰："朕既不德，上帝神明未歆飨也，天下人民未有惬志。今纵不能博求天下贤圣有德之人而禅天下焉，而曰豫建太子，是重吾不德也。谓天下何？其安之。"有司曰："豫建太子，所以重宗庙、社稷，不忘天下也。"上曰："楚王，季父也，春秋高，阅天下之义理多矣，明于国家之体。吴王于朕，兄也；淮南王，弟也：皆秉德以陪朕，岂为不豫哉！诸侯王、宗室昆弟有功臣，多贤及有德义者，若举有德以陪朕之不能终，是社稷之灵、天下之福也。今不选举焉，而曰必子，人其以朕为忘贤有德者而专于子，非所以忧天下也。朕甚不取。"有司固请曰："古者殷、周有国，治安皆且千岁，有天下者莫长焉，用此道也。立嗣必子，所从来远矣。高帝始平天下，建诸侯，为帝者太祖。诸侯王、列侯始受国者亦皆为其国祖。子孙继嗣，世世不绝，天下之大义也。故高帝设之以抚海内。今释宜建而更选于诸侯宗室，非高帝之志也。更议不宜。子启最长，敦厚慈仁，请建以为太子。"上乃许之。因赐天下民当为父后者爵一级。封将军薄昭为轵侯。

三月，有司请立皇后。皇太后曰："立太子母窦氏为皇后。"

诏曰："方春和时，草木群生之物皆有以自乐，而吾百姓鳏寡孤独、穷困之人或阽于死亡，而莫之省忧。为民父母将何如？其议所以振贷之。"又曰："老者非帛不暖，非肉不饱。今岁首，不时使人存问长老，又无布帛酒肉之赐，将何以佐天下子孙孝养其亲？今闻吏禀当受鬻者，或以陈粟，岂称养老之意哉！具为令。"有司请令县道，年八十已上，赐米人月一石，肉二十斤，酒五斗。其九十已上，又赐帛人二匹，絮三斤。赐物及当禀鬻米者，长吏阅视，丞若尉致。不满九十，啬夫、令史致。二千石遣都吏循行，不称者督之。刑者及有罪耐以上，不用此令。

楚元王交薨。

四月，齐、楚地震，二十九山同日崩，大水溃出。

六月，令郡国无来献。施惠天下，诸侯、四夷，远近欢洽。乃修代来功。诏曰："方大臣诛诸吕迎朕，朕狐疑，皆止朕，唯中尉宋昌劝朕，朕已得保宗庙。以尊昌为卫将军，其封昌为壮武侯。诸从朕六人，官皆至九卿。"又曰："列侯从高帝入蜀、汉者六十八人益邑各三百户，吏二千石以上从高帝颍川守尊等十人食邑六百户，淮阳守申屠嘉等十人五百户，卫尉足等十人四百户。"封淮南王舅赵兼为周阳侯，齐王舅驷钧为靖郭侯，故常山丞相蔡兼为樊侯。

二年冬十月，丞相陈平薨。诏曰："朕闻古者诸侯建国千余，各守其地，以时入贡，民不劳苦，上下欢欣，靡有违德。今列侯多居长安，邑远，吏卒给输费苦，而列侯亦无由教训其民。其令列侯之国，为吏及诏所止者，遣太子。"

十一月癸卯晦，日有食之。诏曰："朕闻之，天生民，为之置君以养治之。人主不德，布政不均，则天示之灾以戒不治。乃十一月晦，日有食之，适见于天，灾孰大焉！朕获保宗庙，以微眇之身托于士民君王之上，天下治乱，在予一人，唯二三执政犹吾股肱也。朕下不能治育群生，上以累三光之明，其不德大矣。令至，其悉思朕之过失，及知见之所不及，匄以启告朕。及举贤良方正能直言极谏者，以匡朕之不逮。因各敕以职任，务省徭费以便民。朕既不能远德，故憪然念外人之有非，是以设备未息。今纵不能罢边屯戍，又饬兵厚卫，其罢卫将军军。太仆见马遗财足，余皆以给传置。"

春正月丁亥，诏曰："夫农，天下之本也，其开籍田，朕亲率耕，以给宗庙粢盛。民谪作县官及贷种食未入、入未备者，皆赦之。"

三月，有司请立皇子为诸侯王。诏曰："前赵幽王幽死，朕甚怜之，已立其太子遂为赵王。遂弟辟彊及齐悼惠王子朱虚侯章、东牟侯兴居有功，可王。"乃立辟彊为河间王，章为城阳王，兴居为济北王。因立皇子武为代王，参为太原王，揖为梁王。

五月，诏曰："古之治天下，朝有进善之旌、诽谤之木，所以通治道而来谏者也，今法有诽谤、訞言之罪，是使众臣不敢尽情，而上无由闻过失也。将何以来远方之贤良？其除之。民或祝诅上，以相约而后相谩，吏以为大逆；其有他言，吏又以为诽谤。此细民之愚无知抵死，朕甚不取。自今以来，有犯此者勿听治。"

九月，初与郡守为铜虎符、竹使符。诏曰："农，天下之大本也，民所恃以生也，而民或不务本而事末，故生不遂。朕忧其然，故今兹亲率群臣农以劝之。其赐天下民今年田租之半。"

三年冬十月丁酉晦，日有食之。十一月丁卯晦，日有蚀之。诏曰："前日诏遣列侯之国，辞未行。丞相朕之所重，其为朕率列侯之国。"遂免丞相勃，遣就国。

十二月，太尉颍阴侯灌婴为丞相。罢太尉官，属丞相。

夏四月，城阳王章薨。淮南王长杀辟阳侯审食其。

五月，匈奴入居北地、河南为寇。上幸甘泉，遣丞相灌婴击匈奴，匈奴去。发中尉材官属卫将军，军长安。上自甘泉之高奴，因幸太原，见故群臣，皆赐之。举功行赏，诸民里赐牛酒。复晋阳、中都民三岁租。留游太原十余日。济北王兴居闻帝之代，欲自击匈奴，乃反，发兵欲袭荥阳。于是诏罢丞相兵，以棘蒲侯柴武为大将军，将四将军十万众击之。祁侯缯贺为将军，军荥阳。

秋七月，上自太原至长安。诏曰："济北王背德反上，诖误吏民，为大逆。济北吏民，兵未至先自定及以军、城邑降者，皆赦之，复官爵。与王兴居居，去来者，亦赦之。"八月，虏济北王兴居，自杀。赦诸与兴居反者。

四年冬十二月，丞相灌婴薨。

夏五月，复诸刘有属籍，家无所与。赐诸侯王子邑各二千户。

秋九月，封齐悼惠王子七人为列侯。绛侯周勃有罪，逮诣廷尉诏狱。作顾成庙。

五年春二月，地震。

夏四月，除盗铸钱令。更造四铢钱。

六年冬十月，桃、李华。
十一月，淮南王长谋反，废迁蜀严道，死雍。

七年冬十月，令列侯太夫人、夫人、诸侯王子及吏二千石无得擅征捕。
夏四月，赦天下。
六月癸酉，未央宫东阙罘罳灾。

八年夏，封淮南厉王长子四人为列侯。有长星出于东方。

九年春，大旱。

十年冬，行幸甘泉。将军薄昭死。

十一年冬十一月，行幸代。春正月，上自代还。
夏六月，梁王揖薨。匈奴寇狄道。

十二年冬十二月，河决东郡。
春正月，赐诸侯王女邑各二千户。
二月，出孝惠皇帝后宫美人，令得嫁。
三月，除关，无用传。诏曰："道民之路，在于务本。朕亲率天下农，十年于今，而野不加辟。岁一不登，民有饥色，是从事焉尚寡，而吏未加务也。吾诏书数下，岁劝民种树，而功未兴，是吏奉吾诏不勤，而劝民不明也。且吾农民甚苦，而吏莫之省，将何以劝焉？其赐农民今年租税之半。"

又曰:"孝悌,天下之大顺也;力田,为生之本也;三老,众民之师也;廉吏,民之表也。朕甚嘉此二三大夫之行。今万家之县,云无应令,岂实人情?是吏举贤之道未备也。其遣谒者劳赐三老、孝者帛,人五匹;悌者、力田二匹;廉吏二百石以上率百石者三匹。及问民所不便安,而以户口率置三老、孝、悌、力田常员,令各率其意以道民焉。"

十三年春二月甲寅,诏曰:"朕亲率天下农耕以供粢盛,皇后亲桑以奉祭服,其具礼仪。"

夏,除秘祝,语在《郊祀志》。

五月,除肉刑法,语在《刑法志》。

六月,诏曰:"农,天下之本,务莫大焉。今廑身从事,而有租税之赋,是谓本末者无以异也,其于劝农之道未备。其除田之租税。赐天下孤寡布、帛、絮各有数。"

十四年冬,匈奴寇边,杀北地都尉卬。遣三将军军陇西、北地、上郡,中尉周舍为卫将军,郎中令张武为车骑将军,军渭北,车千乘,骑卒十万人。上亲劳军,勒兵,申教令,赐吏卒。自欲征匈奴,群臣谏,不听。皇太后固要上,乃止。于是以东阳侯张相如为大将军,建成侯董赫、内史栾布皆为将军,击匈奴,匈奴走。

春,诏曰:"朕获执牺牲珪币以事上帝宗庙,十四年于今。历日弥长,以不敏不明而久抚临天下,朕甚自愧。其广增诸祀坛场、珪币。昔先王远施不求其报,望祀不祈其福,右贤左戚,先民后己,至明之极也。今吾闻祠官祝釐,皆归福于朕躬,不为百姓,朕甚愧之。夫以朕之不德,而专乡独美其福,百姓不与焉,是重吾不德也。其令祠官致敬,无有所祈。"

十五年春，黄龙见于成纪。上乃下诏议郊祀。公孙臣明服色，新垣平设五庙，语在《郊祀志》。

夏四月，上幸雍，始郊见五帝，赦天下。修名山大川尝祀而绝者，有司以岁时致礼。

九月，诏诸侯王、公卿、郡守举贤良能直言极谏者，上亲策之，傅纳以言，语在《晁错传》。

十六年夏四月，上郊祀五帝于渭阳。

五月，立齐悼惠王子六人、淮南厉王子三人皆为王。

秋九月，得玉杯，刻曰"人主延寿"。令天下大酺，明年改元。

后元年冬十月，新垣平诈觉，谋反，夷三族。

春三月，孝惠皇后张氏薨。诏曰："间者数年比不登，又有水旱疾疫之灾，朕甚忧之。愚而不明，未达其咎。意者朕之政有所失而行有过与？乃天道有不顺，地利或不得，人事多失和，鬼神废不享与？何以致此？将百官之奉养或费，无用之事或多与？何其民食之寡乏也！夫度田非益寡，而计民未加益，以口量地，其于古犹有余，而食之甚不足者，其咎安在？无乃百姓之从事于末以害农者蕃，为酒醪以靡谷者多，六畜之食焉者众与？细大之义，吾未能得其中。其与丞相、列侯、吏二千石、博士议之，有可以佐百姓者，率意远思，无有所隐也。"

二年夏，行幸雍棫阳宫。

六月，代王参薨。匈奴和亲。诏曰："朕既不明，不能远德，使方外之国或不宁息。夫四荒之外不安其生，封圻之内勤劳不处，二者之咎，皆自于朕之德薄而不能达远也。间者累年，匈奴并暴边境，多杀吏民，边臣兵吏又不能谕其内志，以重吾不德。夫久结难连兵，中外之国将何以自宁？今朕夙兴夜寐，勤劳天下，忧苦万民，为之恻怛不安，未尝一日忘于心，故遣使者冠盖相望，结彻于道，以谕朕志于单于。今单于反古之道，计社稷之安，便万民之利，新与朕俱弃细过，偕之大道，结兄弟之义，以全天下元元之民。和亲以定，始于今年。"

三年春二月，行幸代。

四年夏四月丙寅晦，日有蚀之。五月，赦天下。免官奴婢为庶人。行幸雍。

五年春正月，行幸陇西。三月，行幸雍。秋七月，行幸代。

六年冬，匈奴三万骑入上郡，三万骑入云中。以中大夫令免为车骑将军，屯飞狐；故楚相苏意为将军，屯句注；将军张武屯北地；河内太守周亚夫为将军，次细柳；宗正刘礼为将军，次霸上；祝兹侯徐厉为将军，次棘门，以备胡。

夏四月，大旱，蝗。令诸侯无入贡，弛山泽，减诸服御，损郎吏员，发仓庾以振民，民得卖爵。

七年夏，六月己亥，帝崩于未央宫。遗诏曰："朕闻之：盖天下万物之萌生，靡不有死。死者天地之理，物之自然，奚可甚哀！当今之世，咸嘉生而恶死，厚葬以破业，重服以伤生，吾甚不取。且朕既不德，无以佐百姓。今崩，又使重服久临，以罹寒暑之数，哀人父子；伤长老之志，损其饮食，绝鬼神之祭祀，以重吾不德，谓天下何！朕获保宗庙，以眇眇之身托于天下君王之上，二十有余年矣。赖天之灵。社稷之福，方内安宁，靡有兵革。朕既不敏，常畏过行，以羞先帝之遗德；惟年之久长，惧于不终。今乃幸以天年得复供养于高庙，朕之不明与嘉之，其奚哀念之有！其令天下吏民，令到出临三日，皆释服。无禁取妇、嫁女、祠祀、饮酒、食肉。自当给丧事服临者，皆无践。绖带无过三寸。无布车及兵器。无发民哭临宫殿中。殿中当临者，皆以旦夕各十五举音，礼皆罢。非旦夕临时，禁无得擅哭临。以下，服大红十五日，小红十四日，纤七日，释服。它不在令中者，皆以此令比类从事。布告天下，使明知朕意。霸陵山川因其故，无有所改。归夫人以下至少使。"令中尉亚夫为车骑将军，属国悍为将屯将军，郎中令张武为复土将军，发近县卒万六千人，发内史卒万五千人，臧郭、穿、复土属将军武。赐诸侯王以下至孝悌、力田金、钱、帛各有数。乙巳，葬霸陵。

赞曰：孝文皇帝即位二十三年，宫室、苑囿、车骑、服御无所增益。有不便，辄弛以利民。尝欲作露台，召匠计之，直百金。上曰："百金，中人十家之产也。吾奉先帝宫室，常恐羞之，何以台为！"身衣弋绨，所幸慎夫人衣不曳地，帷帐无文绣，以示敦朴，为天下先。治霸陵，皆瓦器，不得以金银铜锡为饰，因其山，不起坟。南越尉佗自立为帝，召贵佗兄弟，以德怀之，佗遂称臣。与匈奴结和亲，后而背约入盗，令边备守，不发兵深入，恐烦百姓。吴王诈病不朝，赐以几杖。群臣袁盎等谏说虽切，常假借纳用焉。张武等受赂金钱，觉，更加赏赐，以愧其心。专务以德化民，是以海内殷富，兴于礼义，断狱数百，几致刑措。呜呼仁哉！

汉文帝诏书与书信

即位赦诏（吕后八年）

制诏丞相、太尉、御史大夫：间者诸吕用事擅权，谋为大逆，欲危刘氏宗庙。赖将相、列侯、宗室、大臣诛之，皆伏其辜。朕初即位，其赦天下，赐民爵一级，女子百户牛、酒，酺五日。（《汉书·文帝纪》。《史记·孝文本纪》"皇帝即日夕入未央宫，……于是夜下诏书曰"。）

答有司请建太子诏（元年正月）

朕既不德，上帝神明未歆飨也，天下人民未有嗛志。今纵不能博求天下贤圣有德之人而嬗天下焉，而曰豫建太子，是重吾不德也。谓天下何？其安之。（《史记·孝文本纪》。《汉书》"嗛"作"慊"。）

楚王，季父也，春秋高，阅天下之义理多矣，明于国家之大体。吴王于朕，兄也，惠仁以好德；淮南王，弟也，秉德以陪朕，岂为不豫哉！诸侯王宗室昆弟有功臣，多贤及有德义者，若举有德以陪朕之不能终，是社稷之灵、天下之福也。今不选举焉，而曰必子，人其以朕为忘贤有德者而专于子，非所以忧天下也。朕甚不取也。（《史记·孝文本纪》。《汉书》无"惠仁"句，"秉"上有"皆"字。）

振贷诏（元年三月）

方春和时，草木群生之物，皆有以自乐。而吾百姓鳏寡孤独穷困之人，或阽于死亡，而莫之省忧。为民父母将何如？其议所

以振贷之。(《汉书·文帝纪》)

养老诏（元年三月）
老者非帛不暖，非肉不饱。今岁首，不时使人存问长老，又无布帛酒肉之赐，将何以佐天下子孙孝养其亲？今闻吏禀当受鬻者，或以陈粟，岂称养老之意哉！具为令。(《汉书·文帝纪》)

修代来功诏（元年六月）
方大臣诛诸吕迎朕，朕狐疑，皆止朕，唯中尉宋昌劝朕，朕已得保宗庙。已尊昌为卫将军，其封昌为壮武侯。诸从朕六人，官皆至九卿。(《汉书·文帝纪》)

益封高帝从臣诏（元年六月）
列侯从高帝入蜀、汉中者六十八人，皆益户各三百户；故吏二千石已上从高帝颍川守尊等十人，食邑六百户；淮阳守申徒嘉等十人，五百户；卫尉定等十人，四百户。封淮南王舅赵兼为周阳侯，齐王舅驷钧为清郭侯。(《史记·孝文本纪》。《汉书》申徒嘉"徒"作"屠"，清郭侯"清"作"靖"，卫尉定"定"作"足"。)

封赐周勃等诏（元年十月）
吕产自置为相国，吕禄为上将军，擅矫遣灌将军婴将兵击齐，欲代刘氏，婴留荥阳弗击，与诸侯合谋以诛吕氏。吕产欲为不善，丞相陈平与太尉周勃谋，夺吕产等军。朱虚侯刘章首先捕吕产等，太尉身率襄平侯通持节承诏入北军，典客刘揭身夺赵王吕禄印。益封太尉勃万户，赐金五千斤；丞相陈平、灌将军婴邑各三千户，金二千斤；朱虚侯刘章、襄平侯通、东牟侯刘兴居邑各二千户，金千斤；封典客揭为阳信侯，赐金千斤。(《史记·汉文本纪》；《汉书·文帝纪》首有"前"字。)

开籍田诏（二年正月）
夫农，天下之本也，其开籍田，朕亲率耕。以给宗庙粢盛。民谪作县官及贷种食未入、入未备者，皆赦之。(《汉书·文帝纪》)

王辟强等诏（二年三月）
前赵幽王幽死，朕甚怜之，已立其太子遂为赵王。遂弟辟强，及齐悼惠王子朱虚侯章、东牟侯兴居有功，可王。(《汉书·文帝纪》)

除诽谤訞言法诏（二年五月）
古之治天下，朝有进善之旌、诽谤之木，所以通治道而来谏者也，今法有诽谤、訞言之罪，是使众臣不敢尽情，而上无由闻过失也，将何以来远方之贤良？其除之。民或祝诅上以相约，而后相谩，吏以为大逆，其有他言，吏又以为诽谤。此细民之愚，无知抵死，朕甚不取。自今以来，有犯此者，勿听治。(《汉书·文帝纪》)

劝农诏（二年九月）
农，天下之大本也，民所恃以生也。而民或不务本而事末，故生不遂。朕忧其然，故今兹亲率群臣，农以劝之。其赐天下民今年田租之半。(《汉书·文帝纪》)

令列侯之国诏（二年十月）
朕闻古者诸侯，建国千余，各守其地，以时入贡，民不劳苦，上下驩欣，靡有违德。今列侯多居长安，邑远，吏卒给输费苦，而列侯亦无由教驯其民。其令列侯之国，为吏及诏所止者，遣太子。（《史记·孝文本纪》。《汉书》"驯"作"训"，"无由"作"无繇"。）

却献千里马诏（二年十一月）

鸾旗在前，属车在后，吉行日五十里，师行三十里。朕乘千里之马，独先安之？朕不受献也，其令四方毋求来献。（《汉书·贾捐之传》，"时有献千里马者，诏曰"；"于是还马，与道里费，而下诏曰"。）

日食求言诏（二年十一月）

朕闻之，天生民，为之置君以养治之。人主不德，布政不均，则天示之灾，以戒不治。乃十一月晦，日有食之，适见于天，灾孰大焉！朕获保宗庙，以微眇之身，托于士民君王之上，天下治乱，在予一人。唯二三执政，犹吾股肱也。朕下不能治育群生，上以累三光之明，其不德大矣。令至，其悉思朕之过失，及知见之所不及，匄以启告朕。及举贤良方正能直言极谏者，以匡朕之不逮。因各敕以职任，务省徭费以便民。朕既不能远德，故懰然念外人之有非，是以设备未息。今纵不能罢边屯戍，又饬兵厚卫，其罢卫将军军。太仆见马遗财足，余皆以给传置。（《汉书·文帝纪》）

议除连坐诏（二年）

诏丞相、太尉、御史：法者，治之正，所以禁暴而卫善人也。今犯法者已论，而使无罪之父母、妻、子、同产坐之及收，朕甚弗取。其议。（《汉书·刑法志》。《纪》作元年，少首句。）

朕闻之，法正则民悫，罪当则民从。且夫牧民而道之以善者，吏也；既不能道，又以不正之法罪之，是法反害于民，为暴者也。朕未见其便，宜熟计之。（同上。周勃、陈平奏，"以为如其故便，文帝复曰"。）

遣灌婴击匈奴诏（三年五月）

汉与匈奴约为昆弟，无侵害边境，所以输遗匈奴甚厚。今右贤王离其国，将众居河南地，非常故。往来入塞，捕杀吏卒，驱侵上郡，保塞蛮夷，令不得居其故，陵轹边吏，入盗，甚骜无道，非约也。其发边吏车骑八万诣高奴，遣丞相灌婴将击右贤王。（《汉书·匈奴传》）

赦济北吏民诏（三年七月）

济北王背德反上，诖误吏民，为大逆。济北吏民，兵未至先自定，及以军、城邑降者，皆赦之，复官爵。与王兴居去来者，亦赦之。（《汉书·文帝纪》）

复遣周勃率列侯之国诏　三年十一月

前日朕遣列侯之国，辞未行。丞相朕之所重，其为朕率列侯之国。（《汉书·文帝纪》；又见《周勃传》。）

劝农诏（十二年三月）

道民之路，在于务本。朕亲率天下农，十年于今，而野不加辟，岁一不登，民有饥色，是从事焉尚寡，而吏未加务也。吾诏书数下，岁劝民种树，而功未兴，是吏奉吾诏不勤，而劝民不明也。且吾农民甚苦，而吏莫之省，将何以劝焉？其赐农民今年租税之半。（《汉书·文帝纪》）

置三老孝悌力田常员诏（十二年三月）

孝悌，天下之大顺也；力田，为生之本也；三老，众民之师也；廉吏，民之表也。朕甚嘉此二三大夫之行。今万家之县，云无应令，岂实人情？是吏举贤之道未备也。其遣谒者劳赐三老、孝者帛人五匹，悌者、力田二匹，廉吏二百石以上率百石者三匹。及问民所不便安，而以户口率置三老、孝、悌、力田常员，令各率其意，以道民焉。（《汉书·文帝纪》）

耕桑诏（十三年二月）

朕亲率下农耕，以供粢盛；皇后亲桑，以奉祭服。其具礼仪。（《汉书·文帝纪》）

除秘祝诏（十三年四月）

盖闻天道，祸自怨起，而福繇德兴。百官之非，宜由朕躬。今秘祝之官移过于下，以彰吾之不德，朕甚不取。其除之。（《史记·孝文本纪》；又见《封禅书》，又见《汉书·郊祀志上》，皆删节。）

除肉刑诏（十三年五月）

制诏御史：盖闻有虞氏之时，画衣冠、异章服以为僇，而民弗犯。何治之至也！今法有肉刑三，而奸不止，其咎安在？非乃朕德之薄而教不明与？吾甚自愧。故夫训道不纯而愚民陷焉。《诗》曰："恺弟君子，民之父母。"今人有过，教未施而刑已加焉，或欲改行为善，而道亡繇至。朕甚怜之。夫刑至断支体、刻肌肤。终身不息，何其刑之痛而不德也，岂称为民父母之意哉！其除肉刑，有以易之；及令罪人各以轻重，不亡逃，有年而免。

具为令。(《汉书·刑法志》。《史记·孝文本纪》"何治之至也"作"何则？治之至也"，"训道"作"驯道"，"道亡繇至"作"道毋由也"，"何其刑之痛而不德也"作"何其楚痛而不德也"，无"其除肉刑"以下。)

劝农诏（十三年六月）
农，天下之本，务莫大焉。今厪身从事，而有租税之赋，是谓本末者无以异也，其于劝农之道未备。其除田之租税。赐天下孤寡布、帛、絮各有数。(《汉书·文帝纪》。《史记》"厪身"作"勤身")

增祀无祈诏（十四年春）
朕获执牺牲珪币以事上帝宗庙，十四年于今。历日弥长，以不敏不明，而久抚临天下，朕甚自愧。其广增诸祀坛场、珪币。昔先王远施不求其报，望祀不祈其福，右贤左戚，先民后己，至明之极也。今吾闻祠官祝釐，皆归福于朕躬，不为百姓，朕甚愧之。夫以朕之不德，而专乡独美其福，百姓不与焉，是重吾不德也。其令祠官致敬，无有所祈。(《汉书·文帝纪》)

议郊祀诏（十五年夏）
有异物之神见于成纪，无害于民，岁以有年。朕亲郊祀上帝诸神，礼官议，毋讳以朕劳。(《史记·孝文本纪》。《汉书·郊祀志上》"朕亲"作"朕几"。)

策贤良文学诏（十五年九月）
惟十有五年九月壬子，皇帝曰：昔者大禹勤求贤士，施及方外，四极之内，舟车所至，人迹所及，靡不闻命，以辅其不逮；

近者献其明，远者通厥聪，比善戮力，以翼天子。是以大禹能亡失德，夏以长楙。高皇帝亲除大害，去乱从，并建豪英，以为官师，为谏争，辅天子之阙，而翼戴汉宗也。赖天之灵，宗庙之福，方内以安，泽及四夷。

今朕获执天子之正，以承宗庙之祀。朕既不德，又不敏，明弗能烛，而智不能治，此大夫之所著闻也。故诏有司、诸侯王、三公、九卿及主郡吏，各帅其志，以选贤良，明于国家之大体，通于人事之终始，及能直言极谏者，各有人数，将以匡朕之不逮。二三大夫之行，当此三道，朕甚嘉之，故登大夫于朝，亲谕朕志。大夫其上三道之要，及永惟朕之不德、吏之不平、政之不宜、民之不宁，四者之阙，悉陈其志，毋有所隐。上以荐先帝之宗庙，下以兴愚民之休利，著之于篇，朕亲览焉，观大夫所以佐朕，至与不至。书之，周之密之，重之闭之。兴自朕躬，大夫其正论，毋枉执事。乌乎戒之！二三大夫，其帅志毋怠！（《汉书·晁错传》"诏有司举贤良文学士，错在选中。上亲策诏之，曰"。）

求言诏（后元年三月）

间者数年比不登，又有水旱疾疫之灾，朕甚忧之。愚而不明，未达其咎。意者朕之政有所失而行有过与？乃天道有不顺，地利或不得，人事多失和，鬼神废不享与？何以致此！将百官之奉养或费，无用之事或多与？何其民食之寡乏也！夫度田非益寡，而计民未加益，以口量地，其于古犹有馀，而食之甚不足者，其咎安在？无乃百姓之从事于末以害农者蕃，为酒醪以靡谷者多，六畜之食焉者众与？细大之义，吾未能得其中，其与丞相列侯吏二千石博士议之，有可以佐百姓者，率意远思，无有所隐。（《汉书·文帝纪》）

与匈奴和亲诏（后二年六月）

朕既不明，不能远德，是以使方外之国或不宁息。夫四荒之外不安其生，封畿之内勤劳不处，二者之咎，皆自于朕之德薄而不能远达也。间者累年，匈奴并暴边境，多杀吏民，边臣兵吏又不能谕吾内志，以重吾不德也。夫久结难连兵，中外之国将何以自宁？今朕夙兴夜寐，勤劳天下，忧苦万民，为之怛惕不安，未尝一日忘于心，故遣使者冠盖相望，结轶于道，以谕朕意于单于。今单于反古之道，计社稷之安，便万民之利，亲与朕俱弃细过，偕之大道，结兄弟之义，以全天下元元之民。和亲已定，始于今年。（《史记·孝文本纪》。《汉书·文帝纪》"封畿"作"封圻"，"结轶"作"结辙"，"亲与"作"新与"。）

与匈奴和亲布告天下诏（后二年）

制诏御史：匈奴大单于遗朕书，和亲已定，亡人不足以益众广地，匈奴无入塞，汉无出塞，犯今约者杀之，可以久亲，后无咎，俱便。朕已许。其布告天下，使明知之。（《汉书·匈奴传》"单于既约和亲，于是"。）

遗诏（后七年六月）

朕闻盖天下万物之萌生，靡不有死。死者，天地之理，物之自然者，奚可甚哀？当今之时，世咸嘉生而恶死，厚葬以破业，重服以伤生，吾甚不取。且朕既不德，无以佐百姓；今崩，又使重服久临，以离寒暑之数，哀人之父子，伤长幼之志，损其饮食，绝鬼神之祭祀，以重吾不德也，谓天下何！

朕获保宗庙，以眇眇之身，托于天下君王之上，二十有余年矣。赖天地之灵，社稷之福，方内安宁，靡有兵革。朕既不敏，常畏过行，以羞先帝之遗德；维年之久长，惧于不终。今乃幸以天年，得复供养于高庙。朕之不明与，嘉之，其奚哀悲之有！

其令天下吏民：令到，出临三日，皆释服。毋禁取妇嫁女、祠祀、饮酒食肉者。自当给丧事服临者，皆无践。绖带无过三寸，毋布车及兵器，毋发民男女哭临宫殿。宫殿中当临者，皆以旦夕各十五举声，礼毕罢。非旦夕临时，禁毋得擅哭。已下，服大红十五日，小红十四日，纤七日，释服。他不在令中者，皆以此令比率从事。布告天下，使明知朕意。霸陵山川因其故，毋有所改。归夫人以下至少使。（《史记·孝文本纪》。《汉书·文帝纪》"朕闻"之后有"之"字，"离"作"罹"，"长幼"作"长老"。）

赐南粤王赵佗书（元年）

皇帝谨问南粤王。甚苦心劳意。

朕，高皇帝侧室之子，弃外奉北藩于代，道里辽远，壅蔽朴愚，未尝致书。高皇帝弃群臣，孝惠皇帝即世，高后自临事，不幸有疾，日进不衰，以故悖暴乎治。诸吕为变故乱法，不能独制，乃取它姓子为孝惠皇帝嗣。赖宗庙之灵，功臣之力，诛之已毕。朕以王侯吏不释之故，不得不立。今即位。

乃者闻王遗将军隆虑侯书，求亲昆弟，请罢长沙两将军。朕以王书罢将军博阳侯，亲昆弟在真定者，已遣人存问，修治先人冢。前日闻王发兵于边，为寇灾不止。当其时，长沙苦之，南郡尤甚。虽王之国，庸独利乎？必多杀士卒，伤良将吏，寡人之妻，孤人之子，独人父母，得一亡十，朕不忍为也。

朕欲定地犬牙相入者，以问吏，吏曰："高皇帝所以介长沙土也。"朕不能擅变焉。吏曰："得王之地，不足以为大；得王之财，不足以为富。"服领以南，王自治之。虽然，王之号为帝，两帝并立，亡一乘之使以通其道，是争也。争而不让。仁者不为也。愿与王分弃前患,终今以来,通使如故。故使贾驰谕告王朕意,王亦受之,毋为寇灾矣。

上褚五十衣,中褚三十衣,下褚二十衣,遗王。愿王听乐娱忧。存问邻国。(《汉书·两粤传》)

匈奴单于遗汉书(四年)

天所立匈奴大单于敬问皇帝无恙。

前时皇帝言和亲事,称书意,合欢。汉边吏侵侮右贤王,右贤王不请,听后义卢侯难支等计,与汉吏相恨,绝二主之约,离昆弟之亲。皇帝让书再至,发使以书报,不来,汉使不至。汉以其故不和,邻国不附。今以少吏之败约故,罚右贤王,使至西方求月氏击之。以天之福,吏卒良,马力强,以灭夷月氏,尽斩杀降下之;定楼兰、乌孙、呼揭及其旁二十六国,皆以为匈奴。诸引弓之民,并为一家。

北州已定,愿寝兵休士卒养马,除前事,复故约,以安边民,以应始古,使少者得成其长,老者安其处,世世平乐。未得皇帝之志,故使郎中系雩浅奉书请,献橐他一,骑马二,驾二驷。皇帝即不欲匈奴近塞,则且诏吏民远舍。使者至,即遣之。(《史记·匈奴列传》)

遗匈奴书(六年)

皇帝敬问匈奴大单于无恙。

使郎中系雩浅遗朕书曰:"右贤王不请,听后义卢侯难氏等计,绝二主之约,离兄弟之亲,汉以故不和,邻国不附。今以小吏败约,故罚右贤王使西击月氏,尽定之。原寝兵休士卒养马,除前事,复故约,以安边民,使少者得成其长,老者安其处,世世平乐。"朕甚嘉之,此古圣主之意也。

汉与匈奴约为兄弟，所以遗单于甚厚。倍约离兄弟之亲者，常在匈奴。然右贤王事已在赦前，单于勿深诛。单于若称书意，明告诸吏，使无负约，有信，敬如单于书。使者言单于自将伐国有功，甚苦兵事。服绣袷绮衣、绣袷长襦、锦袷袍各一，比余一，黄金饰具带一，黄金胥纰一，绣十匹，锦三十匹，赤绨、绿缯各四十匹，使中大夫意、谒者令肩遗单于。（《史记·匈奴列传》。又见《汉书·匈奴传》，少"右贤王"一段五十余字，余亦稍异。）

遗匈奴和亲书（后二年）

皇帝敬问匈奴大单于无恙。

使当户且居雕渠难、郎中韩辽遗朕马二匹，已至，敬受。

先帝制：长城以北，引弓之国，受命单于；长城以内，冠带之室，朕亦制之。使万民耕织射猎衣食，父子无离，臣主相安，俱无暴逆。今闻渫恶民贪降其进取之利，倍义绝约，忘万民之命，离两主之驩，然其事已在前矣。书曰："二国已和亲，两主驩说，寝兵休卒养马，世世昌乐，闒（翕）然更始。"朕甚嘉之。圣人者日新，改作更始，使老者得息，幼者得长，各保其首领而终其天年。朕与单于俱由此道，顺天恤民，世世相传，施之无穷，天下莫不咸便。汉与匈奴邻国之敌，匈奴处北地，寒，杀气早降，故诏吏遗单于秫糵金帛丝絮他物岁有数。

今天下大安，万民熙熙，朕与单于为之父母。朕追念前事，薄物细故，谋臣计失，皆不足以离兄弟之驩。朕闻天不颇覆，地不偏载。朕与单于皆捐往细故，俱蹈大道，堕坏前恶，以图长久，使两国之民若一家子。元元万民，下及鱼鳖，上及飞鸟，跂行喙息蠕动之类，莫不就安利而辟危殆。故来者不止，天之道也。俱去前事，朕释逃虏民，单于无（毋）言章尼等。朕闻古之帝王，约分明而无食言。单于留志，天下大安，和亲之后，汉过不先。单于其察之。(《史记·匈奴列传》。《汉书·匈奴传》"其进取之利"作"其趋",此外尚有小异如括注。)

古今名家评说

今陛下(文帝)配天象地,覆露万民,绝秦之迹,除其乱法;躬亲本事,废去淫末;除苛解娆,宽大爱人;肉刑不用,罪人亡帑;非谤不治,铸钱者除;通关去塞,不孽诸侯;宾礼长老,爱恤少孤;罪人有期,后宫出嫁;尊赐孝悌,农民不租;明诏军师,爱士大夫;求进方正,废退奸邪;除去阴刑,害民者诛;忧劳百姓,列侯就都;亲耕节用,视民不奢。所为天下兴利除害,变法易故,以安海内者,大功数十,皆上世之所难及,陛下行之,道纯德厚,元元之民幸矣。

——(汉)晁错:《言兵事疏》

文帝永思至德,以承天心,崇仁义,省刑罚,通关梁,一远近,敬贤如大宾,爱民如赤子,内恕情之所安,而施之于海内,是以囹圄空虚,天下太平。

——(汉)路温舒:《尚德缓刑书》

孝文皇帝,闵中国未安,偃武行文。……则断狱数百,民赋四十,丁男三年而一事。当此之时,逸游之乐绝,奇丽之赂塞,郑卫之倡微矣。夫后宫盛色则贤者隐处,佞人用事则诤臣杜口,而文帝不行,故谥为"孝文",庙称"太宗"。

——(汉)贾捐之,见《汉书·严朱吾丘主父徐严终王贾传》

孝文皇帝除诽谤，去肉刑，躬节俭，不受献，罪人不帑，不私其利，出美人，重绝人类，宾赐长老，收恤孤独，德厚侔天地，利泽施四海，宜为帝者太宗之庙。

——（汉）许嘉等，见《汉书·韦贤传》

文帝遵汉家基业初定、重承军旅之后，百姓新免于干戈之难。故文帝宜因修秦余政教，轻刑事少，与之休息，以俭约节欲自持，初开籍田，躬劝农耕桑，务民之本。即位十余年，时五谷丰熟，百姓足，仓廪实，蓄积有余。

然文帝本修黄、老之言，不甚好儒术，其治尚清净无为，以故礼乐庠序未修，民俗未能大化，苟温饱完给，所谓治安之国也。其后匈奴数犯塞，侵扰边境，单于深入寇掠，贼害北地都尉，杀略吏民，系虏老弱，驱畜产，烧积聚，候骑至甘泉，烽火通长安，京师震动，无不忧懑。是时，大发兴材官骑士十余万军长安，帝遣丞相灌婴击匈奴，文帝自劳兵至太原、代郡，由是北边置屯待战，设备备胡，兵连不解，转输骆驿，费损虚耗。因以年岁谷不登，百姓饥乏，谷籴常至石五百，时不升一钱。

……太宗（文帝）时民重犯法，治理不能过中宗（宣帝）之世，……文帝即位二十三年，日月薄蚀，地数震动，毁坏民庐舍，关东二十九山同日崩溃，水出，河决酸枣，大风坏都，雨雹如桃李，深者厚三尺，狗马及人皆生角，大雪蝗虫。……推此事类，似不及太（中）宗之世，不可以为升平。

——（汉）刘向，见应劭《风俗通义·正失第二》

文帝之仁贤，不胜其善，世俗褒扬，言其德比成王，治几太平也。然文帝之节俭约身，以率先天下，忍容言者，含咽臣子之短，此亦通人难及，似出于孝宣皇帝者也。如其聪明远识,不忘数十年事,制持万机,天资治理之材,恐文帝亦且不及孝宣皇帝。

——(汉)刘向,见应劭《风俗通义·正失第二》

汉太宗文帝有仁智通明之德,承汉初定,躬俭省约,以惠休百姓,救赡困乏,除肉刑,减律法,薄葬埋,损舆服,所谓达于养生送终之实者也。及始从代征时,谋议狐疑,能从宋昌之策,应声驰来。即位而偃武修文,施布大恩,欲息兵革,与匈奴和亲,总揽纲纪。故遂褒增隆为太宗也。而溺于俗议,斥逐材臣;又不胜私恩,使嬖妾慎夫人与皇后同席,以乱尊卑之伦,所谓通而蔽也。

——(汉)桓谭:《新论·识通第十》

世俗咸曰:"汉文帝躬俭约,修道德,躬先天下,天下化之,故致充实殷富,泽加黎庶,谷至石数钱,上下饶羡。"

——(汉)桓谭:《新论·离事第十一》

至高祖、孝文、孝景皇帝,循古节俭,宫女不过十余,厩马百余匹。

——(汉)贡禹,见《汉书·贡禹传》

孝文帝不爱千里马,慎夫人衣不曳地,光武手不持珠玉,可谓难矣。抑情绝欲,不如是,能成功业者鲜矣。

——(汉)荀悦:《申鉴·杂言上第四》

以孝文之明,大朝之治,百僚之贤,而贾谊见排逐,张释之十年不见省,冯唐首白屈于郎,岂不惜哉!夫以绛侯之忠,功存社稷，而犹见疑，不亦痛乎！

　　　　　——（汉）荀悦：《汉纪·文帝纪下》

　　代王自代入为文帝，周亚夫以庶子为条侯，此时代王非太子，亚夫非適嗣，逢时遇会，卓然卒至。

　　　　　——（汉）王充：《论衡·命禄第三》

　　光武皇帝之时，郎中汝南贲光上书言："孝文皇帝时居明光宫，天下断狱三人。"颂美文帝，陈其效实。光武皇帝曰："孝文时不居明光宫，断狱不三人。"

　　　　　——（汉）王充：《论衡·艺增第二十七》

　　昔有苗不宾，重华舞以干戚。尉佗称帝，孝文抚以恩德；吴王不朝，锡之几杖，以抚其意，而天下赖安。乃弘三章之教、恺悌之化，欲使曩时累息之民，得阔步高谈，无危惧之心。若贾谊之才敏，筹画国政，特贤臣之器，管、晏之姿，岂若孝文大人之量哉？

　　　　　——（三国魏）曹丕（文帝）：《太宗论》，
　　　　　　见《三国志·魏书·文帝纪》

　　文帝慈孝，宽弘仁厚，躬修玄默，以俭帅下。奉生送终，事从约省。美声塞于宇宙，仁风畅于四海。

　　文帝思（《北堂书钞》作"急"）贤甚于饥渴，用人速于顺流。

　　　　　——（三国魏）曹丕：《典论》，
　　　　　　见《北堂书钞》十一、《太平御览》八十八

　　孝文即位，爱物检身。骄吴抚越，匈奴和亲。纳谏赦罪，以德怀民。殆至刑错，万国化淳。

——（三国魏）曹植：《汉文帝赞》

汉之文、景，亦欲恢弘祖业，增崇洪绪，故能割意于百金之台，昭俭于弋绨之服，内减太官而不受贡献，外省徭赋而务农桑，用能号称升平，几致刑错。

——（三国魏）王朗，见《三国志·魏书·钟繇华歆王朗传》

太宗孝文皇帝重以明德，升平汉道。

——（汉赵）刘渊（高祖），见《晋书·刘元海载记》

昔汉文帝将起露台，而惜十家之产。朕德不逮于汉帝，而所费过之，岂谓为民父母之道也？

——（唐）李世民，见吴兢《贞观政要·俭约第十八》

太宗体兹仁恕，式遵玄默，涤秦、项之酷烈，反轩、昊之淳风，几致刑厝（措），斯为难矣。若使不溺新垣之说，无取邓通之梦，懔懔乎庶几近于王道。景帝之拟周康，则尚有惭德。

——（唐）虞世南：《帝王略论·君德篇》；
又见《唐文拾遗》卷三十

昔唐尧茅茨土阶，夏禹恶衣菲食，如此之事，臣知不复可行于今。汉文帝惜百金之费，辍露台之役，集上书囊，以为殿帷，所幸夫人衣不曳地。至景帝以锦绣纂组妨害女工，特诏除之，所以百姓安乐。至孝武帝，虽穷奢极侈，而承文、景遗德，故人心不动。向使高祖之后，即有武帝，天下必不能全。

——（唐）马周：《请崇节俭及制诸王疏》

孝文在代，兆遇大横。宋昌建册，绛侯奉迎。南面而让，天下归诚。务农先籍，布德偃兵。除帑削谤，政简刑清。绨衣率俗，露台罢营。法宽张武，狱恤缇萦。霸陵如故，千年颂声。

——（唐）司马贞：《史记索隐·孝文本纪赞》

昔袁盎降慎夫人之席，文帝竟纳之；慎夫人亦不以为嫌，美其得久长之计。

——（唐）宋璟：《定诸王公主封邑名号奏》，见《旧唐书·宋璟传》

汉文帝诛薄昭，断则明矣，于义则未安也。秦康送晋文，兴如存之感；况太后尚存，唯一弟薄昭，断之不疑，非所以慰母氏之心也。

——（唐）李德裕，《资治通鉴·汉纪六》引

文、景二帝恭俭爱人，始蠲去肉刑，恻隐之教洽于人心。当时风俗敦朴，公卿耻言人过，刑狱衰息。

——（唐）权德舆，见《册府元龟》卷一百四

文帝躬约素德，罢构露台，却千里马，熙然与刑措无异。贾谊尚以为皇号甚美，论德不称，岂非兼以造程裁范，未抵大中欤？景、武、昭、宣，亦各有美，皆以乐贤从谏，风流无穷。

——（唐）李渤：《上封事表》，见《全唐文》卷七百二十

人君即位之年，谓之元年者。元，始也，人君布政自兹而始。首月谓之正月，取其正始之义也。厥后以数继之，终于一世

焉。此前古圣人不易之法也。至汉文帝，惑方士之言，改后元年，始乱古制。

——（宋）孙甫（之翰）：《历代名贤确论》卷七十二

先王之肉刑盖不可废，至汉文帝罢之。若革秦之散，欲休养生民则可矣；如格以先王之法，则不得为无失。三代之时，民有疆井，分别圻域，彰善瘅恶，人重迁徙，故以流为重。后世之民迁徙不常，而流不足治也，故用加役流；又未足惩也，故有刺配；犹未足以待，故又有远近之别。盖先王教化明习俗成，则肉刑不为过也。

——（宋）赵顼（神宗），
见《宋史全文》卷十二下《宋神宗三》

（汉文帝）三代以后未有也。……文帝自代来，入未央宫，定变故俄顷呼吸间，恐无才者不能。至用贾谊言，待群臣有节，专务以德化民，海内兴于礼义，几致刑措，则文帝加有才一等矣。

——（宋）王安国，见《宋史·王安国传》

文帝每朝，郎、从官上书疏，未尝不止辇受其言。言不可用，置之；言可用，采之，未尝不称善。

——（宋）司马光：《资治通鉴·汉纪五》

（汉文帝）专务以德化民，是以海内安宁，家给人足，后世鲜能及之。帝即位二十三年，宫室、苑囿、车骑、服御，无所增益；有不便，辄驰以利民。尝欲作露台，召匠计之，直百金。上曰："百金，中人十家之产也。吾奉先帝宫室，常恐羞之，何以台为?"身衣弋绨,所幸慎夫人,衣不曳地,帷帐无文绣,以示敦朴,为天下先。治霸陵,皆瓦器,不得以金银铜锡为饰,因其山,不起坟。吴王诈病不朝,赐以几杖。群臣袁盎等谏说虽切,常假借纳用焉。张武等受赂金钱,觉,更加赏赐以愧其心。专务以德化民,是以海内安宁,家给人足,后世鲜能及之。

——(宋)司马光:《资治通鉴·汉纪七》

三年之丧,自天子达于庶人,此先王礼经,百世不易者也。汉文帝师心不学,变古坏礼,绝父子之恩,亏君臣之义。后世帝王,不能笃于哀戚之情,而群臣诣谀,莫肯厘正。至于晋武,独以天性,矫而行之可,谓不世之贤君。

——(宋)司马光:《资治通鉴·晋纪一》

西汉文帝二十三年,景帝十六年,昭帝十二年;东汉明帝十八年,章帝十三年,和帝十七年;唐太宗二十三年,此皆近世之明主……

——(宋)苏辙:《历代论·三宗》

汉文帝以柔御天下,刚强者皆乘风而靡。尉佗称号南越,帝复其坟墓,召贵其兄弟。佗去帝号,俯伏称臣。匈奴桀敖,陵驾中国。帝屈体遗书,厚以缯絮,虽未能调伏,然兵革之祸,比武帝世,十一二耳。吴王濞包藏祸心,称病不朝,帝赐之几伏,濞无所发怒,乱以不作。使文帝尚在,不出十年,濞亦已老死,则东南之乱,无由起矣。

——(宋)苏辙:《历代论·汉文帝》

汉文帝每下诏,必曰"农者天下之本"。若文帝,可谓知民事之本矣。

——（宋）赵构（高宗），
见《宋史全文》卷二十一上《宋高宗十三》

唐太宗除乱比汤武，致治几成康，可谓贤君矣。然夸大而好名，虽听言纳谏，然不若汉文帝之至诚也。人君至诚临下。何患治道之不成哉？

——（宋）赵构（高宗），
见《宋史全文》卷二十一上《宋高宗十三》

外域不可责以中国之礼。朕观三代以后，惟汉文帝待匈奴最为得体：彼书辞倨傲，则受而弗较；彼军旅侵犯，则御而弗逐。谨守吾中国之礼而不以责外域，此最为得体也。

——（宋）赵构（高宗），
见《宋史全文》卷二十一上《宋高宗十三》

昔者绛侯既平吕氏，亲握国玺，授之孝文。当是时，刘氏之后，惟大臣所立。文帝为诸王，特以其贤而取之，其初未可以必得也。绛侯以天下与所不可必得之人，恩德至厚也。文帝之报绛侯者，宜如何哉？虽分国以王之天下，未以为过也。然内难既定，君臣之分既明，爵赏禄赐所以慰答昔日之功者，未闻有卓然过于常时，何其不旋踵而逐去之速也！

予尝观汉之大臣，多祸少全。武帝以来，不啻如杀囚隶。独文帝时，公卿被诛者无几人，然则文帝之待大臣，亦有恩矣。当是时，大臣之有恩者，宜无有过绛侯，然匹夫一言，罪辜未明，廷尉折简以召之，如取孤囚，侵辱困苦，仅免于死。文帝非昏蔽无知之君，何独于勃少恩若是哉？

——（宋）张耒：《文帝论》，见《苏门六君子文萃》

古之人主，自中君（庸）以上，为理所屈，皆能行之，而诚未必加也。若汉文帝之于务农，唐太宗之于从谏，几于诚矣。或问二君之诚孰愈，予谓文帝言不足而意有余，未尝为外貌观美，繁于词命而形于制度，不过诏令丁宁而已，而身之所履则可信不诬矣。夫知稼穑者必尚俭，彼身衣弋绨，足履革舄，集书囊为殿帷，罢露台，却走马，此其意可见也。太宗每见贤臣则求谏，援引古今，出入经传，此虽无害于闻过，而有好名之心，似于诚有所不足也。

——（宋）张耒：《文皇论》，见《历代名臣确论·太宗三》

予尝谓治天下本于躬化，而观汉文帝躬行节俭，以德化民，宜其有以振起衰俗。而贾谊以谓"残贼公行，莫之禁止"，其说以背本趋末者为天下之大残，淫侈之俗为天下之大贼，则当时风俗可谓敝矣。岂所谓躬化者，果无益于治哉？盖文帝虽有仁心仁闻，而不修先王之政故也。……

文帝不知修先王之政，以救其敝，方其开籍田以劝耕者，衣弋绨而斥文绣，以示敦朴，为天下先，其意美矣。然法度之具不行，而欲以区区之一身，率四海之众，岂非难哉？孟子曰："徒善不足以为政。"非虚言也。虽然，以彼之德，成之以先王之政，则庶几三代之贤主哉！

——（宋）曾巩：《汉文帝论》，
见陈继儒《陈眉公精选古论大观》

人主欲明而不察、仁而不懦，盖察常累明，而懦反害仁故也。汉昭帝明而不察，章帝仁而不懦。孝宣明矣，而失之察；孝元仁矣，而失之懦。若唐德宗，察而不明；高宗，懦而不仁。兼二者之长，其惟汉文乎！

——（宋）罗从彦，见黄宗羲《宋元学案·豫章学案》

吕后、惠、文，乘天下初定，与民休息，深持柔仁不拔之德。其于兵也，固惮言而厌用之也，可谓知天下之势矣。孝景之于汉也，盖威可抗而兵可形之时也。然而即位未几，卒然警于七国之变。故其志气创艾，亦姑安天下之无事，未暇为天下之势虑也。然其为汉之势，亦浸以趋弱矣。

——（宋）何去非：《何博士备论·汉武帝论》

纪纲者，天子之纪纲也。人臣为天子守纪纲而天子伸之，则上下不至于陵迟，而世道立矣。太子、梁王不下司马门，而张释之劾不敬，帝即免冠谢太后，而自咎教子之不谨。夫如是，谁敢乱其纪纲哉？因观当时人臣，大抵皆严于法守，使人悚然有不可玩之势，皆文帝有以养成其风节也。是故于袁盎之却坐，则屈宫妾以伸纪纲；于释之之劾不下司马门，则屈世子以伸纪纲；于周亚夫之营细柳，则屈天子之尊以伸纪纲。此天下所以不乱，而文帝之所以称贤也。敬表而出之，为后世挠法殉情者之戒。

——（宋）钱时：《两汉笔记·文帝》

自春秋战国，历暴秦，更刘项，战斗之祸，宇寓分裂，生民涂炭。至于文帝，乃始以朴俭先天下，务农重谷，省刑罚，薄税敛，而遂措斯世于休养生息之地。三代而下，未之有也。

——（宋）钱时：《两汉笔记·文帝》

或曰：汉太宗（文帝）、我仁祖（仁宗），皆治世也，何灾变之多耶？曰：天爱人君，警以灾异；父爱贤子，示以教戒，皆所以成全之也。

肉刑即象刑也。象而示之，犯者寡矣。汉文帝有仁心而无仁政，轻于变古，触宪滋多，虽欲图圄空虚，不可得矣。

——（宋）刘炎：《迩言》卷八

或问孝文何不尽用贾生之言，曰：正始之道，宜改正朔，欲兴礼乐，太欲速矣。暨帝中年，方有心于王制，而谊已夭。终汉制之不古者，天也。

或问：文帝除收孥，而盗玉杯者族，得不谓之过刑欤？曰：惩人罔己之罪，示己欺天之过也。方士幻诈，武帝觉而不诛，有愧文帝之为矣。

或问文宣之治孰优，曰：文宣同于恤民，而异于驭臣。文帝驭臣宽而有制，宣帝驭臣严而少恩。

或问汉唐孰能用谏，曰：汉祖实副其名，唐宗名过其实。名实隐然，莫如文帝，终身受言，得之贾山；终身务农，得之贾谊；终身重谷，得之晁错。体貌大臣之说，用困邓通而重丞相，不止礼一周勃也；推毂遣将之说，行屈帝尊而信亚夫，不止赦一魏尚也。听言用谏之道，惟文帝得之，其余则忽听暂行而止也。

——（宋）刘炎：《迩言》卷九

三代以下，汉之文帝，可谓恭俭之主。（道夫）

文帝晓事，景帝不晓事。（文蔚）

文帝学申韩刑名、黄老清静，亦甚杂。但是天资素高，故所为多近厚。（子蒙）

文帝不欲天下居三年丧，不欲以此勤民，所为大纲类墨子。（贺孙）

——（宋）朱熹：《朱子语类》卷一百三十五《历代二》

三代而下，称盛治者，无如汉之文、景。然考之当时，天象数变，山崩地震，未易遽数，是将小则有水旱之灾，大则有乱亡之应，非徒然而已也。而文、景克承天心，一以养民为务，今年劝农桑，明年减田租，恳爱如此，宜其民心得而和气应也。

——（元）许衡：《时务五事疏》，见《元史·许衡传》

夫文帝之为君，固宽仁之君也。然其质不能不偏于柔，故其承高、惠之后，天下无事，不知上古圣人弦弧剡矢、重门击柝之义，安于嫁胡之耻，不能饬边备，讲武练兵，以戒不虞。而匈奴大举入边者数四，甚至候骑达于雍甘泉，仅严细柳、灞上、棘门之屯，虽拊髀求将、御鞍讲武，而志终不遂。使其有学以辅之，而知高明之义，必不至于此矣。

——（宋）陆九渊：《象山先生全集·问汉文武之治》

降及汉之文、景，唐之太宗，亦能轻徭役、薄税敛、谨节用、寡嗜欲。汉唐诸君，庶几作民父母之义。故其享国长久，亦至三四百年，此本固邦宁之验也。

——（明）戈谦：《恤民疏》，见《皇明经世文编》卷五十八

三代而下，称治世莫如文、景。今观文帝之世三十六诏，景帝之世二十五诏。而其除租、赐爵、务农、忧恤者，三之一焉，则其史称"与民休息"可知。呜呼！此后世之所不及也。

——（明）郎瑛：《七修类稿·义理类》

三代以下，称帝王之贤者，文帝也。帝之善政非止一端，而好言纳谏尤其盛德焉。后世人主于封章之入，固有未尝一经目者，况敢犯其行辇而欲其止而受之乎？可用者未必肯用，不可用者辄加之罪，心知其善而口非之者亦有矣，况本不善而称其善乎？吁！若文帝者，可谓百世帝王之师矣。

——（明）丘濬：《大学衍义补》

三代以下之主，汉文帝为最；光武、唐太宗次之；宋仁宗虽恭俭，而治乱相半，不足道也。文帝不独恭俭，其天资学问、德性才略，近于王者，使得伊、周之佐，兴礼作乐，不难也。光武、太宗，以俞业而兼守成，纬武经文，力行致治，皆间世之贤主也。然建武之政，近于操切；贞观之治，末稍不终，盖不惟分量之有限，亦且辅相之非人。宋仁宗四十年中，君子小人相杂并进，河北、西夏日寻兵革，苟安之不暇，何暇致刑措哉？

——（明）谢肇淛：《五杂俎·事部三》

汉文帝议论宽厚，化行天下，断狱四百，民鲜告讦。宣帝元康时，断狱二百二十二人，以数计之，似若优于文。然史称文帝刑措。魏相谓二百余人之狱，"此非小变"。史臣所称"天下无冤，民自不冤"，谀词耳。文帝察新垣平玉杯之诈，下吏诛平；武帝识文帝牛帛之书，下吏诛成。此其明察，亦略相当。然文帝诛平之后，益疏方士；武帝诛成之后，栾大封五利、尚公主，封太山，禅梁父，至欲自浮海求蓬莱，末年虽有仙人妖妄之悔，晚矣。故武、宣之于文帝，未可同日语也。

——（明）郭子章：《郭青螺先生崇论·汉文帝》

从来人君之善行乐者，莫过于汉之文、景；其不善行乐者，莫过于武帝。以文、景于帝王应行之外，不多一事，故觉其逸；武帝则好大喜功，且薄帝王而慕神仙，是以徒见其劳。

——（清）李渔：《闲情偶记·颐养部·行乐第一》

周勃平诸吕，迎立文帝，而有德色；非有罔上行私之慝也，不学无术而忘其骄耳。袁盎与俱北面事君，尊卑虽殊，固有同寅之义；规而正之，勃岂遽怙而不改？藉其不改而后廷折之，勃过不掩而文帝之情亦释矣。乃弗规、弗折而告文帝曰："丞相骄，陛下谦让，臣主失德。"斯言出而衅忌生，勃之祸早伏而不可解，险矣哉！

帝之谦，非失德也，尊有功而礼大臣，亦何非太甲、成王之盛心？而导之以猜刻，此之谓不忠。谅其心之无他，弗与规正，而行其逸间，此之谓不信。盎之险诐，推刃晁错而夺之权，于勃先之矣。小人之可畏如此夫！

——（清）王夫之：《读通鉴论·文帝（一）》

以一人之誉而召季布，以一人之毁而遣季布，天下将窥其浅深。虽然，何病？人主威福之大权，岂以天下莫能窥为不测哉！布之悻悻于罢去，而仰诘人主以取快，其不足以为御史大夫明矣。使酒难近之实，自露而不可掩矣。文帝之失，轻于召布也，非轻于罢布也。

——（清）王夫之：《读通鉴论·文帝（六）》

夫文帝而幸非纵欲偷乐之主也，其未免于田猎、钟鼓之好而姑以自逸，未有以易之耳。得醇儒以沃乃心，浸灌以道义之腴，建中和而兴王道，诸侯奚而不服，风俗奚而不移，廉耻奚而不崇？而先导谀以冀雠其说，文帝幸不为胡亥耳，文帝而胡亥，

（贾）谊虽欲自异于李斯也不能。乃后世或犹称之曰"善诱其君以兴治"，下恶得有臣，上恶得有君哉？

——（清）王夫之：《读通鉴论·文帝（十一）》

文帝崩年四十有六，阅三年而吴王濞反。濞之令曰："寡人年六十有二。"则其长于文帝也十有三年。当文帝崩，濞年五十有九，亦几老矣。诈病不觐，反形已著。贾谊、晁错日画策而忧之，文帝岂不知濞之不可销弭哉？赐以几杖而启衅无端，更十年而濞即不死，亦以衰矣。赵、楚、四齐，庸劣无大志，濞不先举，弗能自动。故文帝筹之已熟，而持之已定。文帝幸不即崩，坐待七国之瓦解，而折箠以收之。是谊与错之忧，文帝已忧之，而文帝之所持，非谊与错所能测也。

——（清）王夫之：《读通鉴论·文帝（二三）》

孝文为三代以后第一贤君，史公在孝武时作《孝文纪》，故尤极无穷慨慕也。二十余年，深仁厚泽，纪中排缵不尽，止举其大要，而余者令人悠然可思。

——（清）汤谐：《史记半解·孝文本纪》

夫贤君不世出，成、康以降，数百年而有汉文帝；汉文以降，又数百年而有太宗。要之，以虚心待物，损上益下，用致天下之盛，太宗与文帝，率用是道。文帝质美德纯，过于太宗，然致治之盛，岂能及贞观哉？

——（清）弘历（乾隆帝）：《唐太宗论》，
见《乐善堂全集》卷五

贾谊初请改正易服，且谦让未遑，何以于黄龙之见即议雍祀？彼新垣平等之怪诞，非有以乘其间乎？文帝，三代下令主，于此不无遗憾。

玉杯尚可假刻，日却何能复中？新垣平之荒诞，与文成（李少翁）、五利（栾大）无异，文帝早觉而诛之，庶几不惮改过耳。

——（清）弘历（乾隆帝）：《乾隆御批纲鉴》

天下惟诚不可掩，汉文帝之谦让，其出于至诚者乎！自其初至代邸，西向让三，南向让再，已歉然不敢当帝位之尊；厥后不肯建立太子，增祀不肯祈福，与赵佗书曰"侧室之子"，曰"弃外奉藩"，曰"不得不立"；临终遗诏：戒重服，戒久临，戒厚葬。盖始终自觉不称天子之位，不欲享至尊之奉。至于冯唐众辱而卒使尽言，吴王不朝而赐以几杖，"匄群臣言朕过失，匡朕不逮"，其谦让皆发于中心恻怛之诚。盖其德为三代后仅见之贤主，而其心则自愧不称帝王之职而已矣。使居高位者而常存愧不称职之心，则其过必鲜，况大君而存此心乎？

吾尝谓为大臣者，宜法古帝王者三事：舜禹之不与也，大也；文王之不遑也，勤也；汉文之不称也，谦也。师此三者而出于至诚，其免于戾乎？

——（清）曾国藩：《曾国藩文集·杂感笔记第七》

汉自高祖帷薄不修，文帝衽席无辨，而宫闱之政不肃。

——（清）薛福成《书〈汉书·外戚传〉后》

诸吕之诛，虽由平、勃定谋，而首事者为朱虚侯刘章。齐之起兵，章实使之，前回总评中已经叙及。至若周勃已夺北军，即应捕诛产禄，乃尚不敢遽发，但遣刘章入卫，设章不亟杀吕产，则刘吕之成败，尚未可知。陈平有谋无勇，因人成事，论其后日定策之功，未足以赎前日阿谀之罪。至文帝即位，厚赉平、勃，而刘章不即加赏，文帝其亦有私意欤？西向让三，南向让再，无非为矫伪之虚文。彼于刘章之欲戴乃兄，尚怀疑忌，宁有不欲称尊之理？况少帝兄弟，同时毙命，皆不过问，其居心更可见矣。

——蔡东藩：《西汉演义》第四十六回

及淮南王刘长入都，借朝觐之名，椎击食其，实为快心之举。但如长之擅杀大臣，究不得为无罪，贷死可也，仍使回国不可也。况长之骄恣，已见一斑，乘此罪而裁制之，则彼自无从谋反，当可曲为保全。昔郑庄克段于鄢，公羊子谓其外心积虑，乃成于杀。文帝虽不若郑庄之阴刻，然从表面上观之，毋乃与郑主之所为，相去无几耶？况于重厚少文之周勃，常疑忌之；于骄横不法之刘长，独纵容之，昵其所亲，而疑其所疏，谓为无私也得乎？甚矣，私心之不易化也！

——蔡东藩：《西汉演义》第四十九回

文帝乃中主，虽有恭俭之德，人君优为之者亦多。即以西汉诸帝论：元帝之宽仁，殊不后于文帝，其任石显，亦未甚于文帝之宠邓通也。文、景之致治，盖时会为之。王仲任（王充）"治期"之论，信不诬矣。

——吕思勉：《秦汉史》

汉之初兴，未脱创痍。与民休息，则黄老之说为胜。及于文、景，社会富庶，生气转苏。久痿者不忘起，何况壮士？与言休息，谁复乐之？而一时法度未立，纲纪未张。社会既蠢蠢欲动，不得不一切裁之以法。文帝以庶子外王，入主中朝，时外戚吕氏虽败，而内则先帝之功臣，外则同宗之诸王，皆不欲为就范。文帝外取黄老阴柔，内主申韩刑名。其因应措施，皆有深思。

——钱穆：《两汉经学今古文平议·两汉博士家法考》

汉文帝之所以为治人，是在他能守法和爱民。薄昭是薄太后弟，文帝亲舅，封侯为将军，犯法当死，文帝绝不以至亲曲宥，流涕赐死，虽然在理论上他是有特赦权的。邓通是文帝的弄臣，极为宠幸，丞相申屠嘉以通小臣戏殿上大不敬，召通诘责，通叩头流血不解，文帝至遣使谢丞相，并不因幸臣被屈辱而有所偏护。至于对人民的爱护，更是无微不至，劝农桑，敦孝弟，恭俭节用，与民休息，达到了海内殷富、刑罚不用的境界。

——吴晗：《治人与治法》，见《历史的镜子》

纪元前180年，吕雉逝世，发生政变，大将周勃把吕雉的家族和党羽，全部斩杀。废掉刘弘，在刘邦的众多儿子中，选择了二十三岁的亲王刘恒继位。历史证明这次选择是明智的，对西汉王朝而言，更是幸运的。刘恒虽然很年轻，但为人诚恳谦逊，没有花花大少脾气。他的妻子窦皇后信奉道家学说，她命她的儿子刘启和其他王子，都要读《老子》《庄子》等书。

刘恒受妻子的影响，也成为热心的道家学派的拥护者，他从李耳思想中，接受到三项教训："第一，仁慈；第二，勤俭；第三，别人没有做过的事，不要去做。"刘恒的性格加上政治信仰，使他确实做到了这三点。在他在位期间，废掉了割鼻断足的酷刑，对贵族尤其特别安抚，八十岁以上的人都有赏赐，并经常免除全国田赋。刘恒有时候甚至穿着草鞋上殿，他最心爱的姬妾慎夫人穿的衣服，不用流行的拖地样式，因为拖地样式所费布料较多。有一次他想盖一个宫殿，预算要二千两黄金，他说："这是十个中等人家的财产。"竟不建造。他的儿子刘启即位后，在老母窦太后主持国政下,继续追求维持现状的安定。这就是有名的"黄老政治",从二十年代到五十年代,历时四十年之久。

——柏杨:《中国人史纲》第十二章

新皇帝称为文帝,是在位时间超过十年的前汉诸帝中的第一个。他在位的时间超过了以前两代皇帝总的统治时间,这赋予了帝国迄今所缺乏的那种延续性和长期性的意识。王朝的稳定性因和平地传位于他的儿子而加强;后者为窦后于公元前188年所生,称景帝(在位期公元前157—前141年)。相对地说,这两代皇帝统治时期没有威胁帝国存在的事关王朝兴废的问题;它们都采用了旨在稳定社会和经济形势和巩固中央政府权力的措施。

朝廷没有皇帝的后妃及她的亲属直接干预国家事务的情况可能部分地是由于窦后对"道家"著作的偏爱。她可能更急于宣扬清静无为并通过这些方式使国泰民安,而不是想直接参政。她的儿子刘启,即未来的景帝只有服从他母亲的意志,学习老子的著作,别无其他选择。她于公元前135年死去,这也许可以视为汉代政治的一个转折点,因为这正好与王朝积累力量和修改制度以适应国家需要的漫长时期的结束相吻合。从此以后,国家的时新派政策以更强有力的形式出现;一个虔诚的《道德经》信奉者是很难赞同国家朝积极的和扩张主义的政策方向作明显的转变的。

文帝为了国家利益而躬行俭朴,所以特别被人称颂;这类赞赏可能是作为批评后世某些皇帝耽于奢侈的手段。

文帝传统形象的重要部分,是一个决心不使人民负担不必要的费用和为公众利益而克制自己欲望的皇帝。

——[英]崔瑞德、鲁惟一:
《剑桥中国秦汉史·汉帝国的巩固》

子承父业有惭德

汉景帝刘启立太子、即帝位,几乎没有任何风波;登基之后,也基本上继承了父亲的政治、经济、法制、外交等种种政策,可谓子承父业。不同的是,在削藩的问题上,他是行动派,因而导致吴楚七国之乱。在前代的基础上,景帝时期,经济社会进一步发展,亦称盛世。景帝禀承父亲俭朴之风,但"忌克少恩,无人君之量",故历来以为"文景"并列,景多不称。

汉景帝刘启

刘启（前188—前141），西汉第四位皇帝，汉文帝中子，母窦氏，汉武帝之父。前157—前141年在位，谥号"孝景"。汉景帝刘启在文帝刘恒基础上，继续保持政治清明和稳定，削藩减租，轻刑安边，无为而治，使西汉进入经济繁荣、国泰民安的时期。这种国富民安的局面，也为汉武帝刘彻的开疆拓土、穷兵黩武打下了物质的和政治的基础。

一、出生藩国　幼为太子

刘启生于惠帝七年（前188），出生在代国中都（今山西平遥县西南）。那时，刘启的父亲刘恒，还在自己的封国，是代国的代王。

刘恒为代王时，与代王后育有四子，刘启在父亲的几个儿子里，排行居中，史籍谓之"中子"。代王后很少见载于史籍，似乎连姓氏也没有留下来，而且在代王刘恒即位汉帝之前就去世了。

刘启的母亲窦氏，出身名门，有贤良淑德之誉。早年进入汉宫，后来吕后遣放皇帝未曾御幸的宫女，窦氏亦在其列。她本想到离家乡较近的赵国，结果阴差阳错被分到了代国，成了代王刘恒的妃嫔。窦氏年轻貌美，聪明伶俐，深得刘恒欢心，独宠专房。因此，她不久就生下了女儿刘嫖，后来又生了两个儿子——刘启、刘武。

代王后不仅本人早逝，她所生的四个儿子，也都在父亲刘恒即位之前就相继病逝。因此，在刘恒继位数月之后，公卿大臣请立太子，诸子中刘启最大——其实年仅十岁，就被立为太子，母亲窦氏立为皇后。文帝很注意太子的培养、教导，先后为他安排的两位太子太傅，一位是有"长者"之誉的大将军张相如，一位是以"孝谨"闻名的万石君石奋。

刘启做太子时，影响最大的事件，是失手误伤致死吴太子，从而使吴王刘濞和朝廷、和自己结下了梁子，为后来的吴楚七国之乱埋下了一定程度的祸根。

原来，吴王刘濞的儿子刘贤入京，与皇太子刘启饮酒下六博棋。由于师傅都是楚人，刘贤养成了轻佻、剽悍的个性，平时又很骄矜。因棋路相争，刘贤态度不恭，刘启拿起棋盘抽他，结果失手给打死了。（"吴太子师傅皆楚人，轻悍，又素骄。博争道，不恭，皇太子引博局提吴太子，杀之。"《史记·吴王濞列传》）汉文帝派人送刘贤遗体回吴国安葬，吴王刘濞对送葬使者怒道："天下刘氏是一家，吴太子死在长安，也就该葬在长安，何必归葬！"随后，又派人将灵柩送回了长安。

二、安定社会　发展经济

文帝后元七年（前157）六月，汉文帝去世，太子刘启继帝位，尊祖母薄氏为太皇太后，母亲窦氏为皇太后。

刘启即位后，继续奉行父亲文帝的治国方针，保持安定局面，发展生产，休养生息。为达到这一目的，他对内采取重农、薄敛、轻刑和教化的措施，对外则采取和亲匈奴的策略。

重农抑商是文帝时期的国策，景帝采取多项措施，继续推行这一政策。他多次下令郡国官员，要以劝勉农桑为首务。从前，居民迁徙受到限制，景帝下诏：缺乏农牧条件的百姓，准许迁至利于农牧的郡县。景帝还"租长陵田"给无地少地的农民。这些新政策，有利于各地资源的充分利用，有利于促进农业的发展。

赋税、徭役，是影响百姓生产积极性的主要因素。景帝继位不久,就在前元元年(前156。汉景帝纪年分三段,第一段亦径称"×年"而不缀"前元"之类,后两段则称"中元""后元"以示区别。)下诏减免一半田租,由原来一度恢复的"十五税一"改为"三十税一"。从此,这一新的田租税率成为西汉定制。在降低田租的第二年(前155),景帝又下令将男子开始服徭役的年龄推迟三年,并缩短服役的时间。这一规定,一直沿用至西汉的昭帝时代。景帝还多次颁诏,以法律手段打击擅用民力的官吏,从而保证了正常的农业生产。为保证粮食充足供应和稳定粮价,景帝曾两次下令禁止用谷物酿酒,还禁止内郡以粟喂马。

轻刑也是汉景帝较为重视的安民举措。汉文帝废除肉刑,改为笞刑等,然而,由于鞭打动辄三百、五百,笞刑往往反倒把犯人打成残废,甚至打死。景帝即位后,继续减轻刑罚,笞刑不仅减少次数——第一次,五百减为三百,三百减为二百;第二次,三百减为二百,二百减为一百,并且不准换人轮流鞭打。他还数次大赦天下,并废除磔刑(分裂尸体之刑),改为弃市(在街市执行死刑)。为了避免枉屈无辜,景帝还三令五申,强调决狱务必先宽,即使不当,也不为过,并提醒有司不可"以苛为察,以刻为明",要求判案时尽管依据律文应该治罪,但若罪犯不服,必须重新审理,一切都要体现宽厚仁慈。

景帝时期,基于社会经济的恢复和发展,上自景帝、下至郡县官吏,都逐渐开始重视文教事业,而民间讲学则蔚成风气。景帝末年,文翁担任蜀郡郡守,创办郡学,地方官学肇始。思想学说领域,黄老思想之外,儒学也有了一定程度发展,从而为董仲舒学说的成长以及汉武帝"独尊儒术"提供了条件。

对于北方的匈奴,景帝继续采取汉初以来的和亲政策。前元元年(前156),他派御史大夫陶青到代郡边塞,与匈奴商谈和亲之事。次年秋天,又与匈奴举行和谈。到前元五年(前152),

汉朝遣送公主嫁与匈奴单于。对于匈奴的入侵掠夺，景帝从维护和好大局出发，基本不大规模出兵反击，多是增调部分步、骑屯守防御。景帝还在边界设置关市，互通有无，促进和便利了双方之间的交流。这种宽厚的政策，一定程度上消减了匈奴的骚扰。

汉景帝的一系列对内对外政策，维护了安定局面，促进了生产发展。景帝在位期间，总体上经济繁荣、社会稳定，在中国历史上，与文帝时期合称"文景之治"，是汉王朝的升平时代。

三、知人敢任　忌克少恩

除推行一系列政治、经济、文化、司法、外交政策外，汉景帝刘启用人也颇有特点。他知人敢任，这一点不同于乃父文帝；却又未免"忌克少恩，无人君之量"（苏辙语），这一点也与乃父有所不同。

长安居住着许多宗室权贵，这些人胡作非为，京官无人敢管。景帝便调刚直不阿的宁成为中尉，一举镇住了犯法的宗室权贵。程不识敢于直谏，景帝任他为评议朝政的太中大夫。石奋有震主之威，景帝调他为诸侯相国。周仁守口如瓶，景帝任命他为郎中令，作为贴身近臣。这些人的使用，汉景帝均能做到大胆任用、用其所长。

晁错是两朝老臣，他所建之策，文帝时即已提出，如削藩等，但当时并未施行。同样是削藩，景帝信用晁错，听其大胆推行。此时同样也有阻力，但景帝未曾屈服。这固然有客观上的时势问题，也有景帝主观上果敢任用的因素。就此而言，汉景帝可谓晁错的知音，而比起贾谊来，晁错可谓生逢其时。

可就是景帝，却将晁错朝衣斩于东市！景帝斩晁错，一方面有吴楚"诛晁错"的叫嚣，一方面有袁盎的谗言，同时也有景帝不明不智的问题。袁盎提出斩晁错，景帝虽然"嘿然良久"，最后还是忍心决定，却不想想晁错是否有过错，不考虑吴楚会否退兵。而且斩错的具体行事可谓荒唐：不加说明，不容申说，朝衣而斩，千古少见。

对郅都的任用，同样如此。郅都以严酷著称，执法不避权贵，朝中的列侯宗室见了，都侧目而视，称他为"苍鹰"。景帝正是看中了这一点，在太子刘荣被废之后，才让年长厚道的卫绾告老回乡，而让郅都去抓捕处置太子娘家的栗氏族人。济南一户豪强大族，人多势大，强横奸滑，称霸地方，为难官府，历任郡守无人敢制。景帝拜郅都为济南郡守，前往处理。上任之后，郅都雷厉风行，首先诛杀该族首恶，并予以灭门。其余家庭见新任太守如此"手段"，吓得腿都发抖，再也不敢对抗官府。一年之后，济南郡成了路不拾遗的清明世界。后来，景帝又任郅都为雁门郡守，匈奴畏惮郅都，引兵远避，不敢靠近雁门。

至于临江王刘荣侵占庙地，景帝召其入京，到中尉府对簿，则绝非明智，因为郅都正任中尉。刘荣被废太子，并不是因为他本身的过错；担心栗姬成为皇太后摧残子女，也不是没有别的办法。而且太子废则废矣，召其入京对簿，似乎也应加以关照，不能任由郅都横加责讯而不予过问，以至于刘荣连给父亲上书谢过的机会都没有，最终导致一个颇受民众爱戴的藩王枉死。虽然刘荣是自杀，但与郅都的严酷、景帝的放任脱不了干系。

张释之是文帝朝的老臣，曾多次进谏，如阻止任命伶牙俐齿的啬夫为上林令，进言墓葬无宝物则无需忧虑是否坚牢。担任廷尉时，惊圣驾、盗玉环两个案件，张释之都能不顾皇帝意愿，据理力争，依法断案，而文帝最终也都予以认同。

张释之担任公车令的时候，曾经阻拦过还是太子的刘启。有一次，刘启与弟弟梁王刘武，同乘一辆车入朝，经过皇宫司马门时，两人没有下车，违反了宫卫令。张释之追上去，阻止他们进宫，并以"不下公门不敬"上奏弹劾。事情惊动了薄太后，文帝向母亲免冠谢罪，自责"教子不谨"。随后，太后派使者传诏赦罪，二人才得以进入宫中。景帝即位后，张释之曾就此当面谢罪，当时倒也未受责怪。可一年之后，张释之被贬为淮南国相，《史记》谓"犹尚以前过也"（《张释之冯唐列传》），汉景帝显然未曾释怀从前的事情。

从汉高祖时起，外戚就是朝廷的突出问题，以致酿成诸吕之祸。汉文帝颇能管教外戚，尤其是窦后的兄弟，都养成了忠恳谦逊的品格，且都未任高官。景帝亦如此，既不让外戚专权，又能因才而用。窦婴是窦太后的堂侄，有一定的军事才能，七国叛乱时，景帝拜为大将军，屯兵荥阳，监视齐、赵两国军队。后来，窦太后希望拜他为相，景帝不同意，太后颇有情绪，景帝解释说："难道您以为我舍不得丞相这个职位吗？他这个人沾沾自喜，行为轻率，丞相须老成持重，他难以胜任啊。"最终，拜卫绾做了丞相。

四、晁错建策　因过削地

汉朝开国之初，为了屏藩王朝，分封了不少同姓诸侯王。这些诸侯王，无论封地还是权力，都相当之大。比如，高祖庶子刘肥封齐王，辖七十二城；高祖庶弟刘交封楚王，辖四十城；高祖兄子刘濞封吴王，辖五十余城。这三位庶出的王，就占了天下的一半。虽然较之单个诸侯王，汉天子的地盘更大；但所有藩国的地盘合起来，汉天子就相形见绌了。高祖时，诸侯王与汉天子所领郡数之比为四十二比十五，天子所辖几乎只有诸王的三分之一。而这种情形，文帝期间一直未有改变。

诸侯王不仅拥有大片封地，还拥有自己的军队。藩国还可以自置官职，除太傅、丞相等二千石高官须中央朝廷任命，其余均由诸侯王自己任用。《汉书·百官公卿表》云:"诸侯王,高帝初置,金玺绿绶,掌治其国。有太傅辅王,内史治国民,中尉掌武职,丞相统众官,群卿大夫都官如汉朝。"然而,随着诸侯王势力坐大,就连藩国丞相等官也开始径行自置,或者百计刁难使朝廷命官知难而退,甚至干脆害死了事——景帝第七子赵敬肃王刘彭祖,就是这么干的。

藩国实力的不断增长、壮大,逐渐发展到了绝不能视而不见、置之不理的地步。到汉文帝时,已经出现诸侯王谋乱之事。一是济北王刘兴居,因对兄长齐王刘襄未能如愿登基,心怀不满,乘文帝抗击匈奴离开汉都时,举兵叛乱;一是淮南王刘长,手下臣僚与棘蒲侯柴武之子柴奇合谋反叛。虽然两次叛乱都没有掀起多大波澜,但诸侯王有不臣之心,已经昭然若揭。贾谊等人曾指出藩王势力已成朝廷一大祸患,必须设法割除,但汉文帝虽然认同,却没有采取什么具体措施。

贾谊之后,晁错也多次上书文帝,提出削藩和改革法令的建议。文帝虽未采纳,但赏识晁错的才能,由太子家令提升为中大夫。刘启当时还是太子,也很赞成晁错所提策略。刘启继位时,晁错已任御史大夫,位列三公,颇受信任。于是,晁错上《削藩策》,认为应该以削地的方式,削弱藩国的实力,而且矛头直指吴王刘濞。

景帝刘启即位之初,诸王当中,以吴王刘濞势力最为强大。吴国拥有三郡五十三城,境内有豫章铜矿,可以开采铸钱;东临大海,可以煮海水为盐,因而资财富足。刘濞是高祖刘邦二哥刘仲之子,到景帝时,宗室诸人中他年龄最长。缘此,刘濞日渐骄横,加之刘启做太子时曾失手打死吴太子,刘濞对景帝更多了几分怨恨。平日在吴国,刘濞对百姓广施恩惠,并招揽各地犯法的亡命之徒,早有不臣之心、不轨之谋。

晁错在进策中说："过去吴王因儿子死于陛下之手，对朝廷深怀怨恨，诈称有病，不来京城朝拜天子，按照古法应当诛杀。先皇不忍加刑，还赏赐几杖，允许他不来朝拜，恩德可谓宏厚。吴王不改过自新，反而越发放肆，开山铸钱，煮海制盐，招诱天下逃犯，谋图叛乱。现在削夺封地会造反，不削夺也会造反。削夺，仓促早反，祸害小一些；不削，准备充分再反，祸患更大。"

晁错的主张遭到魏其侯窦婴等人的反对，削吴之事暂时搁置。不过，朝廷采用晁错"因过削地"的策略，楚、赵、胶西三国分别以罪被削。

景帝二年（前155）冬，楚王刘戊来朝，晁错乘机上奏说，刘戊以前为薄太后服丧期间，私与宫女通奸，请皇帝诛杀他。景帝下诏不诛，但削去了楚国的东海郡。随后，赵王刘遂有罪，削其常山郡；胶西王刘卬卖爵捣鬼，削其六县。

楚、赵、胶西三王封地被削，吴王刘濞自然清楚，这种事情必然会轮到自己。对抗朝廷，他早有准备，此时，削地时间集中、地域庞大，诸侯王的反叛心理已被激发，正好可以登高一呼，共同起事。于是，刘濞派手下中大夫应高，去游说勇而好兵的胶西王刘卬，刘卬痛快应允，并答应联络自己的几个兄弟。

五、七国叛乱　三月平定

景帝前元三年（前154）正月，削吴诏书一到，吴王刘濞首先在广陵（今扬州）起兵，楚王刘戊、赵王刘遂、济南王刘辟光、菑川王刘贤、胶西王刘卬、胶东王刘雄渠六王响应。如此以吴王为首，共有七个藩王卷入叛乱，史称"吴楚七国之乱"。

吴王刘濞首先杀掉汉廷所置各级官员，随即将国内十四岁至六十二岁的男子统统征发，共二十余万人，西渡淮水，与楚兵合一，奔梁国而来；接着胶东、胶西、济南、菑川四国起兵，包围齐都临菑；赵国则把队伍集结在封地西界，拟与吴兵汇合西进。同时，吴王刘濞还与东越、闽越贵族勾结，而赵王刘遂则与匈奴联系。

吴楚七国起兵，实质是叛乱，名义却是"诛晁错，清君侧"，具体矛头指向了主张、推进削藩的御史大夫晁错，似乎目标只有一个晁错。而此时，曾任吴相、与晁错有隙的袁盎，在窦婴的引见之下，以"诛晁错，安社稷"为由，建议景帝杀掉晁错，声称如此则可以兵不血刃，叛乱自平。景帝听后沉默不语，感到于心不忍；但想到兵戈大起，将会杀人盈野、血流成河。权来衡去好一阵子，最后说："真的是这样，为了天下安定，我也就不好爱惜一位大臣。"（"于是上嘿然良久，曰：'顾诚何如，吾不爱一人以谢天下。'"《史记·吴王刘濞列传》）于是一面诛杀晁错，一面任袁盎为太常，派他与刘通整装东行，去宣谕吴王息兵。

汉景帝杀了晁错，自然让诸藩王快心如意，但他的诏谕却遭到了吴王刘濞的嘲笑——刘濞听说袁盎到来，明白是来劝说自己的，笑着对来报告的吴国宗正说："我已经是东方的皇帝了，还有谁配让我下拜呢？"（"我已为东帝，尚何谁拜？"同上）刘濞根本不见袁盎，还把他扣押起来，要他为自己带兵打仗。袁盎不答应，刘濞就派人把袁盎一行围困起来，还是借助昔日熟人的帮助，才得以逃脱。

袁盎逃归长安，报告了情况，景帝这才彻底醒悟，意识到了问题的严重。一场大战不可避免，于是景帝以条侯周亚夫为太尉，命其率三十六位将军讨伐吴楚叛军；派郦寄率领一支队伍攻赵，派栾布率领一支队伍入齐；又召窦婴拜为大将军，屯兵荥阳，监视齐、赵两国军队。

吴、楚发兵西进，梁国是必经之地。受命之后，周亚夫审时度势，向景帝建策："楚军向来剽悍，行动迅捷，正面争锋，实难取胜。现在，他们正在进攻梁国。如果采取将取姑与之策，暂时放弃梁地，由他们去占领，从背后断其粮道，这样就可以伺机制服叛军了。"（"楚兵剽轻，难与争锋。原以梁委之，绝其粮道，乃可制。"（《史记·绛侯周勃世家》）"上许之"——景帝认为周亚夫言之有理，便同意了。

到达昌邑（今属山东）之后，周亚夫顿兵不进。为打通必经之路，吴军攻打梁国越来越急。梁王刘武多次派人请求援兵，周亚夫抱定主旨，不肯出兵。刘武久待援兵不至，又派人到景帝那里告周亚夫的状。汉景帝派人要求救梁，但周亚夫便宜行事，仍旧坚守壁垒。（"上使人告条侯救梁，复守便宜不行。"《史记·吴王濞列传》）

不过，周亚夫表面上不为所动，暗地里却派轻骑兵潜入敌后，截断了吴楚粮道。吴楚军粮秣多被劫走，运输线又全然不通，久攻梁国不下，于是转而攻击周亚夫军，以尽快决一雌雄。但多次挑战，周亚夫就是不肯出战。后来偷袭汉军，又给打得大败。

吴楚叛军缺粮，将士食不果腹，只好引兵退去。周亚夫趁机派精兵追击，大败吴楚军，士卒溃散。最后，楚王自杀；吴王逃奔东越，东越人杀之，献首级领赏。栾布率军至齐，很快就打破了胶东、胶西、济南、菑川四国的联兵，四王全部伏诛。接着栾布回兵联合郦寄攻赵，引水灌城，赵都邯郸城破，赵王自杀。至此，历经近三个月，吴楚七国之乱全部平定。

七国之乱平定后，汉景帝对叛王封地进行了调整，先后分封诸皇子为王，将各藩国的支郡、边郡收归朝廷。这样，大多数诸侯王国仅领一郡之地，实际地位已降为郡级，国与郡基本上趋于一致。诸侯王国所领之郡，由汉高祖时的四十二郡，削减为二十六郡；而中央直辖之郡，由高祖时的十五郡，增至四十四郡，汉郡总数大大超过了诸侯王国郡数。

中元五年（前145），景帝又乘平叛的余威，把诸侯国的行政和官吏任免权收归中央，并裁减王国官吏、降黜其职位，王国的独立地位被取消。从此，诸侯王只能按规定衣食封国的租税，不能过问行政，成为只有爵位而无实权的贵族，藩王对朝廷的威胁基本上得以解除。

六、两立太子　"酒话"梁王

汉景帝刘启子女众多，仅只儿子就有十四个。按着立长的规矩，本来不应该生出许多波澜，偏偏后宫里波谲云诡，长子太子既立又废，进而因母立子；其他十三子均封王，《汉书》所谓"景十三王"。

景帝长子刘荣是庶出，但母亲栗姬颇受景帝宠爱。因此，七国之乱平息后，景帝前元四年（前153）四月，庶长子刘荣被立为皇太子。

景帝的姐姐馆陶长公主刘嫖，工于心计，又善权术。她希望女儿阿娇做皇后，就想把她许配给尚未婚配的太子刘荣。刘嫖总给景帝进献美女，夺了自己的宠，因而栗姬断然拒绝。刘嫖转而他求，和王夫人之子刘彻订了婚事。这样一来，长公主刘嫖和王夫人王娡结成同盟，共同对付栗姬、太子，以便刘彻夺得太子之位。

刘嫖姐弟关系密切，在景帝面前，她不是说栗姬的坏话，就是称赞刘彻。有一次，刘嫖和景帝说，栗姬经常让宫女暗地里用巫术诅咒皇帝喜爱的妃子。景帝听了，虽然心中不快，但昔日感情深厚，还没想要有所作为。后来，景帝偶然身体不适，想到身后诸子的安危，便想托付栗姬，说："我百岁之后，你要善待他们。"（"百岁后，善视之。"《史记·外戚世家》）栗姬心怀怨愤，不但没有答应，反而口出恶言。景帝大失所望，但仍旧没有发作。

景帝刘启最初所立皇后，是祖母薄太后的远房亲属，薄氏同族。刘启到了成婚年龄，薄太后替孙子做主，娶了这位小薄氏；到刘启立为太子，薄氏也就成了皇太子妃。（"孝景薄皇后，孝文薄太后家女也。景帝为太子时，薄太后取以为太子妃。"《汉书·外戚传上》）后来，又顺理成章做了皇后。不过，尽管薄氏天生丽质，但刘启就是上不来感情，所以薄氏总是独守空房，也没有生个一儿半女。到景帝前元六年（前151），汉景帝废掉了薄氏的皇后之位，让其另居别宫。

皇后之位空了出来，争夺也就变得白热化。此时，同样工于心计的王娡，来了一招欲擒故纵，私下悄悄唆使大臣，说是该立栗姬为皇后了。当时负责礼仪的大行不明就里，向景帝提议说："现在太子之母应该做皇后。"景帝十分生气，说："这话是该你说的吗？"结果，倒霉的大行被景帝下令给杀了。

景帝本已对栗姬有所不满，大行的提议给了他触动，难免将矛头指向栗姬。眼下可以破灭栗姬的皇后之望，却断不了她的太后之路，还需拿太子开刀。因而就在废黜薄皇后的第二年——景帝前元七年（前150）正月，将太子刘荣废为临江王。当年七月，美人王娡被立为皇后，景帝第十子——胶东王刘彻被立为太子，改名"刘彻"。

刘荣被废，栗姬心中郁闷，又找不到机会陈述冤屈，忧闷难遣，后来就去世了。同样不幸的是，被废的太子刘荣，也可谓死于非命。

在汉景帝继承人的角逐中，还有一个人，并非景帝之子，而是景帝的弟弟刘武。

刘武是汉文帝的次子，母亲也是窦氏，因而于景帝刘启为"同产弟"。刘武在刘启立为太子那年，与其他兄弟一同封王（代王），后又徙封为淮阳王、梁王。

窦氏特别疼爱自己的小儿子，刘武也十分依恋母亲，而且很是孝顺。因为窦氏宠爱、与皇帝又最亲，梁王封国又大又富，宫室苑囿，堪比天子；梁王出行，拟比天子。比起其他诸王来，他可谓频繁入朝，并两度"比年（每年）入朝"，而且有一次在京师一住就是一年。

景帝前元三年（前154），刘武在哥哥即位后第二次入朝。此时，景帝还没有立太子。有一次兄弟饮宴，闲谈之间，景帝刘启一时兴起，"从容言曰：'千秋万岁后传于王。'王辞谢。虽知非至言，然心内喜。太后亦然"（《史记·梁孝王世家》）。虽然"千秋万岁后传于王"是句"酒话"，但刘武和太后听了，都很高兴。

然而，景帝一时的"酒话"，确实留下了话把子。虽然在场的窦婴当即提醒景帝："天下，是高祖的天下；父子相传，是汉朝的规定。"但梁王母子不无想望，尤其是窦太后。后来，太子刘荣被废，窦太后旧事重提，希望梁王刘武成为皇位继承人。袁盎等大臣劝说景帝，窦太后的动议受阻，从此不再提梁王继位之事。而窦婴和袁盎，因谏阻梁王成为皇位继承人，却给自己引来了杀身之祸。

七、纵容梁王　虐待亚夫

在对待兄弟上，汉景帝刘启与乃父文帝刘恒，可谓如出一辙。他们与兄弟关系亲密，亲密得有些纵容，纵容得有些过度。结果，各自的兄弟都骄横不法，罪有不赦，虽未伏法，却不得善终。

景帝刘启与梁王刘武是"同产"，关系较文帝与淮南王刘长更进一层，再加上为了讨好母亲，梁王在平定七国之乱中又有砥柱之功，景帝对梁王可谓更为放纵。

梁王刘武"比年入朝"，本来就不合规矩，却又长期居留京师长安。留京期间，刘武受到景帝的空前礼遇，在宫里和皇帝同辇，到上林苑打猎则同车。不仅刘武本身，梁王的属员也显赫一时，梁国侍中、郎、谒者等官员，只需在名簿上登记姓名，便可出入天子殿门，与朝廷官员没有区别。

在齐国，刘武有景帝赐予的天子旌旗，每次外出，都像天子一样，不仅随从千乘万骑，而且还出警入跸。刘武还广招四方豪杰，扩大自己的实力。一时间，崤山以东的游士，如齐国人羊胜、公孙诡、邹阳等，没有不来梁国的。此外，刘武还下令制造了许多兵器，弩弓矛箭等都以数十万计。而梁国府库中的金钱，以百万计数；珠玉宝器，比京师还多。

朝臣袁盎，曾经谏阻景帝以梁王为继承人。后来，梁王又上书，要求动用兵卒，修筑一条直通长乐宫的甬道，以便随时朝见太后。袁盎等人以为不可，又一次予以阻止。为此，刘武怨恨朝中大臣，尤其是袁盎。于是就和羊胜、公孙诡等人谋划，打算派人暗杀袁盎等人。其时袁盎家居，一次外出返回途中，被刘武所派刺客拦住，刺死在郭门之外。

得知袁盎被刺杀，文帝震怒，敕令缉捕凶手、查清谋主。刘武害怕事情暴露，一面逼令刺客自杀，一面托姐姐长公主刘嫖，央求母后为自己开脱。事情很快水落石出，果然是梁王主使。于是刘武命羊胜、公孙诡自杀，再交出他们来搪塞。随后，经窦太后干预、皇后兄长王信劝说、长公主刘嫖说情，袁盎遇刺的事情没再追查下去。

然而，景帝由此开始疏远梁王，不再与他同乘车辇。此后梁王上书希望留在京师，景帝没有同意。梁王刘武闷闷不乐，后来打猎又见到一头畸形怪牛——牛脚长在牛背上，觉得犯了忌讳，情绪更加不好，不久患上热病，很快就去世了。

汉景帝将晁错朝衣斩于东市，如果说缘于情势紧急，出于大局的考虑，那么，他对待条侯周亚夫，就完全是小心眼儿了。

周亚夫是文帝朝的老臣，汉文帝劳军细柳，曾誉之"真将军"；临终时，曾对嘱咐太子刘启："周亚夫缓急可恃。设若有变，真可使将兵。"刘启即位后，拜周亚夫为车骑将军。

吴楚七国之乱爆发，用兵之际，想到父亲的遗言，景帝晋升周亚夫为太尉，掌管全国大军，东击吴楚。由于坚持以梁国阻击、消耗吴楚叛军，同时断其粮道、待其饥疲的战略，梁王刘武多次请求援兵，甚至景帝派人要求救梁，周亚夫都抱定主旨，不肯出兵。这自然一方面跟梁王结下了梁子，也惹得景帝不快。

后来，丞相陶青因病去职，朝中无人可用，周亚夫以武职被任为丞相。任相期间，周亚夫不肯随俗苟同，数次反对景帝；加上梁王每次入朝，都要在太后面前说坏话，景帝对周亚夫日渐疏远。

先是废太子刘荣，周亚夫与窦婴等极力反对，景帝不肯改变主意，太子终究还是废了。窦太后建议景帝，封皇后王娡之兄王信为王，景帝说要征求丞相意见，周亚夫拿出汉高祖的"非刘氏不得王"说事，景帝只好作罢。后来，匈奴王唯徐卢等五人归降，景帝要封侯以表激励，周亚夫却说："这些人背叛国主，倘若加以封赠，我们还怎么责备那些不守节的人臣呢？"景帝因周亚夫阻止王信封侯，本已很不高兴，听了这话，越发恼火，变色说道："丞相议不可用。"随后将唯徐卢等五人一律封侯。

所议不纳，周亚夫便称病辞官，以列侯身份归其府第。过了一段时间，汉景帝在宫中召见周亚夫，请他吃饭。周亚夫入席，见所陈肴馔只是一大块肉，没有切开，也没有"置箸"（准备筷子）。景帝意在考验周亚夫，看他耿介的脾气是否有所改变，而这种近乎侮辱戏弄的做法，必然引得周亚夫不快，结果不欢而散。景帝见周亚夫出去，叹息道："此怏怏者，非少主臣也！"不知何以父亲以为"缓急可用"的老臣,在儿子这里却成了"非少主臣"?

后来,周亚夫的儿子见父亲年迈,向尚方工官偷偷买了甲盾五百具,想等父亲去世后在丧事中使用。有人上书报告,说周亚夫之子私买国家禁器,图谋不轨。景帝一得此信,立即派员审问。周亚夫并不知情,自然无从答起。问官认为他负气倔强,将情况报告上去,景帝大怒:"我根本用不着你回答!"遂命将亚夫移交廷尉究治。问官等千方百计,侮辱侵凌周亚夫,甚至讥讽他"不在地上谋反,就是想在地下谋反"。周亚夫生性高傲,在廷尉狱中受到如此揶揄侵迫,遂绝食五天,呕血而死。

周亚夫的父亲周勃,也曾因"谋反"被下狱,结果还是走了宫中的关系,才保住了性命,得以善终。那时,周勃就体会到了狱吏的"尊贵"。其实,狱吏之所以"尊贵",不无缘故。周亚夫也以"谋反"下狱,问官之所以敢于肆意侵凌,源头还不是在皇帝:否则,又何至于此?可惜的是,汉景帝文臣杀晁错,武将杀周亚夫,忍心之外,也真的是不智。

八、官学初见　儒学渐长

汉初鉴于秦末战乱,社会残破,民生凋敝,采取与民休息的国策,推尊"无为而治",黄老思想盛行。同时,朝廷集中精力发展生产,以解决民众的温饱问题,文教等事尚不能多所用力。

汉惠帝四年(前191),秦代的"挟书律"废止,民间藏书逐渐"抛头露面",老师宿儒也陆续恢复教学。民间讲学恢复的同时,汉文帝时期,朝廷也开始搜集遗书,将学有所长的儒生拜为博士,以便研习、传授经典。其时,儒家经典如《诗》《书》以及传记等,大多设立了博士。

到汉景帝时期,随着经济发展、社会安定,朝廷有了余力来推进文教事业,而民间的讲学更是热火朝天,齐鲁等地涌现出了许多出色的学者,使战国以来的学术传统得以延续。尤其特别的是,地方官学也开始出现,并取得不俗成就。

巴蜀地区的文翁,在景帝末年被任命为蜀郡太守。上任后,文翁见当地风俗比较落后,决定发展文化教育,改变这种状况。他从郡县小吏中选出十多个聪敏有才的人,派他们到京城长安跟朝廷的博士学习。学成之后,这些人无论做官还是教学,都很出色。同时,文翁在成都建立管办学校,招收各县子弟入学。而他每次到基层巡察,都要带一些优秀学生,让他们实习历练。人们看到这些学生,觉得很是荣耀,都争着要进入官学。

文翁的这些举措,使蜀地的民风大有改观,向学风气十分浓厚。当时,蜀地到京城求学的人,居然和齐、鲁文化之邦的一样多。班固《汉书·循吏传》感慨云:"至今巴蜀好文雅,文翁之化也。"而到武帝时期,鉴于蜀郡地方官学的良好成效,汉武帝下令全国郡县均要建立学校,设置专门官员管理,以便发展教育、提高文化。

文景时期,由于窦氏的坚持,黄老思想受到尊崇。但随着社会的发展,黄老思想已经不太适应时代要求,儒学地位日益提升,并与黄老学说产生冲突。景帝表面不置可否,实际上倾向儒家思想,并暗中鼓励儒家势力。

辕固是齐国儒生,以治《诗》著名,景帝拜为博士。有一次,辕固与一位姓黄的儒生,在皇上面前争论"汤武革命"。黄生认为,汤王、武王并非秉承天命继位天子,因而是弑君篡位。辕固则以天下人心归向立论,认为商汤、周武顺民心而诛桀、纣,不得已才立为天子,因而是秉承天命。尽管两人意见不一,但都是在以儒家立场分析、讨论问题。而他们能在皇帝面前喋喋不休地论争,也说明景帝对治国思想已经表现出明显的倾向性。

窦太后顽固守旧,不甘失势,竭力维护黄老,打击儒学。有一次,她召来辕固,询问《老子》一书如何,辕固说:"这不过是些平常的言论罢了。"窦太后听了,怒道:"难道不如管制犯人的城旦书(刑书)吗!"并下令让辕固到兽圈里去"刺豕"——刺杀野猪。景帝得知,暗中派人送去利剑,辕固将野猪一剑毙命,太后无话可说,只好作罢。

辕固之事,虽说有惊无险,却可见出窦太后维护黄老的决心和势力。所以终景帝一朝,因为窦太后的缘故,儒家博士均属待问之职,从未被真正重用过。不过,也就在这一时期,王臧、赵绾乃至董仲舒,一批儒家人物已经逐渐成长起来,为汉武帝时期的"罢黜百家,独尊儒术"奠定了人才基础。一个全新的时代,就这样呼之欲出。

《史记·孝景本纪》

孝景皇帝者,孝文之中子也。母窦太后。孝文在代时,前后有三男,及窦太后得幸,前后死,及三子更死,故孝景得立。

元年四月乙卯,赦天下。乙巳,赐民爵一级。五月,除田半租,为孝文立太宗庙。令群臣无朝贺。匈奴入代,与约和亲。

二年春,封故相国萧何孙系为武陵侯。男子二十而得傅。四月壬午,孝文太后崩。广川、长沙王皆之国。丞相申屠嘉卒。八月,以御史大夫开封陶青为丞相。彗星出东北。秋,衡山雨雹,大者五寸,深者二尺。荧惑逆行,守北辰。月出北辰间。岁星逆行天廷中。置南陵及内史、祋祤为县。

三年正月乙巳,赦天下。长星出西方。天火燔雒阳东宫大殿城室。吴王濞、楚王戊、赵王遂、胶西王卬、济南王辟光、菑川王贤、胶东王雄渠反，发兵西乡。天子为诛晁错，遣袁盎谕告，不止，遂西围梁。上乃遣大将军窦婴、太尉周亚夫将兵诛之。六月乙亥。赦亡军及楚元王子艺等与谋反者。封大将军窦婴为魏其侯。立楚元王子平陆侯礼为楚王。立皇子端为胶西王，子胜为中山王。徙济北王志为菑川王，淮阳王馀为鲁王，汝南王非为江都王。齐王将庐、燕王嘉皆薨。

四年夏，立太子。立皇子彻为胶东王。六月甲戌，赦天下。后九月，更以易阳为阳陵。复置津关，用传出入。冬，以赵国为邯郸郡。

五年三月，作阳陵、渭桥。五月，募徙阳陵，予钱二十万。江都大暴风从西方来，坏城十二丈。丁卯，封长公主子蟜为隆虑侯。徙广川王为赵王。

六年春，封中尉绾为建陵侯，江都丞相嘉为建平侯，陇西太守浑邪为平曲侯，赵丞相嘉为江陵侯，故将军布为鄃侯。梁、楚二王皆薨。后九月，伐驰道树，殖兰池。

七年冬，废栗太子为临江王。十月晦，日有食之。春，免徒隶作阳陵者。丞相青免。二月乙巳，以太尉条侯周亚夫为丞相。四月乙巳，立胶东王太后为皇后。丁巳，立胶东王为太子。名彻。

中元年，封故御史大夫周苛孙平为绳侯，故御史大夫周昌左车为安阳侯，四月乙巳，赦天下，赐爵一级。除禁锢。地动。衡山、原都雨雹，大者尺八寸。

中二年二月，匈奴入燕，遂不和亲。三月，召临江王来。即死中尉府中。夏，立皇子越为广川王，子寄为胶东王。封四侯。九月甲戌，日食。

中三年冬，罢诸侯御史中丞。春，匈奴王二人率其徒来降，皆封为列侯。立皇子方乘为清河王。三月，彗星出西北。丞相周亚夫免，以御史大夫桃侯刘舍为丞相。四月，地动。九月戊戌晦，日食。军东都门外。

中四年三月，置德阳宫。大蝗。秋，赦徒作阳陵者。

中五年夏，立皇子舜为常山王。封十侯。六月丁巳，赦天下，赐爵一级。天下大酺。更命诸侯丞相曰相。秋，地动。

中六年二月己卯，行幸雍，郊见五帝。三月，雨雹。四月，梁孝王、城阳共王、汝南王皆薨。立梁孝王子明为济川王，子彭离为济东王，子定为山阳王，子不识为济阴王。梁分为五。封四侯。更命廷尉为大理，将作少府为将作大匠，主爵中尉为都尉，长信詹事为长信少府，将行为大长秋，大行为行人，奉常为太常，典客为大行，治粟内史为大农。以大内为二千石，置左右内官，属大内。七月辛亥，日食。八月，匈奴入上郡。

后元年冬，更命中大夫令为卫尉。三月丁酉，赦天下，赐爵一级，中二千石、诸侯相爵右庶长。四月，大酺。五月丙戌，地动，其蚤食时复动。上庸地动二十二日，坏城垣。七月乙巳，日食。丞相刘舍免。八月壬辰，以御史大夫绾为丞相，封建陵侯。

后二年正月，地一日三动。郅将军击匈奴。酺五日。令内史郡不得食马粟，没入县官。令徒隶衣七緵布。止马舂。为岁不登，禁天下食不造岁。省列侯遣之国。三月，匈奴入雁门。十月，租长陵田。大旱。衡山国、河东、云中郡民疫。

后三年十月，日月皆赤五日。十二月晦，雷。日如紫。五星逆行守太微。月贯天廷中。正月甲寅，皇太子冠。甲子，孝景皇帝崩。遗诏赐诸侯王以下至民为父后爵一级，天下户百钱。出宫人归其家，复无所与。太子即位，是为孝武皇帝。三月，封皇太后弟蚡为武安侯，弟胜为周阳侯。置阳陵。

太史公曰：汉兴，孝文施大德，天下怀安，至孝景，不复忧异姓，而晁错刻削诸侯，遂使七国俱起，合从而西乡，以诸侯太盛，而错为之不以渐也。及主父偃言之，而诸侯以弱，卒以安。

安危之机，岂不以谋哉？

景帝即位，因脩静默。勉人于农，率下以德。制度斯创，礼法可则。一朝吴楚，乍起凶慝。提局成衅，拒轮致惑。晁错虽诛，梁城未克。条侯出将，追奔逐北。坐见枭黥，立蒇牟贼。如何太尉，后卒下狱。惜哉明君，斯功不录！

《汉书·景帝纪》

孝景皇帝，文帝太子也。母曰窦皇后。后七年六月，文帝崩。丁未，太子即皇帝位，尊皇太后薄氏曰太皇太后，皇后曰皇太后。

九月，有星孛于西方。

元年冬十月，诏曰："盖闻古者祖有功而宗有德，制礼乐各有由。歌者，所以发德也；舞者，所以明功也。高庙酎，奏《武德》《文始》《五行》之舞。孝惠庙酎，奏《文始》《五行》之舞。孝文皇帝临天下，通关梁，不异远方；除诽谤，去肉刑，赏赐长老，收恤孤独，以遂群生；减耆欲，不受献，罪人不帑，不诛亡罪，不私其利也；除宫刑，出美人，重绝人之世也。朕既不敏，弗能胜识。此皆上世之所不及，而孝文皇帝亲行之。德厚侔天地，利泽施四海，靡不获福。明象乎日月，而庙乐不称，朕甚惧焉。其为孝文皇帝庙为《昭德》之舞，以明休德。然后祖宗之功德，施于万世，永永无穷，朕甚嘉之。其与丞相、列侯、中二千石、礼官具礼仪奏。"丞相臣嘉等奏曰："陛下永思孝道，立《昭德》之舞以明孝文皇帝之盛德，皆臣嘉等愚所不及。臣谨议：世功莫大于高皇帝，德莫盛于孝文皇帝。高皇帝庙宜为帝者太祖之庙，孝文皇帝庙宜为帝者太宗之庙。天子宜世世献祖宗之庙。郡国诸侯宜各为孝文皇帝立太宗之庙。诸侯王、列侯使者侍祠天子所献祖宗之庙。请宣布天下。"制曰:"可。"

春正月,诏曰:"间者岁比不登,民多乏食,夭绝天年,朕甚痛之。郡国或硗陿,无所农桑毄畜;或地饶广,荐草莽,水泉利,而不得徙。其议民欲徙宽大地者,听之。"

夏四月,赦天下。赐民爵一级。

遣御史大夫青翟至代下与匈奴和亲。

五月,令田半租。

秋七月,诏曰:"吏受所监临,以饮食免,重;受财物,贱买贵卖,论轻。廷尉与丞相更议著令。"廷尉信谨与丞相议曰:"吏及诸有秩受其官属所监、所治、所行、所将,其与饮食,计偿费,勿论。它物,若买故贱,卖故贵,皆坐臧为盗,没入臧县官。吏迁徙、免、罢,受其故官属所将、监、治送财物,夺爵为士伍,免之。无爵,罚金二斤,令没入所受。有能捕告,畀其所受臧。"

二年冬十二月,有星孛于西南。

令天下男子年二十始傅。

春三月,立皇子德为河间王,阏为临江王,馀为淮阳王,非为汝南王,彭祖为广川王,发为长沙王。

夏四月壬午,太皇太后崩。

六月,丞相嘉薨。

封故相国萧何孙系为列侯。

秋,与匈奴和亲。

三年冬十二月,诏曰:"襄平侯嘉子恢说不孝,谋反,欲以杀嘉,大逆无道。其赦嘉为襄平侯,及妻子当坐者复故爵。论恢说及妻子如法。"

春正月，淮阳王宫正殿灾。

吴王濞、胶西王卬、楚王戊、赵王遂、济南王辟光、菑川王贤、胶东王雄渠皆举兵反。大赦天下。遣太尉亚夫、大将军窦婴将兵击之。斩御史大夫晁错以谢七国。

二月壬子晦，日有蚀之。

诸将破七国，斩首十余万级。追斩吴王濞于丹徒。胶西王卬、楚王戊、赵王遂、济南王辟光、菑川王贤、胶东王雄渠皆自杀。

夏六月，诏曰："乃者吴王濞等为逆，起兵相胁，诖误吏民，吏民不得已。今濞等已灭，吏民当坐濞等及逋逃亡军者，皆赦之。楚元王子蓺等与濞等为逆，朕不忍加法，除其籍，毋令污宗室。"立平陆侯刘礼为楚王，续元王后。立皇子端为胶西王，胜为中山王。赐民爵一级。

四年春，复置诸关用传出入。

夏四月己巳，立皇子荣为皇太子，彻为胶东王。

六月，赦天下，赐民爵一级。

秋七月，临江王阏薨。

十月戊戌晦，日有蚀之。

五年春正月，作阳陵邑。夏，募民徙阳陵，赐钱二十万。遣公主嫁匈奴单于。

六年冬十二月，雷，霖雨。

秋九月，皇后薄氏废。

七年冬十一月庚寅晦，日有蚀之。

春正月，废皇太子荣为临江王。
二月，罢太尉官。
夏四月乙巳，立皇后王氏。
丁巳，立胶东王彻为皇太子。赐民为父后者爵一级。

中元年夏四月，赦天下，赐民爵一级。封故御史大夫周苛、周昌孙子为列侯。

二年春二月，令诸侯王薨、列侯初封及之国，大鸿胪奏谥、诔、策。列侯薨及诸侯太傅初除之官，大行奏谥、诔、策。王薨，遣光禄大夫吊襚、祠、赗，视丧事，因立嗣子。列侯薨，遣太中大夫吊祠，视丧事，因立嗣。其葬，国得发民挽丧、穿、复土，治坟无过三百人毕事。
匈奴入燕。
改磔曰弃市，勿复磔。
三月，临江王荣坐侵太宗庙地，征诣中尉，自杀。
夏四月，有星孛于西北。
立皇子越为广川王，寄为胶东王。
秋七月，更郡守为太守，郡尉为都尉。
九月，封故楚、赵傅、相、内史前死事者四人子皆为列侯。
甲戌晦，日有蚀之。

三年冬十一月，罢诸侯御史大夫官。
春正月，皇太后崩。
夏，旱，禁酤酒。秋九月，蝗。有星孛于西北。戊戌晦，日有蚀之。
立皇子乘为清河王。

四年春三月，起德阳宫。

御史大夫绾奏禁马高五尺九寸以上，齿未平，不得出关。

夏，蝗。

秋，赦徒作阳陵者死罪；欲腐者，许之。

十月戊午，日有蚀之。

五年夏，立皇子舜为常山王。六月，赦天下，赐民爵一级。

秋八月己酉，未央宫东阙灾。

更名诸侯丞相为相。

九月，诏曰："法令度量，所以禁暴止邪也。狱，人之大命，死者不可复生。吏或不奉法令，以货赂为市，朋党比周，以苛为察，以刻为明，令亡罪者失职，朕甚怜之。有罪者不伏罪，奸法为暴，甚亡谓也。诸狱疑，若虽文致于法而于人心不厌者，辄谳之。"

六年冬十月，行幸雍，郊五畤。

十二月，改诸官名。定铸钱伪黄金弃市律。

春三月，雨雪。

夏四月，梁王薨。分梁为五国，立孝王子五人皆为王。

五月，诏曰："夫吏者，民之师也。车驾、衣服宜称。吏六百石以上，皆长吏也。亡度者或不吏服出入闾里，与民亡异。令长吏二千石车朱两轓；千石至六百石朱左轓。车骑从者不称其官衣服、下吏出入闾巷亡吏体者，二千石上其官属，三辅举不如法令者，皆上丞相御史请之。"先是，吏多军功，车、服尚轻，故为设禁，又惟酷吏奉宪失中，乃诏有司减笞法，定箠令。语在《刑法志》。

六月，匈奴入雁门，至武泉，入上郡，取苑马。吏卒战死者二千人。

秋七月，辛亥晦，日有蚀之。

后元年春正月，诏曰："狱，重事也。人有智愚，官有上下。狱疑者谳有司，有司所不能决，移廷尉。有令谳而后不当，谳者不为失。欲令治狱者务先宽。"

三月，赦天下，赐民爵一级，中二千石、诸侯相爵右庶长。

夏，大酺五日，民得酤酒。

五月，地震。

秋七月乙巳晦，日有蚀之。

条侯周亚夫下狱死。

二年冬十月，省彻侯之国。

春，匈奴入雁门，太守冯敬与战死。发车骑材官屯。

春，以岁不登，禁内郡食马粟，没入之。

夏四月，诏曰："雕文刻镂，伤农事者也；锦绣纂组，害女红者也。农事伤则饥之本也，女红害则寒之原也。夫饥寒并至，而能亡为非者寡矣。朕亲耕，后亲桑，以奉宗庙粢盛、祭服，为天下先；不受献，减太官，省徭赋，欲天下务农蚕，素有畜积，以备灾害。强毋攘弱，众毋暴寡；老耆以寿终，幼孤得遂长。今，岁或不登，民食颇寡，其咎安在？或诈伪为吏，吏以货赂为市，渔夺百姓，侵牟万民。县丞，长吏也，奸法与盗盗，甚无谓也。其令二千石各修其职；不事官职、耗乱者，丞相以闻，请其罪。布告天下，使明知朕意。"

五月，诏曰："人不患其不知，患其为诈也；不患其不勇，患其为暴也；不患其不富，患其亡厌也。其唯廉士，寡欲易足。今訾算十以上乃得官，廉士算不必众。有市籍不得官，无訾又不得官，朕甚愍之。訾算四得官，亡令廉士久失职，贪夫长利。"

秋，大旱。

三年春正月，诏曰："农，天下之本也。黄金、珠玉，饥不可食，寒不可衣，以为币用，不识其终始。间岁或不登，意为末者众，农民寡也。其令郡国务劝农桑，益种树，可得衣食物。吏发民若取庸采黄金、珠玉者，坐臧为盗。二千石听者，与同罪。"

皇太子冠，赐民为父后者爵一级。

甲子，帝崩于未央宫。遗诏赐诸侯王、列侯马二驷，吏二千石黄金二斤，吏民户百钱。出宫人归其家，复终身。

二月癸酉，葬阳陵。

赞曰：孔子称"斯民，三代之所以直道而行也"，信哉！周、秦之敝，罔密文峻，而奸轨不胜。汉兴，扫除烦苛，与民休息。至于孝文，加之以恭俭，孝景遵业，五六十载之间，至于移风易俗，黎民醇厚。周云成、康，汉言文、景，美矣！

汉景帝诏书

定孝文帝庙乐诏（元年十月）

制诏御史：盖闻古者祖有功而宗有德，制礼乐各有由。闻歌者，所以发德也；舞者，所以明功也。高庙酎，奏《武德》《文始》《五行》之舞。孝惠庙酎，奏《文始》《五行》之舞。孝文皇帝临天下，通关梁，不异远方。除诽谤，去肉刑，赏赐长老，收恤孤独，以育群生。减嗜欲，不受献，不私其利也。罪人不帑，不诛无罪。除刑，出美人，重绝人之世。朕既不敏，不能识。此皆上古之所不及，而孝文皇帝亲行之。德厚侔天地，利泽施四海，靡不获福焉。明象乎日月，而庙乐不称。朕甚惧焉。其为孝文皇帝庙为《昭德》之舞，以明休德。然后祖宗之功德著于竹帛、施于万世，永永无穷，朕甚嘉之。其与丞相、列侯、中二千石、礼官具为礼仪奏。（《史记·孝文本纪》，《汉书·景帝纪》。）

听民徙宽大地诏（元年正月）
间者岁比不登，民多乏食，夭绝天年，朕甚痛之。郡国或磽狭，无所农桑系畜；或地饶广，荐草莽，水泉利。而不得徙。其议民欲徙宽大地者，听之。（《汉书·景帝纪》）

议著令诏（元年七月）
吏受所监临，以饮食免，重；受财物，贱买贵卖，论轻。廷尉与丞相更议著令。（《汉书·景帝纪》）

减笞诏（元年）
加笞与重罪无异，幸而不死，不可为人。其定律：笞五百曰三百。笞三百曰二百。（《汉书·刑法志》）

封萧何孙嘉诏（二年）
制诏御史：故相国萧何，高皇帝大功臣，所与为天下也。今其祀绝，朕甚怜之。其以武阳县户二千，封何孙嘉为列侯。（《汉书·萧何传》）

原襄平侯纪嘉诏（三年十二月）
襄平侯嘉子恢说不孝，谋反，欲以杀嘉，大逆无道。其赦嘉为襄平侯，及妻、子当坐者复故爵。论恢说及妻、子如法。（《汉

书·景帝纪》）

击七国诏（三年二月）
制诏将军：盖闻为善者天报以福，为非者天报以殃。高皇帝亲垂功德，建立诸侯，幽王、悼惠王绝无后，孝文皇帝哀怜加惠，王幽王子遂、悼惠王子卬等，令奉其先王宗庙，为汉藩国，德配天地，明并日月。而吴王濞背德反义，诱受天下亡命罪人，乱天下币，称疾不朝二十余年。有司数请濞罪，孝文皇帝宽之，欲其改行为善。今乃与楚王戊、赵王遂、胶西王卬、济南王辟光、菑川王贤、胶东王雄渠，约从谋反，为逆无道，起兵以危宗庙，贼杀大臣及汉使者，迫劫万民，伐杀无罪，烧残民家，掘其丘垄，甚为虐暴。而卬等又重逆无道，烧宗庙，卤御物，朕甚痛之。朕素服避正殿，将军其劝士大夫击反虏。击反虏者，深入多杀为功，斩首捕虏比三百石以上皆杀，无有所置。敢有议诏及不如诏者，皆要斩。（《汉书·吴王濞传》）

赦吴吏民诏（三年六月）
乃者吴王濞等为逆，起兵相胁，诖误吏民，吏民不得已。今濞等已灭，吏民当坐濞等及逋逃亡军者，皆赦之。楚元王子蓺等，与濞等为逆，朕不忍加法，除其籍，毋令污宗室。（《汉书·景帝纪》）

谳狱诏中（五年九月）
法令度量，所以禁暴止邪也。狱，人之大命，死者不可复生。吏或不奉法令，以货赂为市，朋党比周，以苛为察，以刻为明，令亡罪者失职，朕甚怜之。有罪者不伏罪，奸法为暴，甚亡谓也。诸狱疑，若虽文致于法而于人心不厌者，辄谳之。（《汉书·景帝纪》；又略见《刑法志》。）

定长吏车服诏（中六年五月）
夫吏者，民之师也，车驾、衣服宜称。吏六百石以上，皆长吏也。亡度者或不吏服，出入闾里，与民亡异。令长吏二千石车朱两轓，千石至六百石朱左轓。车骑从者不称其官衣服，下吏；出入闾巷亡吏体者，二千石上其官属；三辅举不如法令者，皆上丞相、御史请之。（《汉书·景帝纪》）

减笞法诏（中六年）
加笞者，或至死而笞未毕，朕甚怜之。其减笞三百曰二百，笞二百曰一百。（《汉书·刑法志》）

诏定箠令（中六年）
笞者，所以教之也，其定箠令。（《汉书·刑法志》。"丞相刘舍、御史大夫卫绾请：'笞者，箠长五尺，其本大一寸，其竹也，末薄半寸，皆平其节。当笞者，笞臀。毋得更人，毕一罪乃更人。'自是笞者得全……"）

谳狱诏（后元年正月）
狱，重事也。人有智愚，官有上下。狱疑者谳有司，有司所不能决，移廷尉。有令谳而后不当，谳者不为失。欲令治狱者务先宽。（《汉书·景帝纪》。"狱疑者谳有司，有司所不能决，移廷尉。有令谳"，《刑法志》作"狱疑者谳有令谳者已报谳"。）

令二千石修职诏（后二年四月）
雕文刻镂，伤农事者也；锦绣纂组，害女红者也。农事伤，则饥之本也；女红害，则寒之原也。夫饥寒并至，而能亡为非者寡矣。朕亲耕，后亲桑，以奉宗庙粢盛、祭服，为天下先；不受献，减太官，省徭赋，欲天下务农蚕，素有畜积，以备灾害。强毋攘弱，众毋暴寡；老耆以寿终，幼孤得遂长。今岁或不登，民食颇寡，其咎安在？或诈伪为吏，吏以货赂为市，渔夺百姓，侵牟万民。县丞，长吏也，奸法与盗盗，甚无谓也。其令二千石各修其职；不事官职、耗乱者，丞相以闻，请其罪。布告天下，使明知朕意。（《汉书·景帝纪》）

重廉士令（后二年五月）

人不患其不知，患其为诈也；不患其不勇，患其为暴也；不患其不富，患其亡厌也。其唯廉士，寡欲易足。今訾（通"赀"）算（为官时所应具备的资财数）十以上乃得官，廉士算不必众。有市籍不得官，无訾又不得官，朕甚愍之。訾算四得官，亡令廉士久失职、贪夫长利。（《汉书·景帝纪》）

颂系老幼诏（后三年）

高年老长，人所尊敬也；鳏寡不属逮者，人所哀怜也。其著令：年八十以上、八岁以下，及孕者未乳，师、朱儒当鞫系者，颂（古"容"字）系（宽容不加刑具）之。（《汉书·刑法志》）

劝农桑诏（后三年正月）

农，天下之本也。黄金、珠玉，饥不可食，寒不可衣，以为币用，不识其终始。间岁或不登，意为末者众、农民寡也。其令郡国务劝农桑，益种树，可得衣食物。吏发民，若取庸采黄金、珠玉者，坐臧为盗。二千石听者，与同罪。（《汉书·景帝纪》）

古今名家评说

  汉初既兴,继嗣不明,迎王践祚,天下归心,蠲除肉刑,开通关梁,广恩博施,厥称太宗。作孝文本纪第十。
  诸侯骄恣,吴首为乱,京师行诛,七国伏辜,天下翕然,大安殷富。作孝景本纪第十一。
    ——(汉)司马迁:《太史公自序》

  盖父子至亲,而人主有高宗、孝己之设,及景、武时栗、卫太子之事;忠臣高节,时有龙逢、比干、伍员、晁错之变。比类众多,不可尽记,则事曷可为邪?庸易知邪?虽然,察前世已然之效,可以观览,亦可以为戒。
    ——(汉)桓谭:《新论·求辅第三》

  景帝明德,继文之则。肃清王室,克灭七国。省役薄赋,百姓殷昌。风移俗易,齐美成康。
    ——(三国魏)曹植:《汉景帝赞》

  景帝之拟周康,则尚有惭德。
    ——(唐)虞世南:《帝王略论》

  继以孝文、孝景,清净恭俭,安养天下,七十余年之间,国家无事,非遇水旱之灾,民则人给家足。都鄙廪庾皆满,而府库余货财;京师之钱累巨万,贯朽而不可校;太仓之粟陈陈相因,充溢露积于外,至腐败不可食。众庶街巷有马,而阡陌之间成群，乘字牝者摈而不得聚会。守闾阎者食粱肉，为吏者长子孙，居官者以为姓号。故人人自爱而重犯法，先行义而后绌辱焉。

——（宋）司马光：《资治通鉴·汉纪八》

汉之贤君，皆曰文、景。文帝宽仁大度，有高帝之风。景帝忌克少恩，无人君之量，其实非文帝比也。

帝之为太子也，吴王濞世子来朝，与帝博而争道，帝怒以博局提杀之。濞之叛逆，势激于此。张释之，文帝之名臣也，以劾奏之恨，斥死淮南。邓通，文帝之幸臣也，以吮痈之怨，困迫至死。晁错始与帝谋削诸侯，帝违众而用之，及七国反，袁盎一说，谪而斩之东市，曾不之恤。周亚夫为大将，折吴、楚之锐锋，不数月而平大难，及其为相，守正不阿，恶其悻悻不屈，遂以无罪杀之。梁王武，母弟也，骄而从之，几致其死。临江王荣，太子也，以母失爱，至使酷吏杀之。其于君臣、父子、兄弟之际，背理而伤道者，一至于此！原其所以能全身保国，与文帝俱称贤君者，惟不改其恭俭故耳。

《春秋》之法，弑君称君，君无道也；称臣，臣之罪也。然陈侯平国、蔡侯般，皆以无道弑，而弑皆称臣，以为罪不及民故也。如景帝之失道非一也，而犹称贤君，岂非躬行恭俭、罪不及民故耶？此可以为不恭俭者戒也。

——（宋）苏辙：《历代论·汉景帝》

帝之恶周亚夫也，曰"此鞅鞅，非少主臣也"，卒杀之。夫天下之情，其未见于利害之际者举不可知，而要之，易劫以势者，易动以利；不轻许人之私者，不轻行其私。亚夫之不纳文帝于细柳，与夫不肯侯王信，可谓不可以势劫而无私意矣。仗节死义，与夫见利而心不动，非轻势而灭私者莫能，可以相少主、共危难者，意非亚夫不可。而帝乃反之，是徒以其刚劲不苟，其形若难制而慢上者，故杀之而不疑。呜呼！景帝者，求人于形似而失之者也。

——（宋）张耒：《景帝论》，见《苏门六君子文萃》

文帝之遗其后嗣者，相则有申屠嘉，将则有周亚夫。两人刚方不挠有气节，使之辅少主，必有可观；而皆以愤闷呕血死，甚可为景帝惜也。

文帝且崩，戒太子曰："即有缓急，周亚夫真可任将兵。"其于细柳，得之审矣。而卒定七国之乱，岂负文帝知人之明哉？栗太子之废而固争之，大臣职也，而帝遂防之；其辨侯王信之非约，谏侯徐卢等之非所以劝后，皆至论也，而帝遂免之。此固已不满人意。至若赐食大胾不署箸，则轻薄甚矣，岂人君之所以礼貌大臣者哉！帝乃目送之曰："此鞅鞅，非少主臣。"是时太子年十四，得非将有所属而不足于此，故有是言乎？愚谓欲观大臣之气节，授之以辅遗托孤之重寄者，其礼亦不如是也。

——（宋）钱时：《两汉笔记·景帝》

景不如文亦明矣。然言治者，必曰文景，何也？盖自春秋战国，历暴秦，更刘项，战斗之祸，宇寓分裂，生民涂炭。……景帝嗣服，虽不如文，而此数事（指示俭朴、重农谷、省刑罚、薄税敛）所以厚民元气、养国命脉者，则能遵守无所变乱，是以相继四十年，海内富庶，风俗醇厚，而西都之盛独称文景欤！

——（宋）钱时：《两汉笔记·景帝》

至景帝以刻薄之资，又辅以惨刻之学，故所为不如文帝。班固谓汉言文景帝者，亦只是养民一节略同；亦如周云"成康"，

康亦无大好处。或者说《关雎》之诗，正谓康后淫乱，故作以讥之。（子蒙）

——（宋）朱熹：《朱子语类·历代二》

文、景养天下厚矣，稽诸仲尼之告冉有者，则亦富庶之而已，未有以教之也。班固曰："孝文恭俭，景帝遵业。周云成、康，汉言文、景，美矣。"窃以为不然。

文帝宽厚长者，以德化人，无事则谦抑如不能，有难则英气奋发。景帝刻薄任数，以诈力御下，平居则诛赏肆行，缓急则惴惧失措。其大较悬绝如此。而又以无宠废正后，而夫妇之义薄；无罪废太子，而父子之恩睽；过爱梁王，轻许传位，而兄弟之好不终；信逸用私，诎申屠嘉，戮晁错，杀周亚夫，而君臣之道乖，其视乃考益相辽矣。独节俭不妄费、育民以致丰富一事，为克遵前业耳，夫岂可与成、康同得美称哉？

——（宋）胡寅：《读史管见·孝景本纪》

予读汉文帝遗诏，而知景帝之为人子非孝也。诏之言仁厚恻怛，大都在禁重服与厚葬二者。夫禁重服，非禁其子也，谓"生既不德，无以佐百姓，死又使人重服久临，以罹寒暑之数，哀人父子，伤长老之志"，为吏民设耳。文之治霸陵也，因其山不起坟，器用瓦，不饰金银铜锡。遗诏谆谆，"因其故，无有所改"，盖有感于张释之之语，思（同"惧"）异日发也。乃文帝崩，七日而葬，葬三日而景即位，遗诏所以禁吏民者，景以自禁，使天子不行三年之丧，遂永为制，而贻其父以短丧之讥。

……

嗟乎！景之违文教令，不独此二者。申屠嘉、周亚夫，属之将相者；晁错，属之家令者，而俾之俱不得其死。薄太后死未寒而黜薄后,窦太后尚存而死梁王,土芥骨肉,鱼肉旧臣。夫子谓孟庄子之孝,在不改父之臣与父之政,以景视文,何如哉?班固之赞曰:"周云成康,汉言文景",亦臣子推尊当代之词,非确论也。

张成倩曰:"景帝固刻薄少恩也者,短丧而自躬,违诏而厚葬,纰缪最甚。千古之后,公为正辞,九原之下,无所逃罪。"

——(明)郭子章:《郭青螺先生崇论·景帝论》

文帝且崩,戒景帝曰:"即有缓急,周亚夫可任将兵。"则文帝未尝须臾忘制吴也。故几杖之赐,欲以销其雄心而待其自敝,非玩也。中有所恃,则可静以待动,而不为祸先;无已,则固有以胜之矣。柔而不陷于弱,本立焉耳。晁错者,焉知此!迫而无以应,则请上自将而身居守,有亚夫之可恃而不知任也,身之不保,宜矣哉!故柔而玩、竞而不知自强之术,两者异出而同归于败。

——(清)王夫之:《读通鉴论·景帝(二)》

周亚夫请以梁委吴,绝其食道,景帝许之。梁求救而亚夫不听,上诏亚夫救梁,而亚夫不奉诏。于是而亚夫之情可见,景帝之情亦可见矣。委梁于吴以敝吴,而即以敝梁。梁之存亡,于汉无大损益;而今日之梁为他日之吴、楚,则敝梁于吴而恃以永安。亚夫以是获景帝之心,不奉诏而不疑。景帝之使救也,亦聊以谢梁而缓太后之责也,故可弗奉诏而不疑也。

呜呼!景帝之心忍矣,而要所以致之者,太后之私成之也。帝初立,年三十有二,太子荣已长,而太后欲传位于梁王。景帝曰:"千秋万岁后传于王。"探太后之旨而姑为之言也。窦婴正辞而太后怒,则景帝之慭梁久矣。亚夫委之敝而弗救,与帝有密约矣。不然,兄弟垂危,诏人往援,不应而不罪,景帝能审固持重如此其定哉？后愈私之，帝愈恁之，梁其不为叔段、公子偃者，幸也。

——（清）王夫之：《读通鉴论·景帝（三）》

错之罪在欲自守，然此际断不可诛之。至其赞画，纵不得为合宜，然其识过明代方（孝孺）、黄（子澄）辈甚远。景帝既与定计，旋为仇口所动，斩谋臣以谢叛人，及知其无济，而又悔之，其识见卑鄙，不更出建文下乎？

景帝之治，远不逮文，而失德之事屡矣。独其休息爱民，尚不失蒙业而安耳。史臣以之并拟成、康，未免失实。

——（清）弘历（乾隆帝）：《乾隆御批纲鉴》

景帝废栗太子，亚夫固争，帝由此疏之。及窦太后欲侯皇后兄王信，景帝曰："请得与丞相计之。"亚夫曰："高帝约：非刘氏，不得王；非有功，不得侯。不如约，天下共击之。今信虽皇后兄，无功侯之，非约也。"上默然而沮。

按：亚夫此言，与王陵之对同，过其父绛侯远矣。其后王徐卢等五人降汉，上欲侯之，亚夫曰："彼背其主降，侯之，何以责人臣不守节者？"帝曰："丞相议不可用。"亚夫因谢病免相，久之，卒下廷尉，自杀。

人臣守正如王陵、周亚夫，或废，或至自杀。如（陈）平、（周）勃，顺人主意，卒得以功名终，其将何以教天下之为人臣者乎？夫吕后不杀王陵，景帝乃杀亚夫，景帝曾吕后之不若矣。

——（清）陈廷敬：《午亭文编·史论·周亚夫》

吴楚反，景帝以爰盎言，斩晁错。盎故与错有怨，然非帝有欲杀错之心，即盎数语，岂能斩错也？错太子家令，太子家号"智囊"，在文帝时数言事，文帝宽容，所言多见施行；然错言宜削诸侯，文帝不听。及景帝时，听错言，削诸侯支郡，公卿、列侯、宗室杂议，莫敢难，独窦婴争之，不能得。

夫吴王不朝，赐之几杖；尉陀（佗）自王，玺书开喻。以孝文之宽仁，尽下推恩，藩国虽百，晁错乌能召乱？景帝之为人薄矣，微晁错，乌得不反？反，宁能独任其过乎？及七国反，以诛错为名，爰盎因窦婴见帝，屏左右及错，具言吴楚反独以错故，计惟斩错、发使赦吴楚，则兵可毋血刃而俱罢。于是上默然良久，曰："顾诚何如，吾不爱一人谢天下。"则帝之心可见矣。错久侍太子，多阴谋，帝必有不自得于中者，得盎言，益坚斩错之心。然帝于错，略无旧恩，薄矣哉！

——（清）陈廷敬：《午亭文编·史论·晁错》

到景帝末年，汉政府的基础已经牢固地建立起来；施政的主要原则已经制定；个人指望从官员那里得到的待遇的定例已经确立，这种关系的形式也已经形成。帝国政府对整个民众正在产生强有力的影响。

——［英］崔瑞德、崔惟一：《剑桥中国秦汉史》

诛除诸吕关系人

高后吕雉去世,霎时间风云变色,潜伏的冲突表面化。各色人等,纷然登场,有的企图固守,有的希望重光;有的打着如意算盘,有的玩着阴谋诡计;有的运筹帷幄,有的率兵搏杀;有的被逼而游说,有的受骗而交权;有的心中豁亮,有的懵然无知……一场腥风血雨之后,天地换了颜色,吕氏族人一无孑遗,刘氏的新君即将重执大柄。

吕二代中坚吕产

吕产（？—前180），汉初吕氏第二代，高后吕雉之侄，吕泽次子，吕禄堂兄，砀郡单父（今山东单县）人。吕后临朝称制，先后封侯、封王；被诛之前任丞相，并掌握长安南军。他是二代诸吕中最有头脑的人物，却因堂弟吕禄交出北军兵权，入宫未能进殿劫持少帝，在变乱中为朱虚侯刘章所杀。

一、吕后称制　诸吕封王

汉高祖刘邦之妻吕雉，其父人称"吕公"。吕公育有五个子女，二子三女：长子吕泽，次子吕释之；长女吕长姁，次女吕雉，三女吕媭。

吕泽可谓汉高祖最早的追随者，刘邦起兵时，他参与联络、谋划，并聚拢人才；楚汉彭城战后，他接应战败的刘邦，重振旗鼓。汉朝建立后，吕泽因功封侯（周吕侯）；去世后，吕后又追封他为王。

吕泽育有二子，长子吕台，次子吕产。吕台较早离世，后来的吕氏专权，他只赶上个头。吕产的命运，与乃兄大为不同，他成了吕氏专权的中坚，却又没得好死。

高帝八年（前199），吕泽逝世。因为父亲生前为将，征战有功，吕台被封为郦侯，吕产被封为洨侯。

惠帝七年（前188），汉惠帝刘盈逝世。其时，吕后哭哭啼啼，却是干哭没泪。丞相陈平等不明就里，不知如何是好。留侯张良之子张辟彊，年才十五，担任侍中。他认为吕后如此，是因为自己再无别的壮年之子，担心大臣们为难她，并出主意说：

"君今请拜吕台、吕产、吕禄为将，将兵居南北军，及诸吕皆入宫，居中用事。如此则太后心安，君等幸得脱祸矣。"（《史记·吕太后本纪》）丞相等如此办理，太后满心喜悦，哭泣也才显出了悲哀。吕氏专权，也就这样开了头（"吕氏权由此起。"同上）。

汉惠帝去世次年，也就是高后元年（前187），太后称制，"号令一出太后"（同上）。她打算立诸吕为王，就问左丞相王陵，王陵认为高帝有"非刘氏而王，天下共击之"之约，如今要封吕氏为王，恐怕不合适。吕后听了，很不高兴，又问左丞相陈平、绛侯周勃。周勃等回答说："高帝定天下，王子弟；今太后称制，王昆弟诸吕，无所不可。"（同上）这意思是，谁当政，谁说了算，不妨各王各的。吕后听了，自然欢喜。

罢朝之后，王陵责备陈平、周勃，说："与高帝歃血为盟，你们也在。如今太后要立诸吕为王，你们却不反对，有何面目见高帝于地下？"陈平、周勃说："当下面折廷争，我们不如你；但保全社稷、安定刘氏，你恐怕也不如我们。"王陵无话可说。随后，吕后夺了王陵的相权。

不久，吕后追尊吕泽为悼武王，以此作为吕氏为王的开头。接着，刘氏有的封王，有的封侯；吕氏也封了几个侯。大臣们得到暗示，便请求封吕台为王，吕后顺水推舟，吕台便成了第一个吕氏诸侯王，西汉吕国（济南国）的建立者。

第二年，吕台病逝，其子吕嘉继位；但四年后（前182），吕嘉因行为放纵被废，王位便转移给了吕产。第二年（前181），又改封吕产为梁王（后改"梁"为"吕"），但留朝担任太傅，不用到封国去。后来赵王出缺，吕禄又被封为赵王。

二、掌握兵权　引而不发

高后八年（前180）七月，吕后病势沉重，觉得来日无多，预为防备，便让吕禄为上将军，统领北军；吕产则统领南军。长安南、北军，负责皇宫和都城的卫戍，南军分别驻扎在未央、长乐两宫之内的城垣下，而北军则守卫宫城之外的所有城门等。掌握了这两支军队，可以说就掌握了京城长安的命脉。

同时，吕后还告诫两个侄子：对吕氏诸王，大臣们都忿忿不平。自己去世后，皇帝年幼，恐怕大臣们要闹变乱。一定要紧握兵权，据守皇宫，千万不要离开去送丧，以免让别人挟制。（"高后病甚，乃令赵王禄为上将军，居北军；吕王产居南军。吕太后诫产、禄曰：高帝已定天下，与大臣约，曰'非刘氏王者，天下共击之'。今吕氏王，大臣弗平。我即崩，帝年少，大臣恐为变。必据兵卫宫，慎毋送丧，为人所制！"（《史记·吕太后本纪》）

不仅如此，吕后还留下遗诏：大行赏赐，大赦天下，任命吕产为相国（地位高于丞相），以吕禄之女为皇后。（"太后崩，遗诏赐诸侯王各千金，将相列侯郎吏皆以秩赐金。大赦天下。以吕王产为相国，以吕禄女为帝后。"同上）一方面广泛收买人心，一方面掌握实权、控制少帝，吕后为吕氏贻谋，可谓周到至极。

吕后去世，刘、吕两大集团各有图谋：吕氏想趁机发难，掌握主动，长期掌权；刘氏诸侯与朝臣，则想诛灭诸吕，重振朝纲。但两方面又各有问题：吕氏握有京师兵权，却不能不顾忌朝中大臣、在外诸侯，所以迟疑不决；朝臣没有兵权，就连身为太尉的周勃，也调不动一兵一卒，甚至连军营也进不去。

吕禄的一个女儿，嫁给了朱虚侯刘章，因而刘章得以知晓诸吕的阴谋。刘章暗中派人告知兄长齐王刘襄，刘襄遂举兵西进，准备攻打诸吕。相国吕产得到消息，命将军灌婴率军东进，讨伐齐王。灌婴是位老臣，他不希望帮助吕氏来消灭刘氏，于是走到荥阳（今属河南），便按兵不动，同时和齐王刘襄约定，等诸吕叛乱时联兵征讨。

此时的诸吕，更加犹豫不决。他们想起兵叛乱，但又心存顾虑，毕竟朝中有周勃和刘章，在外有齐国军队和灌婴所率汉军，这些力量岂容小觑？

三、匆忙作乱　失助被杀

当时诸吕之中，吕产最有头脑。到了八月，吕产觉得，形势已经是箭在弦上、不容不发，因而准备进入未央宫，挟持小皇帝，发动变乱。正好郎中令贾寿出使齐国，回到长安，来见吕产，说灌婴与齐、楚联合，谋划诛除诸吕，并催促他赶快入宫。于是吕产下定决心，随即安排入宫。

巧的是，那天正好平阳侯曹窋来找吕产议事，听到了他们的谈话，并立即告知了陈平和周勃。随后，周勃等设计利用郦寄，骗吕禄交出了北军兵权；并让朱虚侯刘章把守监军门，让曹窋告诉守卫皇宫的卫尉，别让相国吕产进入宫殿。

吕产不知道吕禄已经交出兵权、离开北军，亲自率领一小队亲信，来到未央宫，却无法进入宫殿，只好在门外徘徊。曹窋担心难以阻止吕产入宫，又策马报告了周勃。此时，周勃还担心未必能够战胜诸吕，没敢公开宣称诛除吕氏，而是对刘章说："立即入宫保卫皇帝！"刘章请求派兵同往，周勃拨了一千多兵卒给他。

刘章来到未央宫，见吕产正在院子里徘徊。当时已近傍晚，刘章立即率兵向吕产发起攻击，吕产仓皇逃走。当时正好狂风大作，吕产所带亲信乱作一团，没人敢于接战。刘章等追上吕产，在郎中府的厕所里把他杀了。（"产走，天风大起，以故其从官乱，莫敢斗。逐产，杀之郎中府吏厕中。"《史记·吕太后本纪》）

吕产被杀之后，朱虚侯刘章回报太尉周勃，周勃起身向刘章拜贺,说:"所患独吕产;今已诛,天下定矣!"(同上)吕产是诸吕的"头脑",除掉吕产这个吕氏主心骨,其他皆不足虑,确实可谓大势已定。

吕二代骨干吕禄

吕禄(?—前180),汉初吕氏第二代。高后吕雉之侄,吕释之三子,吕产堂弟,砀郡单父(今山东单县)人。吕后临朝称制,受封胡陵侯,后又加封为赵王;被诛前任上将军,掌长安北军。在刘吕两集团对决中,他听从友人郦寄之言,交出兵权,后被乱棒打死。

一、位次第一 封为赵王

吕禄的父亲吕释之,是吕后的二哥。吕释之早年加入刘邦阵营,一同西进击秦。刘邦进入汉中后,吕释之返回丰沛,卫护父亲吕公和刘邦之父刘太公。高帝六年(前201),吕释之被封为建成侯。

在汉初的太子废立事件中,吕释之坚定站在外甥刘盈一边,正是他遵循吕后安排,问计张良,请出商山四皓,才使刘邦打消了改立太子的念头。

汉惠帝二年(前193),吕释之去世,长子吕则袭爵建成侯。第二年,吕则犯罪,建成侯国遂被废除。

吕禄是吕释之的第三子,高后元年(前187),他被封为胡陵侯,后又改封武信侯。

高后七年(前181),赵王刘恢因王后(吕产之女)擅权,爱姬被其鸩杀,悲愤自杀。吕后闻报,谓其因妇人而弃宗庙礼,废除了其子弟继嗣的权利。空出来的赵王，吕后原本打算给代王刘恒，代王辞谢，甘愿守卫代地。太傅吕产、丞相陈平等，认为武信侯位次第一，应该立为赵王，于是吕后又封吕禄为赵王。

吕后病重之时，告诫侄儿吕产、吕禄，叫他们务必统领禁军，严守宫廷，不要为送葬而轻离重地，以免被人所制。吕后逝世时，遗诏命吕产为相国，吕禄之女为皇后。此前，吕禄的一个女儿，已经嫁给了朱虚侯刘章。

吕禄与郦商之子郦寄交好，两人经常一起，或外出游猎，或饮酒作乐。吕禄智计不足，能力也不强，他很信任郦寄，对其可谓言听计从。正是吕禄这朋友郦寄及其女婿刘章，成为后来诸吕覆亡的关键性因素。

二、信从郦寄　欲交兵权

吕后崩逝后，刘、吕两大集团势必展开最后交锋。诸吕不愿为人所制，蠢蠢欲动，又不敢贸然发作。此时，吕禄之女得知诸吕的阴谋，在与丈夫朱虚侯刘章的言谈中，透漏了相关动向，刘章便暗中把消息传递给兄长齐王刘襄。刘襄遂整军西进，打算进军长安。

就在诸吕顾虑重重、犹豫未决的时候，朝臣已经开始行动。由于吕产、吕禄掌握着长安南、北军的兵权，因而夺取兵权成为当务之急。丞相陈平、太尉周勃等经过一番计议，选定吕禄作突破口，打算让郦寄去劝其交出兵权。于是，他们劫持了郦寄的父亲郦商，胁迫郦寄去哄骗吕禄。

郦寄去见吕禄，给他分析了形势利弊。郦寄说，吕氏各有封国，如今却待在京师，且兵权在握，难免受到大臣和诸侯王的猜忌。如果交出将印，把兵权还给太尉，并请吕产也把相国大印交给朝廷，两人与朝廷大臣盟誓，然后各归封国，就可以高枕无忧，做自己方圆千里的一国之王了。

其时，齐王刘章的军队已经西进，而灌婴奉命率军迎击，却在半道按兵不动，加上朝中的诸臣，三股势力，不能不是对吕氏的威胁。吕禄本就缺少智计，又很是信任郦寄，听了他的话，便"信然其计，欲归将印，以兵属太尉"（《史记·吕太后本纪》）。

随后，吕禄派人把自己的打算告诉了吕产和吕氏的老一辈，大家有的认为可行，有的认为不行，也都犹豫不决。（"使人报吕产及诸吕老人，或以为便，或曰不便，计犹豫未有所决。"同上）

吕禄相信郦寄，仍旧不时一起出外游猎。有一次，路过姑母吕媭家，吕禄说出了自己的打算，吕媭大怒道："你身为上将军却要放弃军队，吕氏从今要无处容身了！"随后，吕媭把家里的珠玉宝器拿出来，扔到堂下，说："用不着为别人守着这些东西了！"

三、撒手兵权　死于乱棒

得知齐王、楚王联合灌婴，准备诛除诸吕的消息，吕产随即要进宫谋事。而周勃等得到报告，就让负责皇帝符节的人假传诏命，以便进入北军营垒；又让郦寄与典客刘揭，去劝说吕禄交出兵权。

郦寄等见到吕禄，威胁道："皇帝派太尉掌管北军，希望您回封国去。立即交出将印，告辞归国，否则要惹上大祸！"吕禄认为郦寄不会欺骗自己，就解下将军印绶交给典客刘揭，把北军兵权交给了太尉。（"吕禄以为郦兄不欺己，遂解印属典客，而以兵授太尉。"《史记·吕太后本纪》）太尉周勃进入营垒时，吕禄已经离去，便顺利掌握了北军。

吕产不知道吕禄已经离开北军，进入未央宫，图谋作乱。周勃命朱虚侯刘章，以保卫皇帝的名义，率兵入宫进击吕产，吕产在逃跑中，被杀死在中郎府的厕所里。

随后，周勃派人分头逮捕所有吕氏男女，不论老小，一律处斩。吕禄被逮后，随即被乱棒打死。

从交出北军兵权来看，吕禄与吕产有所不同，城府不深之外，就是作乱之心亦未必坚定。这一点，三国时人李邈看得清楚，他说："吕禄、霍禹未必怀反叛之心。孝宣不好为杀臣之君，直以臣惧其逼，主畏其威，故奸萌生。"（《三国志·蜀书·邓张宗杨传》）

临光侯吕媭

吕媭（？——前180），汉高祖妻妹，吕后之妹，吕产、吕禄姑母。砀郡单父（今山东菏泽单县）人。她因姊而尊贵，以女性而封侯，用事专权，大臣畏惧。周勃等诛除诸吕时被笞杀。

吕后共有兄弟姐妹五人，长兄吕泽，次兄吕释之，姐姐吕长姁，妹妹吕媭。按嫡母吕后论起来，吕媭可算是汉文帝刘恒的姨母，但实际上没有血缘关系。

吕媭嫁给了樊哙。熟悉《鸿门宴》，自然不会对樊哙陌生。作为汉朝开国功臣，樊哙封舞阳侯。吕媭和樊哙育有一子，名樊伉。惠帝六年，樊哙去世，樊伉袭爵为侯。九年之后，樊伉也在诛除诸吕中被处死。（"伉代侯九岁，高后崩。大臣诛诸吕、吕须嫽属，因诛伉。"《史记·樊郦滕灌列传》）

樊哙在镇压卢绾反叛中，迟迟没有发兵，汉高祖一怒之下，令陈平前去将其处死。陈平念及往日情谊，只是将樊哙拿下，送往长安。不过，吕媭却认为高祖要处死樊哙，乃陈平所献之策，遂与陈平结仇。

汉惠帝刘盈去世后，吕后临朝称制。此时，吕氏诸侯王已多于刘氏。作为女性的吕媭，也被封为临光侯。据记载，吕媭可能是中国历史上第三个封侯的女性。前两个，一个是鸣雌亭侯许负，汉初著名的女相士；一个是阴安侯丘嫂，也就是汉高祖的兄嫂，羹颉侯刘信的母亲。

吕媭借着姐姐的权势，行事专断，作威作福，大臣们很少有不怕她的。（"……吕媭亦为临光侯，高后时用事专权，大臣尽畏之。"《史记·樊郦滕灌列传》）由此，她也得罪了不少元老重臣。吕后去世后，陈平、周勃等诛除诸吕，吕媭被乱棍打死。（"辛酉，捕斩吕禄，而笞杀吕媭。"《史记·吕太后本纪》）

诸吕未灭之时，周勃设计，要郦寄劝说好友吕禄交出长安北军兵权。吕禄信从郦寄，打算照做，通告了吕氏族中长辈。有一次，吕禄与郦寄出去游猎，顺便拜访了姑母吕媭。吕媭对侄儿打算交出兵权大为不满，大怒道："你做将军却要放弃军队，吕氏今后没有存身之地了。"（"若为将军而弃军，吕氏今无处矣。"《史记·吕太后本纪》）随后，吕媭拿出所有的珠宝玉器，散给家人和仆人等，说："用不着给别人守着这些东西了！"可见，诸吕之中，女流的见识，端的不可小觑。

绛侯周勃

周勃（？—前169），汉初名臣，出将入相。秦末泗水沛（今江苏沛县）人。早年跟随刘邦起义，立有多次大功，封绛侯。吕后去世后，与陈平等谋划诛除诸吕、迎立代王，功居首位，一度任右丞相。后奉诏就国，颇不自安，为人上告谋反，下狱勘问，最后虽无罪释放，却也体会了"狱吏之贵"。

一、南征北战　重厚少文

周勃祖上，原是河南郡卷县（今河南原阳一带）人，后来迁移到了沛县。周勃早年，曾以编织"薄曲"（养蚕器具）谋生；乡里有了丧事，又去吹箫帮办丧事。后来，周勃还曾担任过能引强弓的武卒。

沛公刘邦起兵反秦，周勃担任中涓，随刘邦南征北战，在反秦斗争和楚汉战争中功勋卓著，先后为五大夫、虎贲令、威武侯、将军、绛侯。后又随汉高祖刘邦平定韩王信、陈豨和卢绾的叛乱，历任太尉、相国。总计周勃随刘邦征战以来，虏获敌人的相国一人、将军与二千石各三人，破敌两军，占领了三座城邑，平定了五个郡、七十九个县。可谓屡立殊勋，战功卓著。

周勃为人笃实厚道，质朴刚毅。汉高祖刘邦很了解他，说他是可以委托重任的人选。但周勃不喜文学，不重视儒者，自己也缺乏文采。他不肯用宾主之礼对待儒生，每当召见儒生说客，他都大模大样地坐在尊位，并且明白告诉他们："有话快说，直截了当，不必饰文。"其质朴无文，于此可见一斑。

汉高祖攻打英布（黥布）时，被箭射伤了腿，路上病重。吕后问他："你一旦去世，萧相国也死了，谁能代为相国呢？"高祖说："可以用曹参。"吕后又问："曹参之后呢？"高祖答道："王陵可以代任。但王陵过于粗直，陈平可以帮助他。陈平智谋有余，但难以独任。周勃持重笃厚而少文采，但将来安定刘氏天下的，一定是周勃。"

二、周陈合力　诛吕安刘

惠帝七年（前188），汉惠帝刘盈去世，吕后临朝称制，吕氏专权。丞相陈平很担心诸吕危害社稷，但自己力量微薄，无法掌控。陆贾劝陈平结交太尉周勃，于是陈平、周勃二人深相结纳，共同谋划。

高后八年（前180）七月，吕后去世，遗诏以吕产为相国，吕禄女儿为少帝皇后，审食其为太傅，吕禄为上将军。诸吕把持朝廷，谋夺刘氏天下。

八月，齐王刘襄获知诸吕图谋作乱，发兵西进，试图与宿宫的兄弟朱虚侯刘章、东牟侯刘兴居，里应外合，诛灭诸吕。吕产得知消息，命灌婴为大将，率兵迎击刘襄。灌婴半道留军不发，屯驻荥阳，欲与齐王联合，等吕氏变乱时共同讨伐。

周勃与陈平见齐王发难，有机可乘，便谋划一同动作。然而，他两人虽有职位，却无实权，尤其是长安禁军的兵权都掌握在吕氏手中，没有兵权，别的也就无从谈起。他们知道郦商之子郦寄，与吕禄素有交谊，情好亲密，于是借故邀请郦商来，作为"人质"，然后召来郦寄，嘱他诱劝吕禄，令其交出北军的兵权，归其封国。

郦寄无可奈何，只好去哄骗吕禄，他给吕禄分析了当时的情势，劝其交出兵权，回到封国，"这样，齐兵自然退去，您据地千里，南面而王，岂不快哉！"吕禄觉得郦寄言之有理，便想归还将印，把兵权交与太尉。他派人把自己的打算通报诸吕，吕氏父老有人说行、有人说不行，吕禄犹豫不决。

周勃想进入北军，便让掌管符节的襄平侯纪通，持节假传天子命令，让周勃统领北军。周勃又派郦寄和典客刘揭，去说服吕禄，迫令其迅速交权就国，否则祸在目前。吕禄认为郦寄不会欺骗自己，便解下印绶交付典客，把兵权交给了太尉周勃。

周勃进入北军，立即下令："拥护吕氏的右袒，拥护刘氏者左袒。"（"为吕氏右襢［古同'袒'］，为刘氏左襢。"《史记·吕太后本纪》）军士们都左袒，表示拥护刘氏。就这样，太尉周勃顺利接管了北军。

御史大夫平阳侯曹窋，和吕产商议事情时，听到郎中令贾寿和吕产谈话，知道吕产即将入宫作乱，迅速把情况报告了陈平和周勃。陈平便召来朱虚侯刘章，要他辅助周勃。周勃令刘章监守营门，又让曹窋命令卫尉不准放吕产进入宫殿。

此时，吕产还不知道吕禄已经交出北军兵权，到了未央宫，却无法进入殿门，在院子里徘徊。平阳侯曹窋担心拦不住吕产，马上报告了周勃，周勃命朱虚侯刘章入宫驰援。当时，周勃还担心胜不过诸吕，也就不敢说要诛除诸吕，而是让刘章入宫护卫皇帝。（"太尉尚恐不胜诸吕，未敢讼言诛之，乃遣朱虚侯谓曰：'急入宫卫帝。'"同上）

刘章请求兵卒，周勃给了他一千多人。刘章率兵攻击吕产，追击中将其杀掉。周勃得到刘章的报告，高兴地向他拜贺说："令人担心的就一个吕产，现在已经诛杀，天下大定了。"

随后，周勃便命令分别追捕吕氏男女，不分老少，全部斩杀。刘邦生前"安刘氏者必勃也"的预言，成了现实。

对于周勃，太史公司马迁这样评价："绛侯周勃始为布衣时，鄙朴人也，才能不过凡庸。及从高祖定天下，在将相位；诸吕欲作乱，勃匡国家难，复之乎正。虽伊尹、周公，何以加哉！"（《史记·绛侯周勃世家》）

三国时期的姚信，比较了周勃和霍光，认为周勃比不上霍光，他说："周勃之勋，不如霍光，此前史所载，较然可见。而以勃功大于光，意窃不安。何者？勃本高帝大臣，官尊势显，众所归向，居太尉位，拥兵百万，既有陈平、王陵之力，又有朱虚诸王之援，郦其（郦寄）游说，以谲诸吕，因众之心，易以济事。若霍光者，以仓卒之际，受寄托之任，辅弼幼主，天下晏然，遇燕王、上官之乱，诛除凶逆，以靖王室，废昌邑，立宣帝，任汉家之重，隆中兴之祚，参赞伊、周，为汉贤相。推验事效，优劣明矣。"（见所著《士纬》，《艺文类聚》卷二十二《人部六》引）

三、迎立文帝　颇为居功

诛除诸吕之后，皇位问题随即提上议程。吕后扶立的少帝刘弘，年少无能，朝臣们又认为他并非惠帝亲生之子，因而除吕的同时，他也被逐出皇宫杀掉了。

那么，立何人为帝呢？群臣一致认为，应该"视诸王最贤者立之"。

有人提议说，齐王刘襄乃高祖刘邦长孙，立他算是名正言顺。可众人被吕氏的恶行给搞怕了，齐王的舅舅驷钧是个"虎而冠"的凶恶人物，很担心重蹈前车覆辙。如此，不管刘襄本人如何，也就不在考虑之列了。

汉高祖刘邦共育有八子，此时只剩下淮南王刘长和代王刘恒。淮南王刘长年幼，母亲、娘家人又很不怎地，自然也不在当立之列。于是，人们把目光聚集在了刘恒身上。

经过一番权衡，群臣认为代王刘恒是最合适的人选。于是，丞相陈平、太尉周勃等，便暗中派人去代国，迎接代王继位。刘恒拿不定主意，手下众人又意见不一，便派舅舅薄昭到长安了解情况。薄昭到京城之后，周勃等人详细说明原委，薄昭回报，刘恒这才启程入京。

刘恒到达渭桥，丞相陈平以下的群臣，早已等在那里，见了代王，个个拜见称臣。这时，太尉周勃走上前来，对代王说："愿请间。"想请代王暂离众人，借一步说话，结果代王中尉宋昌予以制止。随后，周勃跪了下来，拿出天子玺符（印信），捧献代王，代王推辞说到代邸再作商量。

群臣随从代王，一齐来到代邸，以陈平、周勃为首的八位朝臣，敬请代王即天子之位。代王推辞数次，群臣固请，代王也就答应了。当晚，东牟侯刘兴居、汝阴侯夏侯婴，引导天子法驾，迎接刘恒入宫。法驾行至未央宫前殿正南门，十多个手持兵器的谒者挡住去路——他们似乎还不知道发生了什么事情。刘恒通告太尉周勃，周勃前去说明，这些谒者都扔下兵器离去了。

刘恒即位之后，表彰、赏赐功臣，周勃益封一万户、赏金五千斤，超过陈平等诸人。丞相陈平请求辞职，说："在高祖时，周勃功不及我；平定诸吕，我的功劳不及周勃，愿把丞相之位让给周勃。"于是，汉文帝任命周勃为右丞相，陈平改任左丞相，位次在周勃之后。

周勃以为迎立有功，在文帝面前颇为自负，每当"朝罢趋出，意得甚，有骄主色"，而文帝对他也显得尊敬有加，"礼之恭，常目送之"（《史记·袁盎晁错列传》）。中郎袁盎看到这种情形，便向文帝进谏，认为君臣还是要各安本分。这之后，文帝也就拿出皇帝的威严，周勃也谦恭了起来。

不长时间，有人劝告周勃说："您平息了诸吕的祸乱，拥立代王为帝，威武显扬于天下。现在又居功不谦，受最高的赏赐，处尊贵的位置。我担心祸患就要降临了。"（"君既诛诸吕，立代王，威震天下。而君受厚赏、处尊位以宠，久之即祸及身矣。"《史记·绛侯周勃世家》）听了这番话，加之自己也确实感到了居高之危，周勃遂向文帝请辞，归还了相印。文帝便命左丞相陈平专为丞相，不再设左右两丞相。

四、沉浮宦海 "狱吏尊贵"

周勃初任右丞相，只有一个多月。文帝二年（前178）十月，丞相陈平去世，因为没有合适人选，十一月，周勃复任丞相。只是这一次也只有十多个月，周勃前后为相，合共不足一年。

汉文帝即位不久，就下诏命诸侯都各归封国，有职事和特许留下的，可以先遣太子前往。谁知人们都想在京城谋取实职，大多推脱不走，荏苒间便过去了一年。于是，文帝拿周勃开刀，免了他的职，催他就国。诏书中说："前段时间我下诏命列侯各归封地，有些人百计拖延，不肯成行。您一向是我敬重的人，应该先回封国去，给其他人做个榜样。"（"前日吾诏列侯就国，或未能行，丞相吾所重，其率先之。"《史记·绛侯周勃世家》）

周勃免相就国之后，约有一年多，每遇到河东守尉巡视各县，往往心不自安，披甲相见，而且两旁护着家丁，各持兵械，以防不测。有人上书告发，说周勃有谋反之迹。文帝早就对周勃有所嫌猜，如今见了告变之书，立即命令廷尉处理。

廷尉把事情交给长安狱官处理。狱官抓了周勃，究治他的罪过。周勃心中害怕，回答狱官讯问时，竟张口结舌，不知所措。狱吏渐渐对他无理，周勃无可奈何，便拿出千金，贿赂狱吏。狱吏受人钱财，便与人消灾，悄悄在文牍后面写了几个字，予以提示。周勃仔细一看，写的是"以公主为证"，这才恍然大悟。

原来，周勃的长子周胜之，娶的正是文帝的女儿，狱吏提醒他让公主出面作证。公主果然入宫，向薄太后求情。薄太后之弟薄昭，因感念周勃让与封邑之恩，也进宫向太后关说，为周勃诉冤。薄太后听了公主的申说，再加薄昭的面诉，便召文帝入见。

文帝进谒，太后非常生气，扯下头上的覆巾，劈面向文帝掷去，一面掷一面骂："绛侯当年平息诸吕叛乱时，手握皇帝印玺，统帅北军，没有造反；难道如今住在小小的绛县，反而要造反吗？"（"绛侯绾皇帝玺，将兵于北军，不以此时反，今居一小县，顾欲反邪？"《史记·绛侯周勃世家》）文帝慌忙谢罪，并说自己看过"狱辞"（审讯记录），周勃确实无罪，马上就要释放。太后之怒这才稍解。

随后,汉文帝便派使者持节,赦免了周勃,恢复了他的爵位和食邑。

绛侯周勃在战场上所向无敌,威风八面,此次却受了狱吏很多闲气。他深有感慨地说:"我曾经统兵百万,可怎么也想不到狱吏竟是如此尊贵!"("吾尝将百万军,然安知狱吏之贵乎!"同上)

周勃出狱之后,凡事愈加谨慎小心。文帝十一年(前169)去世,谥号"武侯"。

齐哀王刘襄

刘襄(?—前179),汉高祖刘邦长孙,汉文帝之侄,齐悼惠王刘肥长子。他袭父封为齐王,实力不弱。吕后去世,他与朝中宿卫的两个弟弟,图谋里应外合,诛除诸吕,进而登上帝位。他起兵西进,威慑诸吕,促成诸吕作乱被诛,却因母舅凶恶,无缘帝位。汉文帝即位之后,齐国恢复原有国土。刘襄不久去世,谥曰"哀"。

一、长子长孙　一朝起兵

刘襄是汉高祖刘邦的长孙,齐悼惠王刘肥的长子。他顺理成章地被立为齐国太子,汉惠帝六年(前189)刘肥去世后,继承了齐王王位。

刘襄兄弟众多,其中二弟刘章、三弟刘兴居,先后被朝廷封侯,一个是朱虚侯,一个是东牟侯。特别的是,刘章和刘兴居先后到京城长安,在禁卫军中任职,护卫皇帝。也正是这个缘故,他们可以获知许多宫廷内部的消息,从而因之谋取利益。

汉惠帝刘盈即位后，太后吕雉执掌朝廷大权，安插吕氏族人，诸吕权倾朝野、气势熏天，刘氏受到极端压制。朝臣对于吕氏十分不满，厌恶情绪十分明显。对于当时的人心向背，刘襄兄弟十分清楚。而刘襄作为汉高祖刘邦的长孙，不无继承帝位的可能，刘章和刘兴居在朝臣中为此也做了不少工作。

有两个弟弟"皆入宿卫"这一特殊条件，当吕太后去世，诸吕"聚兵以威大臣，欲为乱"之时，娶吕禄之女的刘章探得内情，暗中派人告诉了刘襄，想让刘襄发兵西进，两兄弟与朝中大臣作为内应，诛除诸吕，进而拥立齐王刘襄做皇帝。

刘襄得到弟弟送来的消息，就和自己的舅舅驷钧、郎中令祝午、中尉魏勃，密谋发兵。时任齐国国相召平，探听到刘襄的动静，率先发兵包围了齐王的王宫。当时，藩国国相由中央政府任命，所有行动直接向中央负责，权力很大。

此时，齐国中尉（藩国最高军事长官）魏勃欺骗召平说："齐王想发兵，没有朝廷的虎符作为凭证，根本行不通。相君您包围了齐王，这举措确实做得很及时。我魏勃想帮您带领兵马，牵制齐王。"魏勃也是朝廷命官，此时已经成了刘襄的人，但外人浑然不知。召平认为他说得有道理——自己是文臣，不如武将会用兵，于是就把军队交给了魏勃。

谁知魏勃有了军队，反过来很快包围了相府。召平十分后悔，但已经来不及，叹息道："唉！有句名言：'当断不断，反受其乱。'说的就是我这事呀。"（"嗟乎！道家之言'当断不断，反受其乱'，乃是也。"《史记·齐悼惠王世家》）接着就自杀了。

二、借兵琅邪　图谋帝位

召平自尽，齐王刘襄发兵不再存在障碍。于是，刘襄封自己的舅舅驷钧为国相，魏勃为将军，祝午为内史，调遣整个齐国的军队,准备讨伐诸吕。

当时,诸吕握有南、北两大中央集团军的兵权,想西进长安抗击诸吕,军队自然是越多越好。于是,大家想到了"借兵",瞄准的对象是邻近的琅邪(琊)王刘泽。

刘泽是汉高祖刘邦的堂兄弟,辈分很高。吕后当政时,为了调和刘、吕两个集团之间的矛盾,把本属于齐国的琅玡郡分割出来,设立琅邪国,封刘泽做了琅邪王。当时刘氏诸王,琅邪王刘泽离齐国最近,于是刘襄就派祝午为使者,前去"借兵"。

祝午到了琅邪国,骗琅邪王刘泽说:"吕氏作乱,齐王打算发兵西进,讨伐他们。齐王自认为自己年纪小,不熟悉军中事务。愿意把整个国家委托大王照管。大王从高帝时就已经担任将军了,熟悉打仗的事情。齐王不敢离开军队,派我做使臣,请大王前往临菑,面见齐王,商量大事,然后由您一并率领齐军西进,平定关中之乱。"

刘泽没料到刘襄会有非分之想,就相信了祝午的话,驰马前去会见。结果到了齐都临菑,就被刘襄和魏勃等人扣留下来。接着,刘襄又派祝午到琅邪国,调集并统率全国的军队。

琅邪王刘泽认为自己受了骗,不能返回封国,就想了一个办法,对刘襄说:"你父亲齐悼惠王是高皇帝的长子,按理来说,你就是高皇帝的嫡长孙,应当继承皇位。现在各位朝廷大臣一定对谁来继承皇位犹疑不决,刘泽我在刘氏皇族中年龄最大,大臣们一定在等我去做决定。"("齐悼惠王,高皇帝长子,推本言之,而大王高皇帝適长孙也,当立。今诸大臣狐疑未有所定,而泽于刘氏最为长年,大臣固待泽决计。"同上)

刘泽认为,刘襄当皇帝,对自己并无坏处,便以此劝诱,以求脱身。因此,他接着说:"现在大王留下我,也不能做什么。还不如派我入关,谋取大事。"("今大王留臣无为也,不如使我入关计事。"同上）刘襄兄弟本来就觊觎皇位，刘泽如肯出力帮助，自然求之不得。于是，刘襄在往日礼节的规模上，又增加了些车辆，用隆重的礼节送琅邪王刘泽到京师去。

三、陈兵响应　无缘帝位

送走琅邪王刘泽之后，齐王刘襄遂举兵出发，西进长安。当此之际，刘襄又派出使者，给其他诸侯王送去了书信。信上写道：

> 高帝平定天下，分封刘氏子弟为诸侯王，悼惠王（即刘肥）封在齐国。齐悼惠王去世，惠帝派留侯张良为使，立我为齐王。惠帝驾崩，高后执政，年纪大了，听任诸吕擅自废除高祖封的王，又先后杀害了三位赵王，灭掉了梁、燕、赵三国，让诸吕在那里称王，将齐国一分为四（即济南、琅邪、城阳与齐）。忠臣进谏，高后被左右迷惑干扰，不能听从。现在高后去世，新皇帝年纪太小，不能治理天下，必须依靠大臣和诸侯王。如今诸吕又擅自霸占高官显爵，同时聚集军队耀武扬威，劫持列侯和忠臣，假托天子诏命号令天下。刘氏的宗庙危在旦夕。现在我将率兵进入京城，诛杀不应当为王的人。

朝廷听说齐王刘襄发兵西进，相国吕产派遣大将军、颍阴侯灌婴，率领军队向东迎击。灌婴到达荥阳，和亲信商量说："诸吕举兵关中，想推翻刘氏王朝，自己称帝。现在我们打败齐军，还报吕氏，是在帮助诸吕壮大力量呀。"（"诸吕将兵居关中，欲危刘氏而自立。我今破齐还报，是益吕氏资也。"（《史记·齐悼惠王世家》）

大家都认同灌婴的看法，决定停止进军，驻兵荥阳。于此同时，灌婴又派出使者，暗中联络齐王及其他诸侯王，希望大家联合起来，观察吕氏动静，以便共同出击。刘襄接到灌婴的消息，遂驻军齐国西部边境，等待时机，联合行动。

吕禄、吕产等打算在关中作乱，朱虚侯刘章配合太尉周勃、丞相陈平等，共同诛杀了诸吕。事情进展比预想顺利，刘襄的大军没有配上用场——直接与诸吕交锋。

这时，琅邪王刘泽已经来到长安。朝臣等一起，讨论该立谁来继位。起初大家都认为齐王刘襄比较合适，但琅邪王刘泽和一些大臣认为：齐王刘襄的舅父驷钧凶恶暴戾，如同戴着帽子的老虎。"（"齐王母家驷钧，恶戾，虎而冠者也。"同上）作为汉高祖刘邦的长子长孙，刘襄继位可以说是顺理成章，但考虑到背后有个凶狠的家伙，大家担心立了齐王，再次导致外戚专权。

另一个人选是代王刘恒。大家认为，刘恒母家薄氏，为人处世有君子风度，诚信忠厚。而且代王是汉高祖的儿子，是在世高祖诸子中年纪最长的。以高祖的儿子继位，情理上顺当；以宽厚待人者为君，大臣们安心。（"代王母家薄氏，君子长者；且代王又亲高帝子，于今见在，且最为长。以子则顺，以善人则大臣安。"同上）于是，事情就这样决定下来。

接着，朝中大臣等派刘章东行，把诛杀诸吕和迎立代王的事情，告诉齐王刘襄，命令他罢兵。齐王刘襄的皇帝梦，就此落空。

四、魏勃罢官　刘襄复国

齐王刘襄起兵，虽说是配合朝廷诛除诸吕，但其欲得帝位的心思，可谓无人不晓。擅自发兵，犯了朝廷忌讳，因为有诛除诸吕的意思，也就不好追究；而擅杀朝廷命官（召平），责任人是魏勃，于是国法的鞭子就打到了魏勃身上。

魏勃出身寒门，但颇有才干。魏勃的父亲魏氏，因为擅长鼓琴，当年曾被秦始皇召见过，但家里始终不富裕。魏勃少年时，很想求见当时的齐相曹参。由于家里穷得没东西去打通关节，无法当面求见，只好想了个特别的主意，以便引人注意。

魏勃用秫秸扎成人的样子，自己站在里面，凌晨时分，等在齐相舍人们住处的门外。这样等了几天，也没有人注意到。而每到天亮，魏勃自己不好意思，怕别人笑话，就撤走了。有一天，齐相舍人清早起来，天蒙蒙亮，看见有个似人似鬼的东西立在那里。走近细看，是用秫秸围着的人，那位舍人就抓了魏勃。魏勃解释道："我非常想见相君一面，却没有别的机会。所以立个秫秸人，以便引起你们的注意，想通过这个办法，求你们把我引见给相君。"

舍人把魏勃推荐上去，曹参也因魏勃如此苦心孤诣求见自己，就留他当了自己的舍人。过了一段时间，魏勃受到曹参召见。言谈之间，曹参觉得魏勃德才兼备，就把他的为人告诉了当时的齐王刘肥。齐王刘肥召见魏勃，拜他为齐国的内史。从刘肥那时起，魏勃的官俸就是二千石。等到刘肥去世，刘襄即位，他给予魏勃处理国务的权力超过了国相。

灌婴在荥阳，听说是魏勃坚决鼓动齐王谋反的。诸吕受诛，齐兵回撤，灌婴就派使者召魏勃来见。灌婴责问魏勃为何支持齐王发兵，为何不先向朝廷奏请。魏勃回答说："失火的人家，哪里有空先告诉家长，然后才去救火的呢？"（"失火之家，岂暇先言大人而后救火乎！"）魏勃说完，觳觫不安。灌婴盯着看了一会儿，笑着说："人们称魏勃英勇，其实不过是个庸人罢了，哪里会有什么作为呢！"（"人谓魏勃勇，妄庸人耳，何能为乎！"《史记·齐悼惠王世家》）于是罢免了魏勃的官职。

齐王刘襄不久就罢兵归齐，接着代王刘恒登基继位。汉文帝元年（前179），以高后时所割去的城阳、琅邪、济南三郡复归予齐国，琅邪王刘泽迁到燕国为王。

也就在这一年，齐王刘襄去世，谥曰"哀"，史称"齐哀王"。

朱虚侯刘章

刘章（前201—前177），汉高祖之孙，汉文帝之侄，齐悼惠王刘肥次子。初封朱虚侯，加封城阳王。刘章为人智勇双全，曾以军法监酒斩杀违令吕氏族人，并用田歌表达对吕氏专权的不满；因宿卫宫廷之便，在诛除诸吕中"功尤大"，却未能达成意愿。二十五岁英年早逝，谥曰"景"。

一、娶妻吕氏　宿卫长安

刘章的父亲刘肥，是汉高祖刘邦的长子，但他并非吕后所出，而是刘邦发迹之前的外妇所生。刘邦称帝后，刘肥被封为齐王，在诸子中国土最大，多达七十余座城邑。对于"地大物博"的齐王，吕后自然不放心、不甘心，欲除之而后快。后来，齐王府内史出谋划策，刘肥主动献出一个郡，给吕后的女儿鲁元公主做汤沐邑，换得吕后开心，这才得以善终。

刘章是刘肥的次子，长兄刘襄，三弟刘兴居。刘襄被立为王太子，后来继承了王位。刘章三兄弟关系较好，没有发生过争权夺利之事。

汉惠帝刘盈去世后，太后吕雉临朝称制。高后元年（前187），吕后以其兄长之子吕台为吕王，分割齐国的济南郡，给吕王做了封邑。

吕后称制的第二年（前186），刘章入朝担任皇宫宿卫，吕后封他为朱虚侯，并将侄儿吕禄之女嫁给了他。又过了四年（前

182），刘章的弟弟刘兴居被封为东牟侯，兄弟两人一同宿卫长安。

高后七年（前181），吕后又分割齐国的琅玡郡，立营陵侯刘泽为琅玡王。刘泽是汉高祖刘邦的堂兄弟，吕后立刘泽为王，意在化解刘、吕两个集团之间的矛盾。吕后担心只封吕氏为王，惹得刘氏宗亲怨恨，便也封了刘泽等为王，反正"羊毛出在羊身上"，也没少了她吕氏的封地。

也正是在这一年，刘肥两个受封赵王的兄弟，先后死于吕氏之手：赵幽王刘友被吕后幽禁，活活饿死；赵共王刘恢被吕后所逼，自杀身死。这两位赵王，分别娶吕氏女为妻，而两位吕王后不是谗言毁谤，就是杀夫爱姬、擅权用事。此前被吕后鸩杀的赵隐王刘如意，也是封在赵国。在三位赵王先后惨死的阴影里，刘氏皇族的日子很不好过。

二、田歌寓意　军法显威

高后七年（前181），刘章年满二十，业已成人。吕后当政，诸吕高居要职，而刘氏很少得到要职，刘章极为不满。有一次，刘章入宫侍奉吕后宴饮，吕后令他担任酒吏。刘章请示说："我是将门后代，请允许我按照军法来监酒。"（"臣，将种也，请得以军法行酒。"《史记·齐悼惠王世家》）吕后答应道："可以。"酒宴高潮之时，刘章献歌献舞，以助酒兴。

随后，刘章又说："请允许我为太后吟诵耕田之歌。"吕后对刘章"以儿畜之"——像对待小孩子一样，便笑着说："我回想看来，你的父亲才知道怎样耕田；你生下来就是王子，怎么能知道耕田的事情呢？"（"顾而父知田耳。若生而为王子，安知田乎？"同上）刘章说："臣知之。"吕后说："那就试着说说耕田的意思吧。"刘章便吟唱道：

深耕概种，立苗欲疏，非其种者，鉏而去之。

这歌意思是说：耕田种地，要深耕密种（概音"既"，稠密），留苗却要稀疏。不是同种的苗，就要锄（鉏同"锄"）掉。这表面说的是耕田，言外之意也十分明显：并非同种的苗，分明指向诸吕。久经风云的吕后，当然心知肚明，因而听后"默然"。

又过了一会儿，吕氏族人有人喝醉，逃离了酒席。刘章紧追出去，拔剑斩了那人，回来报告说："有亡酒一人，臣谨行法斩之。"刘章真的"以军法行酒"，毫不客气。吕后和左右大臣听了，都大惊失色。吕后哪里想到，她"以儿畜之"的小孩子，能有这么大胆！因事前已经同意"以军法监酒"，所以无法论罪，吕后也就没把刘章怎样。

这件事情之后，诸吕忌惮朱虚侯刘章，身居高位的大臣们也都顺从他。刘氏的力量逐渐有了点儿起色。（"自是之后，诸吕惮朱虚侯，虽大臣皆依朱虚侯，刘氏为益强。"同上）

三、谋立兄长　作为内应

就在刘章为吕后吟诵"非其种者，鉏而去之"的第二年（高后八年，前180），太后吕雉去世，刘、吕之间的决战如箭在弦。

当时，吕后的两个侄儿手握重权：吕禄为上将军，执掌军权；吕产为相国，执掌政权，俩人都在长安城中。诸吕自知违背汉高祖的约定，担心被大臣、诸侯王诛杀，因而图谋作乱，一决雌雄。在长安城中，诸吕"聚兵以威大臣"——把军队调集在一起，威胁大臣，局势十分严峻。

刘章的妻子是吕禄的女儿，因而得以获知诸吕的图谋。随后，刘章悄悄派人出了长安，去通知兄长齐王刘襄，计划刘襄向西进兵长安，刘章和刘兴居兄弟作为内应，与朝臣共同诛杀诸吕。刘章兄弟的意图十分明确：诛除诸吕之后，由兄长齐王刘襄继位为帝。

为了实现计划，刘章与太尉周勃、丞相陈平暗中联系，密谋共同行动。当时，朝中大臣许诺：事成以后，以全部赵国的土地封刘章为王，以梁国的土地封刘兴居为王。由此可见，朝臣对刘章兄弟十分倚重。

齐王刘襄得到弟弟送来的消息，随即发兵举事；又把琅玡王刘泽骗到齐国，扣留下来，从而掌握了琅玡国的军队。齐国在诸侯国中本来就是大国，齐国的军队，再加上琅玡国的军队，数量庞大，无疑能对控制南北军的诸吕形成威慑。

刘襄起兵西进，相国吕产随即派遣大将军灌婴，率军东进迎击。灌婴是开国元勋，不肯"益吕氏资"，给他们当帮凶，走到荥阳便按兵不动，并派人告知刘襄及其他诸侯。诸侯国和朝廷两股大军同进退，形成巨大压力，逼迫诸吕自乱，即可入都讨伐。

四、斩杀吕产　天下遂定

吕产得知刘襄与灌婴联合，知道大事不好，连忙进宫，准备挟持天子，作为人质。这样，有军队，有人质，或可稳操胜券。谁知吕禄智计不够，却把北军兵权交给了太尉周勃。

吕产不知道吕禄已经交出北军指挥权，想进入未央宫作乱，挟持小皇帝。由于没有办法进入殿门，徘徊在庭院之中。当时周勃担心发生意外，又不敢公开说诛杀吕产，就对刘章说："赶快进宫保卫皇上！"刘章从周勃那里请拨兵卒一千，从未央宫边门进去，见吕产正站在未央宫的院子里。傍晚的时候，刘章向吕产发起攻击，吕产逃走。

这时，大风骤然而来，吕产的随从一片混乱，没人敢抵抗刘章。刘章追上吕产，把他杀死在郎中府官员房舍的厕所里。吕太后去世之后，吕产是诸吕中比较有头脑的一个。吕产一死，诸吕顿时失去了主心骨。

刘章杀了吕产，当时的小皇帝刘弘，令谒者持节慰问刘章。刘章想夺过符节作为凭证，继续平定叛乱，但谒者不肯。刘章就带着谒者一起，坐着自己的车子，借着符节的信用，飞快跑进长乐宫，斩了长乐卫尉吕更始，从而掌握了南军军权。至此，皇宫大内中的吕氏兵权，基本上都夺了过来。

刘章快马奔驰，回到北军，向周勃汇报了情况。听完刘章的汇报，周勃起身拜贺，说："我所担心的独有吕产，如今吕产被诛，天下已定！"（"所患独吕产。今已诛，天下定矣！"《史记·吕太后本纪》）《汉书·高五王传》云："（刘）章首先斩吕产，太尉周勃等乃尽诛诸吕。"诛杀吕产，是诛除诸吕的关键一步。这一步，有周勃的预见、调遣，完成这一重任的则是朱虚侯刘章。

诛除诸吕，群臣有功，刘章兄弟亦功不可没。明人王世贞有云："章以北军千余之卒，逐吕产而杀之，悉歼其族党，非有胆勇谋断，谁能胜焉？"（《王弇州先生崇论·齐悼惠王肥论》）但朝臣鉴于刘襄势力强大，舅舅又十分残暴，并没有尊刘襄为帝，而是迎立了代王刘恒。

朱虚侯刘章首先亲斩相国吕产，立了大功，汉文帝即位后，封赏功臣，加封刘章食邑二千户，赐金千斤。但后来文帝得知，刘章兄弟当时意在拥立齐王刘襄继位，就故意抹杀他的功劳。文帝二年（前178），汉文帝分封诸侯王子，把已经还回齐国的城阳郡，又分割出来，立城阳国，封刘章为城阳王，国都莒（今山东莒县）。

文帝三年（前1776）四月，城阳王刘章去世，时年二十五岁。谥曰"景"，史称"城阳景王"。东汉应劭《存城阳景王祠教》云，刘章死后，"自琅琊、青州六郡，及渤海都邑，乡亭聚落，皆为立祠"。

东牟侯刘兴居

刘兴居（？—前177），汉高祖刘邦之孙，汉文帝刘恒之侄，齐悼惠王刘肥第三子。初封东牟侯，加封济北王。他参与诛除诸吕，功劳不大，主动请缨"除宫"，迎接代王入宫。由于文帝压制，未能得到朝臣许诺的封地，心怀不满，趁匈奴入侵发动叛乱，兵败被俘自杀。

一、诛除诸吕　请缨除宫

刘兴居是汉高祖刘邦之孙，齐悼惠王刘肥第三子。刘襄和刘章，都是他的兄长。

大哥刘襄在父亲去世后，袭封为齐王。刘兴居与二哥刘章，也先后封侯。高后六年（前182年），刘兴居奉吕太后之命，入朝担任宫中宿卫，被封为东牟侯。此前二哥刘章已经入朝宿卫，这样，兄弟俩就都在京城长安。

高后八年（前180），太后吕雉去世，吕氏家族成员蠢蠢欲动，密谋发动暴乱。刘章得到消息，报告了兄长齐王刘襄。刘襄谋划起兵西进，以两兄弟为内应，消灭诸吕，进而继位登极。

在诛杀诸吕的过程中，刘章杀吕产、夺军权，立了大功；刘兴居表现平平，功劳不大。朝臣迎立代王刘恒，刘兴居为了寻求立功，主动要求进入未央宫"除宫"，他说："诛吕氏吾无功，请得除宫。"（《史记·吕太后本纪》）

所谓"除宫"，也就是清理皇宫，以便新天子入居。当时，吕后扶植的小皇帝刘弘还在宫里，自然是必须清理出去的。刘兴居主动请缨，大家都没意见，于是便与掌管皇帝车驾的太仆夏侯婴,一起前往。

刘兴居和夏侯婴从旁门进了未央宫,对小皇帝刘弘说:"你不是孝惠帝的儿子,不应该当皇帝。"又挥令左右的卫士放下兵器离开。认清形势的卫士,丢下兵器就走了。有几个忠于职守的,既不肯离开,也不放下兵器,直到顶头上司宦者令(太监头头)下了命令,才扔下兵器离开了。

夏侯婴用一辆轻便车子,载着小皇帝出了未央宫。小皇帝似乎莫名其妙,就问:"要带我到哪里去呀?"夏侯婴说:"到你住的地方。"随即把他带到了少府。随后,刘兴居与夏侯婴引导天子法驾,到代邸把新天子刘恒迎接到了宫中。

二、乘机叛乱 被俘自杀

因为刘章、刘兴居诛除诸吕有功,大臣们曾许诺,分别封他们为赵王、梁王,原来赵国、梁国的封地都归他们。("始诛诸吕时,朱虚侯章功尤大,大臣许尽以赵地王章,尽以梁地王兴居。"《汉书·高五王传》)

大臣们的许诺未能兑现,因为有了新皇帝,只能是皇帝说了算。刘恒继位后,得知二刘兄弟当初打算立的是刘襄,就有意把他们的功劳往下压。("及文帝立,闻朱虚、东牟之初欲立齐王,故黜其功。"同上)

文帝元年(前178),汉文帝分封诸子为王,就顺便把齐国的城阳、济北两个郡分割出来,封给二刘兄弟,刘章为城阳王,刘兴居为济北王。

对于兄长没能当上皇帝,自己和二哥也没能得到更大的封国,刘兴居自然心怀不满。而就在这一两年之间,刘兴居的两个哥哥又先后抑郁而终。

文帝三年(前177)五月,匈奴右贤王背弃和约,率军大举入侵。汉文帝命丞相灌婴，率大军抗击匈奴；自己也亲临边地，屯驻太原。刘兴居认为汉军出击匈奴，文帝也到了前线，有机可乘，便起兵发动了叛乱。文帝闻讯后，命令灌婴撤军回长安，然后以柴武为大将军，率军平叛。叛军很快土崩瓦解，刘兴居被俘自杀，济北国除。

济北王刘兴居实力有限，叛乱仓促发动，无怪乎不堪一击。不过，这次叛乱有明显的象征意义，它开同姓诸王反抗汉廷之先例，似乎也为吴楚七国之乱埋下了伏笔。

曲周侯郦寄

郦寄（生卒年不详），汉初将领，曲周侯郦商之子。字况，陈留高阳（今河南杞县）人。他利用吕禄的私交，劝其交出兵权，在诛除诸吕中起了关键性作用。文帝即位，诏其袭封曲周侯。七国之乱时，领兵平叛，围攻赵城。后因欲娶皇亲，侯爵被废。

一、名将之子　交好吕禄

郦寄的父亲郦商，是汉朝开国功臣之一。秦末陈胜、吴广起义时，郦商招兵买马，聚众响应。汉王刘邦攻城略地，到达陈留时，郦商带领所部四千多人投归。后来，或跟随刘邦征战，或单独作战，无论楚汉相争，还是平定叛乱，郦商都身先士卒，勇敢作战，立下了赫赫战功。

据《史记》《汉书》载，郦商单独击败敌军三次，降服平定六郡、七十三县，俘获国相、代理国相、大将各一人，小将二人，二千石以下至六百石以上官员十九人。刘邦封汉王后，郦商被赐爵信成君。汉朝建立后，先封涿侯，后改封曲周侯。

汉高祖刘邦去世时，郦商还在世，而且一直活到吕后去世。在惠帝、吕后时期，吕氏与刘氏尖锐对立。郦商归附刘邦较晚，算不得丰沛故人，而且身体不好，不能料理政事，所以没有受到迫害。

宽松的政治境遇，当然有利于双方之间的交往。同属官二代，郦商之子郦寄，与吕后侄子吕禄，关系十分要好。两人交往较多，时常一同外出，游玩打猎，饮酒作乐。吕禄本人智计不足，又非常信任郦寄，对他几乎是言听计从。

吕后去世，刘、吕两大集团的冲突一触即发，兵权成了制胜的焦点。在封国的刘氏诸侯，虽然各有军队，但要控制都城、诛灭诸吕，关键还是要掌握长安南、北军，而此时两军都在吕氏手中，朝臣没有兵权，就连身为太尉的周勃，也调不动一兵一卒，甚至连军营也进不去。

在此情形下，周勃、陈平想到了郦寄，想让他去哄骗吕禄，让其交出北军兵权。于是，他们劫持了年老多病的郦商，以此要挟郦寄同谋，郦寄只得应允。

二、劝禄交权　作用关键

此时，齐王刘襄已经整兵，打算西进长安，朝臣也蠢蠢欲动。见到吕禄，郦寄晓以利害，说：“高帝与吕后共同打下天下，刘氏立了九个王，吕氏立了三个王，都是经过大臣讨论，并且通告诸侯的，大家都认为合适。现在太后驾崩，皇帝年少，而你做赵王，不赶紧回国去保卫一方，却任将带兵，留在这里，大臣、诸侯们会怀疑的。你何不归还将印，把军队交给太尉，让梁王吕产归还相印，与大臣们定下盟约，回到封国去？这样的话，齐国定会罢兵，大臣们得以安心，你就可以高枕无忧，做千里之地的大王，这可是万世之利啊。”（"足下高枕而王千里，此万世之利

也。"《史记·吕太后本纪》，下同）

吕禄觉得郦寄的谋划很是对头，便打算把兵权交给太尉周勃（"信然其计，欲归将印，以兵属太尉。"）。他把自己的打算通告了吕产和吕氏长辈，有人认为可以，有人认为不可，这让吕禄犹豫不决。

由于听信郦寄的谋划，吕禄放松了警惕，照旧游玩。有一次，吕禄和郦寄一起外出游猎，顺道拜访了姑母吕媭。吕媭听了他的打算，勃然大怒，说："你做将军却要放弃军队，吕氏今后没有存身之地了。"老太太把所有珠宝玉器都拿出来，散给家人和仆人等，说："用不着给别人守着这些东西了！"

不久，接着，郦寄与典客刘揭，先去关说吕禄。

过了一段时间，有人劝说吕产动手。周勃侦知消息，当即让郦寄再去骗吕禄。同时，掌管天子符节的襄平侯纪通，手持节杖兵符，诈称天子敕命太尉统领北军，周勃一行得以进入北军军营。

这次见到吕禄，郦寄急迫地说："皇帝让太尉守北军，希望你回封国。你赶紧交出将军大印离开，不然，大祸就要临头了。"（"帝使太尉守北军，欲足下之国，急归将印辞去，不然，祸且起。"）

吕禄心思简单，能力一般，又太相信郦寄，"以为郦兄不欺己"，于是解下将印，把军队交给了周勃。周勃进入北军，高声发布军令："为吕氏右袒，为刘氏左袒。"军中皆左袒，周勃遂掌控北军。随后，刘氏诸侯和朝臣轻松掌控局面，吕禄及诸吕均被诛杀。

三、难说卖友　欲娶皇亲

在刘、吕两大集团的对决中，郦寄算不得大人物，却很是关键。陈平、周勃在不利的情势下，正是利用了郦寄与吕禄的私交，逆转了局面。然而，这却陷郦寄于不义，"郦寄卖友"之说随之不胫而走。

其实，郦寄所作所为，于公于私，都算正当。对此，班固的论断可谓中肯，他说："孝文时，天下以郦寄为卖友。夫卖友者，谓见利而忘义也。若寄，父为功臣而以执劫，虽摧吕禄以安社稷，谊存君亲，可也。"班固认为，郦寄为救父亲，不得不为，并且既安定了国家，又顾全了君臣、父子的伦理大义，没有什么不可以的。

而宋人林同《贤者之孝二百四十首·郦寄》，如此评价郦寄："直以劫父故，蒙他卖友名。闲将诛吕论，非勃亦非平。"前二句为郦寄"卖友"辩诬，而强调其孝；后二句，则突出郦寄在诛吕中的关键性作用，有其功在平、勃之上的意思。历史地看，刘、吕之争的结局，有其必然性，郦寄只算是一个关键性的偶然；试想，假如吕禄交出兵权，而周勃令军卒左右袒，结果是另一番情形，又当如何？

自然，偶然的关键也是关键。汉文帝刘恒即位后，诏郦寄袭封曲周侯，诏曰："朕皇父高帝起义兵，与天下除秦苛暴，讨羽戡逆，削平伪乱，奄有四海。刑白马以盟诸侯：'非刘氏而王，天下共击之！'吕禄、吕产辈，恃恩贵戚，窃弄重兵，谋危宗社。尔郦寄谕禄以兵属，太尉勃军令一呼，兵皆左袒，上慰皇父高帝之灵，下奉'非刘共击'之誓，此功在王室，所当崇报者也！今朕入缵大统，封尔寄袭曲周侯，岁食禄五千石，用锡圭券，爰及子孙。带砺山河，永光休烈。"

景帝前元三年（前154），吴、楚、齐、赵等七国发动叛乱，朝廷以郦寄为将军，围攻赵城，但十个月都没有攻克。俞侯栾布平定齐国，前来助战，这才拿下赵城，扫平了赵国。

景帝中元二年（前148），郦寄打算娶景帝王皇后的母亲平原君为妻。景帝大怒，把郦寄交予有司审理，结果判定有罪，侯爵被剥夺。郦寄享爵三十二年，至此曲周侯封国被废除。

典客刘揭

刘揭（生卒年不详），汉初大臣。初为郎，后迁典客。诛诸吕时，与郦寄夺吕禄兵符，关殿门拒吕产等人，共立文帝。封阳信侯。

刘揭早年的经历，史籍未见记载。高祖十二年（前195）时，他做了郎官。"郎"是秦汉时期郎中令的属官，有议郎、中郎、侍郎、郎中四等。其职责主要是守卫门户、出充车骑，也随时备帝王顾问差遣。

后来，刘揭升职为典客。典客为九卿之一，负责中央王朝与诸侯国和归义外族的事务。

高后八年（前180），吕后去世，丞相陈平、太尉周勃等，图谋诛除诸吕。其时，卫成都城和皇宫的长安南北军，其兵权为吕禄、吕产兄弟掌握。于是，陈平、周勃利用曲周侯郦寄与吕禄的交情，让他与刘揭一起，去劝说吕禄交出兵权。

郦寄和刘揭见到吕禄，威胁说："皇帝派太尉掌管北军，希望您回封国去。立即交出将印，告辞归国，否则要惹上大祸！"吕禄不以为郦寄会欺骗自己，就解下将军印绶交给刘揭，把北军兵权交给了太尉周勃。（"吕禄以为郦兄不欺己，遂解印属典客，而以兵授太尉。"《史记·吕太后本纪》）随后，他们下令关闭了未央宫殿门，不让吕产进入挟持小皇帝。

作为九卿之一，刘揭也是迎立代王刘恒的重臣之一。在代邸，他和丞相陈平、太尉周勃等共八人，再拜请代王即天子位。

文帝元年（前179）二月，汉文帝表章功臣，诏书有云："典客刘揭身夺赵王吕禄印。……封典客揭为阳信侯，赐金千斤。"（《史记·孝文本纪》）阳信侯国都，在今山东无棣东北。

刘揭在位十四年去世,其子刘中意袭爵。景帝前元六年(前151),刘中意有罪,爵废国除。

宗正刘郢客

刘郢(?—前174),本名"刘郢客",《史记》作"刘郢";因是刘氏宗亲,《汉书》作"宗正郢",省姓氏。

刘郢客之父,为楚元王刘交。刘交是汉高祖刘邦的少弟,多有战功,汉初封楚王;卒后谥"元",史称"楚元王"。在朝臣迎立代王刘恒时,刘交还在世。在刘氏宗亲中,朝臣没有提到楚元王刘交的态度,刘恒还因此颇为顾虑。因为刘交辈分高、资历老,他的态度既能影响宗亲、又可影响朝臣。但从刘郢客参与迎立,或可推测刘交的态度。

刘交非常重视子弟的培养。他曾派刘郢客到长安,向浮丘伯学习《诗经》,同学中有后来的《诗》学名家申公。("申公游学长安,与刘郢同师。"《史记·儒林列传》)

吕后时期,刘郢客任职宗正。宗正亦属九卿之一,主要职掌皇族户籍族谱等。

诛除诸吕后,朝臣等迎立代王刘恒继位,刘郢客作为刘氏宗亲,又身居九卿,也参与了渭桥迎候、代邸再拜上议等行动。在八位主要大臣中,刘郢客排名第五。

文帝元年(前179),楚元王刘交去世。楚太子刘辟非早卒,刘郢客作为次子,袭封为楚王。

刘郢客受封后,重文尚学,聘请天下名师,招募杰出人才。楚都彭城(今江苏徐州),文化较为繁荣;楚王身边,多有栋梁之才。

与父亲刘交同样，刘郢客也很重视子弟的培养。他给太子刘戊安排的师傅，堪称出色：传授学业有《诗》学名家申公，辅佐政事的有韦孟——祖、父两代楚王的同学或老师。可惜刘戊不仅不好学，还虐待老师申公，后来参与吴楚七国之乱，身败名裂。

刘郢客在位仅四年就去世了，谥曰"夷"，史称"楚夷王"。谥法："克杀秉政曰夷；安心好静曰夷。"是个平谥。

平阳侯曹窋

曹窋（生卒年不详），汉初大臣，相国曹参之子，袭封平阳侯。在诛除诸吕的行动中，他传递消息、协助周勃，对清除吕产起到了一定作用。

一、代帝谏父　袭爵封侯

曹参是泗水郡沛县（今江苏沛县）人，属于汉高祖刘邦的丰沛故人。汉朝建立后，他被封为平阳侯，食邑一万余户。萧何去世后，曹参接任相国。

汉惠帝时，曹窋凭借门荫入仕，曾任中大夫。吕后执政后，担任御史大夫。

曹参接任相国后，终日饮酒，无所事事。惠帝怪曹参不治事，认为他因年岁而小看自己，就对担任中大夫的曹窋说："你回家后，私下里旁敲侧击，问问你父亲，作为相国，天天饮酒，无所请示，怎么不忧虑天下的事情呢？"（"君为相，日饮，无所请事，何以忧天下乎？"《史记·曹相国世家》）并叮嘱曹窋，不要说是自己问的。

曹窋假日休息回家，闲暇时陪着父亲，把惠帝的意思变成自己的话，来规劝曹参。曹参听了大怒，打了曹窋二百板子，说："快点进宫去侍奉皇上，国家大事不是你应该谈论的。"（"趣入侍，天下事非若所当言也。"同上）

后来曹参上朝，惠帝责备说："为什么要惩治曹窋？上次是我让他规劝您的。"曹参免冠谢罪说："陛下自己想想，您和高帝谁更圣明英武？"惠帝说："我怎么敢跟先帝比呢！"曹参说："陛下再看我和萧何，谁更贤能？"惠帝说："您好像不如萧何。"（"参免冠谢曰：'陛下自察圣武孰与高帝？'上曰：'朕乃安敢望先帝乎！'曰：'陛下观臣能孰与萧何贤？'上曰：'君似不及也。'"同上）

曹参接着说："陛下说得对。高帝与萧何平定天下，法令已经明确，如今陛下垂衣拱手，我等谨守职责，遵循原有法度而不随意更改，不就行了吗？"（"参曰：'陛下言之是也。且高帝与萧何定天下，法令既明，今陛下垂拱，参等守职，遵而勿失，不亦可乎？'"同上）惠帝觉得曹参说得有理，也就随他罢了。

二、诛除诸吕　驰传消息

在诛除诸吕行动中，除了丞相陈平、太尉周勃等高祖刘邦老臣本身，有些老臣的后代，也起了一定作用，曹参之子曹窋就是其中一个。

高后去世后，诸吕密谋作乱，齐王刘襄也整兵西进，形势千钧一发。

有一次，担任御史大夫的平阳侯曹窋，找相国吕产议事，恰好郎中令贾寿也来造访。原来，贾寿所派使者刚从齐国回来，获知灌婴联合齐楚，打算诛除诸吕。贾寿把消息原原本本地告诉了吕产，并催促他赶紧入宫。二人的谈话，曹窋听了个差不多，便迅速报告了丞相陈平和太尉周勃。（"平阳侯颇闻其语，乃驰告丞

相、太尉。"《史记·吕太后本纪》）

周勃谋划控制守卫皇宫的北军，并让曹窋告诉负责宫殿守卫的卫尉，不要让相国吕产进入殿门（"毋入相国产殿门"，同上）。吕产到了未央宫，进不去殿门，在院子里乱转。曹窋担心挡不住吕产，又立刻报告了周勃，（"平阳侯恐弗胜，驰语太尉。"同上）周勃随即派朱虚侯刘章率一千多士卒，前去对付吕产。

太史公记述平阳侯曹窋传递消息，每次都用"驰"字，可见其急迫、尽心。

结果，在一班朝臣和刘氏宗亲的共同努力下，先是吕禄交出北军兵权，接着吕产被击杀，随后吕氏老少男女全被斩杀，诸吕以彻底失败告终。

诸臣迎立代王刘恒继位为汉文帝。文帝即位后不久，诏令诸侯就国，曹窋不再担任御史大夫，回归了封地。曹窋做了二十九年平阳侯，寿终正寝，其子曹奇袭爵，尚平阳公主。

襄平侯纪通

纪通（？—前147），汉初大臣。因父亲之功，封襄平侯。诛除诸吕中，因"尚符节"，矫诏将太尉周勃送入长安北军。

纪通的父亲纪成，早年以将军身份，随汉高祖刘邦作战。在灭亡秦朝、还定三秦中，战功卓著，有"功比平定侯"之谓。（《史记·高祖功臣侯者年表》："兵初起，纪成以将军从击破秦，入汉，定三秦，功比平定侯。"）

汉王元年（前206）八月，陈仓之战中，秦将章邯军大败，退守废丘（今陕西兴平东南），其弟章平退守好畤（今陕西乾县东）。九月，汉军跟踪追击，进攻好畤。在好畤之战中，纪成战死。

高帝八年（前199）后九月（闰九月），因纪成之功，汉高祖封纪通为襄平侯。（"子通袭成功，侯。"同上）襄平侯国都，在今辽宁辽阳。

高后八年（前180），吕后去世，陈平、周勃等图谋诛除诸吕。其时，卫戍都城和皇宫的长安南北军，其兵权分别为吕禄、吕产掌握，因而首先要夺取兵权。由于没有符节，太尉周勃无法进入北军。

其时，襄平侯纪通正好掌管天子符节，于是持节矫诏，周勃得以进入。（"太尉欲入北军，不得入。襄平侯通尚符节。乃令持节矫内太尉北军。"《史记·吕太后本纪》）进而通过郦寄等人的劝说，威胁吕禄交出北军兵权，解决了制胜的关键问题。

文帝元年（前179）二月，汉文帝表章功臣，诏书有云："太尉身率襄平侯通持节承诏入北军。……朱虚侯刘章、襄平侯通、东牟侯刘兴居邑各二千户，金千斤。"（《史记·孝文本纪》）

景帝中元三年（前147），纪通去世，其子纪相夫袭爵。

后少帝刘弘

刘弘（？—前180），西汉第四位皇帝，史称"后少帝"。他是汉惠帝刘盈之子，前少帝刘恭异母弟。吕后废除刘恭后，让他继承了皇位，并把侄女许配与他。吕后去世后，朝臣铲除诸吕，迎立代王刘恒，刘弘被废杀。

刘弘初名刘山，是汉惠帝刘盈之子，前少帝刘恭异母弟。由于生母不详，因此在诛除诸吕、迎立代王时，朝臣说他并非惠帝亲生之子。

高后元年（前187）四月，刘山被封为襄成侯。第二年七月，兄长之一的常山王刘不疑去世，刘山随后接封常山（又作"恒山"）王，并改名刘义。

高后四年（前184）五月，吕后废除前少帝刘恭，安排刘义继承了帝位，并改名刘弘，后来又把侄女给他做了皇后。按照历史规制，新皇帝即位要改元，但其时太皇太后吕雉临朝称制，皇帝不过是个摆设，所以改元也就无从谈起。

高后八年（前180）八月，吕后逝世，诸吕失去靠山，蠢蠢欲动，图谋动乱。朝臣周勃、陈平等人，联合刘氏宗室力量，果断铲除了诸吕。其间，吕产入宫，本欲利用少帝，结果未能进入宫殿，并被朱虚侯刘章率兵追杀。少帝派谒者持节慰劳刘章，刘章要夺皇帝之节，谒者不肯放手，刘章便与他共乘，驱车疾驰，斩杀了长乐卫尉更始。

诸吕诛除之后，帝位如何处置，成了当务之急。少帝刘弘原本就是个傀儡，不仅年少，也不具备一国之主的才德，自然不能再留在皇位之上。且朝臣认为，刘弘及其几个兄弟——济川王刘太、淮阳王刘武、常山王刘朝，并非汉惠帝亲生之子，都应当废黜。

经过一番计议，周勃等选定迎立年长有德的代王刘恒。刘恒到长安后，先在代邸安顿下来，等待朝臣以天子法驾迎接入宫。此时，宫里的小皇帝自然不能再待下去，于是东牟侯刘兴居主动请缨"除宫"——清理皇宫。大家同意，并请汝阴侯夏侯婴一同前往。

夏侯婴时任太仆，正好掌管皇帝车驾。刘、夏侯二人率领随从，由旁门进到未央宫，对刘弘说："你不是孝惠帝的儿子，不应该当皇帝。"并挥令左右的卫士，立即放下兵器离开。认清形势的卫士，丢下兵器就撒了丫子。有几个忠于职守的，起先不肯，顶头上司宦者令张泽下令，也就丢下小皇帝走了。

夏侯婴用一辆轻便车子，载着小皇帝刘弘出了未央宫。小皇帝莫名其妙，便问道："你们要带我到哪里去？"夏侯婴说："出去找个地方住。"把他带到了少府居住。当天夜里，有司分头到刘弘和几位兄弟的住处，把他们都处死了。

　　文、景二帝之母，在后宫均属普通妃嫔，其品性便多了些平淡随和，少了些专权跋扈。若论对子孙之影响，她们绝对不可小觑，薄氏对于文帝仁贤品格的养成从而得以继位不无助益，而窦后几乎可以说是当时黄老治国思想的主导者。景帝妃嫔多，争斗也多，又加公主颇不安分，以致影响到帝位继承人的纷更。文、景之判，由此似乎亦可见一端。

文帝太后薄氏

薄氏（？—前159），汉高祖妃嫔，汉文帝之母，汉景帝祖母。会稽郡吴县（今江苏苏州）人。薄氏入宫年余，空房独守；偶然机缘，汉高祖临幸，生子刘恒，进而封为代王。汉高祖去世后，薄氏被遣归代国，与儿子生活在一起。刘恒继帝位，尊薄氏为皇太后；后汉景帝又尊其为太皇太后。晚年的薄氏尽享天伦之乐，寿终正寝。

一、少年异相　一朝入宫

在秦朝的时候，薄氏之父与人私通，生了薄氏。那女子史称"魏媪"，因其与旧时的魏国宗室有些关系。秦末起义军封王，魏国宗室魏豹被封为魏王，魏媪就把薄氏送进了魏王宫府。（"及诸侯畔秦，魏豹立为魏王，而魏媪内其女于魏宫。"《史记·外戚世家》）

有一次，魏媪去找人相面，相到年幼的薄氏，相士大为惊异，说这女孩将来该当诞生天子。（"相薄姬，云当生天子。"同上）这相士并非别人，正是鼎鼎大名的许负，所相之人，言出必中。

魏王魏豹听说之后，非常高兴。原来，当时正值楚汉相争，楚王项羽与汉王刘邦，谁主天下还未成定局。魏豹本来是"与汉击楚"，和汉王刘邦联合在一起，攻打楚王项羽。听到许负所言，魏豹自作聪明，心想：如果真的如此，天下理当属我魏豹。于是，他先是背叛汉王刘邦，中立，接着又和楚王项羽走在了一起。

汉王三年（前204），刘邦打败并俘虏了魏豹，把他的王国变成了一个郡。就这样，薄氏也随母亲魏媪，一起被俘虏到荥阳，在织室里织布。有一次，刘邦闲逛，无意中进了织室，见到薄氏"有色"——颇有姿色，便把她要进了后宫。

结束了终日劳作的织布生活，薄氏母子自然很是欣慰。这种改变，又使她们不由得想起若干年前的许负之言，更是暗自兴奋不已。

谁知刘邦把薄氏要进王宫，转眼就忘到了九霄云外。刘邦的王宫里，自然是美女如云，对于薄氏，他不过是一时兴起，并没有多么深切的兴趣。薄氏虽然进了王宫，但一年多未被召见，更不用说临幸了。（"诏内后宫，岁余不得幸。"同上）

二、偶然被幸　生子封王

汉王四年（前203），刘邦收复成皋（今河南荥阳汜水镇），与项羽约定：楚汉以鸿沟（今河南荥阳、中牟、开封一带）为界，"中分天下"，西边属汉，东边归楚。刘邦连连获利，身心逸豫，也就有了有闲心，和王宫里的美人们取乐。

美人管夫人和赵子儿，也是和薄氏一起，从魏王宫掳来的。她们三人十分要好，姐妹相称，曾相约"先贵无相忘"（《史记·外戚世家》。《汉书》作"富贵莫相忘"）。有一天，汉王刘邦在河南宫成皋台闲坐，管、赵俩美人正把当初的约定当笑料谈论。刘邦见了，询问细故，俩人如实禀告。刘邦听后，心中凄然感伤，觉得薄氏既单纯又可怜，于是当天便召幸了。

薄氏在宫里一年，虽然饱食终日，但整天无所事事，连刘邦的面都没见过。此时，刘邦突然要临幸，她简直难以置信。惊喜交加之中，薄氏对刘邦说："昨天夜里，我梦见一条苍龙，盘在我的肚子上。"（"昨暮夜，妾梦苍龙据吾腹。"《史记·外戚世家》）刘邦顺着她的意思说："这是要尊贵的兆头，我为你成全这件事。"（"此贵征也，吾为女遂成之。"同上）就此一幸，薄氏在高帝五年

（前202）生下一子，取名刘恒，他也就是后来的汉文帝。

偶然被幸之后，刘邦几乎不再临幸薄氏，即便她生了皇子。也因为有了刘恒，薄氏与儿子相依度日，倒也不算孤寂。而且刘恒聪明伶俐，格外懂事，给了薄氏不少慰藉。薄氏母子为人低调，处事谨慎，刘恒也赢得了贤智温良的好名声。

就在汉高祖刘邦去世的前一年（高帝十一年，前196），刘恒被封为代王。不过，尽管生了皇子，薄氏却依然处在"诸姬"的行列，一直未被封为"夫人"。

三、子继帝位　尊为太后

汉高祖刘邦去世后，吕后开始干预朝政，打击报复。高祖曾经宠幸的夫人、妃子，全都遭了殃。曾被高祖宠幸的戚夫人等，全被吕后囚禁在宫中，不得外出。薄氏很少受高祖宠幸，为人又极其谨慎，所以吕后遣其随子归国。薄氏的弟弟薄昭，也跟随姐姐一起到了代国。

高后八年（前180），吕后辞世。由于未立太子，朝臣不得不谋划由谁来继承皇位。齐王刘襄是汉高祖的嫡长孙，理应立其为帝，但他的舅舅驷钧为人暴恶，人们担心再出一个像吕氏一样飞扬跋扈的外戚家族，所以一致反对。权衡之下，最后认为：薄氏为人仁厚善良，代王又是高祖在世诸子中年龄最大的，而且仁孝宽厚、贤智温良，堪当其选。

于是，周勃、陈平等朝中大臣，秘密派使者去代国，迎代王刘恒继承帝位。郎中令张武等人认为，此事不可信，劝代王托病拒绝；中尉宋昌却不以为然，认为确有其事。刘恒拿不定主意，便找母亲——代王太后薄氏去商量。

薄氏在宫中生活多年，谨小慎微，唯恐遭遇不测，只求平安，别无奢望。此时，许多年前许负的预言，又浮现在了脑海。

薄氏让刘恒占卜决定。结果得到"大横"之兆。占卜者解释卜辞说:"您要做大王,像夏启继承大禹那样,继承大业,发扬光大。"刘恒听了,疑虑打消一半。不过,为保险起见,又派母舅薄昭亲去长安探问。结果,事情确实如此,于是刘恒入都继位,随后薄氏也被接到了长安。

刘恒即位后,薄氏被尊为"皇太后",薄氏家族也跟着显耀起来。文帝封薄氏之弟薄昭为轵侯,追封薄氏之父亲为灵文侯。薄氏的娘家人魏氏亲族,也都先后受到了封赏。

文帝刘恒对薄氏十分孝顺。一次,文帝的儿子刘启、同胞弟刘武,共乘一车入朝,行至司马门没有下车,公车令张释之追阻,不许进入殿门,并告了太子一状。此事惊动了薄太后,文帝向薄氏免冠谢罪,并且自责"教子不谨"。

汉文帝刘恒去世后,长子刘启继位,是为汉景帝,薄氏被尊为"太皇太后"。

景帝前元二年(前155),薄氏病逝。因其不是正嫡,未能与高祖刘邦合葬,而是葬在了文帝刘恒附近,其陵墓称作"南陵"。

文帝窦皇后

窦氏(?—前135),汉文帝刘恒皇后,汉景帝刘启之母。名猗(一作"漪")房(一说为字),清河郡观津(今河北武邑)人。早年入汉宫,后被放出宫,赐予代王刘恒,深得宠幸,育有一女二子。代王继位后,被册立为皇后。景帝、武帝继位,先后被尊为皇太后、太皇太后。她宠爱少子刘武,希望兄终弟及,结果未能如愿。她尊崇黄老思想,早期具有积极意义,后来则难免不合时宜。

一、吕后遣放　孝文册立

窦氏娘家在清河郡，算得上名门望族。然而，秦末动乱连年，窦氏之父隐居观津（今河北武邑东南），不问世事。不幸的是，后来却意外坠渊而亡。窦氏出身名门，有贤良淑德之誉。有兄弟二人，兄长窦长君（一说名建，字长君）；弟弟窦广国，字少君。

窦氏早年以良家子身份，中选进入汉宫，时称"窦姬"。汉惠帝刘盈即位后，太后吕氏当政，大权在握，令行禁止。吕氏打算遣放一批皇帝未曾御幸的宫女，分赐诸侯王，而窦姬也在其中。由于家乡离赵国比较近，窦姬请求负责的宦官，把自己放到去赵国的名籍里。谁知宦官临事却忘在脑后，把她安排到了代国。名簿上奏之后，诏书允准。将要出发时，窦姬才得知去向，哭泣着埋怨宦官，不想去代国。可是诏书已下，君命如山，由不得窦姬不往。

受诏前去代国的宫女，窦姬之外，还有四人。到代国之后，她们都成了代王刘恒的妃嫔。窦氏年轻貌美，聪明伶俐，并能和夫君甘苦与共，很快就博得了刘恒的欢心。独宠专房的窦氏，不久就为刘恒生下了长女刘嫖，也就是后来的馆陶长公主。孝惠帝七年（前188），窦姬又生下一子，即刘启。后来又育一子，即刘武。

其实，代王刘恒的王后，也曾先后生有三子。不过，这位王后很早就去世了，刘恒也没有再立王后。王后所生的三个孩子，也在刘恒继位之后，相继病亡。这样，文帝刘恒诸子之中，刘启年长，因而被立为太子。母以子贵，窦氏也随之被册立为皇后。窦氏的女儿刘嫖成了长公主，封邑馆陶。两年后，刘武也被封为代王，不久又改封为淮阳王、梁王。

二、宠爱少子　欲其继位

过了几年，由于年长色衰，一场大病后又双目失明，窦皇后逐渐失宠，文帝转而宠幸慎夫人等。对此，窦氏自然是无可奈何，只能暗自悲叹而已。

文帝后元七年（前157），汉文帝病逝，太子刘启即位，窦皇后也顺理成章被尊为窦太后。而窦氏的娘家人——父亲和弟弟、侄儿（兄长之子），也都得以封侯。

窦太后非常宠爱小儿子梁王刘武，赏赐财物不计其数。梁王得宠，大兴土木，国土多达四十余县，出行规格堪比天子，财富却比京师还多。

景帝三年（前154年），梁王刘武入都朝见，景帝热情款待。当时尚未立太子，兄弟二人喝到高兴，景帝信口说："我千秋万岁后，要把帝位传给皇弟。"（"千秋万岁之后传王。"《史记·梁孝王传》）窦太后与梁王听了，很是高兴。太后的侄子窦婴，当时在场，意识到这话的严重后果，立刻正色对景帝说："父子相传，这是汉家祖制，皇上怎么能说要把大位传给梁王呢？"窦太后听了，很不高兴，并由此憎恶窦婴。窦婴也嫌官小，借病辞官，窦太后便把出入宫禁名簿上窦婴的名字删掉了。

景帝要传位梁王刘武，本是一句"酒话"——即便不是戏言，但太后与梁王却情愿当真。因此，窦太后总是拿"酒话"说事，想让景帝立刘武为皇位继承人。景帝处境尴尬，左右为难。公卿大臣都以古制、祖训为由，坚决反对兄终弟及。于是景帝就顺水推舟，立长子刘荣做了太子。

景帝七年（前150）十月，梁王刘武再次入都，朝见景帝，看望太后。因为太后宠爱的缘故，景帝批准了梁王留居京师的请求。

就在这时，刘荣被废黜为临江王，太子之位一时虚悬。窦太后见状，乘机再次要求立刘武为嗣。她对景帝说："我听说殷商的制度亲其兄弟，周朝的制度尊其祖先，其道理是一样的。百年之后，我把梁孝王托付给你。"（"吾闻殷道亲亲，周道尊尊，其义一也。安车大驾，用梁孝王为寄。"同上）

为使梁王继位正当化，窦太后把殷商的继承制度解释为"殷道亲亲"，即"兄终弟及"。文帝当时应曰"诺"，其实不明就里。事后，景帝召来袁盎等大臣以及精通经术者，问太后之言是何用意，大家都说是太后希望梁王为太子。景帝进一步追问，袁盎作了详细解说，其中关键，则是"殷道亲亲者，立弟；周道尊尊者，立子"。

随后，袁盎主动请求，去向太后说明情由。见到窦太后，袁盎等人问道："太后说希望立梁王，那么梁王寿终之后，又要立谁呢?"太后自然回答："重新立景帝之子。"可这谈何容易！因此，袁盎等人以春秋时期的宋宣公为例，说明立嗣不正，祸乱数代不绝，小不忍则害大义。窦太后听了，心意也就有所松动。

接着，袁盎上书景帝，力言立弟为嗣的弊端。于是，景帝又顺势立第十子刘彻为太子。窦太后的愿望再次落空。自此以后，窦太后再也没有提及此事。而梁王刘武得知袁盎从中作梗，气急败坏，竟然数次派人，把袁盎给刺杀了。

袁盎遇刺事件之后，景帝开始疏远刘武。有一次刘武入朝，骑马化装入关，到长安后藏到了长公主刘嫖府邸。朝廷派出迎接的使者没见到人，窦太后以为被景帝杀了，哭泣道："帝杀吾子!"谁知正在此时，刘武却身背斧钺，赴阙请罪。这场恶作剧，惹得景帝更不爱搭理这个弟弟了。后来刘武入朝，又想留在京城，景帝没有答应。

景帝中元六年（前144），梁王刘武病逝。刘武早逝，有皇兄疏远导致抑郁的关系。缘此，窦太后整日涕泣，不吃不喝，骂道:"皇上果然杀了吾儿!"景帝十分惊慌,不知如何是好。姐姐长公主给他出主意,让他把梁国一分为五,分赐给梁王的五个儿子,再分别赐予梁王五个女儿汤沐邑。景帝当然乐于从命,窦太后这才转悲为喜。

三、尊崇黄老　左右朝政

汉文帝当政期间,以黄老思想为指导,治国理民推尊"无为而治"。对于战乱之后社会经济、文化的恢复和发展,这种政策是极为有利的。窦皇后也很是热衷这一思想,并要求儿子刘启和窦氏子弟读黄帝、老子之书,并尊崇其中道理。

景帝继位后,社会政治、经济形势已与从前大不相同。在秦代遭到禁锢的儒学,此时已经有了很大的发展,并与黄老学说产生冲突。这种冲突,明显地反映在治国方针的制定上。对此,景帝表面上不置可否,实际上是在暗中鼓励儒家思想的势力。

面对这种情势,窦太后顽固守旧,竭力维护黄老思想,打击儒学。有一次,她召来《诗》博士辕固,询问《老子》,辕固却说:"这不过是平常的言论罢了。"("此是家人言耳。"《史记·儒林列传》)窦太后听了,怒道:"它怎么能比得上管制犯人似的儒家诗书呢!"("安得司空城旦书乎!"同上)气愤之余,下令让辕固到兽圈里,去刺杀野猪——其实是想要他的命。景帝知道后,暗中派人送去利剑,结果辕固正好刺中心脏,野猪一剑毙命。太后无话可说,只得作罢。

辕固之事,虽说有惊无险,却生动反映了窦太后维护黄老的决心和势力。所以终景帝一朝,因窦太后的缘故,儒家博士均属待问之职,从未被真正重用过。

景帝去世后,太子刘彻即位,尊窦太后为太皇太后。汉武帝刘彻是个有为天子,他意识到"无为而治"的黄老思想已经不能适应时代要求，推行新政需要新的指导思想，而这种思想必然是儒学。经武安侯田蚡和魏其侯窦婴的举荐，赵绾、王臧被任命为御使大夫、郎中令，而他们都是以传《诗》闻名的大儒申公的学生。为了弘扬儒学，他们还打算在长安建立太学，推举申公主持。武帝派人携带厚礼，用安车驷马把申公接到了长安。赵绾还上书武帝，请求不再将政事禀奏太皇太后。

窦氏对武帝的新政心存不悦，听说赵绾上书的事情，怒不可遏。她责备武帝说："他们这是要当第二个新垣平呀！"下令罢免窦婴、田蚡的官职，将赵绾、王臧下狱，迫令二人自杀；同时，任命柏至侯许昌任丞相，武强侯庄青翟任御史大夫。这样，武帝所推行的新政，也全部废止了。

武帝建元六年（前135），窦太后病逝。与汉文帝合葬于霸陵。遗诏将自己东宫所有的财富，赐予唯一在世的女儿刘嫖。

文帝慎夫人

慎夫人（生卒年不详），汉文帝刘恒妃嫔，邯郸人。有美色，能歌舞，擅鼓瑟。深得文帝宠爱，几与窦后并席。为人贤良，处事恭谨，生活简朴，堪称贤妃。

一、深受宠爱　夫唱妇随

窦皇后容貌出众、德行高洁，且曾与夫君同甘共苦，又生儿育女，因而得到汉文帝的长期专宠。不过，随着年长色衰、因病失明，汉文帝对其逐渐冷落，转而宠幸慎夫人和尹姬。

慎夫人是邯郸人，而邯郸在战国时期颇为发达，文化也比较繁荣。生长在邯郸的慎夫人，能歌善舞，尤其擅长鼓瑟。色艺双绝，汉文帝对其自然倍加宠爱。

有一次，汉文帝与慎夫人一起，乘辇出宫游幸。来到霸陵桥，二人并肩远眺。文帝指着新丰驿道，对慎夫人说："此走邯郸道也。"（《史记·张释之传》）这是说，顺着新丰驿道，就可以走到慎夫人的家乡。慎夫人听了，动了思乡之情。于是，文帝令慎夫人鼓瑟，自己则引吭高歌，瑟声歌声，凄婉哀恻。这虽然是件小事，但也足见文帝对慎夫人的关心、宠爱。

汉文帝不尚浮华，生活俭朴。对于慎夫人，尽管宠爱有加，文帝还是要求她穿不拖地的裙子，挂不经纹绣装饰的帷帐，以显示敦厚朴实，从而表率天下，尤其是给后宫女子做榜样。（"所幸慎夫人，令衣不得曳地，帷帐不得文绣，以示敦朴，为天下先。"《史记·孝文本纪》）慎夫人体贴皇上的用心，衣饰也颇能简朴。

汉文帝及其影响下的慎夫人，给后世留下了一段崇尚俭朴的皇室佳话，东汉荀悦所著《申鉴》就说："孝文帝不爱千里马，慎夫人衣不曳地，光武手不持珠玉，可谓难矣。"

二、后妃并席　纳谏去嫌

慎夫人恭谨贤良，对窦皇后恭顺有加，对薄太后十分孝顺。不过，尽管慎夫人没有恃宠而骄，身边的人对她却都另眼看待。有时候，文帝与窦皇后、慎夫人一起时，几乎是不分彼此，后妃并席而坐。

有一次，文帝带着窦皇后、慎夫人，乘辇同往上林苑游幸，晚上便在那里举行宴会。由于慎夫人在宫中常与皇后平起平坐，上林郎官按照惯例，就把慎夫人的座位安排在了与皇后对等的上席。中郎将袁盎见了，令内侍撤至下席。慎夫人因此大怒，不肯入席就坐。文帝也怒气冲天，拉着慎夫人乘辇回了宫。一场盛宴，不欢而散。

等汉文帝怒气稍息，袁盎趁机进谏说：慎夫人是妾，不能跟皇后平起平坐，否则就混淆了尊卑，而尊卑无序就不可能和谐。宠幸慎夫人，可以给予丰厚赏赐。如果尊卑不分，其实是在祸害慎夫人。接着，袁盎还言及前朝的"人彘"，提醒文帝。

汉文帝一听"人彘"二字，不由得惊心动魄。是啊，当年戚夫人多么受汉高祖宠幸，可高祖去世之后，吕后将她砍断四肢，挖掉眼珠，熏药致聋，灌药致哑，弄成了"人彘"（也作"人豕"）。这教训足够深刻，不能不令人警醒。文帝把袁盎这番话告诉了慎夫人，慎夫人顿时怒气全消，还赐给袁盎金五十斤，表示感谢。

汉文帝听任慎夫人与窦皇后并席而作，后人讥议为"衽席无辩"（《后汉书·后妃传》）。不过，他们能够欣然接受袁盎的谏言，也颇受称赞。唐人宋璟就说，"昔袁盎降慎夫人之席，文帝竟纳之，慎夫人亦不以为嫌"，可谓"得久长之计"（《定诸王公主封邑名号奏》）。

景帝薄皇后

薄氏（？—前147），景帝刘启皇后。会稽郡吴县（今江苏苏州）人。她是文帝薄太后的同族，为巩固家族势力，成为太子刘启之妃。无论为妃、为后，薄氏始终不受宠爱。薄太后病逝，薄氏随之被废，四年后病逝。

薄氏与文帝母亲、景帝祖母老薄氏同族，是其远房亲属。汉高祖刘邦打败魏王豹，收其宫人，其中就有老薄氏。后来一次御幸，薄氏生下刘恒，刘恒继位，母以子贵，老薄氏成了皇太后；景帝时，则成了太皇太后。

薄氏天生丽质，也很聪慧。景帝刘启做太子时，到了成婚年龄，为巩固薄氏外戚势力，薄太后便把薄氏指配给刘启为妃。史书对此记载道："孝景薄皇后，孝文薄太后家女也。景帝为太子时，薄太后取以为太子妃。"（《汉书·外戚传上》）

不过，刘启似乎并不喜欢这个女子，只是祖母之命难违，薄氏这才成了皇太子妃。在太子妃嫔之中，薄氏地位最高，但太子却很少光顾，薄氏始终没有生出一儿半女。

文帝七年（前157），汉文帝刘恒去世后，太子刘启继位，薄氏被册立为皇后。虽说薄氏册后顺理成章，但也有祖母意旨的作用，景帝刘启不能不遵从。

薄氏虽然贵为皇后，但不为景帝所宠。她独守空房，不免暗自流泪叹息。但"强扭的瓜不甜"，即便薄太后，对此也毫无办法。因而，薄氏与刘启夫妻二十多年，始终不得宠爱。史书所谓"无子无宠"（《汉书·外戚传上》），何因何果，其实有些说不清。

景帝前元二年（前155），薄太后去世，薄氏失去了靠山。景帝前元六年（前151），也就是薄氏册立皇后的第六年，薄皇后被景帝废黜，退居别宫。由此，薄氏也成为中国历史上第一位被废黜的皇后。

景帝中元二年（前147年）正月，忧愤成疾的薄氏一病不起，离开了人世。死后无谥，葬于长安东郊。

景帝王皇后

王娡（？—前126），汉景帝刘启皇后，武帝刘彻生母。槐里（今陕西兴平）人。她先嫁金王孙，并育有一女。其母因相者"当生天子"之言，将其强行接回，送入宫中，成为刘启太子妃。

她与馆陶长公主联姻，最终搬倒育有长子的栗姬和太子刘荣，自己成为皇后，儿子刘彻也被立为太子。刘彻继位后，亲属全都受封，王氏则以皇太后之尊，在长乐宫安度晚年，寿终正寝。

一、相面当贵 入宫为妃

王娡可谓出身名门，父亲虽然普通，母亲臧儿却是汉初名门之后。当年楚霸王项羽分封诸王，曾封臧荼为燕王，而臧儿正是臧荼的孙女。（"臧儿者，故燕王臧荼孙也。"《史记·外戚之家》，下同）燕王臧荼归汉后，又起兵造反，结果家族破灭。因此到臧儿成年之时，臧家早已家道中落。

后来，臧儿嫁与槐里平民王仲为妻，生有一子两女，儿子王信，长女王娡，次女王皃姁。王仲病逝后，臧儿改嫁长陵田氏，又生了两个儿子——田蚡、田胜。后来，田蚡成为武帝朝权倾一时的丞相。

王娡刚成年的时候，就在母亲臧儿的主持下，嫁到普通农家金王孙家里。没过多久，便生了大女儿金俗。

有一次，母亲臧儿给子女占卜，结果显示，她的两个女儿皆当富贵。臧儿十分高兴。可此时，长女王娡已嫁，并生有一女，如何可能？但在满怀希望的冲击下，尽管金王孙家万般不愿，臧儿还是毅然绝然地强行把女儿接了回来。（"因欲奇两女，乃夺金氏。"）

随后，臧儿托了不少关系，把两个女儿都送进了皇宫。王氏姐妹进入宫中，分派侍奉太子刘启。王娡到来，刘启很是"幸爱"，很快就封她为"美人"（妃嫔称号）。姐姐得宠之后，又向刘启夸赞胞妹皃姁的美艳，不久，皃姁也成了太子宠幸的姬妾。

得宠的王氏姐妹，先后生育了不少子女。姐姐王娡，先生了三个女儿，后来又生了儿子刘彻（初名"刘彘"）。刘彻是在刘启做太子时怀上的,等到诞生时,文帝刘恒已经去世,刘启继承帝位成了皇帝,王娡也封了"夫人"。

刘彻是景帝的第十子,孕育之时传有吉兆。《史记·外戚世家》记载:"男(刘彻)方在身时,王美人梦日入其怀。以告太子,太子曰:'此贵征也。'"梦日入怀的吉兆,也成了后来王娡册立皇后、刘彻成为太子并最终登上帝位的先兆。

王娡不仅有宠于景帝,在景帝母亲窦太后那里,也颇得亲幸。原来,梁王刘武派人刺杀袁盎之后,担心景帝处置,请邹阳设法转圜,邹阳则转而请托王娡之兄王信。见到王信,邹阳分析说:"您的妹妹很受宠幸,您的行为则多不检点。如今朝廷追查袁盎之事,梁王担心因罪被杀。如果真的那样了,太后就会迁怒于人,拿贵幸大臣开刀。那时,您的处境就很危险了。"王信不知如何是好,邹阳建议他去见景帝,劝说皇上不对梁国的事情穷根究底,从而结好太后。于是,王信找机会进宫劝说景帝,梁王最终未被查究治罪。如此一来,王娡受到皇上和太后的双重宠幸,王信的地位也稳若金城。

二、联姻太主　终得册后

在王氏姐妹之前,太子刘启已经妻妾成群。其中有后来册立皇后的薄氏,但她是刘启遵祖母意旨接纳的,很不得宠,又无子嗣;但迫于祖母之意,景帝登基后,还是很不情愿地将她立为皇后。

景帝刘启宫中,有一位妃嫔,人称"栗姬",很受宠爱。栗姬生子刘荣,是景帝刘启的长子。景帝登基六年后,群臣上书,请立太子。皇后薄氏无子,当时景帝的儿子均为庶出,自然便立长子刘荣为太子。同时,王娡所生的刘彘,被封为胶东王。

儿子被立为皇太子,母以子贵,栗姬身价倍增,得意之极。

景帝的姐姐——馆陶长公主刘嫖，想和栗姬攀亲，把女儿陈阿娇许给太子刘荣，这样将来自然就是皇后。谁知栗姬竟然一口回绝。这自然有栗姬自高身价的因素，更主要的原因，则是刘嫖给皇帝哥哥介绍了不少美女，夺了栗姬的宠，使之地位相形见绌。

王娡身为"夫人"，尽管地位略高，但毕竟儿子排行小、地位低。要想让儿子成为天子，先得让他成为太子。距离不小，只有走捷径，才有成功的可能。正好刘嫖遭到栗姬拒绝，转而要与王夫人联姻，王娡便欣然应允。

景帝姐弟关系密切，刘嫖算得上景帝朝炙手可热的人物，唯一的长公主。薄太后病逝后，薄皇后随之亦被废。栗姬觉得儿子身为太子，皇后非己莫属，很是得意。谁知，与王夫人结成联盟的馆陶公主，一有机会就在景帝面前诋毁栗姬。不过，此时的景帝并未改变主意，刘荣是将来的皇帝，栗姬自然也就是将来的皇太后。然而，皇帝希望栗姬在自己百年之后善待诸后妃皇子等，栗姬却不肯答应，景帝大失所望。

为阻止栗姬成为皇后，王娡心生一计：主动出击，让景帝立栗姬为皇后。她唆使可信之人，催促负责礼仪的大行官员，让他们上书景帝，称："子以母贵，母以子贵，今太子母号宜为皇后。"

这一招可真是灵验。景帝对栗妃的怒气，原本还没有消尽，听完大行官员的奏疏，龙颜大怒，说："这事岂是你们这些人所应当谈论的！"（"是乃所当言邪！"）诏令诛杀那个上书的官员，并废黜皇太子刘荣为临江王。王娡这招欲擒故纵的手段，顺利扫除了"上进"道路上的障碍。

在景帝面前，长公主刘嫖不仅说栗姬的坏，还经常夸刘彘刘彻的好。景帝也认为这个儿子德才兼备，还有"梦日入怀"的吉兆，不能不心有所属，只是计议尚未确定。（"长公主日誉王夫人男之美，景帝亦贤之，又有曩者所梦日符，计未有所定。"）

在景帝前元七年（前150）正月刘荣被废后，当年四月，王娡被立为皇后。也就在这个月里，七岁的刘彘被立为太子，改名为"刘彻"。同时，王娡之兄王信，也被封为盖侯。自然，馆陶长公主的女儿陈阿娇，也水到渠成做了太子妃。

三、荣升太后　维护兄弟

景帝后元三年（前141）正月，也就是王娡做皇后的第九年，汉景帝病逝，太子刘彻即位，是为汉武帝。即位之后，武帝立陈妃阿娇为皇后，尊皇后王娡为皇太后，迁居长乐宫。同时，武帝尊祖母窦氏为太皇太后，不久，又尊外祖母臧儿为平原君。王太后的两个同母异父弟，也都了封侯：田蚡封武安侯，田胜封周阳侯。

太后王娡很是维护自己的娘家人，其中尤以田蚡为最。

汉武帝即位之初，谋划丞相和太尉人选。宾客们认为，田蚡刚刚贵盛，不能和太皇太后窦氏之弟窦婴相比。他们建议田蚡，如果皇帝委以丞相之职，要主动让给窦婴，自己做太尉，从而获得让贤的名声；而实际上，太尉与丞相同样尊贵。田蚡请姐姐王太后暗示皇上，最终武帝以窦婴为丞相，田蚡任太尉。

后来，窦婴和田蚡因为喜好儒术，与喜好黄老的太皇太后发生冲突，双双免官。不过，因为王太后的关系，田蚡仍然受到武帝的亲幸。田蚡屡次议论政事，大多会被采纳。这样，田蚡的势力超过窦婴，也一天比一天骄横起来。

建元六年（前135），太皇太后窦氏去世，丞相许昌等因为没有把丧事办好，都被免官。随后，田蚡接任丞相之位。

元光四年（前131年）夏天，田蚡娶燕王之女为夫人。王太后下诏令，要列侯及宗室都前往道贺。结果，酒席上发生争执，进而闹到了廷辩。廷辩之日，窦婴、田蚡相互检举，武帝询问朝臣谁是谁非，大家畏首畏尾，不敢多说。罢朝之后，武帝入内侍奉太后进餐。王太后早已派人探听到廷辩消息，很是生气，不进饮食，抱怨说："现在我还活着，别人就敢作践我的兄弟；我死之后，我兄弟便要任人宰割了！皇帝怎能像石头人一样，不做主张呢？现在皇帝还在，这班大臣就只知道随声附和；假如皇帝百年以后，这班人还靠得住吗？"武帝表示歉意说："魏其侯和武安侯两家都是外戚，所以进行了廷辩；不然的话，只要一个狱吏就能解决了。"

后来，窦婴被弃市，为他出头的灌夫也被杀了。自此之后，汉武帝就不再待见田蚡，只是碍着太后，容忍了下来。窦婴死后不久，田蚡也就病逝了。田蚡曾经和淮南王刘安走得很近，接受过不少钱物。等到刘安谋反事泄，得知田蚡与之勾结的情形，武帝说："假使武安侯还在的话，也该灭族了。"

四、心满意足　安度晚年

太后王娡算得上深明事理，她尽力匡正儿子武帝的行为，维护汉家统治；同时，对和前夫所生女儿及其后代，也可谓关怀备至。

汉武帝有个宠臣，名叫韩嫣，经常同卧同起。有一次，江都王刘非朝见皇帝，随同出猎，误把韩嫣乘坐的副车当作天子车驾，跪拜在路旁，谁知韩嫣竟然没有"看见"，疾驰而过，江都王因此大怒。王太后得知此事，怀恨在心。那时，韩嫣经常侍奉武帝，肆意出入永巷——宫人以及得罪妃嫔所在的地方，秽闻传播。太后闻听大怒，派人赐韩嫣死，武帝亲自说情也无济于事。

卫青因为妹妹卫子夫受到武帝宠幸，逐渐尊贵起来。后来妹妹被册立为皇后，卫青更加受到重用，成了威名赫赫的大将军，荣耀胜过了太后之兄盖侯王信。对此，王太后却并不在意，仍对卫青予以赏赐。

太后王娡共有四个女儿，其中三个，与景帝刘启所生。长女平阳公主，先后嫁给平阳侯曹寿（曹时）、汝阴侯夏侯颇，武帝元鼎年间又嫁给了大将军卫青；次女南宫公主，先后嫁给南宫侯张坐和耏申；小女隆虑公主，则嫁给了长公主刘嫖之子隆虑侯陈蟜。

王太后的另外一个女儿，名叫金俗，是与前夫金王孙所生，是她的长女。当初王氏入宫，金俗留在了金家。王氏不愿提及此事，金家也不敢前来认亲。后来韩嫣禀告武帝，武帝便亲自前去迎接这个同母异父的姐姐。到了金家门口，武帝派左右进去请姐姐。金家人看到皇帝车驾，惊恐万分，金俗吓得藏在了床下。左右将金俗扶出，让她拜见皇帝，武帝下车哭着说："哎呀！大姐，怎么藏得这么深啊？"（"嚄！大姊，何藏之深也？"）

进了皇宫，武帝载着姐姐，直奔长乐宫，拜谒太后。母女相见，太后与金氏悲喜交加，感极而泣。武帝大摆酒宴，庆祝家人团圆，并赐给姐姐钱千万、奴婢三百、公田百顷及府邸一区。太后道谢说："让皇帝破费了。"（太后谢曰："为帝费焉。"）随后，武帝又赐给金俗汤沐邑——这是公主才有的待遇，封她为"修成君"。

此时的金俗，已经育有一子一女。儿子号"修成子仲"，因王太后的缘故，横行京师。女儿叫娥，太后决心将她嫁入诸王之门。原本打算让齐王求亲，结果中间人搅和，未能如愿，最终嫁给了诸侯。

诸事顺遂，太后王娡心满意足，在长乐宫里安然度过了自己的晚年。元朔三年（前126），王氏寿终正寝，并与景帝合葬阳陵。

景帝妃栗姬

栗姬（？—前150），景帝刘启之妃，临江王刘荣等三王之母。齐国人。早年受太子刘启宠爱，生有三子。后因拒绝馆陶长公主提亲受到谗毁，加之年纪渐长，渐失宠爱。后又因挟妒怨恨，不肯答应皇上身后善待诸子，太子刘荣被废，景帝疏远不见，栗姬忧郁而逝。

一、早年受宠　生子立储

栗姬是齐国人，但名讳、早年生平以及家世，均不详。她成为太子妃之后，很受太子刘启宠爱，因而育有三子，且在刘启诸子中居长：长子刘荣、次子刘德、三子刘阏于。

刘启做太子时，育有九子。除栗姬所生三子之外，四子刘馀、五子刘非、六子刘端，程姬所生；七子刘彭祖、八子刘胜，贾夫人所生；九子刘发，唐姬（程姬侍者）所生。后来登上帝位的第十子刘彻，刘启做太子时，也已经怀在母亲王娡肚子里。即位以后所生第十一至第十四子，均为王娡之妹王皃姁所出。

景帝皇后薄氏是太子妃，但一直未育，无子亦无宠。太皇太后薄氏去世，薄皇后失去靠山，随后被废。两年之后的景帝前元四年（前153），汉景帝立栗姬所生庶长子刘荣为皇太子，史称"栗太子"；同一天，四岁的刘彻（时名"刘彘"）被立为胶东王。

儿子成为太子，母亲虽未册后，地位的尊贵可想而知，自然少不了有人巴结。

景帝胞姊馆陶长公主刘嫖，想把女儿许配太子刘荣。在刘嫖看来，以自己长公主的身份，这桩亲事可谓门当户对。有一天，刘嫖提及此事，孰料栗姬一口回绝。原来，刘嫖多次给弟弟景帝进献美人，而这些美人都受到了宠幸，地位甚至超过了栗姬。对此，栗姬日益怨怒，便不计后果，拒绝了刘嫖的提亲。

二、挟妒恼恨　子废己疏

栗姬被妒忌冲昏头脑，拒绝了提亲，馆陶长公主刘嫖颜面扫地，十分恼火。为了让女儿成为皇后，也为了报复栗姬，刘嫖转而寻找其他人选，进而与刘彻之母王娡达成攻守同盟，媒蘖栗姬母子，夸赞刘彻贤美。

有一次，刘嫖对景帝进谗言说："栗姬和各位贵夫人及宠姬聚会，常常让侍从'祝唾其背，挟邪媚道'。""媚道"是旧时女性争宠施用的邪术，方式多种多样，"祝唾其背"是最为简单易行者，即在人背后诅咒、吐唾沫。景帝因此"望之"——怨恨栗姬。但因为并无真凭实据，旧日情感尚在，景帝并未将栗姬治罪。

汉景帝子女众多，而自己身后，得势的后妃如何对待他们，很是要紧。景帝曾经身体欠安，心绪不快，便嘱托栗姬，将来要善待为王的诸子。（"景帝尝体不安，心不乐，属诸子为王者于栗姬，曰：'百岁后，善视之。'"《史记·外戚世家》）

景帝希望自己百年之后，栗姬能够善待其他的儿子——当然也不无善待其他诸妃的意思，总归是要善良一些，宽厚一些。这说明，景帝已有册立栗姬为后的打算。谁知"栗姬怒，不肯应，言不逊"，不仅不肯答应，还怒形于色、出言不逊。嫉妒之火，竟烧得栗姬不知深浅，毫无理智。"景帝恚，心嗛之而未发也。"（同上）景帝对栗姬的态度相当不满，心怀愤怒，但还是忍耐下来，没有发作。

景帝对栗姬的不满，刘嫖、王娡自然会记在心里，善加利用。景帝前元七年（前150）正月，王娡暗中派人催促有关官员，让他们奏请立栗姬为皇后。于是大臣上奏说："'子以母贵，母以子贵。'如今太子之母没有名号，应该立为皇后。"景帝见了奏疏，勃然大怒："这是你应该说的话吗！"下令处死了那位大臣，又废掉太子刘荣，降为临江王。

栗姬的失宠，意味着其他妃子地位的上升。从中得益的，正是王娡。在景帝面前，馆陶长公主刘嫖说栗姬的坏，夸刘彻的好，相形之下，王娡就越发突出，太史公所谓"栗姬负罪，王氏乃遂"（《史记·太史公自序》）。不久，王娡被立为皇后。而刘彻被认为德才兼备，又有母亲"梦日入怀"的吉兆，随后也被立为太子。

太子刘荣被废之后，景帝也不愿意再见到栗姬。栗姬愤恨难平，但连景帝的面也见不到，无可奈何，最终郁郁而死。（"栗姬愈恚恨，不得见，以忧死。"《史记·外戚世家》）其墓位于景帝阳陵以北，是阳陵两座陪葬墓之一。

程姬与唐姬

程姬、唐姬，汉景帝刘启之妃。本为主仆，偶然机会，仆婢也均沾雨露，诞下龙子。由于身份不高，她们的生平少见记载；但她们的后代，却颇有杰出人物。

程姬，名讳、生卒、身世等均不详。早年为刘启太子妃，被幸后生育三子，即鲁王刘馀、江都王刘非、胶西王刘端。之后，她的生平，仅能从子孙身上寻到一丝线索。

景帝前元二年（前155），程姬三子均封为诸侯王，刘馀封淮阳王（徙封鲁王），刘非封汝南王（徙封江都王），刘端封胶西王。

汝南王刘非年少勇猛。吴楚七国之乱爆发后，年仅十五的刘非上书自请击吴,被任命为将军。吴楚之乱平息后,徙为江都王,国都广陵(今江苏扬州)。

武帝时,程姬随长子鲁王刘馀,到了封国鲁国,做了王太后。

后来,程姬的玄孙女刘细君——江都王刘非的孙女,因汉武帝结好乌孙、抗衡匈奴,以公主身份远嫁乌孙,成为胡汉和亲的代表人物之一。

唐姬,《汉书》称"唐儿",本来是程姬的侍女。有天晚上,景帝召幸程姬,因正逢月事,程姬避讳,不愿进侍,便把侍女唐儿打扮一番,趁夜色让她去侍奉皇上。《史记·五宗世家》载云:"景帝召程姬,程姬有所辟,不愿进,而饰侍者唐儿使夜进。"后世以"程姬之疾"讳称女子月经来潮,即源于此。

景帝醉酒,不知内情,以为是程姬,照旧临幸。唐儿因此有了身孕,生下一子,取名刘发,后封长沙王。《前汉纪·孝武皇帝纪》载云:"长沙王发……,母唐姬,故程姬侍者,景帝召程姬,程姬有所避,而夜进其侍者,景帝醉不知而幸之,遂有身,及生子,因名发。"

唐姬出身卑微,虽然生了儿子,却不受宠,连带其子亦备受冷落,被封在"卑湿贫国"。不过,刘发的六世孙却是鼎鼎大名的人物——东汉开国君主光武帝刘秀。

王兒姁与贾夫人

王兒姁(生卒年不详),又作"王儿姁",汉景帝妃子,皇后王娡之妹,汉武帝姨母。槐里(今陕西兴平)人。

王兒姁和王娡是同胞姐妹,与姐姐一起被母亲送入宫中,侍奉太子刘启。姐姐王娡得到宠爱后,就跟太子念叨自己的妹妹如何美艳，于是妹妹也被御幸。景帝即位后，姐妹都被封为夫人。

王兒姁相貌出众，也很受景帝宠爱，这从她多子上也能看出来。她与汉景帝育有四子：广川惠王刘越、胶东康王刘寄、清河哀王刘乘、常山献王刘舜。他们分别是景帝的第十一、十二、十三、十四子。

王兒姁不幸短命，在姐姐王娡登上皇后宝座之前，她就去世了。不过，王兒姁虽然早逝，但其子孙都受到景帝以及武帝的爱护，都封了王，也算她三生有幸了。

在司马迁的《史记》里，景帝两位皇后之外的五位妃嫔，称为"五宗"（见《史记·五宗世家》）。栗姬、程姬、唐姬、王兒姁之外，还有一位贾夫人。

贾夫人育有二子，即赵王刘彭祖、中山王刘胜，分别是景帝的第七子和第九子。中山王刘胜谥"靖"，史称"中山靖王"，他是汉代中山国（治今河北定州）的第一代国王，蜀汉昭烈帝刘备的先祖。

馆陶长公主刘嫖

刘嫖（前189—前116），汉文帝长女，汉景帝刘启胞姐，母窦氏。她身历文、景、武三朝，是景、武两朝影响巨大的人物。她与皇室既有血缘、又有姻缘，盘根错节，左右逢源。她颇工心计，帮景帝化解矛盾，扶女儿登上后座。她夫死寡居，晚年却接纳情夫，成为公主贵人逾越礼制的始作俑者。

一、公主"大长"　地位显赫

刘嫖是汉文帝刘恒与窦氏所生长女，不过，生她的时候，刘恒还只是代王。刘嫖有两个胞弟，一个是刘启，即后来的汉景帝；一个刘武，封梁王。同时，她又是汉武帝的姑母、岳母。与三代皇帝关系如此密切的宗室之女，可谓绝无仅有。

公元前180年，刘恒即位汉帝。数月之后，册立刘启为太子，其他诸弟亦均封王；刘嫖被册为长公主，由于封邑在馆陶（今河北邯郸馆陶县），故称"馆陶长公主"。长公主地位尊贵，与诸侯王等同，文、景两朝，刘嫖是唯一的长公主。

文帝三年（前177），刘嫖下嫁给了世袭列侯陈午。食邑一千八百户。陈午的父亲堂邑侯陈婴，曾经是项羽部下，后来归降汉王刘邦。陈婴起初封邑只有六百户，后来因功、因职，封邑增加为一千八百户。陈午是第三代堂邑侯，因了夫君的爵位，刘嫖也被称为"堂邑长公主"。

据记载，刘嫖夫妇育有二子一女，长子陈须（又称陈季须）；次子陈蟜，娶汉武帝妹妹隆虑公主。女儿陈阿娇，是汉武帝的第一任皇后。此外，刘嫖还有一个孙子娶了汉武帝的女儿夷安公主。而武帝时，刘嫖被尊称为"大长公主""窦太主"。

由上可知，馆陶长公主刘嫖，身经文帝、景帝、武帝三朝，关系盘根错节，地位之显赫，不仅一时无两，甚至可以说是空前绝后。

二、分梁为五　化解矛盾

作为长女，刘嫖颇受父母喜爱，母亲窦氏对她更是宠爱有加。但在文帝朝，这位长公主的"事迹"不多。

与父亲汉文帝有关的事情，交集于文帝嬖臣邓通。父亲去世后，早就心怀忌恨的汉景帝，先是免了邓通的官，后来又因盗运铜钱徼外案情属实，没收了邓通的家财并追加罚没。在弟弟收拾邓通之后，馆陶长公主曾经接济邓通，给予赏赐。可她赏赐的钱财宝货，一出手就被官吏没收走了，邓通身上连一根簪子也留不住。没办法，后来她只好让人送邓通衣服、食物，满足其基本生活。然而，正像相士许负所说，邓通最终还是饿死了。

刘嫖和弟弟刘启，关系也很好。父亲去世后，弟弟做了皇帝，母亲当了皇太后，都成了她强有力的靠山，被她用作争权夺势的棋子。她经常出入宫禁，为母亲窦太后与弟弟汉景帝出谋划策；讨好她的后宫诸姬，经她进言，都能受到景帝的宠幸。

刘启、刘武都是刘嫖的同胞兄弟，但母亲窦太后偏爱刘武，正好景帝又有过"百年之后传位于王"的酒话，太后便真的希望兄终弟及，让刘武继承帝位。可酒话毕竟是酒话，景帝并非真心想传位梁王。由此，母子、兄弟间的关系有些微妙。

后来梁王刘武病逝。窦太后整日涕泣，不吃不喝。景帝不知如何是好，姐姐刘嫖出主意，让他将梁国一分为五，把刘武的五个儿子都封为王，五个女儿都赐给汤沐邑。窦太后听了，果然转悲为喜。就这样，太后与景帝之间的疙瘩，馆陶长公主给顺利解开了。

分梁为五，化解矛盾，体现出馆陶长公主智计过人。后来的她，可谓更上层楼。

三、扶女册后　昵董主翁

在窦太后的宠爱和景帝的纵容下，刘嫖成了汉宫里不可小视的人物。其间，除了长子陈须是侯位继承人之外，次子陈蟜也得到了隆虑侯的侯封。

不过，刘嫖知道，自己儿子的地位，封侯也就到头了，因而进一步的，是与诸王甚至太子建立密切关系。在这种情况下，联姻是最为简捷的途径，于是女儿陈阿娇成了母亲的政治筹码。

首要目标自然是太子刘荣，而刘荣是景帝妃子栗姬所出。由于刘嫖不时给景帝进献美女，夺了自己在景帝那里的宠，栗姬严词拒绝了。

太子不成，还有别人。栗姬拒绝之后，刘嫖转而向王夫人——景帝的另一位妃子王娡提亲，王夫人欣然答应。而王夫人所出之子，正是后来的汉武帝刘彻。与此同时，刘嫖一方面在景帝跟前诋毁栗姬，一方面大夸刘彻的贤能。刘嫖和王夫人共同作用，加之栗姬不肯答应皇上身后照顾妃嫔诸子的嘱咐，景帝前元七年（前150），太子刘荣被废，栗姬也抑郁而死。接着，王夫人被立为皇后，刘彻被立为太子。

景帝刘启逝世后，刘彻顺利继位，陈阿娇也顺理成章成了皇后。母以女贵，此时的馆陶长公主成了尊贵的大长公主。她自恃扶持刘彻继位有功，东宫又有母亲窦太皇太后撑腰，不把任何人放在眼里，就是武帝母亲王太后见了她，也都低声下气的。

可是，陈阿娇从小娇生惯养，很是任性，同时觉得皇位是自家给的，也就没把武帝太当回事。这引起了武帝的反感，皇后逐渐失宠。馆陶长公主设法固宠，却不起什么作用。无奈之下，陈皇后竟然谋划施行巫蛊，事情泄露，被打入了长门宫。这样，馆陶长公主也就风光不再了。

丈夫堂邑侯陈午很早就去世了，之后，馆陶长公主刘嫖一直寡居未嫁。五十多岁的时候，碰到比自己小三十几岁的董偃，两人便勾搭在了一起。汉武帝刘彻曾到长公主家，还称董偃为"主人翁"，大概对刘嫖此举不以为忤。后来，有人奏称董偃私通公主，扰乱婚姻之礼，奢侈逸乐，罪有三重。武帝虽然有些不情愿，但还是渐渐疏远了董偃。《汉书·东方朔传》曾说："公主贵人多逾礼制，自董偃始。"

董偃三十岁时去世。又过了几年，馆陶长公主刘嫖也溘然长逝。遵其遗嘱，刘嫖被与董偃合葬在了霸陵。

与众不同的外戚

文、景时期的外戚,可谓与众不同,大多比较平和低调,没有仗势跋扈派头,也不甚求官揽权。尤其是文帝妻舅窦长君、少君,谦谨不骄人,有君子之德。所以如此,在于文帝听从大臣建议,以有德长者、节操士人加以教育、引导,濡染其成。魏其侯窦婴,虽事跨三朝,但多在武帝时期,而其喜善疾恶,外戚中少见。至于齐哀王刘襄"虎而冠"的母舅驷钧,也不能不表。

轵侯薄昭

薄昭（？—前170），汉文帝母舅，薄太后胞弟。会稽郡吴县（今江苏苏州）人。文帝继位前，曾进京探问消息；文帝即位后，出任车骑将军，封轵侯。曾写信劝谏淮南王刘长，力保绛侯周勃出狱。后因庇护侄儿，杀死朝廷使者，坐罪自杀。

一、先驱功高　规劝诚恳

薄昭与薄太后同出一母，汉王刘邦打败魏王魏豹之后，姐弟随母亲魏媪一起，被掳到了荥阳，从事劳动。后来，薄氏被刘邦纳入后宫，偶然御幸，生子刘恒，数年后封为代王。刘邦驾崩后，吕后准许薄氏出宫，随儿子代王归国，于是薄昭就和姐姐一起到了代国。

高后八年（前180），太后吕氏去世，诸吕悉被诛灭。朝臣周勃、陈平等经过权衡，认为代王刘恒为人温良宽厚，又没有强大的外戚势力，决定迎立他继承帝位。周勃派人去迎请代王，刘恒犹豫不定，便派舅舅薄昭到长安，探听事情的来龙去脉。到京之后，周勃详细说明了原委，薄昭回来跟刘恒说："确有此事，无可怀疑。"（"信矣，无可疑者。"《汉书·文帝纪》）刘恒这才放心地前往长安。不久，刘恒又派舅舅薄昭——此时已经身任车骑将军，回到代国，把母亲薄氏接到了汉宫。

薄昭与宋昌、张武等人，作为代王的亲信，有从龙之功，因而刘恒继位之后，他们都受到了封赏，薄昭被封为轵侯，地在轵县（今河南济源轵城一带）。

薄昭辈分高，"素称长者"，因而颇受外甥文帝刘恒的倚重。

前述到长安探问消息，可谓显例。刘恒异母弟淮南王刘长，恃亲而骄，在封国为非作歹，俨然王国"天子"，屡次上书出言不逊。文帝耳闻目见，觉得自己有失管教，深为自责。而舅舅薄昭"尊重"——年长且说话有分量，于是便让他写信给刘长，劝谏责备（"谏数之"）。

薄昭的这封书信，约有千字，可见很是认真。信中直言不讳，晓以祸福，留有余地，心意诚恳，很见功力。其云：

窃闻大王刚直而勇，慈惠而厚，贞信多断，是天以圣人之资奉大王也甚盛，不可不察。今大王所行，不称天资。皇帝初即位，易侯邑在淮南者，大王不肯。皇帝卒易之，使大王得三县之实，甚厚。大王以未尝与皇帝相见，求入朝见，未毕昆弟之欢，而杀列侯以自为名。皇帝不使吏与其间，赦大王，甚厚。汉法，二千石缺，辄言汉补，大王逐汉所置，而请自置相、二千石。皇帝觳天下正法而许大王，甚厚。大王欲属国为布衣，守冢真定。皇帝不许，使大王毋失南面之尊，甚厚。大王宜日夜奉法度，修贡职，以称皇帝之厚德，今乃轻言恣行，以负谤于天下，甚非计也。

夫大王以千里为宅居，以万民为臣妾，此高皇帝之厚德也。高帝蒙霜露，沫风雨，赴矢石，野战攻城，身被创痍，以为子孙成万世之业，艰难危苦甚矣，大王不思先帝之艰苦，日夜怵惕，修身正行，养牺牲，丰洁粢盛，奉祭祀，以无忘先帝之功德，而欲属国为布衣，甚过。且夫贪让国土之名，轻废先帝之业，不可以言孝。父为之基，而不能守，不贤。不求守长陵，而求之真定，先母后父，不谊。数逆天子之令，不顺。言节行以高兄，无礼。幸臣有罪，大者立断，小者肉刑，不仁。贵布衣一剑之任，贱王侯之位，不知。不好学问大道，触情忘行，不祥。此八者，危亡之路也，而大王行之，弃南面之位，奋诸、贲之勇，常出入危亡之路，臣之所见，高皇帝之神必不庙食于大王之手，明白。

昔者周公诛管叔，放蔡叔，以安周；齐桓杀其弟，以反国；秦始皇杀两弟，迁其母，以安秦；顷王亡代，高帝夺之国，以便事；济北举兵，皇帝诛之，以安汉。故周、齐行之于古，秦、汉用之于今。大王不察古今之所以安国便事，而欲以亲戚之意望于太上，不可得也。亡之诸侯，游宦事人，及舍匿者，论皆有法。其在王所，吏主者坐。今诸侯子为吏者，御史主；为军吏者，中尉主；客出入殿门者，卫尉大行主；诸从蛮夷来归谊及以亡名数自占者，内史县令主。相欲委下吏，无与其祸，不可得也。王若不改，汉系大王邸，论相以下，为之奈何？夫堕父大业，退为布衣所哀，幸臣皆伏法而诛，为天下笑，以羞先帝之德，甚为大王不取也。

宜急改操易行，上书谢罪，曰："臣不幸早失先帝，少孤，吕氏之世，未尝忘死。陛下即位，臣怙恩德骄盈，行多不轨。追念罪过，恐惧，伏地待诛不敢起。"皇帝闻之必喜。大王昆弟欢欣于上，群臣皆得延寿于下；上下得宜，海内常安。愿孰计而疾行之。行之有疑，祸如发矢，不可追已。（《汉书·淮南衡山济北王传》）

薄昭列举了刘长八个方面的问题，而这些都会导致他走上"危亡之路"。进而指出侥幸心理不可有："大王不察古今之所以安国的事情，却想以亲戚之意望于太上，不可能实现。"不能悬崖勒马，就可能追悔莫及："祸乱一旦发生，犹如射出的箭矢，再也追不上了。"

刘长接到信后，很不高兴，行为也没有收敛，违法犯禁的行为越来越多，终至牵连上谋反案件，流放途中不食而亡。

二、感念赠封　力救周勃

绛侯周勃在文帝朝，曾经两度出任丞相，但时间都很短，合起来都不足一年。所以如此，其他原因之外，更微妙的原因，是汉文帝的猜疑。功高震主，位高权重的大臣，总是让"陛下"们不甚放心。

第一次是丞相陈平认为周勃在诛除诸吕、迎立代王的事情上，功劳更大，自己的官职不能在周勃之上。于是，汉文帝遂命周勃任右丞相，陈平改任左丞相，以右为尊。不过，后来有人劝谏，周勃很快就辞了职，此次任相只有一个多月。陈平去世后，因为没有合适人选，文帝又让周勃当了丞相。

文帝二年（前178），汉文帝下诏，命令诸侯各归封国，有职事和特许的，可以暂时留下。但大多数人希望封地、实权兼得，因而迟迟不愿归国。到了第二年年末，文帝希望周勃回到封国去，给其他人做个榜样，于是免了他的丞相之职。

周勃免相就国之后，约有一年多，每遇河东郡守、尉巡视各县，往往心不自安，披甲相见，而且两旁护着家丁，各持兵械，以防不测。有人上书告发，说周勃有谋反之迹。文帝早就对周勃有所猜嫌，如今见了告变密书，立即命令廷尉处理，廷尉则交托长安狱官办理。

狱官逮捕了周勃，究治他的罪过。周勃内心恐惧，回答狱官讯问时，竟然结舌张口，不知如何申辩。狱吏见状，渐渐对他无理苛待。无可奈何之下，周勃拿出千金，贿赂狱吏。狱吏得了钱财，便悄悄在文牍后面写了"以公主为证"几个字，提醒周勃。周勃这才恍然大悟。

所谓"公主"，正是汉文帝的女儿，下嫁给了周勃的长子周胜之。公主得信，随即入宫向薄太后求情。而薄昭感念周勃让与封邑之恩——当初周勃因功增加的封邑，都赠给了薄昭（"初，勃之益封，尽以予薄昭。"（《汉书·张陈王周传》），也进宫向太后关说，为周勃诉冤。薄太后听了公主的申说，再加上薄昭的面诉，便召文帝入见。

文帝到来，太后怒气不打一处来，扯下头上的覆巾，劈面向文帝掷去，边掷边骂道："绛侯平息诸吕叛乱，手握皇帝印玺，统帅北军，那时候不造反；难道如今住在个小小的绛县，反而要造反吗？"（"绛侯始诛诸吕，绾皇帝玺，将兵于北军，不以此时反，今居一小县，顾欲反邪？"《资治通鉴·汉纪六》）文帝慌忙谢罪，并说经过审理，周勃确实无罪，马上就要释放。太后怒气稍解。随后，文帝派使者赦免周勃，恢复了他的爵位和食邑。

三、擅杀汉使　无奈自尽

文帝十年（前170），汉文帝推行新政，任用年轻有为的大臣钟毓，到太原巡抚平叛。

太原是薄昭的封地，薄昭的侄儿薄贵，仗着薄昭与太后的权势，为非作歹，做了不少坏事。钟毓得知情形，果断地将薄贵处斩，为民除害。

对侄儿薄贵的所作所为，薄昭自然心知肚明。他不知钟毓会如何处置，便在钟毓回朝之时，也前往迎接。得知侄儿已被处斩，薄昭命人将钟毓绑回府中，擅自处置。钟毓据理力争，毫不退让，薄昭恼羞成怒，情急之下，将钟毓一刀刺死。

文帝听说钟毓被杀，非常生气，打算下诏将薄昭斩首。经大臣们规劝，文帝折中处理，命丞相张苍和大将军周兴，去劝薄昭自尽。但薄昭不肯就范，还大骂文帝。薄太后自然力保弟弟，亲到府中，赦免薄昭，说是万事由她承担。钟毓夫人得知情形，绝望中留下遗书自尽了。

此时，朝中势力截然分明：有的力保，联名上书请求赦免；有的力争，认为不斩薄昭将失信于民。大将军周兴捧冠冒死以求，并以辞官抗争；丞相张苍披麻戴孝，怀抱钟毓幼子上殿申冤。最终，文帝下了杀薄昭的决心。

文帝在宫中为薄昭设下灵位，宣其进宫。薄昭奉旨进宫，见外甥正在祭拜自己的灵位，知道求生无望，只好无奈自杀。

汉文帝如此处置舅舅薄昭，后人颇有不以为然者。唐人李德裕就说："汉文帝诛薄昭，断则明矣，于义则未安也。"就是说，决断可谓严明，道义上却未必说得过去。因为太后"唯一弟薄昭，断之不疑，非所以慰母氏之心也"。抹掉母亲唯一的弟弟，必然使之少了些天伦之乐的慰藉，实在不是做儿子应有的行为。

魏文帝曹丕的看法却不同。他"尝称汉文帝之美，而不取其杀薄昭"，曰："舅，后之家，但当养育以恩，而不当假借以权；既触罪法，又不得不害。"就是说，对太后的亲戚等等，养赡丰厚理所应当，却无需畀以大权。否则，等他们犯了法，又不能不依法处置，也就必然恩断义绝。司马光认为，魏文帝这是"讥文帝之始不防闲昭也"，并认为"斯言得之"。

在司马光看来："法者天下之公器，惟善持法者，亲疏如一，无所不行，则人莫敢有所恃而犯之也。夫薄昭虽素称长者，文帝不为置贤师傅，而用之典兵；骄而犯上，至于杀汉使者，非有恃而然乎？若又从而赦之，则与成、哀之世何异哉！……然则欲慰母心者，将慎之于始乎！"（以上引文，均见《资治通鉴·汉纪六》。）法律面前人人平等，王子犯法与庶民同罪，国舅也不能例外。要紧的是事先预防，这样才能避免遭遇"法不容情"的难堪。显然，在这一点上，汉文帝没有做到，遂留下百世讥议。

彭城郡守窦长君

窦长君（？—前154），汉文帝妻舅，窦皇后之兄。清河郡观津人。少时与弟妹离散，后团聚汉宫，得长者教育，颇为澹泊谦恭。曾任彭城郡守，卒后追封南皮侯。

汉文帝皇后窦氏，有一兄一弟，兄长窦长君，弟弟窦广国（少君）。

关于窦长君的名字，一说他本名"建"，字"长君"。但《史记》记载："窦皇后兄窦长君，弟曰广国，字少君。"（《外戚世家》，下同。）

窦氏兄妹三人，很早就因战乱而离散。后来窦少君大难不死，问卜而得"数日当为侯"，便跟雇主家到了长安，并得以与姐姐相认。随后，窦长君也得以与弟、妹团聚。窦皇后手足团聚，十分高兴，于是文帝厚赐两人田宅，给予封邑，并在京城安了家。（"乃厚赐田宅金钱，封公昆弟，家于长安。"）

汉初吕氏外戚，势大权高，横行不法，戕害异己，几危刘氏宗社，人们记忆犹新。因此，绛侯周勃、将军灌婴等人都觉得，自己的命就悬在窦氏兄弟手里，若想事先防范，就要挑选合适的师傅、宾客，教育、引导、熏染他们，否则难免效法吕氏。（"绛侯、灌将军等曰：'吾属不死，命乃且县此两人。两人所出微，不可不为择师傅宾客，又复效吕氏大事也。'"）

得到文帝同意，周勃、灌婴等挑选老成的长者、有品节德行的士人，跟窦氏兄弟居处、交往。言传身教，耳濡目染，兄弟二人都成了谦恭退让的君子，不敢因地位尊贵而傲慢无礼。（"窦长君、少君由此为退让君子，不敢以尊贵骄人。"同上）

有一件事情，颇能说明窦长君的为人。有个叫"曹丘生"的人，能言善辩，趋炎附势。这人侍奉过宦官赵同（谈）等贵人，跟窦长君也有交情。一诺千金的季布，听说窦长君与曹丘生交往，就写信劝道："我听说曹丘生不是个德高望重的人，希望您不要和他来往。"等到曹丘生回乡，想请窦长君写信，介绍自己结识季布，窦长君说："季布不喜欢您，您就不要去啦。"曹丘生坚持要去，窦长君才给他写了介绍的书信。

章武侯窦广国

窦广国（生卒年不详），汉文帝妻舅，窦皇后之弟。字少君，清河郡观津人。幼时被辗转掠卖，后来到京城，姐弟相认，定居长安。受正人君子督导熏染，德才兼备，群臣敬服。文帝欲任其为丞相，姐弟双双劝阻。受封章武侯，此外一生未居要职。

一、少小飘零　数日为侯

汉文帝皇后窦氏，同胞三人，早年因战乱而离散。窦氏父亲去世后，家贫无依，大人外出劳作，留在家里的窦少君只有四五岁，便被人乘机掳走卖了，家里也不知卖到了何处。

就这样辗转经过十来家，二十岁时，窦少君又转卖到了宜阳（今属河南）。这家主人经营烧炭，少君到来后，也随着工人进山烧炭。烧炭工白天干活，晚上就睡在山崖之下。一天晚上，山崖坍塌，百余名烧炭工全被压死，唯独被挤在边缘的少君得以幸免。

出了这么大的娄子，很难再在原地待下去，雇主家决定迁居。于是，窦少君也便随之前往长安。

来到长安，听说当今皇上新立了皇后，皇后姓窦，老家观津。虽然离家时年岁还小，但窦少君记得家乡的县名和自己的姓氏，不由心里一动。而在来长安之前，大难不死，他曾占了一卦，卦兆显示"数日当为侯"。他觉得这位窦皇后应该就是自己的姐姐，于是上书自陈身世，并以和姐姐一起采桑，曾经跌下桑树为证。

上书进到宫里，窦皇后看了，把事情说给汉文帝，于是一起召见窦少君。少君到来，窦皇后问及种种旧事，少君所言，果然不差。窦皇后又问还有什么可以作为证明，少君说："姊去我西时，与我决于传舍中，丐沐沐我，请食饭我，乃去。"（《史记·外戚世家》）窦氏离家西去时，姐弟在传舍（驿站）里诀别，姐姐先讨来淅汁给弟弟洗了头，又要来饭食给弟弟吃了，然后才离开。听到这里，窦皇后按捺不住同胞亲情，拉住弟弟，哭泣不止，泪流满面。左右的宫女等人，也都伏地哭泣，跟着皇后一起感伤。

姐弟相认之后，汉文帝厚赐窦氏兄弟田宅、金钱，让他们在长安安家，并给予封邑。对孝顺儿媳的家人，薄太后也很是上心。太后下诏，追封窦皇后已故父亲为安成侯，母亲为安成夫人。还命窦氏故乡的地方官长，为窦皇后双亲陵园安排二百户的园邑，派官员看守祭拜，礼法制度要跟薄太后父亲的陵园一样。

二、习成君子　拒绝相位

吕后干政、吕氏跋扈，汉朝臣子心有余悸。窦皇后又来了一对壮年兄弟，不能不让大臣们有所警惕，以防吕氏之祸重演。

于是，绛侯周勃、将军灌婴出面，向文帝提出建议，认为窦氏兄弟未经教育，不懂礼仪，缺少学问。所以，应让他们与长者和士人日夕相处，使之耳濡目染，成为谦谦君子，恭谨礼让，而不是仗势而骄，飞扬跋扈。

汉文帝采纳了周勃、灌婴的建议，挑选品德高尚的长者、行为端正的士人，让窦氏兄弟结交、学习，接受这些人的教诲、引导。就这样，经过不断影响习染，窦氏兄弟真的成了谦谦君子。他们不但不干预政事，对自己的身份也不事张扬。

窦氏兄弟的品行，有目共睹，汉文帝看在眼里、记在心头。尤其是窦广国，文帝觉得他"贤有行"，而"欲相之"。丞相张苍免职之后，文帝曾打算让窦广国接任。窦皇后听了，却不同意，她对文帝说："恐怕天下人认为我私爱广国。"（"恐天下以吾私广国。"《史记·张丞相列传》）窦广国也面见文帝，据理劝说，陈述利弊，坚决不肯接受。文帝反复思量很久，最终还是作罢了。

窦广国与薄昭及其侄儿，同为皇戚，品行不同，结局迥异，对照可谓鲜明。而汉文帝正是听从大臣们的建议，预为防闲，对于窦氏兄弟，才没有弄到进退两难的境地，法理、人情，两全齐美。而窦氏姐弟所作所为，受到朝野赞誉，这对于"文景之治"的形成，也应该是有一定作用的。

汉景帝刘启继位后，窦广国被封为章武侯，食邑一万一千八百六十九户，成为西汉为数不多的万户侯之一。窦广国身后家族盛旺，七世孙窦融为东汉开国功臣，东汉抗击匈奴的窦固和窦宪也出自他这个家族，东汉两位窦皇后也都是他的后代。

南皮侯窦彭祖

窦彭祖（？—134），汉文帝妻侄，文帝窦皇后侄儿；父窦长君，文帝窦皇后之兄。清河郡观津人。封南皮侯。

窦彭祖的父亲窦长君，是汉文帝皇后窦漪房的兄长。窦漪房一兄一弟，弟弟窦少君（窦广国），兄妹三人因战乱失散。窦氏册立为皇后，少君设法相认，三人得以团聚，窦长君被任命为彭城郡守。

当时，诸吕之乱平息不久，绛侯周勃、将军灌婴等众臣，担心诸窦氏重蹈诸吕之辙，征得文帝准允，便挑选年长有节操者，和窦氏兄弟居处、交往，以便教导。濡染。窦氏兄弟久而熟悉礼节，以谦和退让行事，不敢以尊贵骄人。

因为德行出众，汉文帝曾经想拜窦少君为相，皇后却不同意，担心天下人说她私爱亲属；窦少君也不肯接受，并据理劝说文帝。

窦长君因为较早去世，没有封侯。后来景帝时，窦太后建议封王皇后之兄王信为侯，还非常后悔窦长君没有封侯。

汉景帝即位当年，即景帝前元元年（前156），窦彭祖——窦长君之子，被封为南皮侯，地在今河北南皮县一带。

南皮侯窦彭祖在位二十一年，去世后次子窦良好袭爵，历三世，至武帝元鼎五年（前112）而侯爵免。

魏其侯窦婴

窦婴（？—前131），汉文帝皇后窦氏之侄，汉景帝表兄弟。字王孙，清河郡观津人。他文武兼能，声望尊隆，喜善疾恶，在外戚中算少见的人物。景帝朝，平息七国之乱建功封侯，武帝朝拜相。后与同是外戚的田蚡交恶，闲居中受人媒蘖，最终被斩首。

一、起落升沉　亦将亦相

窦婴是汉文帝刘启窦皇后的侄儿，他的父亲是窦后的堂兄。

文帝时，曾在吴国为相，因病免官。景帝即位，起用他为詹事（掌皇后、太子事）。

按着双方的关系，窦婴应该很受窦太后信用，却因为一件事惹了祸，而这件事就是景帝酒酣耳热之际，说百年之后要把帝位传给梁王刘武。

当时，景帝还没有立太子，窦太后听了很高兴。可窦婴不开面儿，端了杯酒献给皇帝，说："天下是高祖的天下，帝位应当父子相传，这是汉朝的法度，皇上怎么能擅自决定传给梁王呢！"（"天下者，高祖天下，父子相传，此汉之约也，上何以得擅传梁王！"《史记·魏其武安侯列传》，下同）

窦太后疼爱小儿子刘武，窦婴的举动，惹得老人家很不开心，恨上了他。而窦婴也嫌詹事的官太小，就称病辞了职。随后，太后居然连窦婴出入宫禁的名籍都除掉了，并且不准他入宫朝请（诸侯春朝天子曰"朝"，秋曰"请"）。

谁知世事难料。景帝三年（前154），吴楚起兵叛乱。皇帝用人之际，遍察刘姓宗室和窦氏诸人，没有如窦婴这样贤能的。于是召窦婴入见，欲委以重任。窦婴见到皇帝后，借口有病，坚决推辞，不受任命。窦太后此时也颇感愧怍。皇上说："天下正有急难，臣子自当用命，王孙（窦婴字）怎可推三阻四呢？"（"天下方有急，王孙宁可以让邪？"）随后马上任命窦婴为大将军，赏给他金千斤。

这时，袁盎、栾布等名将贤士都退职在家，窦婴就向景帝举荐，起用他们。窦婴还把皇帝赐给自己的金子都摆在廊下穿堂里，有属下军吏来谒见，他便让他们酌量自己的开销，随意取用。所赐之金，一点也没有拿回自己的私宅。（"窦婴乃言袁盎、栾布诸名将贤士在家者进之。所赐金，陈之廊庑下，军吏过，辄令财取为用，金无入家者。"）

汉军分兵东进，窦婴坐镇荥阳，监视齐、赵两路军队。七国叛军全部平定后，朝廷因功封赏，窦婴受封为魏其侯。当时，窦婴声望尊隆，一般游士宾客争相投奔归附其门下。景帝朝，每逢朝议大事，所有列侯，没人敢与条侯周亚夫、魏其侯窦婴抗礼相待。

二、魏其武安　两侯争相

景帝四年（前153），汉景帝立皇长子刘荣为太子，命窦婴为师傅。景帝七年，太子被废为临江王，窦婴屡次为太子争辩，都无结果。之后，窦婴称病不朝，在蓝田南山下闲居了几个月。许多宾客和辩士请他出山，他都不肯依从。

此时，梁国人高遂也来劝说，他对窦婴说：“能使您富贵显达的是皇上，能使您成为朝廷亲信的是太后。现在将军您身为太子的师傅，太子被废不能力争，既争不得又未能赴死，自己却称病引退，拥着歌姬美女，闲居在此而不入朝任事。诸种所作所为合并起来看，您这分明是在显扬皇上的过失。万一皇上与太后对您不满，怪罪于您的话，那么您会连妻子儿女都被诛灭，全家会一个不剩的。”窦婴认为高遂说得对，便复起任事，上朝觐见皇帝如故。

景帝后元元年（前143），桃侯刘舍免相，窦太后屡次推荐窦婴为丞相。汉景帝说：“太后您难道以为我是有所吝惜，才不肯让窦婴为相吗？我是看窦婴这个人，沾沾自喜，做事轻率随便，难以为相担当重任。"（"太后岂以为臣有爱，不相魏其？魏其者，沾沾自喜耳，多易。难以为相，持重。"）景帝最终没有任用窦婴，而起用建陵侯卫绾为丞相。

汉景帝去世后，太子刘彻继位。刘彻时年十六岁，太后王姞摄政称制。太后宠爱自己的同母弟田蚡、田胜，竟然在景帝去世的同一年，把二人都封了侯，田蚡封武安侯。

田蚡原来是个郎官，地位比窦婴低得多。他原本对窦婴恭敬有加，如今进位侯爵，想当丞相，便伺机要压倒窦婴等将相的势力。正巧建元元年（前140），丞相卫绾因病免职，武帝合计着要设丞相和太尉，安排窦婴和田蚡两人。在侯佐（家臣）籍福的劝说下，田蚡没有和窦婴争相位。于是朝廷以魏其侯窦婴为丞相，而以武安侯田蚡为太尉。

籍福向魏其侯窦婴道贺，顺便规劝他说："君侯本性喜善而嫉恶。如今善人称道君侯，所以君侯能做到丞相。但恶人也相当多，他们也会毁谤君侯。如果您能宽容一些，不论是对善人还是对恶人，那么，您的相位便有希望维持长久，否则，您会遭到毁谤而离职。"窦婴没有听从籍福的劝说。

窦婴、田蚡二人都喜好儒术，因此共同推举赵绾为御史大夫，王臧为郎中令。魏其侯窦婴还把鲁国的申公迎到京师来，准备设立明堂；并且让诸侯回各自的封地去，取消宵禁；按照古礼制定服制，用以表明太平气象；检查诸窦和宗室子孙，凡有品行不端者，一律从宗谱上除籍。

这时，诸外戚列侯多娶公主为妻，谁都不愿意到封地去。因此，他们千方百计在太后面前毁谤窦婴。再加上太皇太后窦氏爱好黄老之学，而窦婴、田蚡、赵绾、王臧等人却一意推尊儒术，贬低道家的学说，因此，窦太后对魏其侯窦婴等人愈来愈不满意。

建元二年（前139），御史大夫赵绾想削夺太皇太后之权，奏请武帝今后不必对太皇太后奏事。窦氏大怒，将赵绾、王臧等人罢免驱逐，并且免掉了丞相与太尉的官职。另外任用柏至侯许昌为相，武强侯庄青翟为御史大夫。此后，魏其侯与武安侯便都闲居在家。

三、世态炎凉　灌夫骂座

魏其侯窦婴盛时，天下趋炎附势的官吏士人，在他门下的不少。如今失势闲居，便有人渐生冷淡之心。武安侯田蚡虽不担任官职，但因为王太后的关系，仍然受到皇帝的宠信，屡次参议朝政，且大多被采纳而生效。于是，那班原本在魏其门下的人，就渐渐向武安侯归附。武安侯也一天比一天骄横了。

到建元六年（前135），武安侯田蚡当了丞相，众人自然更是争相依附于他。魏其侯窦婴越来越被疏远，越来越不受重视。好多宾客渐渐离去，有人甚至势利地对待他，傲慢之极。只有灌夫对他一如既往，魏其侯窦婴整日闷闷不乐，也只有见到灌夫才会开心些。

有一次，田蚡派籍福向魏其侯窦婴致意，希望他能把城南的田地让给自己。窦婴大为光火，说："我老了，朝廷废弃不用了，可丞相也不该仗势夺我田地呀！"（"老仆虽弃，将军虽贵，宁可以势夺乎！"）坚决不肯答应。灌夫听说此事，也大骂籍福。而籍福不愿窦、田两家交恶，就自己编了一套好话说给田蚡。但不久，田蚡知道了事情的真相，很为生气，从此嫉恨窦、灌二人。

武帝元光四年（前131）夏天，丞相田蚡娶燕王的女儿为夫人。太后下诏，命列侯及宗室都去祝贺。魏其侯窦婴邀灌夫一起去，灌夫本来想不去，但窦婴一再劝说，并说以前的恩恩怨怨已经化解，便把灌夫拉了去。

在宴会上，众人到酒酣耳热之际。田蚡起身敬酒，所有的宾客都离开席位，伏在地上，表示尊敬，表示不敢当。而过一会儿，魏其侯窦婴起身敬酒时，情形就不同了，半数左右的人坐在那儿，连膝盖都没有离开坐席，只有魏其侯的一些旧交离席示敬。灌夫性格暴烈率直，看在眼里，心中十分不快，于是便起身离座，依次敬酒。敬到武安侯田蚡时，田蚡大模大样地坐在那里，不饮灌夫的酒。灌夫大怒，但没有发作。等敬酒敬到了临汝侯，此人正与程不识说话，也没有离席示敬，灌夫便大骂临汝侯。田蚡一怒之下，扣押了灌夫，欲族诛之。

四、救人不得　被斩街市

魏其侯窦婴为救灌夫，尽心竭力，奋不顾身。他的夫人说："灌夫得罪了丞相，便是与太后家人作对，恐怕救不了。"窦婴说："侯爵是我自己挣来的，现在由我丢掉它，不值得遗憾。何况灌夫是为我不平才得罪了田蚡，我决不能让他去死而独自活着！"（"侯自我得之，自我捐之，无所恨。且终不令灌仲孺独死，婴独生。"）于是瞒着家人，私自上书给武帝。武帝立即召他进宫。窦婴向武帝详细叙述了当时灌夫骂座的经过情形，认为不过是酒席间失礼，是小事，不该用重刑。武帝也知道此事，同意他的看法，留他吃饭，并对他说："你到东朝当廷申辩吧！"

窦婴来到东朝，极力夸赞灌夫的长处，说他这次不过是酒后失言，丞相不该用别的罪名来诬陷他。田蚡却极力诋毁灌夫，说他骄横放肆，大逆不道。窦婴别无他法，就攻击田蚡之短。田蚡也不示弱，说："我做朝廷重臣，天下幸而无事，我便喜欢音乐、狗马、田宅、倡优、巧匠，这算不了什么！可窦婴与灌夫就不同了，结交的都是天下豪杰之士。他们对朝廷不满，不是抬头看天，便是低头划地，还斜着眼观察两宫（太后、皇帝）的动静，日夜策划，希望出现机会，好建大功、成大事。我真不知他们这是要干什么！"

两人各说其理，各执一词。武帝征询众臣的意见。结果大臣不是模棱两可，便是畏惧不言。比如，主爵都尉汲黯、内史郑当时，都认为魏其侯窦婴说得对，但后来又都不敢坚持己见去回答皇上。武帝对郑当时发怒，说："你平日每每评论窦、田二人优劣，今日廷辩，却畏缩得像驾在车辕里的马一般。早晚我把你们这一班人全杀了！"

廷辩就这样毫无结果，结束了。探听消息的耳目，早把廷辩经过禀报了太后。太后生气，不进饮食，对皇帝说："我还活着，别人就敢作践我的兄弟，有朝一日我死了，别人还不得宰割我的兄弟吗？你又不是石头人，为什么自己不作主张呢？你还在，大臣们就只知道随声附和，假如你死了，这班人怎么靠得住呢？"武帝只好赔小心，解释说："窦、田两家，都是外戚，为慎重起见，才进行廷辩。如果是别人的事，只要一个狱吏，就完全可以解决了。"

后来，皇帝又派御史查究灌夫的案卷，核查出窦婴所言有不少不符合事实。于是窦婴又受到御史的弹劾，说他欺骗皇帝，被关进了司空狱中。

这时，魏其侯窦婴被拘禁，灌夫又可能被灭族，情形紧迫。魏其侯想起了景帝的遗诏。原来，景帝临终时，曾给过窦婴一份遗诏，诏书中说："假如有什么不方便的事情，可以相机条陈上奏。"这诏书大臣们都知道，但现在谁都不敢提起。窦婴只好叫自己的侄子上书皇帝，说明曾受遗诏，并表示希望被再次召见。

奏书呈上，查核内廷档案，遗诏已被田蚡和王太后偷走，而遗诏只藏在窦婴家中，并且是由他的家臣盖印加封的。于是，又有人弹劾魏其侯窦婴，说他伪造先帝遗诏，应判处弃市之罪。接着，灌夫被灭族。窦婴听到消息，心中悲痛，发了中风之病，不进饮食，一心求死。后来，又传来消息，说皇帝并无杀他的意思，他这才恢复了饮食，也才治疗身体。朝廷本来已经决定不处窦婴死刑，偏偏此时又有谣言传播，说他的坏话，并且传到了皇帝那里，于是就被在渭城大街上斩了首。

魏其侯窦婴，因为外戚关系而身居要职。他喜善嫉恶，不贪财货，在平息吴楚七国之乱时功勋卓著。但后来竟落得如此下场。

清郭侯驷钧

驷钧（生卒年不详），汉文帝刘恒长兄齐悼惠王刘肥妻舅，齐哀王刘襄等母舅。驷钧为人"虎而冠"，因其"恶戾"，朝臣不选刘襄继位。文帝继位后封其为清郭侯，后因东牟侯刘兴居反叛坐罪废爵国除。

一、助甥起事　受任国相

齐悼惠王刘肥，是汉高祖刘邦的长子，汉文帝刘恒的大哥。刘肥子女众多，儿子就有十三个。其中长子刘襄，为驷氏所出，而驷钧正是驷氏的兄弟。

刘肥去世后，长子刘襄袭爵齐王。因为卒后谥曰"哀"，史称"齐哀王"。

刘襄的二弟刘章、三弟刘兴居，都在京城长安担任宿卫。高后八年（前180），太后吕雉去世，吕产、吕禄等，"聚兵以威大臣，欲为乱"。刘章娶吕禄之女为妻，因而得以侦知内情，便暗中派人告诉了大哥刘襄，计划让刘襄整兵西进，两兄弟为内应，诛除诸吕，进而拥立刘襄做皇帝。

刘襄得到弟弟送来的消息，以及提出的建议，就和舅舅驷钧、郎中令祝午、中尉魏勃商议，准备发兵。

当时，诸侯王相国由中央任命，所有行动直接向中央负责，权力很大。齐相召平，原本就是吕后委派来监视齐王的，探听到刘襄的动静，便借口保卫齐王，发兵包围了王宫。

此时，齐国中尉（藩国最高军事长官）魏勃蒙骗召平说："齐王想发兵，没有朝廷的虎符作为凭证，根本行不通。相君您包围齐王，做得很对。我魏勃请求帮您统帅兵马，保卫齐王。"（"王欲发兵，非有汉虎符验也。而相君围王，固善。勃请为君将兵卫卫王。"《史记·齐悼惠王世家》）

魏勃也是朝廷任命的藩国高官，此时已经成了刘襄的人，但外人浑然不知。召平信了魏勃的话，就把军队交给了他。岂料魏勃有了军队，反过来很快包围了相府。召平知道上了当，后悔已经来不及，叹息道："唉！有句名言：'当断不断，反受其乱。'说的就是我这事呀。"（"嗟乎！道家之言'当断不断，反受其乱'，乃是也。"同上）接着就自杀了。

召平自尽，齐王刘襄发兵，不再存在障碍。于是，刘襄封自己的舅舅驷钧为国相，魏勃为将军，祝午为内史，调遣整个齐国的军队，准备西进讨伐诸吕。

二、为人恶戾　外甥失选

汉惠帝去世后，吕后当权，先后扶立恭帝、少帝。而少帝刘弘和他的三个兄弟，是吕后冒名养在后宫里的，都不是汉惠帝真正的儿子。因而，诛除诸吕之后，朝中大臣认为，如果少帝刘弘兄弟仍旧掌权，有朝一日，诛吕的朝臣肯定不会有好结果，必须另择人选继位。

这时，有人说："齐悼惠王刘肥是高祖的长子，现在他的嫡子齐王刘襄，从根儿上说，也就是高祖的嫡长孙，可以立为皇帝。"（"或言：'齐悼惠王高帝长子，今其適子为齐王，推本言之，高帝適长孙，可立也。'"《史记·吕太后本纪》）

然而，吕氏专权，作恶多端，大臣们心有余悸，都说："吕氏就是凭着外戚专权作恶，差点毁了社稷、害尽功臣。现在齐王外家姓驷，驷钧是个恶人，如果立齐王为帝，那就又成了吕氏那样的天下。"（"大臣皆曰：'吕氏以外家恶，而几危宗庙、乱功臣。今齐王母家驷，驷钧，恶人也。即立齐王，则复为吕氏。'"同上）

关于驷钧之恶，有"虎而冠"之谓，也出于朝臣的议论，载于《史记·齐悼惠王世家》，云："大臣议欲立齐王，而琅邪王及大臣曰：'齐王母家驷钧，恶戾，虎而冠者也。方以吕氏故几乱天下，今又立齐王，是欲复为吕氏也。'"这里记述的议论者，朝臣之外，还有琅邪王刘泽。刘泽曾被刘襄诓到齐国扣押，从而被齐王接掌了琅邪国的兵权，对驷钧有更为直接的了解。而所谓"恶戾"，凶恶之外，还性情乖僻、脾气不好。

此外，大臣们还议及了淮南王刘长，所以否决，一个原因是排行小——他是汉文帝刘恒的弟弟，另一个是"母家又恶"。可见外家的德行如何，成了当时朝臣议立的重要权衡之一。

代王刘恒继位后，在文帝元年（前179），给近百名高祖老臣增加了封邑。同时，封了两位外戚，一位是淮南王刘长舅父赵兼，封周阳侯；另一位就是齐王刘襄舅父驷钧，封清郭侯（一作"靖国侯"）。

驷钧共享爵六年。到了文帝前元六年（前174），济北王刘兴居——也是驷钧的外甥——举兵叛乱，驷钧没有救止，因而有罪，爵废国除。

盖侯王信

王信（生卒年不详），汉景帝妻舅，皇后王娡之兄。他因妹妹入宫受宠而贵显，又曾为妹妹成为皇后助力。他为人不甚检点成为把柄,因而不得不为梁王说情;他封侯之路虽曾受阻,最终还是被景帝封为盖侯。

一、妹妹受宠　哥哥助力

王信的父亲王仲,是槐里的平民;母亲臧儿,是燕王臧荼的孙女,只是到她成年时,家道已经衰落。王信有两个妹妹,一个是王娡,一个是王皃姁。

有一次,母亲臧儿给自己的子女占卜,结果显示,两个女儿皆当富贵。臧儿满怀希望,硬是把已经出嫁的长女从婆家接回来,与二女儿一起送进了皇宫。姐妹二人被分配侍候太子刘启,结果两人均得宠幸,王娡被封为美人。

后宫妃嫔,要想出人头地,受到宠幸是必由之路,而固宠则不仅在于容貌、生育,还有各方面势力的借重。在妹妹登上后位的过程中,王信还助过一臂之力。

梁王刘武派人刺杀朝臣袁盎,东窗事发,处境危险。刘武怕被诛杀,想起了门客邹阳——狱中上梁王书的那位,后悔当日不听劝谏。刘武找来邹阳,道了歉,让他带着千金,寻求脱罪之计。邹阳听说齐人王先生年高望重,很有谋略,前去拜见。王先生得知邹阳要到邹鲁、齐楚、韩魏等地请教,叮嘱他返回时再来自己这里一趟,然后再去长安。

邹阳在外奔波一个多月,毫无进展,回来的路上,又去拜访王先生,说:"我要到西边去了,该怎们办呢?"王先生说,自己先前本来就想献计,但自揣鄙陋,比不上众人,也就没敢说;这一次,他叮嘱邹阳:"你如果走,一定要去见王长君,士人没有比得过他的。"邹阳答曰"敬诺"。

邹阳没有回梁国,直接到了都城长安,通过门客,见到了王长君,也就是王信。邹阳盘桓数日,找机会对王信说:"我听说您的妹妹宠冠后宫,一时无两,而长君您的行为却有很多不合规矩。("长君行迹多不循道理者",《汉书·贾邹枚路传》)如今穷究爰盎(《史记》作"袁盎")遇刺之事,梁王害怕被杀。这种情况下,太后哀痛愤懑,怒气没处发,就会转而拿贵幸的大臣开刀。("太后怫郁泣血,无所发怒,切齿侧目于贵臣矣。"同上)如今您危如累卵,我很为足下担心。"

王信听了,很是惊惧,便问该如何处置。邹阳说:"您如果真能巧妙劝说皇上,不再彻底追究梁国的事,就必然能跟太后结下牢靠的关系。太后感念您的恩德,刻骨铭心,您的妹妹就能得到皇上和太后两方面的宠爱,您的地位也就会像金城一样稳固了。同时您又有存亡国、继绝世的功劳,德泽传布天下,美名永远流传。希望您仔细考虑。"("长君诚能精为上言之,得毋竟梁事,长君必固自结于太后。太后厚德长君,入于骨髓,而长君之弟幸于两宫,金城之固也。又有存亡继绝之功,德布天下,名施无穷,愿长君深自计之。"同上)

邹阳虽为梁孝王说项,却处处站在王信的角度,以利害出之,危言耸听。利弊如此清晰,哪还用得着考虑?王信当下应允。

随后,王信寻找机会,进宫劝说皇帝。加上梁王臣属韩安国也拜见长公主刘嫖,请其替梁王说情,这件事果然没再查究治罪。窦太后最疼爱小儿子梁王刘武,经过此事,自然对王信另眼相看。

二、兄以妹贵　终得封侯

当时,栗姬最为景帝宠幸,生有皇长子刘荣,而且已经立为太子。因为栗姬不肯答应景帝在自己百年之后照顾诸皇子,逐渐被疏远。加之长公主刘嫖的媒蘖,王娡的欲擒故纵,栗姬没有做成皇后,儿子刘荣也被废为临江王。

随后不久，王娡所生的刘彻，被景帝立为太子。母以子贵，王娡成为景帝的第二任皇后，王信也就成了皇上的大舅子。

外戚封侯，本来是平常的事情，但鉴于惠帝、吕后时期外戚飞扬跋扈，甚至险些危及社稷，文、景时期，对外戚任职、封侯都比较谨慎。

有一天，窦太后对景帝说："皇后王娡的哥哥王信，该封为侯了吧？"景帝借口推辞："您的侄儿南皮侯窦彭祖、弟弟章武侯窦广国，先帝在时都未得侯封，还是我嗣位后封的呢。如今我怎能刚刚继位，就封皇后的哥哥呢？王信不能封。"

窦太后说："人生各以时行，富贵当及己身。当年我哥窦长君在世时，竟然未得封侯，尽管后来他的儿子彭祖被封为侯，但我仍然感到十分遗憾。我看，你还是尽快封王信为侯吧。"景帝便说："请让我跟丞相商量一下，再决定此事。"

景帝就王信封侯之事，征询丞相周亚夫的意见。周亚夫说："高祖曾有过约定，不是刘氏不得封王，没有功劳不得封侯；谁违背约定，天下人就一起攻击他。王信虽然是皇后的兄长，但没有什么功劳，倘若封他为侯，怕与高祖誓约相悖吧？"（"高皇帝约'非刘氏不得王，非有功不得侯。不如约，天下共击之'。今信虽皇后兄，无功，侯之，非约也。"《史记·绛侯周勃世家》）景帝听了，无话可说，只好作罢。

因不同意王信封侯等事，周亚夫屡受景帝无理打压，加之审案官吏侮辱，最终受辱不食而死。周亚夫死后，景帝便封王信为盖侯。

后来，王信的儿子须侯王充耳，汉武帝又将女儿鄂邑长公主与他为妻。

形形色色的兄弟子侄

　　文、景二帝可谓既孝且悌，他们对于兄弟，均可谓亲密和睦，同时又颇为放纵。也因为放纵，两位弟弟的所作所为，就不免出格，甚至出格得厉害，结果是伤了和气、害了性命。文帝皇子不多，大体尚可；景帝十四子，不仅太子有废有立，其他皇子也是形形色色，各有所好，生前出息不同，死后影响各别，因缘际会而名垂千古者有之，大多数则早已灰飞烟灭。

淮南厉王刘长

刘长(前198—前174),汉高祖刘邦少子,汉惠帝刘盈、汉文帝刘恒异母弟。高祖时封淮南王。文帝时期,他骄横不法,为所欲为,藏匿亡命,甚至阴谋叛乱。事发被拘,谪徙严道邛邮,途中不食而死。他死后,王号还在,只是加了一个能代表其所作所为的"厉"字。

一、赵姬蒙难　吕后母养

汉高帝八年(前199),汉高祖刘邦出征归来,从东垣路过赵国,赵王张敖献给他一位美人。这位美人受到高祖宠幸,很快就怀孕了。但当时刘邦并没有把她带走,而是留在了赵国。皇帝临幸过的女人,赵王张敖自然不敢留在自己宫中,便特地在外面建了一座宫殿,供她居住。

这位美人,史称"赵姬",实际上是以赵国为姓——她的母家在真定(今河北正定),但史书未载其姓氏。后来汉高祖路过赵国,待赵王张敖(亦是女婿)无礼,箕踞殿上。赵相贯高等多有不平,觉得皇上欺人太甚,就预谋在柏仁县将之杀掉。汉高祖因柏仁谐音"迫人",不吉利,不肯留宿,遂未遇害。

这次谋逆事泄后,不仅主谋贯高等人被捕,赵王、赵王之母与兄弟以及后宫美人等,皆捕系河内郡狱中,赵姬亦未能幸免。但赵姬并非平庸之辈,她明白自己的身份,便对狱吏说:"前些时候,我得到皇上的宠幸,已经怀上龙子。"这当然非同小可,狱吏不敢隐瞒,就把这件事逐级报告,最后上奏皇帝。当时汉高祖正为贯高谋逆之事怒火中烧,恨赵王入骨,所以也不大关心赵姬的遭遇。

赵姬的弟弟赵廉，也在为姐姐入狱的事情奔波。他托人通过辟阳侯审食其，把赵姬的情况传给了吕后。吕后生性嫉妒，才不肯给自己在后宫添乱呢，不肯替赵姬在高祖面前说话。审食其事不关己，也不坚持辩解。因此，赵姬当时的处境很不好，心情也很压抑。

此时，赵姬已经生下了皇子刘长，但她怨恨过深，不能自拔，就在狱中自尽了。狱吏捧着刚生下的婴儿，向皇帝报告了赵姬自杀的事，汉高祖颇为后悔。他给孩子取名"长"，令吕后抚养。随后，汉高祖将赵姬安葬在了真定。

高帝十一年（前196），淮南王英布造反，高祖亲自率领军队去平叛，同时立刘长为淮南王。刘长襁褓中丧母，常常依靠吕后、太子刘盈，所以和吕氏有了感情。吕后称制，鸩杀刘邦三子，但祸患并没有牵扯到刘长身上。

也许在幼年常听人说起，刘长很思念自己的母亲，而且总觉得当时母亲有可能不死。所以渐渐长大后，刘长心中怨恨辟阳侯审食其，认为当年他如果尽力争辩，自己或许还能有亲生母亲。刘长的这种仇恨，因思念母亲而愈来愈强烈，并随着年龄而不断膨胀，只是当时不便发作而已。

二、锤杀食其　自作法令

汉文帝刘恒继位，时代有了新变，刘长的境遇也发生了变化。

吕后当政期间，汉高祖刘邦诸子杀的杀、死的死，汉文帝即位时，只剩下刘恒、刘长兄弟二人。刘长觉得自己是皇帝最亲的人了，做出些过头的事情来也不打紧。于是目中无人，骄横傲慢，多次违反法令。文帝刘恒觉得世间只剩这一个兄弟，对刘长的不法行为也就都宽赦了。

兄长的宽赦，使这位老弟更加横行不法。三年后，刘长入朝，在京师愈加横行。

刘长为人粗放，不讲究礼节，做事没有顾忌。跟随文帝入苑打猎，他和皇帝同坐一辆车，受到万分宠遇。他也常常直呼皇帝刘恒曰"大兄"（大哥）。

刘长力气很大，力能扛鼎。出于对母亲的思念，他难以忘掉审食其。这次入京，刘长特地去拜见辟阳侯审食其。审食其出面见他，他从袖中取出一把小铁锤，飞过去把审食其打死，又命自己的随从魏敬直断其首。随后，刘长驰马阙下，面向哥哥刘恒肉袒而谢，说："臣的母亲不应当受到赵王谋反的牵连，辟阳侯力能说服吕后，他没有尽力，是一条罪。赵隐王刘如意母子无罪，吕后杀之，辟阳侯不加劝谏，是第二条罪。吕后封诸吕为王，残害刘氏，辟阳侯不加劝谏，是第三条罪。"

刘长说的这些话，可谓不无道理。吕氏专权时，审其食为左丞相，位高权重，而且和吕后之间还有一种非同寻常的暧昧关系。刘长这样指责审食其，并不为过。所以刘长说："臣谨为天下诛贼，报母之仇。伏阙下请罪。"（《史记·淮南衡山列传》）

刘长说得在理，但并不等于行事合理。国有国法，杀人须经由廷尉等司法部门处理，或者事先须向朝廷奏准，哪能想杀就杀？何况又是朝廷命官。可是文帝很同情这个自打出世就没有母亲的弟弟，便没有按照汉律治他的罪。

因为汉文帝的特殊对待，及其本人的胆大妄为，朝中诸大臣都惧怕刘长，连薄太后和太子刘启都有几分顾忌。

刘长自锤杀审食其，归国之后愈发放纵：在淮南国内不推行汉朝法令，而是自行其是；出入打着天子的旗号，坐着皇帝一样的车驾，仿拟天子出巡时一样出警入跸；此外，他还称自己发布的命令为"制"，并自作法令，且数次上书不逊。

三、勾结闽越　谋反被谪

好事不出门，坏事传千里。尽管淮南国离京师有千里之遥，但刘长归国的所言所行，汉文帝刘恒一概皆知。没有管教好弟弟，文帝深深自责，于是便让自己的舅舅薄昭给刘长写信，婉言规劝。薄昭是长辈，又德高望重，信写得也很认真，其中劝道："大王不察古今之所以安国的事情，却窥视皇位，不可能实现。""祸乱一旦发生，犹如射出的箭矢，追之莫及。"刘长收到信，很不高兴，不仅没有收敛，而且越来越放纵，违法犯禁的行为越来越多，终至走上了谋反之路。

文帝六年（前174），刘长命令叫"但"的大夫、叫"开章"的士人等七十人，与棘蒲侯柴武的太子柴奇密谋，打算危害宗庙社稷。他们打算以輂车（马拉大车）四十乘，车载兵器，用人推挽，悄悄偷越长安北面的谷口县，进击京师；同时派出使者，前往闽越、匈奴各处联络。

事情被发觉后，有司立案处理。朝廷派出使者，召淮南王刘长进京。参与审案的有丞相张苍、代理御史大夫职责的典客冯敬，还有管理皇族事务的宗正，以及负责司法的廷尉、防备盗贼的中尉。大家共同奏议，认为淮南王刘长犯有如下罪行：废先帝之法，擅为法令，不用汉法；起居不遵法度，僭用天子的黄缎伞盖车驾，出入模仿天子声威；不听天子诏命；私自任命应由朝廷委派的相国；收聚、藏匿郡县和诸侯国的负罪逃亡者，给予田宅、财物以及爵禄，欲有所为；还滥杀滥赏，甚至亲自杀戮无罪之人。

此外，刘长还对抗朝官，甚至对皇上也出言不逊。官吏发现谋反阴谋，长安尉派人去逮捕开章，刘长就把他杀掉埋了，先哄骗官吏说不知在哪里，又说已经死了、埋在哪儿。从前刘长病了，皇上非常担心，派使者送去书信和枣脯，刘长不想接受，连使者都不见。南海郡有人作乱，淮南国吏卒出击，皇上派使者送去五千匹帛，赐给劳苦的吏卒，刘长也不想接受，说什么"无劳苦者"。南海郡居民王织给皇帝上书进献玉璧，刘长的手下擅自烧了书信，官吏要审问那人，刘长说他"病了";他自己任命的相国"春",愿意入朝说明,刘长却阻止说:"你想离开我,自己归附汉朝?"

鉴于淮南王刘长的罪行,主持此案的官吏上奏说:"刘长所犯是不轨之罪,应当弃市,请求依法治罪。"("长当弃市,臣请论如法。"《史记·淮南衡山列传》)书奏上报文帝,文帝下令:"朕不忍置法于王,其与列侯、吏二千石议。"列侯、吏二千石官吏等四十三人议定,都认为应当依法制裁。汉文帝只好下令:"赦免刘长死罪,废黜王号。"

这时,众臣又上奏,请求流放刘长到蜀郡严道县(今四川雅安)邛崃山邮亭,让其子女和生过子女的姬妾一同前往;让县里为他们修筑屋舍,供给粮食、柴草、蔬菜、食盐,以及炊具食具、席褥。于是,文帝再次下令:"多给刘长食物,每日给肉五斤、酒二斗。令原来的美人、才人得幸者十人,和他一起同住。"随后,将其余所有参与谋反者一并斩首。

四、骄不闻过 不食而死

当初,刘长杀死审食其后,袁盎曾向汉文帝进谏:"诸侯太骄纵,必然要生出祸患。应该谪其王位,削除封地。"袁盎的意思,是给刘长一个警告,让他不要过于放纵。可汉文帝没有答应。如今谋反事发,要因车押送迁往蜀地,袁盎又进谏说:"陛下素来骄纵淮南王刘长,没有派人严加辅助引导,以致发展到如此地步。现在又以囚车押送,淮南王为人刚烈,假如途中遇意外身死，陛下就会背负杀弟之名，如何是好？"文帝说："我不过是让他受点苦，待他悔过之后，就会让他回来。"（"是时袁盎谏上曰：'上素骄淮南王，弗为置严傅相，以故至此。且淮南王为人刚，今暴摧折之。臣恐卒逢雾露病死。陛下为有杀弟之名，奈何！'上曰：'吾特苦之耳，令复之。'"《史记·淮南衡山列传》）

在被押送途中，刘长对仆人说："谁说你老子我位勇者？如今我还能怎么勇猛！我因为骄纵，不愿听人批评，所以到了这个地步。人生一世，怎能如此闷闷不乐呢！"（"谁谓乃公勇者？吾安能勇！吾以骄故不闻吾过至此。人生一世间，安能邑邑如此！"同上）于是不食而死。

刘长绝食，何以无人劝止？原来，囚车在路上，门是封着的，人们也不敢随便揭开封条，因而未能及时阻止刘长绝食，也没有向上汇报他的言行。一直到雍县，县令命人揭开车封，知道刘长已死，这才把消息传递出去。

汉文帝得知刘长的死讯，哭得非常哀伤，自己也不再进食。袁盎和贾谊竭力劝慰，认为刘长咎由自取，陛下应该自宽。文帝根据袁盎的意见，马上安排丞相、御史大夫等，逮捕诸县押送囚车的吏卒、不开封条看视的侍者，将他们全部杀掉。又以列侯的礼节，葬淮南王刘长于雍，安排守冢祭祀人家三十户。

对刘长之死，文帝一直不能自安。文帝八年（前172），汉文帝怜悯刘长，于是将其四个年幼的儿子——当时只有七八岁，都封了侯：刘安封陵侯，刘勃封安阳侯，刘赐封阳周侯，刘良封东城侯。到文帝十六年（前164），又将在世的三人加封为王：阜陵侯刘安为淮南王，安阳侯刘勃为衡山王，阳周侯刘赐为庐江王。贾谊曾对汉文帝分析这一系列分封可能带来的不良后果，文帝并未采纳。文帝如此纵容诸侯王，实际上为景帝时的吴楚七国之乱、武帝时的淮南王刘安谋反，埋下了祸根。

文帝十二年（前168），民间流传一首歌谣，说的正是淮南王刘长之死："一尺布，尚可缝；一斗粟，尚可舂。兄弟二人，不能相容。"正如袁盎预料的那样，刘长之死在百姓中产生了一定的负面影响。若是文帝早加约束、严格管教，也就不至于走到最后这一步了。

梁孝王刘武

刘武（？—前144），汉文帝刘恒次子，景帝刘启之弟，母窦皇后。始封代王，徙封淮阳王，又改封梁王。在七国之乱中，梁国阻遏吴、楚军西进，有柱石之功。因窦氏宠爱、与帝最亲，封国极大且富，宫室苑囿，堪比天子；梁王出行，拟比天子。景帝酒席间曾言"传位于王"，朝臣袁盎等谏阻，刘武派人将其刺杀，由此兄弟生隙，日渐疏远，刘武最终抑郁发病，数日去世。

一、兄长登极　曾言"传王"

刘武是汉文帝刘恒次子，与长子汉景帝刘启，都是文帝皇后窦氏所生，《汉书》所谓景帝"同产弟"。

文帝二年（前178），刘武和庶出的弟弟刘参、刘揖，同日封王，刘武封代王，刘参封太原王，刘揖（《史记》作"刘胜"）封梁王。两年之后（文帝十年，前176），刘武徙封淮阳王。文帝十二年（前168），梁怀王刘揖去世，没有子嗣，刘武又改封梁王。从初封为王算起，到改封梁王，刘武为王已有十一个年头。

刘武为王的第十四年，从封国入朝。其后在第十七、十八两年，"比年（每年）入朝"。十八年这次入朝，刘武在京城住了一年，第十九年才回到自己的封国。此后第二十一年和二十二年，又"比年入朝"。只是此时汉文帝已经去世,景帝刘启已经即位。

刘武之所以比其他皇子频繁入朝,与母亲窦太后很有关系。跟多数母亲一样,窦氏特别疼爱这个小儿子。刘武也十分依恋母亲,并且出众地孝顺。

景帝前元三年(前154),刘武在景帝即位后第二次入朝。此时,景帝尚未立太子。有一次兄弟饮宴,闲谈之间,景帝刘启一时高兴,"从容言曰:'千秋万岁后传于王。'王辞谢。虽知非至言,然心内喜。太后亦然"(《史记·梁孝王世家》)。

景帝刘启说要传位梁王,虽说是"酒话",但也不无真情,一来刘武是一奶同胞的小弟,二来还可以讨母亲欢喜。不过,刘武也明白,那不是"至言"——肺腑之言;但酒话毕竟也是话,刘武还是很开心。窦太后也同样高兴。

然而,兄终弟及,毕竟不合祖制。因此,窦太后的侄儿——也是刘武的表哥——窦婴,当时也在场,随即斟酒敬景帝说:"天下,是高祖的天下;父子相传,是汉朝的规定。皇帝之位,何以得传梁王?"窦婴提醒景帝,传位是件大事,不可鲁莽随便。

景帝一时的酒话,也确实留下了话把子,对日后刘武、窦太后的所作所为不无影响。刘武虽说当即辞谢了兄长的传位美意,但并非就此不再惦记。而窦婴的直言无忌,却令刘武母子大为扫兴,不仅从此失去窦太后的信任,也给自己引来了杀身之祸。

二、平叛"中柱" 诸国莫比

景帝前元三年(前154)春天,吴、楚、齐、赵等七国以"诛晁错"为名,发动大规模叛乱。吴、楚叛军要西进长安,必须经过梁国,因而吴、楚大军先进攻梁国的棘壁(今河南永城西北),杀死了数万人。梁王刘武派出六位将军攻打吴军,结果两位将军又为其所败,士兵都逃了回来。

面对吴、楚大军,梁国形势十分紧张。刘武多次派遣使者,向朝廷的平叛统帅周亚夫求救,都没有获得同意。此时,周亚夫的战略,是要使吴、楚在与梁的对垒中消耗有生力量,并断其粮道,使之绝粮受饥,进而将其击败。

梁王在周亚夫那里讨不来救兵,又派人向兄长景帝求救。景帝得知情由,很为担忧,便派使者告诉周亚夫,要他前去救梁。周亚夫本着"便宜行事"的原则,出于作战形势的考虑,还是没有发兵援救。

无奈之下,梁王刘武又派韩安国、张羽等人为将军,抵挡吴、楚大军。就这样,吴、楚叛军被挡在梁国,相持三个月,不能向西前进。

吴、楚叛军拿不下梁国,不能西进,便转向进攻汉军。周亚夫坚壁不出,同时派轻骑截断吴楚粮道,使吴楚之兵乏粮,饥饿难当。吴楚退兵时,周亚夫出精兵追击,遂使吴楚军大败。从战略上讲,周亚夫坚壁不出、避其精锐是对的;不向梁国发兵,也是战略需要,无可指责。但无形之中,这却得罪了皇亲国戚。此后,周亚夫多次受到梁王刘武的诋毁,虽然功高,但终于被景帝疏远,竟至不食,呕血而死。

梁国与吴、楚叛军相持三个月,在阻遏叛乱中起到了很重要的屏障作用。吴、楚军败后,梁国所杀伤和俘虏的叛军,占到了全部的一半,和朝廷大军的数量相差无几。梁国因此被誉称为"中柱国",在诸藩国中,平叛之功最为突出。梁王刘武本来就因窦太后而受宠,此时又立下巨大战功,诸侯贵戚,莫敢为比。景帝心中自然也很高兴,于是赐予天子旌旗,以示梁王功高无比。

此外,七国之乱平息后,梁王刘武凭借密切的兄弟关系,帮助济北王刘志免除了罪罚。刘志是齐悼惠王刘肥之子,也就是刘武的堂兄弟。刘志起初也曾应允参与叛乱,后来却谨守城池、坚不屈从。事后，刘志担心朝廷责罪，打算自杀，以换得妻子儿女的平安。齐人公孙玃觉得不至于此，便游说梁王，以为济北王坚守不屈，隔绝吴、楚、赵与齐地胶西等国的联系，使之无法连成一片，于朝廷有功。梁王刘武痛快答应，与景帝沟通，济北王刘志得以安然无恙。

三、僭越天子　客众梁园

在各诸侯王中，刘武因与景帝同胞，所以和景帝最亲，在平叛中又立下大功，所以朝廷赏赐"不可胜道"。梁国又是大国，位居天下膏腴之地，北界泰山，西至高阳，共有四十余城，又多数是大县，可谓资财雄厚、物产丰饶。

当时，梁王刘武年富力强，春风得意，于是大兴土木，建造了方圆三百多里的东苑，扩展国都睢阳城至七十里；同时，大修宫室，王宫中来往交通均为复道，从宫殿连接到平台长达三十多里。（"于是孝王筑东苑，方三百馀里。广睢阳城七十里。大治宫室，为复道，自宫连属于平台三十余里。"《史记·梁孝王世家》）

《西京杂记》记载："梁孝王好营宫室苑囿之乐。作曜华之宫，筑兔园。园中有百灵山，山有肤寸石、落猿岩、栖龙岫。又有雁池，池间有鹤洲凫渚。其诸宫观相连延亘数十里。奇果异树、瑰禽怪兽毕备。主日与宫人宾客弋钓其中。"兔（菟）园又称"梁园"，是史上知名的苑囿，虽然比不上天子的上林苑，在诸侯国之中，肯定是绝无仅有的。枚乘还为该园作赋，名《梁王菟园赋》。

刘武有景帝赐予的天子旌旗，每次外出，都像天子一样，不仅随从千乘万骑，而且还出警入跸。（"得赐天子旌旗，出从千乘万骑。东西驰猎，拟于天子。出言跸，入言警。"同上）刘武还广招四方豪杰，扩大自己各方面的实力。一时间，崤山以东的游士，如齐国人羊胜、公孙诡、邹阳等，没有不来梁国的。其中公孙诡诡计多端，第一次见面，刘武就赐其千金，授官中尉，号为"公孙将军"。

当时，在梁国还形成了一个颇有影响的文学群体，称作"梁苑客"。其中辞赋大家，有枚乘、邹阳、严（庄）忌、路乔如等。有时候，刘武还来到他们中间，命其作赋，评定甲乙，予以赏赐。有一次，这些人随同梁王入京，司马相如与他们相交，很是投契，便以病辞官——因为汉景帝"不好辞赋"，客游梁国，数年之后，写出了有名的《子虚赋》。而邹阳被羊胜、公孙诡陷害下狱，留下了著名的《狱中上梁王书》。

此外，刘武还下令制造了许多兵器，弩弓矛箭等都以数十万计。而梁国府库中的金钱，数以百万计；珠玉宝器，比京师还多。（"梁多作兵器弩弓矛数十万，而府库金钱且百巨万，珠玉宝器多于京师。"同上）

《史记》对梁国的富庶、刘武的奢僭，有如此论述："梁孝王虽以亲爱之故，王膏腴之地，然会汉家隆盛，百姓殷富，故能植其财货，广宫室，车服拟于天子。然亦僭矣。"（同上）广置财货，并非出自苦心经营，而是天时地利人和；一个"僭"字，破坏人和，结果也就不难想见了。

四、心愿无望　刺杀袁盎

景帝前元三年（前154），梁王刘武入朝。汉景帝派使者持节，乘坐驷马车驾，前往函谷关下迎接。朝见完毕，刘武上书，请求留在京城。因为窦太后的宠爱，汉景帝同意了。

留京期间，刘武受到景帝空前的礼遇，在宫里和皇帝同辇，到上林苑打猎则和皇帝同车（"入则侍景帝同辇，出则同车游猎"《史记·梁孝王世家》）。不仅梁王刘武本身，梁王的属员也是显赫一时，梁国侍中、郎、谒者等官员，只需在名簿上登记一下姓名，便可出入天子殿门，和朝廷的官员没有区别。（"梁之侍中、郎、谒者著籍引出入天子殿门，与汉宦官无异。同上）

景帝前元七年（前150）十一月，汉景帝废太子刘荣为临江王。在这个当口，窦太后旧事重提，很希望梁王能够成为皇位继承人。袁盎等大臣劝说景帝，要立自己的儿子做太子；如若兄弟相传，则恐诸侯争夺不已，天下大乱。窦太后的动议受阻，从此也就不再提梁王继位之事。随后，刘武辞别皇兄，回到了自己的封国。

袁盎等诸臣议论继嗣，劝说景帝，事情隐秘，世上无人知道。后来，刘武又曾上书，要求批准修筑一条甬道，由梁国直达关中的长乐宫，以便随时都可以朝见太后。袁盎等人以为不可，又一次阻止了梁王所为。而这一切，却为他们自己埋下了祸根，尤其是袁盎。

景帝八年（前150）四月，汉景帝立胶东王刘彻为太子，兄终弟及彻底落空。刘武怨恨袁盎以及其他参与议嗣的大臣，就和羊胜、公孙诡等人谋划，打算派人暗中刺杀袁盎以及其他十多个议臣。

当时，袁盎病重家居，但景帝刘启器重他，经常派人来，征询有关国事的应对之策。梁王刘武派出的第一位刺客，并未行刺，因为他打听袁盎，人人赞不绝口，便不肯刺杀好人。他还提醒袁盎，后继的刺客尚有十来拨，要小心防备。后来袁盎外出，返回途中，果然被后继的刺客拦住，刺死在了安陵郭门外。

得知袁盎被刺杀，文帝震怒，敕令缉捕凶手、查清谋主。刘武害怕事情暴露，一面逼令刺客自杀，一面托姐姐长公主刘嫖，央求母后为自己开脱。事情很快水落石出，果然是梁王主使。于是景帝接连派遣官员，到梁国去反复查验，准备逮捕公孙诡、羊胜。此时，公孙诡、羊胜就藏在刘武的王宫里。使者挨个责问梁国二千石官员，相国轩丘豹和内史韩安国进谏，刘武这才命羊胜、公孙诡自杀，然后再把他们交出来搪塞。

即便如此，梁王刘武还是放心不下，便召上书后获释的邹阳，给他千金活动经费，让他去想办法抹平事情。邹阳东奔西跑，奔波一个多月，也毫无进展，最后还是听了齐人王先生的话，到长安找到皇后的哥哥王信（字长君），乘间进言，晓以利弊，请他劝说景帝。虽说不是自己的事情，邹阳说得利益相连、关系重大，不由王信不答应。

在窦太后干预、王信的劝说下，又有不能张嘴说话的羊胜、公孙诡顶包，朝廷不再彻查袁盎遇刺事件。

五、皇兄疏远　抑郁而亡

梁王刘武擅杀家居的朝臣，情形显然，汉景帝十分不满，罪责虽免，情感上隔膜还是个问题。刘武得知皇帝生了气，就派属下韩安国到长安，通过馆陶长公主刘嫖，向太后认罪，请求宽恕。就这样，景帝才有所释怀，但也"由此怨望于梁王"。

景帝的怒气稍稍消解之后，刘武便上书请求朝见。到了函谷关，梁国大夫茅兰，劝梁王刘武乘坐布车到关口，然后带两个随从，骑马化装入关，藏在长公主刘嫖的园囿之中。朝廷派使者迎接梁王，只见随从车马都在关外，却不知梁王刘武所在。

刘武派人刺杀袁盎，本身犯有重罪，这时又不见了，窦太后听到消息，直以为是给景帝杀了，哭泣道："帝杀吾子！"景帝因为窦太后的误会，也甚为忧恐，既担心又害怕。

汉景帝、窦太后母子忧心忡忡，而正在此时，有人报告说，梁王刘武背负斧钺，跪在阙下谢罪。见到刘武安然无恙，太后、景帝都非常高兴，母子三人相对哭泣，就像没有发生什么事情一样。("梁王伏斧质于阙下,谢罪,然后太后、景帝大喜,相泣,复如故。"《史记·梁孝王世家》)随后,景帝把刘武的随员全部召入关中。

这次恶作剧之后,"景帝益疏王,不同车辇矣"(同上),汉景帝对刘武更加疏远,不再和他同乘车辇了。

景帝中元二年(前144)冬天,梁王刘武再度入朝。这一次,刘武又上疏,想留在京师,与窦太后同乐。景帝没有答应,刘武只好离开京城,回到了封国。

回到梁国后,梁王刘武闷闷不乐,心神恍惚。第二年的一天,刘武到北边的良山打猎,有人献上一头畸形怪牛,牛脚长在牛背上。刘武见了,觉得犯了忌讳,特别厌恶,情绪更加不好。这年六月中旬,刘武患上热病,六天之后就去世了。("北猎良山,有献牛,足出背上,孝王恶之。六月中,病热,六日卒。"同上)

梁王刘武去世的消息传到京城,窦太后哭得非常伤心,不肯吃饭,总是说皇帝杀了她的儿子。汉景帝既伤心、又害怕,不知如何是好。跟姐姐长公主刘嫖商量,刘嫖建议他将梁国封地一分为五,把刘武的五个儿子都立为王,五个女儿都分给汤沐邑。景帝报告了太后,太后这才高兴起来,也肯吃饭了。

梁王刘武对母亲十分孝顺,《史记》云:"孝王慈孝,每闻太后病,口不能食,居不安寝,常欲留长安侍太后。"缘此,刘武去世后谥曰"孝",史称"梁孝王"。

代孝王刘参

刘参(?—前162),汉文帝刘恒第三子,母不详。文帝继位后,封为太原王,两年后改封为代王。

汉文帝共有四子，刘启、刘武为窦皇后所出，记载分明。三子刘参、四子刘揖（刘胜），却不知何人所出。《汉书·文三王传》云："孝文皇帝四男：窦皇后生孝景帝、梁孝王武，诸姬生代孝王参、梁怀王揖。"可见刘参、刘揖之母身份低微，甚至连姓名都没有留下。

母亲身份不高，不受宠幸，所生之子也不怎么得宠。刘参就是如此。不过，毕竟是皇子，刘恒即位后（前179），有司请立皇子为诸侯王，当时诸子一起受封，刘参被封为太原王。两年后，代王刘武转徙为淮阳王，代地尽归太原王，刘参也便易号为代王，都晋阳（今山西太原）。

刘参共为王十七年，文帝后元二年（前162年）去世。谥曰"孝"，史称"代孝王"。其子刘登继承了王位，史称"代共王"。

梁怀王刘揖

刘揖（？—前169），汉文帝少子，母不详。又名刘胜。文帝元年（前179），复置梁国，刘揖被立为梁王，都睢阳（今河南商丘）。

史书记载："梁怀王揖，文帝少子也。好《诗》《书》，帝爱之，异于他子。"（《汉书·文三王传》。《史记·梁孝王世家》也说是"爱幸异于他子"。）作为小儿子，家里的"老疙瘩"，父母往往会多所垂青；加之刘揖又是爱好读书的"好孩子"，文帝对他格外宠爱，不同于其他诸子。

可惜的是，天不假年。当时诸侯王五年一朝，刘揖只进京朝见了两次，就在一次意外事故中薨逝了。谥"怀"，史称"梁怀王"。刘揖为王十年，由于没有子嗣，死后国除，梁王之号又归了刘武。

值得一提的是，梁王刘揖与汉代文化名人贾谊有所交集。鉴于刘揖喜好《诗》《书》，汉文帝就给他所宠爱的这位皇子，请了一位出色的老师——拜贾谊为太傅。刘揖意外坠马而死，贾谊认为自己没有尽到责任，所以感伤不已，郁郁不欢，不久也就英年早逝了。

临江闵王刘荣

刘荣（前170—前148），汉景帝刘启庶长子，武帝刘彻异母兄，母栗姬。景帝四年立为太子，四年后废为临江王，最后又因犯法被审而选择自尽。他本希望继承帝位，却因母亲栗姬的短见而被废；他本无必死之罪，却因对酷吏的恐惧和对父皇的绝望而身死国除。

一、庶出长子　立为太子

刘荣是父亲刘启还是太子的时候，与母亲栗姬所生。那时，栗姬颇受刘启宠爱，一连生了三个儿子。刘荣的两个弟弟，分别是景帝第二子刘德、第三子刘阏于，后来分别受封河间王、临江王。

尽管是庶长子，景帝登基后第二年（前153）的四月，以立长为原则，刘荣被立为太子；同时，美人王娡所生刘彻（时名"刘彘"）——景帝第十子，被封为胶东王。

汉景帝的第一任皇后薄氏，是祖母薄氏为他安排的，没有生子，也不得宠。而栗姬不仅美貌，还生了三个儿子，因而宠极一时。如果形势顺利发展，栗姬很有希望成为皇后；再不然，等儿子刘荣继位之后,她也是顺理成章的皇太后。

景帝的姐姐馆陶长公主刘嫖,是个不简单的女人,既有心计,又有权术。她想把自己的女儿阿娇,许给太子刘荣为妃,以便亲上加亲,巩固自己的地位。可是栗姬缺乏政治远见,没有意识到长公主的潜力,加上嫉恨她把许多美人推荐给景帝,夺了自己的专宠,便拒绝了。这无形之中给自己树了一个劲敌,也为儿子的太子之位埋下了隐患。

二、不纳阿娇　子废母亡

栗姬拒绝之后,刘嫖转而他求。她想到了刘彻的母亲王娡,看到了母子这对"潜力股",便把自己的想法和王氏说了,结果王氏满答应。这样,刘嫖与王氏为了共同的目标——把儿子送上皇帝宝座、让女儿成为皇后,联合起来,共同对付刘荣母子。

王娡与刘嫖暗施诡计,内外夹攻,向太子母子发起进攻。长公主利用进见的一切机会,在景帝面前说栗姬的坏话,甚至编造栗姬等施行巫术的谎话。不过,因为缺少真凭实据,景帝并未采取行动。

身后妻妾、子女能否得到太后善待,从来都是皇帝们头疼的事情。汉初吕后的所作所为,令人惊心动魄。有一次,景帝身体不适,心情不好,就想对栗姬托付后事,说:"我百岁后,请善待其他妃嫔所生诸子。"谁知栗姬竟然不肯答应,甚至还气哼哼地出言不逊。对此,景帝很是不满,只是并未立即表现出来。

诋毁栗姬的同时,长公主还不时夸赞刘彻的贤美。景帝留心观察,也觉得刘彻可谓德才皆备,越来越喜欢了。王夫人见时机成熟,私下悄悄唆使大臣,说是该立栗姬为皇后了。当时的大行(负责礼仪等)没能看出其中奥妙,就向景帝提议说:"现在太子之母应该立为皇后。"景帝十分生气,说:"这话是该你说的吗?"于是立案,诛杀了大行。

景帝七年(前150)正月,太子刘荣被废为临江王。当年七月,封美人王娡为皇后,立胶东王刘彻为太子,改名"刘彻"。

刘荣被废,栗姬心中郁闷,又不得晋见皇帝陈述冤屈,忧闷难遣,后来就去世了。

三、坐侵庙地　身死国除

临江王原本是刘荣弟弟刘阏于的封号,领地为故秦南郡、苍梧、黔中三郡(今湖北大部、湖南和贵州东部),国都江陵(今湖北江陵)。刘阏于去世无后,其国废为郡。刘荣被废,接了弟弟的班,成了临江王。

景帝中元二年(前148)三月,刘荣被控侵庙壖地为宫——占用宗庙外墙之地建盖宫殿。依照汉律,侵占庙地是重罪,要被杀头的。景帝征召临江王入京,谁知刘荣一行由江陵北门出发,刚上车没走几步,车轴折断,车也报废了。

轴折车废,分明是一种不好的征兆。见此情形,江陵父老流着眼泪,私下里说:"我们的王回不来了啊!"("吾王不返矣!"《史记·五宗世家》)刘荣做临江王,善待吏民,因而百姓都为他担心流泪。

刘荣临行之时,曾在江陵北门祭祀嫘祖——传统行神(道神)之一,祈祝一路平安。到了京师,景帝命其到中尉府对簿,由郅都审问。

郅都是西汉有名的酷吏,执法严苛,不避贵戚,列侯宗室见了他,都害怕得侧目而视,时人号为"苍鹰"。审问过程中,刘荣希望上书皇帝,说明情况。当时之"书",是以刀为笔,刻写竹简,刘荣想要刀笔书简,郅都不许,严禁从吏给他。

魏其侯窦婴，曾任太子太傅，与刘荣感情甚深。当年太子刘荣被废，他力争不得，引为遗憾。他关心刘荣，得知此事，便派人瞅空送去了刀笔书简。刘荣拿到刀笔书简，上书谢罪，觉得事情已经说清楚，再没有什么牵挂，就用刀笔自尽了。

刘荣自尽，当然是怕"苍鹰"依法严办，又怕自己在公堂上受辱，其中也有对父亲景帝的绝望，觉得自己不会得到申冤辩理的机会。实际上，刘荣扩建宫殿，只是占用了文帝庙墙外的一块空地，罪不至死。

刘荣死后，谥号"闵"，史称"临江闵王"。葬于蓝田。对于刘荣的死，百姓都很怜惜。据载，还有数万只燕子，衔土置于刘荣墓冢之上。

刘荣是太皇太后窦氏的长孙，刘荣自杀的消息传进后宫，窦氏大怒，认为郅都执法存在失误，景帝不得不将郅都免官转任了事。没过多久，郅都因为防备匈奴而擅调军队，窦太后抓住此事不放，郅都最终被斩。

刘荣无子，因而身死国除，封国归入朝廷，设为南郡。

河间献王刘德

刘德（前171—前129），字道君，汉景帝刘启第二子，废太子刘荣胞弟，母栗姬。早年封河间王，在位二十六年。修学好古，依仿儒者，有贤德之名。全力搜求儒家典籍，并立学整理研究，贡献突出。极富藏书，曾多次入朝献书，应对武帝策问，并与朝臣论学，显示出色学养。因才德而受武帝猜忌，受冷遇忧悒成疾而逝，谥曰"献"。

一、喜好儒学　搜求儒书

刘德与兄长刘荣，出生于景帝刘启还是太子的时候。母亲栗姬连生三子，颇受宠信。景帝前元二年（前155）四月，兄长刘荣被立为太子，刘德也以皇子身份受封为河间王，封国在今河北沧州河间、献县一带。

母亲栗姬缺乏政治头脑，在宫廷斗争中，败在了景帝妃嫔王娡和姐姐馆陶长公主刘嫖手下，兄长刘荣也成了这场斗争的牺牲品。不过，由于远在封国，加之"修学好古，实事求是"（《汉书·景十三王传》），洁身自好，刘德并未参与其中。

刘德喜好儒学，"被服儒术，造次必于儒者"（《汉书·景十三王传》）——衣着服饰和言行举止，无论如何着急，都一定要遵从儒者的规范，入朝时更是一丝不苟。尤其喜欢收书、藏书，所藏极为丰富，独出冠时，甚至不亚于朝廷官藏——《资治通鉴》所谓"得书与汉朝等"。

为搜求书籍，刘德不辞辛苦，足迹踏遍了鲁、燕、赵、魏；不惜钱财，《资治通鉴》谓之"以金帛招求四方善书"。听到民间哪里有好书，他都亲自前去，重金购买，同时命人精心抄写副本，留给原主。不愿出让的，则好言相求，从不采取强制手段。

在当时来说，刘德收书的举措，可谓厚道之至。由此，刘德贤名远扬，"四方道术之人不远千里，或有先祖旧书，多奉以奏献王者"（《汉书·景十三王传》）。无论读书人还是普通百姓，都不远千里，或者带着自己所有，或者带着先人所遗，前来献书。有所奉献的，刘德都会给予重用和奖费。

难能可贵的是，刘德所得之书，不仅数量多，而且价值也比较高。当时的宗室王中，淮南王刘安也喜欢藏书，但史家比较淮南、河间两王，指出："是时，淮南王安亦好书，所招致率多浮辩；献王所得书，皆古文先秦旧书。"（《汉书·景十三王传》，《资治通鉴·汉纪十》同）就是说，淮南王得到的书，大多数"浮辩"，颜师古注谓"言无实用耳"；而河间王的，则多为秦代以前的古书。

刘德所得之书，有《诗》《左传》《周官》（《周礼》）、《礼记》《孟子》《老子》等，多达几十种。这些书，是儒家经典，也是中华文化元典。

二、献书献策　德才受忌

众所周知，汉初崇尚黄老，无为而治。随着社会的发展，新的统治思想的需求日益突出，儒家学说重新回到人们的视野。不过，文、景时期，由于窦太后坚持黄老、打击儒生，儒学一直未能进入统治体系。等到窦氏去世，已经是武帝即位数年之后。

武帝建元五年（前136），朝廷设《易》《书》《诗》《礼》《春秋》五经博士。京师设立太学，由五经博士担任教师。儒学的"天人感应"理论和"三纲五常"道德规范，有利于维护国家统治和社会稳定，因此，尊儒重书也成为武帝朝的国策。

然而，秦皇焚坑，儒家典籍遭受灭顶之灾。秦末频年战乱，仿佛火上浇油。等到汉初想要重拾儒学时，不仅读书之人凤毛麟角，就连书籍也少得可怜。河间王刘德却应时而起，"始锺儒术，于灰烬之余，拾纂亡散篇卷，仅而复存"（《旧唐书·经籍志》）。

朝廷尊儒重书，号召全国访求、贡献书籍，河间王刘德深受鼓舞。史载，刘德曾多次车载《诗》《书》等古籍，应诏入朝献书。刘德与身边儒生整理的这些善本书籍，对当时书籍匮乏的朝廷可谓雪中送炭。看到河间王带来这么多好书，武帝刘彻非常高兴，每次都要举行隆重的接书仪式，并召见策问。

据《史记》记载，武帝元光五年（前130）冬十月，河间王刘德来朝。汉武帝在"三雍宫"（辟雍、明堂、灵台）召见他，向他策问。武帝"问以五策，献王辄对无穷"（《汉名臣奏》）——对于皇帝的策问，河间王总是滔滔不绝，似乎没有穷尽。武帝询问的有关儒学的问题，先后达三十多个，河间王的对策都能切中肯綮，言简意赅。（"诏策所问三十余事。其对推道术［儒术］而言，得事之中，文约指［旨］明。"《汉书·景十三王传》）

刘德在京师长安期间，还曾和朝中儒臣讨论儒学。董仲舒《春秋繁露·五行对》就记载有与刘德的对话，并涉及《孝经》，而《孝经》正是刘德收集的佚书之一。

好书之献，策问之论，使汉武帝对这位异母兄刮目相看。武帝曾多次钦命赐酒，并赐金帛奖赏。一时之间，河间王刘德贤名传遍天下。

然而，河间王的才、德，也引起了汉武帝的猜忌。是啊，德行与学问饮誉朝野，怎让皇帝放得下心？于是，"孝武帝艴然难之，谓献王曰：'汤以七十里、文王百里，王其勉之。'"（裴骃《史记集解·五宗世家》）武帝变脸变色，警告河间王安守本分，做好自己的藩王，不要生出别的念头来。

不仅如此，刘德所献书籍，也被朝廷有意藏之祕府——表面上十分重视，其实等于束之高阁、暗贮书库，没有发挥作用；所献雅乐，虽然曾让乐官演习，但并不常为朝廷所用。

三、立学聚才　整理经典

河间王刘德尊崇儒学、重视典籍，并非仅只搜求图书，然后束阁弄藏而已。更重要的是，大量招聚硕学儒士，对这些典籍加以整理、研究。

为了整理这些古籍，刘德在封国设立河间国博士，广招天下著名儒士。一时之间，河间国聚集了不少学问深湛的学者。对此，《汉书》有"山东诸儒多从其游"之说。这里所谓"山东"，指崤山以东，也就是战国七雄中除秦国以外的韩、赵、魏、齐、楚、燕六国之地。《史记·五宗世家》裴骃《集解》引《汉名臣奏》则云："河间献王经术通明，积德累行，天下雄俊众儒皆归之。"无论"山东"还是"天下"，都说明河间王招徕之广、吸引力之大。

刘德以名儒毛苌、贯长卿为博士（即《毛氏诗》《左氏春秋》博士），王定为史丞，并建筑馆舍，为学者提供居处、研学的物质条件。据《西京杂记》记载，刘德曾下令修筑日华宫，"置客馆二十余区，以待学士"；而刘德自己的奉养，却很是克俭，没有超过宾客。

毛苌是汉代儒学的著名人物，传世五经之一的《诗经》，又称《毛诗》，就是传自毛苌及其老师毛亨这大、小二"毛公"。刘德招徕毛苌，立为博士，还为他建了"君子馆"。另一位博士贯长卿，史称"贯公"。他从贾谊受《春秋左传》，随后系统加工整理，传至西汉末年的刘向，最终定型，才有了我们今天熟知的《左传》。

另一部儒家经典《周礼》，亦称《周官》，也是河间王献上的。《隋书·经籍志》载："《周官》盖周公所制官政之法。李氏得《周官》，进献于河间献王，独阙《冬官》一篇。河间献王购以千金不得，遂取《考工记》以补其处，合成《周官》六篇奏之。"宋人陈普《河间献王》一诗，对此赞赏有加："……《周官》千载埋黄壤，两汉如今几献王。"《周官》在地下埋藏千年，因河间王而重见天日，惠及千秋百代；但两汉四百余年，刘氏诸王中又有几个修学好古的河间献王呢？

此外，《礼记》也与河间王刘德有些渊源。《隋书·经籍志》载："汉初，河间献王又得仲尼弟子及后学者所记一百三十一篇献之，时亦无传之者。而又得《明堂阴阳之记》三十三篇、《孔子三朝记》七篇、《王史氏记》二十一篇、《乐记》二十三篇，凡五种，合二百十四篇。戴德（大戴）删其烦重，合而记之，为八十五篇，谓之《大戴记》。而戴圣（小戴）又删大戴之书，为四十六篇，谓之《小戴记》。"

四、大雅不群　堪为景式

河间王刘德"经术通明，积德累行"，招致汉武帝猜忌，当头浇了一盆冷水。这令刘德心灰意冷，扫兴而归。回到封国后，刘德纵酒听乐，自我麻痹，四个月后就去世了，享年不足五十。谥曰"献"——谥法"聪明睿知曰献"，故称"河间献王"。

虽然刘德可谓抑郁而终，但他为王二十六载，从未卷入政治漩涡，毕生精力全部投入对古代典籍的收集与整理，又可谓幸运之至了。他的贡献，足以载入史册。

汉景帝共十四子，除武帝刘彻外，其余十三人均封王，史称"汉景十三王"。汉武帝排行老十，对诸王尤其是年高德劭者，一律严加提防。对于诸王，武帝大多"以宫室相高，狗马相尚"（司马光《河间献王赞》）。诸王耽于享乐，便不足为患。

东汉班固《汉书·叙传》中讲："景十三王，承文之庆。鲁恭馆室，江都訬轻，赵敬险诐，中山淫譶；长沙寂漠，广川无声；胶东不亮，常山骄盈。四国绝祀，河间贤明，礼乐是修，为汉宗英。"汉景帝刘启所封的十三位诸侯王中，鲁恭（共）王刘馀好修建宫室楼台，江都王刘非轻浮傲慢，赵王刘彭祖阴险狡诈，中山王刘胜好色好乐，长沙王刘发寂寞无才，广川王刘越无声无息，胶东王刘寄隐晦愚暗，常山王刘舜骄傲自大；有四国国王，因为行为不法而遭诛绝祀。可见这十三位诸侯王中，唯刘德"夫惟大雅，卓尔不群"，为汉室英杰、诸王楷模。后人将刘德与后汉刘苍相提并论，谓："两汉贤宗室，首推河间献王德、东平宪王苍，河间为名儒，东平为名臣，后先辉映，伟哉！"（朱轼《史传三编·名臣传六》）

临江哀王刘阏于

刘阏于（前170—前153），汉景帝刘启第三子，废太子刘荣胞弟，母栗姬。

刘阏于和两个哥哥刘荣、刘德，都是景帝做太子时所育。景帝继位的第二年四月，同胞三兄弟均以皇子身份封王，刘阏于封临江王，领地为故秦南郡、苍梧、黔中三郡（今湖北大部、湖南和贵州东部），国都江陵（今湖北江陵）。

刘阏于在位三年去世，年龄尚不及弱冠，谥曰"哀"，称"临江哀王"。因没有后嗣继承王位，封国废除，改为郡县。后来太子刘荣被废，降为临江王，谥曰"闵"，称"临江闵王"。

鲁共王刘馀

刘馀（？—前128），汉景帝刘启第四子，江都王刘非胞兄，母程姬。初封淮阳王，后改封鲁王。喜好修建宫室楼台，拆孔子旧宅而得以发现古文经典，在文化史上留下了辉煌的一笔。

汉景帝前元二年（前155），刘馀以皇子身份受封为淮阳王。吴楚七国之乱平定后，在景帝前元三年徙封鲁王，国都曲阜。

刘馀从小口吃，不喜文辞。他喜好声色狗马，有一定的音乐修养。他还爱好营建，因而班固《汉书·叙传》谈到景帝十三王各自特色时,谓"鲁恭馆室",即喜好修建宫室楼台。

齐鲁是孔孟之乡,鲁国国都曲阜,则是孔夫子的故乡。喜好修建的刘馀,曾经打算拆毁孔子的旧宅,以便扩建宫室苑囿。拆除的过程中,听到钟磬琴瑟奏乐的声音,就不敢再拆了。接着,在屋墙的复壁中,得到了孔子后裔所藏的竹简,包括《论语》《尚书》《礼经》《孝经》等书。

《汉书·景十三王传》记载此事云:"恭王初好治宫室,坏孔子旧宅以广其宫,闻钟磬琴瑟之声,遂不敢复坏,于其壁中得古文经传。"所谓"古文",《汉书·艺文志》称为"古字",也就是蝌蚪文。孔壁之中发现的书,"皆科斗文字"(《书序》),称作"古文经";而当时口耳相传的经书,是用新字体(汉隶)记录下来的,所以称作"今文经"。

鲁共王从孔子旧宅复壁中得到的书,后世称为"孔壁遗文",亦作"鲁壁遗文";而听到的钟磬琴瑟之声,则称"鲁壁弦歌"。刘馀也正是因此,才得以在史书中多记了几笔。

汉武帝元朔元年(前128),刘馀在位二十六年去世。谥曰"共"(亦作"恭"),称"鲁共(恭)王"。子刘光嗣王位。

汉末的荆州牧刘表和益州牧刘璋,都是鲁恭王刘馀的后代。

江都易王刘非

刘非(139—180),汉景帝刘启第五子,鲁王刘馀胞弟,母程姬。初封汝南王,徙封江都王。好勇有谋,曾参与平定叛乱,并上书请求攻打匈奴。

汉景帝前元二年(前155),刘非以皇子身份受封为汝南王,胞兄刘馀同时被封为淮阳王(徙封鲁王)。

吴楚七国叛乱爆发时,刘非年仅十五,但年少勇猛,颇知谋略,上书天子,志愿领兵攻打叛军。景帝赐予将军印,令其攻打吴国。吴楚之乱平息后,第二年,刘非徙封为江都王,国都广陵(今江苏扬州),吴国原有封地都归他治理。因为有军功,刘非还被赐予天子的旌旗。

武帝元光五年(前130),匈奴大举入侵汉朝边境,烧杀抢掠。刘非又上书,志愿攻打匈奴,但武帝没有答应。而武帝早想讨伐匈奴,已经让善于骑射的宠臣韩嫣,事先学习胡人的兵器。韩嫣由此而愈发尊贵、宠幸。偏偏是江都王刘非,与这位宠臣有了交集。

有一次,刘非进京朝见武帝,皇帝有令,可随同前往上林苑打猎。因为清道,天子车驾尚未出发,韩嫣乘坐副车,带着百余骑兵,先事观察。韩嫣的车队疾驰而来,刘非远远望见,以为是皇上来了,便屏退随从,自己趴伏路旁拜见。韩嫣却"驱不见"——打马急驰而过,"不见"江都王。

刘非是宗室王,朝臣视而不见,他自然很是愤怒。随后,刘非向皇太后王娡哭道:"请允许我把封国归还朝廷,回到皇宫当个值宿警卫,和韩嫣一样。"("请得归国入宿卫,比韩嫣。"《史记·佞幸列传》)太后王娡由此怀恨韩嫣。后来,韩嫣侍奉皇上出入永巷,与永巷宫女有了奸情。太后得知大怒,尽管有皇帝求情,韩嫣还是被结果了性命。

刘非喜好使气弄力,招纳各地豪杰侠士,十分骄纵豪奢。在景帝诸王中,他的特点是"轻浮傲慢"。

江都王刘非在位二十六年去世,谥曰"易"(谥法"好更改旧曰易"),史称"江都易王"。子刘建嗣王位。

长沙定王刘发

刘发（？—前129），汉景帝刘启第六子，母唐姬。因"母微无宠"，封长沙王，封国卑湿贫穷。颇有智计，因祝寿舞蹈而获得增封三郡。为人至孝，筑"望母台"，常登台北眺。

刘发的母亲唐姬，本来是程姬的侍女，人称"唐儿"，身份卑微。景帝酒后召幸程姬，正逢月事，程姬便妆扮唐儿，命其代为侍寝。景帝酒醉不辨，当晚御幸，唐儿因此怀孕，生下儿子，取名刘发。

景帝前元二年（前155）三月，刘发以皇子身份受封为长沙王。不过，尽管与其他兄弟一并封王，但"以其母微无宠，故王卑湿贫国"（《汉书·景十三王传》）——由于母亲身份卑微，且不受景帝宠爱，所以其封国卑湿、贫穷，范围比其他藩王都小。

《汉书·叙传》谓"长沙王刘发寂寞无才"，而细究起来，刘发却颇有智计。景帝后元二年（前142），刘发入朝给景帝祝寿，跳舞的时候，他"但张袖小举手"，动作很不舒展。人们都笑他笨拙。景帝也颇为不解，问他是何缘故。刘发答道："臣国小地狭，不足回旋。"（同上）于是，景帝将武陵、零陵和桂阳三郡，划与长沙国管辖。

刘发为人至孝。据载，他每年都要挑选上好的大米，命人送往长安孝敬母亲，再运回长安的泥土，筑成高台，登台北望，以慰思母之情。这座高台，即定王台，人称"望母台"。

长沙王刘发在位二十七年（《汉书》作在位二十八年），武帝元光六年（前129）去世（《汉书》作元朔元年，前128）。谥曰

"定",史称"长沙定王"。子刘庸嗣王位。东汉开国君主光武帝刘秀,为刘发五世孙。

赵敬肃王刘彭祖

刘彭祖(前166—前92),汉景帝刘启第七子,中山靖王刘胜胞兄,母贾夫人。初封广川王,徙封赵王。他为人阴险奸诈,善用诡计,朝廷所派相国等多为其残害。他在国中专擅大权,垄断专卖,以督查盗行而祸乱治安。他父子同流合污,奸淫乱伦,秽不可闻。

一、为人奸诈 残害国相

刘彭祖母亲贾夫人,是太子刘启的姬妾。贾夫人的两个儿子,都是景帝刘启还是太子时候出生的。

景帝前元二年(前155),刘彭祖以皇子的身份受封为广川王,在位约四年。赵王刘遂谋反失败后,刘彭祖改封赵王,国都邯郸。

刘彭祖为人巧诈奸佞,对人表面上谦卑恭敬,内心却刻薄阴毒。他喜好玩弄法律,用诡辩中伤人。当时,各封国的相国以及二千石级的官员,都由中央朝廷委任。这些人如果奉行汉律治事,就会妨害诸侯王。对此,刘彭祖总是耍弄诡计,以法还治其人。

在赵国,每当相国、二千石级官员到任,刘彭祖便穿着黑布衣,扮成奴仆,亲自出迎。随后,清扫他们下榻的住所,用各种惑乱之事来引动对方。一旦这些官员言语失当,触犯朝廷禁忌,他就详细记录下来。如果这些官员想奉法治事,他就以此相威胁;如果对方不顺从,就上书告发,并以作奸犯法、图谋私利之事诬陷对方。

刘彭祖在位五十多年,其间相国、二千石官员没有任满两年的,经常因罪去位,罪大的处死,罪小的受刑。这样,相关官员没有谁敢奉法治事,刘彭祖也便可以为所欲为。

刘彭祖专擅大权,派遣使者到属县垄断专卖,谋取利益,收入多于王国的正常租税。因此,赵王府多有金钱。不过,赵王府姬妾、子孙同样众多,因而这些金钱不是赏赐姬妾,就是赏赐诸子,也都挥霍得干干净净。

二、父子淫乱 为所欲为

刘彭祖不喜好营建宫室,也不迷信鬼神,却喜欢做小官吏做的事情。他上书天子,志愿监督、追查王国之内的盗贼。他经常夜间带领随从,在邯郸城里巡察。往来使者和过路旅客,知道刘彭祖险诈邪恶,都不敢在邯郸留宿。

淫乱,亦可谓赵王的一大家庭特点,刘彭祖父子同流合污,毫无廉耻。

赵国太子刘丹,与自己的姐妹通奸,包括同胞的姐姐和异母的妹妹。其他奸淫之事也很多。门客江充与刘丹有隙,告发其淫乱,以及派人杀人越货、剽劫商旅等种种作奸犯科之事。武帝派使者带领隶卒,把刘丹逮进了魏郡的诏狱,废了太子,定了死罪。刘彭祖上书为儿子鸣冤,并表示愿意带领国中勇士出征匈奴,为儿子赎罪。武帝没有答应。然而不久,刘丹竟因大赦出了狱。后来,刘彭祖入朝,还想通过武帝的两个姐姐——平阳公主和隆虑公主,求皇上恢复刘丹的太子之位,只不过没有得逞罢了。

刘彭祖妻妾成群,但他并不满足,又娶了人称"淖姬"的女人。这位淖姬曾是刘彭祖异母兄江都王刘非的宠妾,刘非去世后,其子刘建在父亲丧期与之成奸。刘彭祖与这位淖姬生有一子，号曰"淖子"。尽管子嗣众多，儿子多达二十七个，但他却立"淖子"为嗣。刘彭祖死后，汉武帝召来淖姬之兄——此人是汉朝廷的宦官，问他："淖子何如？"宦官回答："为人多欲。"武帝说："多欲不宜君国子民。"私欲很多，对老百姓有百害而无一利。武帝又问刘昌——他是刘彭祖的次子，当时已封武始侯，那人答道："无咎无誉。"平平淡淡。武帝说："如是可矣。"便派使者立刘昌继承了王位。

刘彭祖是武帝征和元年（前92）去世的，谥曰"敬肃"，史称"赵敬肃王"。

胶西王刘端

刘端（前165—前107），汉景帝刘启第八子，鲁王刘馀、江都王刘非胞弟，母程姬。

汉景帝前元三年（前154）六月，吴楚七国之乱平定之后，刘端以皇子身份受封为胶西王。

史载刘端"为人贼戾，又阳痿，一近妇人，病数月。有所爱幸少年，以为郎。郎与后宫乱，端禽灭之，及杀其子母"（《汉书·景十三王传》）。

与好色淫乱的兄弟刘彭祖、刘胜不同，刘端患有阳痿病，一接触女人，就会因此而病几个月。这剂"良药"，让他想好色也好不起来。他有一个宠爱的年轻人，被他任命为郎官。这个年轻郎官，很快就和后宫妻妾有了淫乱之举。为人凶狠残暴的刘端，自然不肯容忍，不仅捕杀了年轻郎官，连同他的儿子和母亲也都杀了。

刘端与异母之兄刘彭祖有个共同特点，就是残害相国等朝廷委派的高级官员。凡是到胶西任职的相国、二千石级官员，如果奉行汉法治理政事，刘端总是摭其过失，报告朝廷治罪；如果无罪可找，就设计用药毒死他们。他的诡计变化多端，很少有人能够逃过其陷害。因此，尽管胶西是个小国，被杀、受害的二千石官员却很多。

刘端屡次触犯天子法令，朝中大臣愤恨不平，多次请求将其诛杀。尽管同父异母，但毕竟是兄弟，汉武帝总不忍心。正因如此，刘端有恃无恐，更加胡作非为。

刘端无法无天，有司两次请求削其封，于是朝廷削夺了他的大半封地。刘端怀恨在心，耍起了无赖。他不准官吏收取租赋，一概放任自流。封国的钱财，也不计算管理，府库倒塌破漏，腐坏的财物数以亿万计。他封闭宫门，撤除侍卫，只留一个门，供他出宫游荡。他还屡次改换姓名，假扮平民，到其他的郡国去游逛。

刘端在位四十七年去世，没有谥号。因无子嗣，胶西国废为胶西郡。

中山靖王刘胜

刘胜（前165—前113），汉景帝刘启第九子，赵敬肃王刘彭祖胞弟，母贾夫人。他曾奏言官吏侵凌诸王之事，武帝因此改善藩王待遇。他为人喜好酒色，生育子女众多。后世在其墓葬，首次出土了完整的"金缕玉衣"。

一、上言诉苦　亲亲加恩

景帝前元三年（前154）六月，刘胜以皇子身份受封为中山王，胞兄刘彭祖已在前一年受封。

景帝后元三年（前141），汉景帝去世，刘胜异母弟刘彻即位，是为汉武帝。

汉武帝即位之初，鉴于吴楚七国之乱的教训，朝臣对诸侯王百般挑剔，动辄上告诸侯王过失，搞得诸侯王人人自危。

武帝建元三年（前138）十月，刘胜与代王刘登、长沙王刘发、济川王刘明，到京城朝见天子。汉武帝设宴款待，席间，刘胜听到音乐声便哭泣起来。武帝不知何故，问其所以，刘胜说出一番长篇大论来——《汉书》记为"胜对曰"。其文如下：

> 臣闻悲者不可为累欷，思者不可为叹息。故高渐离击筑易水之上，荆轲为之低而不食；雍门子壹微吟，孟尝君为之於邑。今臣心结日久，每闻幼眇之声，不知涕泣之横集也。
>
> （臣听说悲痛的人不能过度哭泣，悲思的人不可叹息。所以高渐离击筑易水之上，荆轲因此低头而不食；雍门子微吟，孟尝君为之悒悒不乐。如今臣心中的疙瘩已经结了很久，每听到微妙曲折的声音，不自觉地涕泣交流。）
>
> 夫众煦漂山，聚蚊成雷，朋党执虎，十夫桡椎。是以文王拘于牖里，孔子厄于陈蔡。此乃烝庶之风成、增积之生害也。臣身远与寡，莫为之先，众口铄金，积毁销骨，丛轻折轴，羽翩飞肉。纷惊逢罗，潜然出涕。
>
> （众人吹气能把山移动，聚集而飞的蚊子声音犹如雷鸣，结成朋党可以抓住老虎。十个男子可以弄弯铁椎。所以文王被拘于牖［羑］里，孔子被围在陈、蔡。这是因为众人能够形成风气，累积可以生成祸害。臣远离京师，又无亲友，没人为我扬名，众口一辞能消融金属，累积诋毁能置人死地，轻的东西装多了也能压折车轴，扇动羽毛也能使身体飞翔。

受惊之后又遇罗网,眼泪纷纷落下。)

臣闻白日晒光,幽隐皆照;明月曜夜,蚊虻宵见。然云蒸列布,杳冥昼昏;尘埃布覆,昧不见泰山。何则?物有蔽之也。今臣雍阏不得闻,谗言之徒蜂生,道辽路远,曾莫为臣闻,臣窃自悲也。

(臣听说白天日光照射,阴暗处都能照到;明月照耀夜晚,蚊虫也能像白天一样见到。但云气密布,白昼也会昏暗;尘埃散布,昏暗得看不见泰山。为什么呢?因为有物遮蔽。如今臣壅塞听不到什么,谗言之徒蜂拥而生,道途遥远,臣什么也听不到,暗自伤心。)

臣闻社鼷不灌,屋鼠不熏。何则?所托者然也。臣虽薄也,得蒙肺腑;位虽卑也,得为东藩,属又称兄。今群臣非有葭莩之亲、鸿毛之重,群居党议,朋友相为,使夫宗室摈却,骨肉冰释。斯伯奇所以流离、比干所以横分也。

(臣听说土地庙里的老鼠不能用水灌,屋里的老鼠不能用烟熏。为什么呢?老鼠的托身之地使其如此。臣虽然身份轻微,也得到了帝王的亲近;地位虽然卑下,也做了东方的藩臣,关系上又称皇帝为兄。如今群臣没有葭莩这样的亲近,鸿毛这样的重量,他们在一起毁谤非议,使宗室抛弃、骨肉消散。这就是伯奇所以流离失所、比干所以身首分离的原因。)

《诗》云"我心忧伤,怒焉如捣;假寐永叹,唯忧用老;心之忧矣,疢如疾首",臣之谓也。(《汉书·景十三王传》)

(《诗经》上说"我心的忧伤,犹如棒槌把心捣;和衣而卧长叹息,忧伤使我人衰老;心里苦闷说不完,好像头痛发高烧。"这是在说臣下啊。)

洋洋近四百言的这段话，文采斐然，却是一腔牢骚。总的意思，不过是说，自己远离京师，少有亲友，但毕竟也是皇上的兄长、朝廷的藩臣。而那些朝臣，与皇上既非骨肉之亲，又无贵重身份，却结成一伙，议论纷纷，摧折宗室，打击皇亲。骨肉亲情因此冰融雪化，我正是因此而听不得微妙的音乐，一听就要伤心流泪。

接着，刘胜把官吏侵夺欺凌诸侯王之事，全部奏报武帝。于是，汉武帝增加了对诸侯的礼遇，废止了官吏检举诸侯王的文书，对诸侯王施行优待亲属的恩惠。（"于是上乃厚诸侯之礼，省有司所奏诸侯事，加亲亲之恩焉。"《汉书·景十三王传》）

中山王刘胜的一番哭诉，维护了诸侯王的利益。而"推恩令"的实行，使诸王封国逐渐分散缩小，从而削弱了藩王的势力。

二、喜好酒色　子女百余

中山王刘胜以喜酒好色著称。《史记》载，刘胜有儿子、亲属一百二十余人，而《汉书》则记载为有儿子一百二十余人。子女如此众多，妻妾必然不少，好色也便可知。在刘胜的墓里，竟然出土有女性所用性娱乐秘器，亦可见此王德性。

《汉书·景十三王传》记载，有一次，刘胜和赵王刘彭祖发生冲突，互相埋汰。刘胜说："兄为王，专代吏治事。王者当日听音乐，御声色。"刘彭祖做藩王，喜欢做下级官吏的事情——尽管其中不乏阴谋诡计，别有用意；刘胜对此不以为然，认为王者歌舞声色才是本分。

刘彭祖对答说："中山王但奢淫，不佐天子拊循百姓，何以称为藩臣！"其实，刘彭祖说的也是瞎话，他的淫乱之事也不少；他的"拊循百姓"，还不如说是残害。这对兄弟，半斤八两，哪个也算不得"藩臣"。

不过，刘胜的这种人生观，或曰"藩王观"——天下大事你去操心，我每天饮酒歌舞、临幸妻妾就足够了——大概汉武帝刘彻是并不反对的，羡慕嫉妒却不恨——如果诸王个个如此，自己倒可以放心不少。

武帝元鼎四年（前113），中山王刘胜去世，终年五十三岁，在王位四十三年。谥曰"靖"，史称"中山靖王"。

中山靖王刘胜身后，有两桩"后事"值得一说。一是蜀汉昭烈帝刘备，自称"中山靖王之后"，因此而搞得魏、蜀、吴三国何为正统，众说纷纭；而以蜀为正者，理由就是这层关系。二是河北满城的中山靖王墓（又称"满城汉墓"），规模巨大，保存完整，随葬品丰富，并首次出土了完整的"金缕玉衣"，名声显赫。

其他景帝四王

汉景帝共育十四子，其中第十子刘彻继位，其他十三子共十三王（其中长子刘荣先立太子、后废为王），《汉书》中同在一篇列传，即《景十三王传》。

景十三王的最后四王——广川王刘越、胶东王刘寄、清河王刘乘、常山王刘舜，为同胞兄弟，母王兒姁，姨母即景帝皇后王娡。

一、广川惠王刘越

刘越（？—前135），汉景帝刘启第十一子。景帝中元二年（前148），刘越以皇子身份受封为广川王。他一生碌碌无为，《汉书·叙传》谓之"无声无息"，事迹不详。但《汉书·艺文志》载"越著赋五篇"，会作文赋，也应该有些才华，只是"今尽亡失"，究竟如何，无从判断了。武帝建元六年（前135），刘越去世，在位约十三年（《汉书·诸侯王表》作"十二年"）。谥曰"惠"，史称"广川惠王"。

二、胶东康王刘寄

刘寄（约前158—前121），汉景帝刘启第十二子。景帝中元二年（前148），刘寄以皇子身份受封为胶东王。其他三兄弟也同时封王。

刘寄兄弟与汉武帝刘彻是姨表亲，关系亲密。《汉书》记载："淮南王谋反时，寄微闻其事，私作兵车镞矢，战守备，备淮南之起。"淮南王刘安准备谋反，刘寄有所觉察，暗中制造了战车弓箭，做了准备。后来朝廷官吏究治淮南王之事，刘寄私造兵器也被人供出了来。刘寄跟皇上最亲，因此他自己很伤心，得病而死，也不敢立太子传位。

刘寄"于上最亲"，私造兵器自然是为了防备淮南王。但按照汉律，无论是谁、出于何种原因，私造兵器都是犯罪，所以刘寄"意自伤"，"不敢置后"。汉武帝听说刘寄长子刘贤，不受母亲宠爱；小儿子刘庆，却受母亲宠爱。刘寄曾想立小儿子为太子，因为乱了排行，刘庆又犯有过错，就没敢公布。武帝可怜刘寄，就封刘贤为胶东王，继承康王的香火；又封刘庆为六安王，管辖以前衡山王的地盘。

武帝元狩二年（前121），刘寄去世，在位二十八年。谥曰"康"，史称"胶东康王"。

三、清河哀王刘乘

刘乘（前153—前135），汉景帝刘启第十三子。景帝中元三年（前147），以皇子身份受封为清河王。在位十二年去世，谥曰"哀",史称"清河哀王"。没有子嗣,封国废除,封地归属朝廷,为清河郡。

四、常山宪王刘舜

刘舜(约前152—前113),汉景帝刘启第十四子。景帝中元五年(前145)五月,刘舜以皇子身份受封为常山王。次年,景帝以《诗》家韩婴为常山王太傅。《汉书》记载:"舜,帝少子,骄淫,数犯禁,上常宽之。"作为小儿子,刘舜最受景帝宠爱,从小骄纵怠惰。长大之后,多有淫乱之事,屡屡干犯法禁。因此,汉武帝不得不经常宽赦这个小老弟。武帝元鼎二年(前114),刘舜去世,在位三十一年。谥曰"宪",史称"常山宪王"。其子刘勃嗣位为王。

七国之乱与叛乱诸王

汉初分封刘氏宗室为诸侯王,意在屏藩朝廷。而随着实力的发展,藩国日渐坐大,甚至成为朝廷的威胁;其中桀骜不驯的藩王,则渐萌不臣之心。朝廷因过削地,吴王刘濞等遂以"诛晁错"为名,起兵叛乱,史称"吴楚七国之乱"。然而吴、楚之外,其他五国要么被围困、要么起内讧,仅仅三个月,叛乱就被平息,诸王不是自杀、就是被杀,一个个身败名裂。

吴王刘濞

刘濞（前216—前154），汉高祖刘邦之侄，文帝堂兄，景帝叔父。泗水郡沛县人。高帝年间先后封侯、封王。所封吴国地大物博，长期经营，既富且强，为诸侯国之最。因吴太子入朝被汉太子误伤而亡，心生怨恨，渐有不臣之心。朝廷削藩，诸王怨望，刘濞趁势纠合楚、赵、胶西等七国叛乱，结果兵败逃亡东越后被杀。

一、壮王镇吴　貌有反相

刘濞的父亲刘仲（刘喜），是汉高祖刘邦的二哥。当年在家乡时，刘仲以善于种地出名。这颇让刘邦的父亲太公称许仲而贬低季（刘邦行三）。汉王刘邦平定天下后，封刘仲为代王（都太原）。高帝七年（前200），匈奴攻代，在两军对垒的关键时刻，刘仲临阵脱逃，丢下偌大的封国不管，只身一人抄小道逃归洛阳。高祖不忍依法制裁，只是把他贬为郃阳侯而已。

刘濞与乃父大为不同，他性格刚强勇敢，力大气豪，且颇有智谋手段。在汉高祖大封刘氏时，他被封为沛侯。

高帝十一年（前196），刘濞年仅二十岁。淮南王英布谋反，汉高祖亲自率军前往平叛，刘濞以骑将之职，随从高祖击破英布的军队。

荆王刘贾（高祖堂兄）为英布所杀，没有后嗣。当时荆国自淮东而南，至丹阳、会稽，共三郡五十三城，辖境涉及江浙及安徽、两湖乃至两广部分地区，城域十分辽阔。而吴郡会稽等地人轻捷剽悍，汉高祖刘邦很有些放心不下。

当时，西汉的吴郡与东越等国接壤，而吴郡是秦始皇统一全国后才收归的，进入中原版图时间不长，此前基本上属于化外之民，思想意识与中原文化颇多相异，所以高祖打算选壮王镇抚吴地，免除后患。刘邦诸子年少，而刘濞从军有功，因此高祖便立刘濞于沛（今江苏沛县），为吴王，改当年刘贾所封荆国为吴国，刘濞遂据有三郡五十三城。

刘濞拜受印信之后，汉高祖召见，端详其相貌，觉得他不太可靠，就直言道："你面有反相。"（"若状有反相。"《史记·吴王濞列传》）高祖心中暗暗后悔，觉得不该委此人以重任，但已经封拜，一时不能如何，就拍着他的后背说："汉五十年东南有乱，难道是你吗？希望你能明白天下都是刘姓一家人的，留心最好不要谋反。"（"汉后五十年东南有乱者，岂若邪？然天下同姓为一家也，慎无反！"同上）刘濞顿首说："不敢！"

二、丧子生怨　渐萌逆心

刘濞封王的这一年（前195），汉高祖刘邦驾崩。时值孝惠帝继位、高后专权，天下初定，百废待兴。诸侯郡国各自安定百姓，整顿生产，管理行政，稳定治安。

当时的诸侯王，财政大权在握，所以威权煊赫。吴国有豫章郡铜山，刘濞招收天下亡命之徒，私下铸钱；邻近海边地方，又可煮海为盐。因此，吴国即使不征赋税，仅以山海之利，国用就非常富饶了。如此充分的富源，却成了后来吴国谋反的物质条件。

不过，刘濞的谋反之心，起初是由意外事件引发的：吴太子入京，被汉太子失手打死，刘濞遂生怨恨朝廷之心。

汉文帝刘恒时，吴国太子刘贤入见文帝，与皇太子刘启饮酒下棋（六博棋）。由于师傅都是楚人，因此刘贤为人轻率鲁莽，一向目中无人。当时，吴、汉两太子因下棋时争棋路，吴太子刘贤不恭，引得汉太子刘启大怒，拿起棋盘掷向吴太子，结果将其误伤至死。

这下可惹了麻烦！吴王刘濞见活人入朝、死儿归葬，当然又恨又怒。朝廷送吴太子灵柩归吴，他对送葬使者怒道："天下刘氏是一家，吴太子死在长安，也就该葬在长安，何必归葬！"随后，刘濞又派人将灵柩送回了长安。（"吴王愠曰：'天下同宗，死长安即葬长安，何必来葬为！'复遣丧之长安葬。"《史记·吴王濞列传》）

西汉诸侯王的王太子，并非全由长子而立，大多以父王最宠爱者嗣位。所以吴太子甍逝，刘濞心中的怨恨真可以说无以复加。刘濞从此记恨朝廷，渐渐有失藩臣之礼，称疾不朝；朝廷也知道他因为丧子之故，才不肯朝请。汉文帝派人验问，知道刘濞确实无病，又不肯朝请，也十分恼怒，每次有吴使来京，动辄下狱责治。缘此，刘濞更加惊恐，与朝廷的心理距离越来越大。

后来，又有吴国使者到长安来，朝廷照旧加以责问。那位使者说："吴王诈病被发觉，责备得越厉害，他就越是封闭自固，生怕皇上诛杀，无可奈何之下，不免生出事情来。如今，唯有皇上放过他，重新开始，才是正确的办法。"（"今王始诈病，及觉，见责急，愈益闭，恐上诛之，计乃无聊。唯上弃之而与更始。"《史记·吴王濞列传》）这一次，吴使归国的时候，文帝赐吴王以几杖（凭几、手杖，皆老者所用，古时常用为敬老者之物），并说年老了，不必朝觐。这样，吴王刘濞不再担心恐惧，作乱的念头也打消了。（"于是天子乃赦吴使者归之，而赐吴王几杖，老，不朝。吴得释其罪，谋亦益解。"同上）

经过四十多年的经营，吴国的国力越来越强大。国内百姓没有赋税，而且可以出钱雇人代己为卒服役。刘濞还每年向地方官求问茂材（有美材之人），推荐上举，赏赐闾里，收买人心。如有其他郡国来的人才、逃亡的案犯，吴国都收容下来，不予遣返或逮捕。

三、朝廷削地　吴王谋乱

汉文帝时，晁错为皇太子刘启家令。那时，晁错就曾多次言及吴国过大，国势过盛，应当削弱藩国势力，减少对中央集权的威胁。但汉文帝待人宽厚，不忍削夺，吴王却因此更加骄横。

等到景帝刘启继位，晁错升为御史大夫，位在三公之列，颇受景帝信任。晁错指出："高祖庶子刘肥封为齐王，辖七十二城；高祖庶弟刘交封为楚王，辖四十城；高祖兄子刘濞封为吴王，辖五十余城。这三位庶出的王，占了天下的一半。"这些藩国的强大，对中央集权形成极大的威胁，因而晁错认为应该以削地的方式，来削弱藩国的实力。关于各国对削地的反应，晁错也有正确的估计，他说："今削之亦反，不削亦反；削之，则反急，祸小；不削，其反迟，祸大。"（晁错《削藩策》）

晁错的分析，后来的事实证明是正确的。但晁错认为，削地的突破口，应是因过削地，谁有错就削谁的地。景帝二年（前155）冬，楚元王之孙刘戊来朝，晁错乘机上奏说，刘戊以前为薄太后服丧期间，私与宫女通奸，请皇帝诛杀他。景帝下诏不诛，但削去了楚国的东海郡。随后，赵王刘遂有罪，削其常山郡；胶西王刘卬卖爵捣鬼，应削其六县。

当时朝中，又议论要削去吴国的豫章郡（治今南昌）、会稽郡（治今苏州）。吴王刘濞担心削地没有止境，自己的本土不保，便打算乘机起事，推翻景帝。而要成就此事，自然需要帮手，考虑到诸侯王大多无足与谋，唯有胶西王刘卬好使气斗狠，于是刘濞就派自己的中大夫应高，去诱惑胶西王；事涉机密，又担心留下把柄，因而并无书信。

四、应高游说　诸侯响应

应高到达胶西国（治今山东高密西南，辖境约当今山东胶河以西、高密以北地区），见到胶西王刘卬，口头通报说："吴王不才，有旦夕之忧，不敢自外，特地让我来，使您明白他的好意。"胶西王问："有何指教？"应高首先分析形势说："现在皇帝任用奸臣，听信谗言，只顾眼前小利，擅自改变法令，侵夺诸侯封地，征求越来越多，情形日益严重。俗话说'舐糠及米'，吃完糠就会吃到米啊。"

接着，应高又说到切己利益："吴王与胶西王，都是天下知名的诸侯，一旦被朝中盯上，便不得安宁自在了。即便缩着肩膀小步走路，也还是害怕不能被谅解。我听说诸侯削地，大王也有份儿，即使有罪也罪不至此啊。"胶西王因为卖爵有错，也在削地之列，刘卬当然不情愿，只是不知如何是好，便请教应高。

应高说得冠冕堂皇，认为大家要"同恶相助，同好相留，同情相求，同欲相趋，同利相死"；接着就说到了肯綮："如今两国所虑相同，吴王宁愿因借时机、顺应事理，牺牲个人身躯而为天下去除祸害，大王也可以考虑考虑吗？"（"今吴王自以为与大王同忧，愿因时循理，弃躯以除患害于天下，亿亦可乎？"《史记·吴王濞列传》）

应高所言，明白是说要犯上作乱，刘卬听了，吃惊地说："我哪里敢这样呢？现在皇上虽然威逼急迫，我本来就有死罪，怎能不拥戴他呢？"（王瞿然骇曰："寡人何敢如是？今主上虽急，固有死耳，安得不戴？"同上）

应高不以为然，又不紧不慢说出一番大道理来："御史大夫晁错蛊惑天子，侵夺诸侯，蔽塞忠贤，朝臣不无怨言，诸侯也都有背叛之意，人臣之事已经到了极点。如今天上彗星出现，地下蝗虫不断。这种机会万世难逢，而且忧愁劳苦之时，也正是圣明之人该出来的时候。"

接着，应高说出了吴王的具体打算："吴王打算以讨伐晁错为借口，追随大王驰骋天下。假如大王能够答应，吴王就与楚王一起攻下函谷关，守住荥阳敖仓的粮食，抵御汉兵；修筑驻军房舍，等待大王的到来。大王真的能够到来，那么天下就可以并吞，两个君主分治天下，不也是很不错的吗？"

应高说得很是乐观，所谓"所乡（向）者降，所指者下，天下莫敢不服"。如此诱惑之下，胶西王刘卬慨然答应。应高回去报告了吴王，吴王还担心胶西王临事退缩，又亲自作使者，出使胶西，当面和胶西王订立了盟约。

胶西国有臣僚谏阻，刘卬不听，并派使者联络齐、菑川、胶东、济南、济北诸王，他们都答应了。这几个藩国之王，都是齐悼惠王刘肥之子，由原来齐国的七十多座城邑，裂土而分为五王的。吕后去世之后，长兄刘襄率先向诸吕发难，却未能继位登基，他们本来就心怀不满。这回有两个大国——吴国、楚国做后盾，政治野心重新激发，于是"同欲相求"，共同叛逆。

五、起兵广陵　遍发反书

不久之后，朝廷削夺吴国会稽、豫章两郡的文书到来，刘濞率先起兵，诛杀了由朝廷直接委派吴国的中尉、二千石及以下的官员。此时，胶东、胶西、菑川、济南、楚、赵等国一同反叛，发兵向西，故史称"七国之乱"。

七国之乱中，吴国调集了全国的军队，吴王刘濞下令："我已经六十二岁，仍亲自率军出征；小儿子才十四岁，也要上战场身先士卒。上自与我年岁相同、下到与我小儿子年龄相仿的男子，都要出征。"（"寡人年六十二，身自将。少子年十四，亦为士卒先。诸年上与寡人比、下与少子等者，皆发。"《史记·吴王濞列传》）共征集了二十余万人。刘濞还派使者与闽、东越结谋，两国也都同意发兵跟从吴国，助吴国谋逆之力。

汉景帝三年（前154）正月，吴王刘濞起兵广陵，率军向西渡过淮水，与楚兵会合。此时，刘濞派使者四出送信，希望更多的诸侯响应，扩大攻势。这封书信，史称"反书"。书云：

> 吴王刘濞敬问胶西王、胶东王、菑川王、济南王、赵王、楚王、淮南王、衡山王、庐江王、故长沙王子：幸教寡人！
>
> （吴王刘濞敬问胶西王、胶东王、菑川王、济南王、赵王、楚王、淮南王、衡山王、庐江王、故长沙王子：希望得到你们的指教！）
>
> 以汉有贼臣，无功天下，侵夺诸侯地，使吏劾系讯治，以僇辱之为故，不以诸侯人君礼遇刘氏骨肉，绝先帝功臣，进任奸宄，诖乱天下，欲危社稷。陛下多病志失，不能省察。欲举兵诛之，谨闻教。
>
> （因为汉朝有奸臣，无功天下，却侵夺诸侯的土地，派法吏弹劾囚系审讯惩治诸侯，专以侮辱诸侯为能事，不用诸侯王的礼仪对待刘氏骨肉同胞，抛开先帝的功臣，进用坏人，惑乱天下，想要危害国家。皇帝体弱多病、神志失常，不能明察政情。我想要起兵诛讨他们，我恭敬听从各位指教。）
>
> 敝国虽狭，地方三千里；人虽少，精兵可具五十万。寡人素事南越三十余年，其王君皆不辞分其卒以随寡人，又可得三十余万。寡人虽不肖，原（愿）以身从诸王。越直长沙者，因王子定长沙以北，西走蜀、汉中。告越、楚王、淮南

三王,与寡人西面;齐诸王与赵王定河间、河内,或入临晋关,或与寡人会雒阳;燕王、赵王固与胡王有约,燕王北定代、云中,抟胡众入萧关,走长安,匡正天子,以安高庙。原王勉之。

(我国虽然狭小,土地也是方圆三千里;人口虽然少,精锐的士兵也能准备五十万。本人一向侍奉南越三十多年,他们的君主都不拒绝征召分派士兵跟随我进兵,又可以得到三十多万。本人虽不才,愿意亲自追随各位王侯。越正和长沙接壤,他们可追随长沙王的儿子平定长沙以北,然后迅速向西进攻蜀汉。派人告诉东越王、楚王、淮南王,和我一起向西进攻;齐地诸王和赵王平定河间、河内后,有的进入临津关,有的和我在洛阳会合;燕王、赵王本来与匈奴王有盟约,燕王在北方平定代郡、云中郡,然后统领匈奴军队进入萧关,直取长安,纠正天子的错误,来安定高祖庙。希望诸王勉力去做。)

楚元王子、淮南三王,或不沐洗十余年,怨入骨髓,欲一有所出之久矣。寡人未得诸王之意,未敢听。今诸王苟能存亡继绝,振弱伐暴,以安刘氏,社稷之所原也。敝国虽贫,寡人节衣食之用,积金钱,修兵革,聚谷食,夜以继日,三十余年矣。凡为此,原诸王勉用之。能斩捕大将者,赐金五千斤,封万户;列将,三千斤,封五千户;裨将,二千斤,封二千户;二千石,千斤,封千户;千石,五百斤,封五百户;皆为列侯。其以军若城邑降者,卒万人,邑万户,如得大将;人户五千,如得列将;人户三千,如得裨将;人户千,如得二千石;其小吏皆以差次受爵金。佗封赐皆倍军法。其有故爵邑者,更益勿因。

(楚元王的儿子、淮南的淮南王、衡山王、庐江王,各自心有所专注已经十多年了，怨恨深入骨髓，想要有所行动已经很久了，只是我不知诸王的心意，不敢听命。现在诸王如能保存延续将要灭绝的国家，扶弱锄强，来安定刘氏，这是宗庙社稷所希望的。我国虽然贫穷，我节省衣食的费用，积蓄金钱，修治兵器甲胄，积聚粮食，夜以继日地努力，有三十多年了。都是为的今天，希望诸王努力利用这些条件。能俘虏杀死大将军的，赏赐黄金五千斤，封邑万户；俘虏杀死将军的，赏赐三千斤，封邑五千户；俘虏杀死副将的，赏赐二千斤，封邑二千户；俘虏杀死俸禄二千石的官员，赏赐一千斤，食邑一千户；俘虏杀死俸禄一千石的官员，赏赐五百斤，封邑五百户。以上有功的人，都可封为列侯。那些带着军队或者城邑来投降的，士兵有万人，城中户口万户，如同得到大将军；士兵、城中户数五千的，如同得到将军；士兵、城中户数三千的，如同得到副将；士兵、城中户数一千的，如同得到二千石的官员；那些投降的小官吏，也依职位差别受到封爵赏金。其他的封赏都一倍于汉朝军法的规定。那些原有封爵城邑的人，只会增加，不会保持原状。）

原诸王明以令士大夫，弗敢欺也。寡人金钱在天下者往往而有，非必取于吴，诸王日夜用之弗能尽。有当赐者告寡人，寡人且往遗之。敬以闻。（《史记·吴王濞列传》）

（希望诸王明确地向士大夫们宣布，我不敢欺骗他们。我的金钱天下到处都有，不一定到吴国来取，诸王日夜使用也不能用光。有应赏赐的人告诉我，我将前往送给他。恭敬地奉告诸王。）

这封书信，洋洋洒洒，冠冕堂皇，说到了朝廷的不义，说到了藩国的苦处，说到了举事的正当，说到了军事的部署，说到了吴国的决心。最有意思的是，还开出了赏格。其实，如果真是正当的事情，应该晓之以义，又何必利诱呢？

六、不听劝谏　坐失战机

当吴王的反书遍传世间时，汉景帝命条侯周亚夫，率领三十六名将军，前往击破吴、楚；命曲周侯郦寄击赵，将军栾布击齐；命大将军灌婴屯兵荥阳，监督齐、赵方面的兵马。

吴楚叛乱的初衷，表面上是诛晁错，实际则是夺取皇权，尽有汉地。但吴王刘濞所作所为与初衷南辕北辙，在争战中专断自是，不能采纳臣属建议，致使屡屡坐失战机，形势由主动变成了被动。

发兵之初，吴王以臣属田禄伯为大将军。田禄伯分析军情说："吴兵屯聚向西，没有奇策，难以立功。臣愿率领五万人，另辟一路，顺着江淮而上，攻取淮南、长沙，进入武关（在今陕西商南县境），与大王会合，这也算是一条奇策。"这种分析很有道理，可以使吴军免于孤军而战的境地，而且那些地方兵力空虚，易于占领，可以扩大军事影响。

吴王太子刘驹，不同意田禄伯的意见，反而劝父亲说："父王以反叛为名，这种兵权不能委托给别人。别人得到兵权，也反叛父王，又该怎么办？况且派出奇兵单独行动，会遇到什么样的情况，都很难预想，会白白地削弱主力军。"（"王以反为名，此兵难以藉人，藉人亦且反王，奈何？且擅兵而别，多佗利害，未可知也，徒自损耳。"《史记·吴王濞列传》）吴王难分是非，因此以亲缘关系作为判断事情的标准，对田禄伯的建议反而心怀疑忌，坐失了一次有利的机会。

吴国的少将恒将军，也提出了自己的建议："吴国步兵多，步兵适合利用险要；汉军车骑多，车骑的长处是利用平地。希望大王经过城邑不去占领，一直快速向西，占据洛阳的武库，食用敖仓的粮食，如此兵备粮足，凭借崤山、黄河之险来号令诸侯，虽未入关，天下固为己有，形势已定。如果大王行进缓慢，滞留攻城，汉军车骑到来，兵临梁与楚国都城之下，败势便已确定。"（"吴多步兵，步兵利险；汉多车骑，车骑利平地。原大王所过城邑不下，直弃去，疾西据雒阳武库，食敖仓粟，阻山河之险以令诸侯，虽毋入关，天下固已定矣。即大王徐行，留下城邑，汉军车骑至，驰入梁楚之郊，事败矣。"同上）

吴王刘濞就此征询国中老将意见如何，老将们说："这不过是年轻人冲锋争先的计策，他哪知道深谋远虑啊！"这一次，刘濞又没有采纳正确的意见。——其实他的所作所为，不过是为反叛而反叛，表面上是要夺取政权，实际上却南辕北辙。而且从军事谋略及用人的角度看，他实在也是乏善可陈。

吴王收罗逃亡，广有门客，起兵不久，这些人大多被授予军职，将军、校尉、司马等都有。其中一个叫周丘的，本是下邳人，逃到吴国来的。此人嗜酒无行，吴王鄙薄他，所以没有任用。谁知他却毛遂自荐，拜见吴王说："我缺少能力，不能在军队任职。希望给我一柄朝廷的符节，定能报答大王的。"

周丘得到符节，连夜赶赴下邳。下邳兵士多去守城，周丘到得客舍，召来下邳县令，捏造罪名，让随从把他杀了。接着，又召集有交情的当地富豪、官吏，告诉他们："吴王军队到来，杀尽下邳城里的人，不过是一顿饭的工夫。现在投降，可以保全家室，有才干的还能封侯。"这些人出去后转相传告，下邳人全都投降，周丘一夜之间得到三万军兵。派人报告吴王后，他率领这支军队向北攻占城邑。等到了城阳，已发展到十多万人，击破了城阳中尉的军队。后来听说吴王战败逃走，周丘又率部返回下邳，路上因后背毒疮发作，一命呜呼。

七、梁军阻吴　东越杀濞

起初，吴王率军渡过淮河，与楚王合兵，打败棘壁守军，乘胜向前，部队锐气十足。看到这种局势，梁王刘武有些恐慌，派遣六支部队迎击，结果两支又为吴、楚两军所败。吴、楚军势大盛，而梁军不敌，作战中士卒都恐惧后退。

梁王数次派遣使者，前往昌邑向条侯周亚夫求救，周亚夫都没有同意。周亚夫的战略，是要使吴、楚在与梁的对垒中，消耗有生力量，并断其粮道，使之绝粮受饥，从而拖垮它们。

梁王刘武在周亚夫那里讨不来救兵，又向兄长景帝求救。景帝听了弟弟的诉苦，很为担忧，就派使者告诉周亚夫，要他前去救梁。周亚夫本着"将在外，君命有所不受"的原则，出于战场作战形势的考虑，没有发兵支援。

看到救兵无望，梁王刘武只好调动国内所有力量，与吴、楚军决战。刘武平日注意收拢人才，吴国能人不少；窦太后平日多有赏赐，财物超过朝廷。所以这场战役虽然酷烈，梁军还是大获全胜，吴军只好转而进攻汉军。

梁军固守城池，不敢向西追赶，吴军遂接近了周亚夫所率汉军。两军在下邑（今安徽砀山）交会。吴军急于求战，汉军却据壁坚守，不肯应战。相持一段时间，因断了粮道，吴军粮绝，士兵饿着肚子数次挑战，汉军均未搭理。

无可奈何，吴军遂设计夜袭周亚夫军营，惊得汉军东南方向一片声响。周亚夫下令只在西北方向守备。果然吴军"声东"之后"击西"，因汉军早有准备，没有能攻进来，反而被打得大败。

此后，吴军士卒多因饥饿而死，剩下的便开始叛逃，逐渐溃散瓦解。吴王刘濞自领麾下壮士千余人连夜逃跑，渡过淮河，走丹徒，驻守东越（在今福建北、浙江南一带）。

当时，东越有兵万余人，刘濞想借用这支力量，同时派人收罗自己的逃兵散勇。朝廷派人答应给东越以好处，让其杀死刘濞，东越王就骗刘濞，让他出来慰劳士兵。刘濞一出，东越王派人用矛戟将他撞杀，用匣子盛着他的头颅，报告朝廷。吴国太子刘驹，逃到了闽越国（与东越相连，今福建北、浙江南一带）。因为刘濞弃军而逃，军队溃散，吴军陆续投降了周亚夫和梁王刘武的军队。

吴楚合兵之后，楚王刘戊与吴王刘濞一同行动，楚军亦为汉军所败，刘戊自杀，军队降汉。

赵王刘遂所率赵军，途中遇到汉军堵截，遂返回固守国都邯郸，相持七个月。汉军破城，刘遂自杀。

胶西王刘卬，与胶东、菑川、济南三王，因齐王后悔而顿兵不出，他们没有西进，反而合力围困齐都临菑。结果三月不克，等汉军到来，刘卬等四王便各自领兵回国，先后自杀。

吴楚七国之王，因为叛乱，自然都得不到朝廷赐谥，王号里均无谥字。

楚王刘戊

刘戊（？—前154），汉文帝堂侄，景帝堂兄；楚元王刘交之孙，楚夷王刘郢客之子。楚都彭城（今江苏徐州）人。少年时代袭封为王，在位二十年后，因有过错被削夺部分封地，遂联合吴王谋反，兵败自杀。

一、父祖向学　先后封王

刘戊的祖父刘交，是汉高祖刘邦的同父异母弟，排行第四。

他与三位兄长不同，喜好经书，具备多种才能和技艺。

刘交少年时代，曾经与鲁地的穆生、白生、申公一起，跟荀况的门人浮丘伯学《诗》。等到嬴秦统一中国，秦始皇开始焚书时，刘交等人就各回各家，分手而去。

刘交早年跟随刘邦，不以征战闻名，却是刘邦的近侍，出入卧内，传递机密。刘邦成为汉王之后，封刘交为文信君。汉朝建立时，汉高祖刘邦废黜楚王韩信，分其地为二国，淮东为荆，淮西为楚，刘交被封为楚王。楚地辖有薛郡、东海、彭城三郡（主要在今山东、江苏部分地区以及安徽边缘），共计三十六县，国都彭城（今江苏徐州）。

刘交育有七子，长子刘辟非，楚太子；次子刘郢客（《史记》作"刘郢"），就是刘戊的父亲。刘交受封后，将原来的同学穆生、白生和申公，都请到楚国担任中大夫，同时，派次子刘郢客到长安，向昔日老师浮丘伯学习《诗经》。

汉文帝元年（前179），刘交去世，在位二十三年，谥曰"元"，史称"楚元王"。因楚太子刘辟非早卒，刘交次子刘郢客便袭封为楚王。

刘郢客受到乃父的悉心培养，同样重文尚学，聘请天下名师，招募杰出人才。楚都彭城，文化繁荣；楚王身边，不乏良才。可惜的是，刘郢客仅在位四年就去世了，谥曰"夷"，世称"楚夷王"。

二、既不好学　又复忘道

父亲去世后，刘戊袭爵为楚王，是西汉诸侯国楚国的第三任王。这一年，是汉文帝六年（前174）。

祖父楚元王刘交在世时，曾经请来几位儒生，一方面自己研讨求教，一方面传授教养子弟。其中申公最为著名，此外还有穆生和白生。刘交对他们几位十分礼敬,其中穆生不喝酒,因此每次酒饭,往往另外给他准备甜酒。("元王敬礼申公等,穆生不耆酒,元王每置酒,常为穆生设醴。"《汉书·楚元王传》)

刘戊与祖父、父亲不同,他不喜欢读书,因而对教他学问、道理的老师,满脑子敌视念头。父亲去世,刘戊继位,甚至"胥靡"(禁锢折磨)申公。("戊不好学,疾申公。及王郢卒,戊立为楚王,胥靡申公。"《史记·儒林列传》)

《汉书》记载,刘戊继位之后,开始还能奉行旧事,经常设酒、醴;后来不太在意,就忘记了。退席之后,穆生说:"应该离开了!不设甜酒,说明大王有了怠慢之意,再不走,楚人将会把我'钳'着上街市。""楚人将钳我于市",后来省作"楚人钳"或"楚钳",比喻杀身之祸。于是,穆生声称有病,卧床不起。

申公、白生强要穆生起来,他们劝解说:"难道你不顾念先王的恩德吗?如今大王不过是偶然小小失礼,何至于此呢!"先王的恩德,今王的失礼,两相比较,后者自然无足轻重。

穆生不以为然,说出一番大道理来:"《易》称'知几其神乎!几者动之微,吉凶之先见者也。君子见几而作,不俟终日'。先王之所以礼吾三人者,为道之存故也;今而忽之,是忘道也。忘道之人,胡可与久处?岂为区区之礼哉!"(《汉书·楚元王传》)

穆生认为,刘戊的疏失,不是礼的问题,而是道的问题。礼的问题,"区区"而已,道的问题就大了。忘记了道,行事不遵道,什么事情都干得出来。这种人,怎么能长久相处?既然已经看出苗头,就该麻溜行动,"不俟终日"——连一天过完都不等。就这样,穆生托病辞去,申公、白生暂时留了下来。

三、与吴谋反　兵败自杀

从文帝到景帝,刘戊在楚王的位置上,度过了近二十年。

景帝前元二年（前155），薄太后去世，服丧期间，刘戊饮酒作乐，且与人"私奸"，被人告发。私奸何人，有说是宫女的，罪过不小。而史籍明确记载"王戊稍淫暴"——荒淫无道、蛮横粗暴，服丧私奸的事情做得出来。

其时，鉴于诸侯国国土过大、国势过盛，且诸王多有不法，朝廷正在伺机削藩。刘戊服丧行乱，朝廷遂因此削去楚国三郡中的两个——东海郡和薛郡。刘戊对此忿忿不平，"乃与吴通谋"，跟吴王刘濞联络谋划叛乱。

申公、白生得知情况，一齐进谏，刘戊不仅不听，还"胥靡之，衣之赭衣，使杵臼雅舂于市"。就是说，给他们穿上囚徒的衣服，用绳子连在一起，（颜师古注："联系使相随而服役之，故谓之胥靡，犹今之役囚徒以锁联缀耳。"）在大街上高举木杵，端正着身子舂米。（所谓"雅舂"，颜师古注引晋灼曰："高肱举杵，正身而舂之。"）这一次，申公等毅然辞去。

休侯刘富，是刘戊父亲刘郢客的弟弟，也派人劝谏刘戊。刘戊不仅不听劝，还说："小叔叔不站在我们一边，等我起事，先拿下叔叔你开刀。"（"季父不吾与，我起，先取季父矣。"《汉书·楚元王传》）刘富听到这话，吓得赶紧和母亲一起奔京城长安去了。

第二年，也就是景帝前元三年（前154）春天，楚王刘戊决定，与吴王刘濞联合反叛朝廷。楚国国相张尚、太傅赵夷吾劝谏，楚王刘戊不纳，还把两人杀了。

接着，刘戊起兵，与吴、赵等国西攻梁国。吴楚军攻破棘壁后，受到梁军顽强阻击，转而兵进昌邑，与周亚夫所率汉军交战。由于汉军断绝粮道，吴、楚士卒饥疲不堪，为汉军所败。吴王刘濞逃走，刘戊自杀，军队降汉。

刘戊自杀后，匆促之间，家人欲将其葬于彭城狮子山的楚王陵。汉景帝并未过多追究刘戊的罪过，同意按诸侯王的规格，葬之尚未竣工的王陵中。

吴楚七国之乱平息后,景帝打算让吴王、楚王的子弟袭爵。窦太后觉得吴王刘濞作为刘氏在世的老人,应该多为朝廷着想,如今反而谋乱,不许为其立后,同意为楚立后。当时,楚元王刘交第三子刘礼,正在朝中担任宗正,景帝便封他为楚王,是为楚文王。

赵王刘遂

刘遂(?—前154),汉文帝之侄,景帝堂兄弟,赵幽王刘友之子。刘友被吕氏王后诬告,吕后将其幽禁饿死,并把赵国封给侄儿吕禄。诸吕诛除后,刘遂得封赵王。吴楚叛乱,赵国参与,汉军围困国都邯郸,城破,刘遂自杀。

一、父为赵王 幽禁而死

刘遂是汉高祖刘邦之孙,父亲刘友为刘邦第六子,生母不详。

高帝十一年(前196)三月,梁王彭越谋反失败,灭三族。汉高祖下诏,选择可以受封梁王、淮阳王的人。燕王卢绾、相国萧何,请求立皇子刘恢为梁王,皇子刘友为淮阳王,这个意见得到采纳,随后刘友被封为淮阳王,并废除颍川郡,将其一部分较大的土地扩充到淮阳国。

汉高祖刘邦去世后,刘友二哥刘盈继位,吕后摄政。惠帝元年(前194)十二月,吕后毒杀刘友三哥赵王刘如意,改封刘友为赵王。

赵王王后,为吕氏之女,不受赵王喜爱。赵王钟情其他姬妾，吕王后很是妒忌，怒而离家，来到吕后面前，诬告赵王刘友，称他曾说："吕氏怎能封王呢？太后百年之后，我一定要收拾他们。"（"吕氏安得王！太后百岁后，吾必击之。"《史记·吕太后本纪》）其实，吕王后不过因妒生忿，无中生有。然而吕后听了，勃然大怒，下令召赵王刘友进京。

刘友来到京城长安，吕后把他安置在官邸里，派兵围困，不给饭吃。刘友的臣僚有偷着送饭的，就抓起来问罪。被幽禁受饿期间，刘友写了一首诗（《赵王幽歌》），抒发哀怨愤懑之情。歌云：

> 诸吕用事兮刘氏危，迫胁王侯兮彊授我妃。
> 我妃既妒兮诬我以恶，谗女乱国兮上曾不寤。
> 我无忠臣兮何故弃国？自决中野兮苍天与直！
> 於嗟不可悔兮宁蚤自财？为王而饿死兮谁者怜之！
> 吕氏绝理兮讬天报仇。
>
> （诗歌大意：诸吕大权在握，刘氏江山岌岌可危。他们胁迫王侯，强行把吕家的闺女嫁给我做王妃。我这个王妃嫉妒心很强，竟然诬蔑我，说我的坏话。这女人谗言祸乱国家，不曾想皇上也糊里糊涂，不辨是非。我也不是没有忠臣，为什么会失去国家？早知如此，还不如路上就在荒野里结果了自己，苍天终究会辨明是非曲直的。可惜如今后悔已晚，真不如早早自裁的好。做诸侯王却要饿死，无人知晓，又有谁可怜呢？吕氏作恶，灭绝天理，也只有靠苍天替人们报仇了。）

这年（吕后七年，前181）正月元宵节后第三天，刘友最终被幽禁饿死。因为被幽禁而死，故谥曰"幽"（"幽王以忧死,故为'幽'。"《史记·楚元王世家》）随后,吕后将侄子吕禄封为赵王。

二、参与反叛 兵败自杀

高后八年（前180）,太后吕雉去世,朝臣与刘氏诸王联合,诛除了吕产、吕禄等全部吕氏老少男女。随之,刘遂也继承了父亲的爵位,成为赵王。

汉文帝二年（前178）,文帝割取赵国的河间郡,封给了刘遂的弟弟刘辟彊,建立了河间国,是为河间文王。

二十多年后,汉景帝前元三年（前154）,景帝采纳晁错的削藩建议,削减诸侯国的封地,赵国的常山郡也在削减之列。削藩激怒了部分诸侯王,吴王刘濞和楚王刘戊,率先起兵反叛朝廷,赵王刘遂也与他们合谋起兵。

赵国国相建德、内史王悍,劝谏赵王不要反叛朝廷。刘遂不仅不听,还下令烧死了两人。随后,刘遂发兵西行,驻守赵国西部边界,打算等吴军到来,一起西进长安。与此同时,他还派遣使者,出使北边的匈奴,与其交好,怂恿其进攻汉朝。

吴、楚等七国叛乱,朝廷分遣将领,率兵平叛。其中周亚夫率主力迎击吴、楚军,赵国方面的汉军,则由曲周侯郦寄统帅。遇到汉军的堵截,刘遂随即返回,固守都城邯郸,与汉军相持达七个月。

吴、楚军西进到梁国地界,受到梁王刘武的顽强阻击,不能西进。匈奴听说之后,也停止了行动,不肯进入汉朝边界。此时,栾布所率汉军攻破齐国回师,便与郦寄合兵一处,引水淹灌邯郸。邯郸城墙被冲毁,都城不保,赵王刘遂自杀。

此前,赵幽王刘友次子刘辟彊,已经在文帝十四年（前166）去世,因此赵幽王绝嗣。

胶西王刘卬

刘卬（？—前154），汉文帝之侄，景帝堂兄；齐悼惠王刘肥第十一子。汉文帝时期，他与弟兄先后封侯、封王。吴王刘濞谋乱，他积极响应，联络齐地诸王参与，并围攻反悔的兄长齐孝王刘将闾。汉军到来，引军归国，后服罪自杀。

一、吕后残刘　齐王幸存

刘卬是汉高祖刘邦之孙，父亲刘肥，是高祖的庶长子。刘肥生子甚多，共十三个，刘卬是第十一子。

刘肥虽然是庶出，却很受父亲看重。汉朝建立之后，高帝六年（前201），高祖刘邦分封诸王，刘肥被封为齐王，建立齐国，国都临菑（今山东淄博）。齐国是汉初的第一大封国，统辖七十二城，疆域辽阔；人口众多，所谓"诸民能齐言者，皆予齐王"（《史记·齐悼惠王世家》。《汉书·高祖本纪》作"民能齐言者皆属齐"。）朝廷还任命平阳侯曹参为齐国国相，由此亦可见汉高祖的重视。

高祖去世，惠帝继位，吕后摄政，刘氏诸王开始遭逢厄运，诸王或被毒杀，或被幽禁饿死，不一而足；刘肥自然也是吕后的眼中钉，只不过因为他颇有"贡献"，才躲过一劫。

惠帝二年（前193），齐王刘肥进京朝见汉惠帝，兄弟二人日常相处，多遵家人之礼。十月的一天，二人在吕后跟前宴饮，惠帝因齐王是兄长，就让他坐了上座。（"十月，孝惠与齐王燕饮太后前，孝惠以为齐王兄，置上坐，如家人之礼。"《史记·吕太后本纪》）吕后见了大怒，便准备了两杯毒酒，打算毒死刘肥。

谁知齐王起立欲饮，惠帝也跟着起立要为齐王祝酒。吕后担心害死自己的儿子，打翻了惠帝手中的酒杯。

吕后的奇怪举动，引起了齐王刘肥的怀疑，他没敢喝酒，便假装醉酒匆匆离开了。后来询问别人，才知道杯子里的是毒酒。缘此，刘肥很是恐惧，认为自己很难从长安脱身，整日忧心忡忡。

齐国内史得知此事，向齐王刘肥献计说："吕后只有一儿一女——汉惠帝和鲁元公主，对两个孩子无比疼爱。而如今，大王拥有七十多座城邑的封地，鲁元公主的汤沐邑却只有几座城邑。如果大王能把一个郡的封地献给吕后，作为鲁元公主的汤沐邑，吕后一定很高兴，您也就没什么可担心的了。"（"太后独有孝惠与鲁元公主。今王有七十余城，而公主乃食数城。王诚以一郡上太后，为公主汤沐邑，太后必喜，王必无忧。"同上）

刘肥依计而行，献出城阳郡，请求吕后给鲁元公主作汤沐邑，并尊鲁元公主为齐国的王太后。吕后果然高兴，爽快答应了这一请求，还在齐王府邸设宴，众人高高兴兴痛饮一番。就这样，吕后没再为难齐王刘肥，放他回了自己的封国。

在吕后当政期间，刘氏诸王大多被害，齐王刘肥是唯一善终的。汉文帝继位后，对这位长兄的后代，大体可以说是照顾有加，他在世的儿子都封了王。但吴楚七国叛乱中，七国就有四个是他儿子的王国。

二、兄弟侯王　一门尽封

汉惠帝驾崩前一年——惠帝六年（前189），齐王刘肥去世，共在位十三年，谥曰"悼惠"，史称"齐悼惠王"。长子刘襄袭爵，是为齐哀王。

吕后去世，诸吕蠢蠢欲动，齐王刘襄整兵西进，打算与长安宿宫的两个弟弟——朱虚侯刘章、东牟侯刘兴居，里应外合，诛除诸吕,并争取帝位。刘襄发兵西进,给了诸吕很大压力,激发他们将谋划付诸实施。朝中的刘章,率兵杀死吕氏主脑吕产,功劳尤其突出。

汉文帝继位后,鉴于齐王刘襄兄弟三人的功劳,便把吕后时期割去的齐国封地——城阳、琅邪、济南三郡,全都还给了齐国;同时,给朱虚侯刘章、东牟侯刘兴居,各增封两千户。而这一次刘章兄弟只是增封、并未封王,正是由于乃兄刘襄欲求帝位,引得文帝不满所致。

也就在文帝元年(前179),齐王刘襄病逝,谥曰"哀";太子刘则袭爵,是为齐文王。第二年,汉文帝将刘章兄弟加封为王:分出齐国的两郡,以城阳郡立朱虚侯刘章为城阳王,以济北郡立东牟侯刘兴居为济北王。

文帝四年(前176),汉文帝将刘肥第四子刘罢军及以下另外的儿子,共七人,都封为列侯,刘卬为平昌侯。

齐文王刘则在位十四年,卒后无子,国除,封地都归了汉朝廷。不过,第二年(文帝十六年,前164),汉文帝又把起初封为列侯而在世的六人,都加封为王:第八子刘将闾为齐王,九子刘辟光为济南王,十子刘志为济北王,十一子刘卬为胶西王,十二子刘贤为菑川王,十三子刘雄渠为胶东王。

三、围攻齐都 三月不下

景帝前元三年(前154),汉廷确定削藩之策,伺察诸王过错,乘机削其封地。胶西王刘卬,因为在卖爵的事情上捣鬼,最早被削夺六县。吴王谋叛,最先联络的就是胶西王。待到吴、楚起兵,刘卬的三个兄弟——胶东王刘雄渠、菑川王刘贤、济南王刘辟光,也加入了叛乱。吴楚七国之乱,齐悼惠王刘肥的儿子,就占了四席。

七国之乱与叛乱诸王

吴王刘濞决定起兵叛乱，苦于诸侯王无人可以商量计谋，听说胶西王刘卬为人勇敢、容易冲动，齐地的几个诸侯都怕他，便派应高前来鼓动。

见到刘卬，应高说："当今皇上任用奸臣，受到蒙蔽，听信谗言，变法律令，侵夺诸侯封地。'舐糠及米'，恐怕削夺了封地，还要侵夺封国。吴国和胶西都是名国，一旦被他们注意，就不得安生和自由。吴王准备以讨伐晁错为名起事，只要你答应，他就发兵。如果您能够亲自参加作战，就可以兼并天下，到时两主分割，各自称帝。"

刘卬因被削六县，对朝廷早已心存不满，于是答应起兵配合。应高回去报告了吴王，刘濞担心胶西王变卦，又亲自来胶西，当面与刘卬订立了盟约。

胶西国群臣听说后，有人谏劝刘卬："事奉一个皇帝，最好不过了。如今大王和吴王一起反叛，就算事情成功，也要两主分争，祸患从此就开始了。诸侯王的封地不足朝廷郡县的十分之二，却因为叛逆让王太后担心，不是好计策啊。"（"承一帝，至乐也。今大王与吴西乡，弟令事成，两主分争，患乃始结。诸侯之地不足为汉郡什二，而为畔逆以忧太后，非长策也。"《史记·吴王濞列传》）

刘卬哪里听得进去？不仅不听，还主动派使者去串通齐王、菑川王、胶东王、济南王、济北王，他们大都答应起兵配合。不过，刘卬没让二哥城阳王刘章参与，说他基于道义攻击诸吕，这次别让他参与，事成之后分些土地给他就是了。（"城阳景王有义，攻诸吕，勿与，事定分之耳。"同上）

谁知，齐王刘将闾很快就后悔了，背弃盟约，守城不出。刘卬非常生气，便带领胶东、菑川、济南三王，一齐围攻齐都临菑。

齐王刘将闾派路中大夫向朝廷求援，景帝让路中大夫转告齐王，让他好好坚守城池，汉军很快就会打败吴、楚。路中大夫返回时，因三国重兵围困，无法入城。刘印等将其劫持，让他跟齐王说反话，称"汉军已被击败，齐王赶快下城投降，不然就要屠城了"。路中大夫假意答应，来到城下，望见齐王，却高喊道："朝廷已经发兵百万，太尉周亚夫打破吴、楚军队，正率军来救齐国。大王一定要坚守，不能下城！"刘印等大怒，杀害了路中大夫。

后来汉将得知，齐都临菑被围之初，齐王曾与三国有过谋约，就要移兵攻打齐国。齐王刘将闾害怕，便喝药自杀了。景帝听了，认为齐王是被胁迫的，并非本身的罪过，而且坚守有功，赐谥曰"孝"，并立齐孝王太子刘寿为齐王，以续齐后。

齐地六王中的另外一个——济北王刘志，没有谋反。原来，济北国都城墙损坏，尚未修复完工，郎中令劫持济北王刘志，不让其发兵，所以未曾起事。

四、汉将对话　服罪自杀

刘印与胶东王、菑川王、济南王，合兵围攻齐都临菑，三个月没有攻下来。栾布等所率汉军一到，诸王便各自领兵回国。胶西王刘印赤膊光脚，喝着冷水，坐在草席上，向母亲王太后谢罪。

王太子刘德说："汉军远道而来，我看他们已经很是疲敝，可以发兵袭击。我希望收集大王剩余的军队进攻汉军，进攻不能取胜，就逃入大海，也不算晚啊。"胶西王说："我的士卒已经溃散，再也用不上了。"没有听从太子的建议。

此时，汉军将领韩颓当，给胶西王刘印发来了书信，信中说："我奉皇帝诏令，前来征讨叛军，投降者赦免罪过，恢复官爵；不降者，一概诛灭。何去何从，你自己决定吧。"刘印来到汉军营垒，肉袒叩头谢罪："刘卬违犯王法，惊吓百姓，劳烦将军远道而来，请惩罚我的弥天大罪。"（"臣卬奉法不谨，惊骇百姓，乃苦将军远道至于穷国，敢请菹醢之罪。"《史记·吴王濞列传》）

韩颓当询问起兵的原因，刘卬回答说："当今天子信用晁错，他变法高帝条令，侵夺诸侯封地。我等认为不道义，担心天下大乱，所以七国才发兵，目的是诛杀晁错。听说晁错已诛，我等也就罢兵回国了"（"今者晁错天子用事臣，变更高皇帝法令，侵夺诸侯地。卬等以为不义，恐其败乱天下，七国发兵，且以诛错。今闻错已诛，卬等谨以罢兵归。"《史记·吴王濞列传》）

韩颓当说："大王如果认为晁错不对，为什么不报告皇上呢？没有诏命、虎符，擅自发兵攻打道义之国，由此看来，其意并不是要诛杀晁错。"（"王苟以错不善，何不以闻？未有诏虎符，擅发兵击义国。以此观之，意非欲诛错也。"）随即拿出景帝的诏书，对刘卬宣读，然后说："大王自己看着办吧！"刘卬说："我等都是死有余辜。"（"如卬等死有馀罪。"同上）随即自杀。他的母亲和儿子，也跟着死了。

济南王刘辟光、淄川王刘贤、胶东王刘雄渠，也相继自杀。诸国国除，封地均归了朝廷。

其他齐地叛乱三王

临菑王刘贤（？—前154），胶东王刘辟光（？—前154），济南王刘雄渠（？—前154），均汉高祖之孙、文帝之侄，分别为齐悼惠王刘肥第九、十二、十三子。先后同时封侯、封王。共同参与七国叛乱，兵败自杀。

一、悼惠诸子　先侯后王

吴楚七国之乱中，参与叛乱的，有四国都在齐地（今山东部分）；此外始应后悔、王被臣劫而没有行动的两国，也在齐地。而这些藩国的诸王，均是汉高祖刘邦庶长子刘肥的后代。其中，第十一子刘卬，可谓诸王谋叛的主心骨，其他三王分别是：第九子济南王刘辟光，第十二子菑川王刘贤，第十三子胶东王刘雄渠。

济南、菑川、胶东三王，史籍记载无多，且基本相同，兄弟三人可谓是"同进同退"。

齐地诸王的三位兄长——齐王刘襄、朱虚侯刘章、东牟侯刘兴居，在诛除诸吕中各有功劳。汉文帝继位后，兄弟三人各增封地：刘襄收回了吕后时期被割的城阳、琅邪、济南三郡，刘章、刘兴居则各增封两千户。

齐哀王刘襄，在诛除诸吕后不久就去世了，太子刘则袭爵。过了一年，汉文帝分出齐国的两个郡——城阳郡和济北郡，立朱虚侯刘章为城阳王，立东牟侯刘兴居为济北王。

又过了两年多，文帝四年（前176），汉文帝把刘肥在世而未封侯之子，共七人，全都封为列侯：第四子刘罢军为管侯，第八子刘将闾为杨虚侯，第九子刘辟光为扐侯，第十子刘志为安都侯，第十一子刘卬为平昌侯，十二子刘贤为武成侯，第十三子刘雄渠为白石侯。

文帝十六年（前165），齐文王刘则去世，无子，国除，封地纳入汉朝廷。第二年，汉文帝又把起初封为列侯而在世的六人，都加封为王：八子刘将闾为齐王，九子刘辟光为济南王，十子刘志为济北王，十一子刘卬为胶西王，十二子刘贤为菑川王，十三子刘雄渠为胶东王。从封国可知，封地均为齐国旧地，所谓"羊毛出在羊身上"。

二、响应叛乱　兵败自杀

吴王刘濞谋乱，齐王兄弟之所以响应，削藩之外，还有一个重要因素，矛头指向的却是汉文帝父子。

当初吕后去世，诸吕蠢蠢欲动，齐王刘襄率先整兵西向，并欲以在长安宿宫的刘章、刘兴居为内应，公意在诛除诸吕，兴复汉室；私心则是事成之后，拥立刘襄继位。岂料朝中老臣对吕氏所作所为心有余悸，认为刘襄母舅驷钧"虎而冠"，担心重蹈吕氏覆辙，因而选择本人年长有德、母家人品多贤的代王刘恒。文帝刘恒继位后，得知齐王兄弟当初的用心，对他们的功劳没有给予足够酬赏，而刘襄不久又抑郁而逝。

皇帝没能当上，封赠又不给力，长兄抑郁而死，原因都归向了当今皇上。因此，齐王兄弟对文帝父子早已心存芥蒂，如今有人挑头造反，一经联络，齐地六王无不响应。其中胶西王刘卬，还是刘濞最先策动的，可谓七国之乱的骨干之一。

五王之中，济北王刘志，也是答应起事的，只是被臣僚劫持，没能参与叛乱。齐王刘将闾，始而响应，继而反悔，不肯出兵。而胶东王刘卬，以及济南、临菑、胶东三王，转而把矛头对准了齐王，合兵围攻齐都临菑。

当初，吴王刘濞首先联络胶西王刘卬，认为他是诸王中的勇者，好兵任气，足以与谋。而从刘卬并不西进长安，反倒是围攻齐都来看，根本缺乏明确战略目标，其行径较之刘濞尚且不如，结果也便不言而喻。

刘卬等四王围攻齐都，三月不下，等到栾布所率汉军来到，不堪一击，解围各自回国。之后，哥儿几个的下场也一般无二：自杀，国除。

齐地未叛二王

齐孝王刘将闾（？—前154），济北王刘志（？—前129），均汉高祖之孙、文帝之侄，分别为齐悼惠王刘肥第八、十子。先后同时封侯、封王。二人起初答应参与吴楚叛乱，或因后悔，或因被臣僚所劫，未能付诸行动；叛乱削平后，或畏惧自尽，或免罪改封。

一、齐王狐疑　赐谥立后

汉高祖刘邦庶长子刘肥，子嗣众多。刘肥去世后，长子刘襄袭爵。文帝二年（前178），刘襄的两个弟弟，也因诛除诸吕中的功劳，晋爵为王。齐哀王刘襄去世后，其子刘则袭爵。

文帝四年（前176），汉文帝将刘肥第四子刘罢军及以下另外的儿子，共七人，都封为列侯，刘将闾为杨虚侯，刘志为安都侯。

齐文王刘则去世后，因无子，国除，封地归了汉廷。不过，第二年（文帝十六年，前164），汉文帝又把起初封为列侯而在世的六人，都加封为王，其中刘将闾为齐王，刘志为济北王。

吴王刘濞谋反，最先联络的，是以勇敢、知兵闻名的胶西王刘卬。刘卬转而联络诸弟兄，众人因本家私心未曾满足，早已对朝廷心怀不满，于是大多表示应允。

然而，到了吴、楚起兵之时，胶西、胶东、菑川、济南诸王都发兵响应。再联系齐王，齐王刘将闾狐疑不定，守在城里，不肯出兵。（"欲与齐，齐孝王狐疑，城守不听"，《史记·齐悼惠王世家》）。因此，胶西王刘卬等，把矛头转向了兄长，率军围攻齐都临菑（今山东淄博）。

都城被围之初，齐王刘将闾派遣路中大夫，前去向景帝报告情况，并请求朝廷援助。景帝让路中大夫转告齐王，让他好好坚守城池，朝廷大军就要打败吴、楚了。（"善坚守，吾兵今破吴楚矣。"同上）路中大夫返回时，因重兵层层围困，无法进入临菑城。刘印等劫持了路中大夫，让他跟齐王假报消息，称"汉军已被击败，齐王赶快下城投降，不然就要屠城了"（"反言汉已破矣，齐趣下三国，不且见屠。"同上）。

路中大夫假意答应，来到城下，望见齐王，却高喊道："朝廷已发兵百万，太尉周亚夫打破吴、楚军队，正率军来救齐国。大王一定要坚守，不能下城！"（"汉已发兵百万，使太尉周亚夫击破吴楚，方引兵救齐，齐必坚守无下！"同上）刘印等大怒，杀了路中大夫。

齐都临菑被围之初，齐王刘将闾曾暗中与胶西王等联络，只是谋约尚未确定。正好路中大夫回来，得到了朝廷的消息，齐王很是高兴；齐国大臣，也劝齐王不要听从胶西等国威胁。接着，汉将栾布等率兵来到，击破胶西等国的军队，解了齐都的围。

后来汉将得知，当初齐王曾与诸国有过谋约，便要移兵攻打齐国。齐王刘将闾颇感恐惧，便饮药自尽了。景帝得知此事，认为齐国属于首善，齐王是因受到威胁才被迫与谋的，并非本身的罪过。（"景帝闻之，以为齐首善，以迫劫有谋，非其罪也。"同上）因而赐谥曰"孝"，并立齐孝王太子刘寿为齐王，以延续齐国国脉。

二、济北不屈　天子不罪

齐地六个藩王之中，另外一位没有参与七国之乱的，是济北王刘志。不过，关于其间具体情形，《史》《汉》记载略有不同。

《史记·齐悼惠王世家》云："吴楚反时，志坚守，不与诸侯合谋。吴楚已平,徙志王菑川。"

《汉书·高五王传》:"济北王志,吴、楚反时,初亦与通谋,后坚守不发兵,故得不诛,徙王菑川。"

《史记》谓"不与诸侯合谋",可以理解为始终未与合谋;《汉书》谓"初亦与同谋,后坚守不发兵",则是参与过谋划,但没有付诸行动。《汉书》所记济北王刘志情形,与齐孝王刘将闾基本相同,只是未曾受到叛军的围困。

史书的另一处,这样记载:"齐王后悔,背约城守。济北王城坏未完,其郎中令劫守王,不得发兵。"(《汉书·荆燕吴传》)就是说,当时济北国都城墙损坏,尚未修复完工,济北王属下郎中令将其劫持、看守,所以未能发兵响应。

齐国叛乱平息后,齐王刘将闾因涉嫌,畏惧自杀。济北王刘志因与谋反有牵连,也要自杀,以求侥幸保全妻子儿女。("汉既破吴,齐王自杀,不得立嗣。济北王亦欲自杀,幸全其妻子。"《汉书·贾邹枚路传》)此时,齐人公孙玃觉得事情或有回旋余地,就对刘志说:"请让我试着为您向梁王说明情况,再请他跟天子沟通。如果天子不听,您再自尽也不晚。"

随后,公孙玃谒见梁王刘武,对他说:"济北国东与强齐接壤,南与吴、越为邻,北面受燕、赵胁迫,乃四面受敌之地,权轻不足以自我防卫,势弱不足以抵御边寇,又没有奇才异计足以御难。虽曾一度失言,答应追随吴国,其实并非济北王的本意。当初假如济北王表明真实立场,不与吴国同流合污,那么,吴国一定会先绕过齐国而尽收济北之地,招来燕、赵之兵而合于一处。这样,山东叛乱诸侯就会连成一片,朝廷也就难以找到可乘之机,然后各个击破了。而当时吴、楚等诸侯王率军西向,与天子争锋,只有济北王坚守城池、绝不屈从,从而使吴王丧失同盟、孤立无援,难以快速进军,惨遭失败而始终无人援救,这未必不是济北王的功劳。"

公孙玃首先分析当时形势,说明济北王的诸多难处和坚定决心,及其关系大局的突出作用。虽然与梁王面对的困难相去悬殊,但情形却颇有些相似,自然会引起梁王的共情。接着,公孙玃就此进一步生发,站在国家的立场,权衡利弊,指出:"小小的济北国与诸侯抗争,就好像小羊羔与虎狼对抗。坚守岗位,不屈不挠,可谓忠诚专一。这样的功劳和操守,还受到皇上怀疑,让他们垂头丧气、局促不安,以至于后悔当初没有一道进兵,这对国家可没什么好处。我担心坚守臣职的诸侯,会由此产生疑虑的。"

七国之乱中,梁王刘武站在朝廷一边,藩国与汉廷共命运,必然不会让于国不利的情形出现。因而,公孙玃进而婉转建议梁王有所作为,他说:"我私下估量了一下,能够经过西山,直奔长乐宫,再到未央宫,揎袖捋臂而议论政事的,只有大王您。上有保全亡国之功,下有安定百姓之名,德泽深入人心,恩惠广泛施与,希望大王您留意,仔细考虑此事。"("臣窃料之,能历西山,径长乐,抵未央,攘袂而正议者,独大王耳。上有全亡之功,下有安百姓之名,德沦于骨髓,恩加于无穷,愿大王留意详惟之。"《汉书·贾邹枚路传》)

听了公孙玃的这番话,梁王非常高兴,派人驾车迅速汇报给了景帝。这样,济北王刘志不仅免于罪罚,还改封为菑川王。

刘志在王位二十二年后去世,谥曰"懿",史称"菑川懿王"。次子刘景袭爵。

丞相多能知大体

　　文帝时期的丞相，多是高祖时期的老臣，但多能识大体、顾全局。虽有如周亚夫之武人而任文职，也侃侃立朝，守正不阿，于文臣不遑多让。而张苍、申屠嘉，亦能正身立朝，匡谏君上，均可谓一时无两者。申屠嘉整治文帝宠臣邓通，以致彼伧以头顿地、血流满额，尤极令人慨慕！文景时期，有大事则下丞相群臣等议，众辅而非独裁，无怪乎其为治世也。

曲逆侯陈平

陈平（？—前178），汉高祖刘邦谋士，惠帝、高后及文帝时丞相。初封户牖侯，改封曲逆侯。高祖时，频出奇计，功劳卓著。高后时，醇酒妇人，佯示无为，却暗中结交周勃，从而在吕雉去世后，得以迅速诛除诸吕、迎立代王。文帝时，以右丞相位让周勃，任左丞相；周勃罢相后，专任丞相，不久去世。

一、辗转投汉　奇计迭出

陈平家在阳武（今河南原阳东南）户牖乡。少时家贫，但喜好读书，胸怀大志。长大以后，兄长陈伯包揽家里、地里的全部活计，让弟弟陈平在外游学，结交俊彦。嫂子心中有所不平，说了嫌弃小叔子的话，陈伯便将她赶出了家门。

陈平身材高大，姿容秀美，风度翩翩。但由于家贫，没人愿意嫁给他，而陈平又不肯将就。当地有个叫张负的富翁，孙女姿色美艳，嫁了五次，丈夫都莫名其妙地死了，也就没人再敢娶她。谁知陈平却想娶这位姑娘。张负听说后，前往窥察，见陈家地处鄙陋，房屋破旧，门外却有好多贵人长者的车辙印，就和儿子张仲商量，把孙女嫁给了陈平。

娶妻之后，陈平今非昔比，乡里人都另眼相看。适逢社祭，乡民公推陈平为社宰。陈平认真从事，分肉时特别均匀。父老称赞，陈平却说："这算什么？假使有机会主宰天下，我也像割社肉一般公正无私呢！"（"嗟乎，使平得宰天下，亦如是肉矣！"《史记·陈丞相世家》）

秦末战乱中，陈平先是投效魏王魏咎，后来又转到楚霸王项羽麾下。料定项羽刚愎自用，难成大业，便又去投奔汉王刘邦。刘邦与陈平交谈，很是投机，立刻任其为都尉，还让他参乘，后来又任命为亚将。

周勃和灌婴心中不平，劝刘邦不要盲目宠信陈平。刘邦也有些疑惑，便把陈平叫来，问道："你辗转魏王、霸王之间，如今又追随我，是怎么想的？"陈平回答说："我离开魏王，是因为他不能采纳我的建议；我离开项羽，是因为他不相信别人；我投奔您，是听说您能任用贤者。如果我确实可用，请您放心任用；倘若才有不足，所受黄金还在，我愿意交还，并请允许我归老林泉。"刘邦听了这番话，疑虑顿消，重赏陈平，任命他为护军中尉，监护所有的将军。

刘邦信任陈平，陈平发扬才气，运筹帷幄，奇计迭出。人们说到陈平，都喜欢说他"六出奇计"。这六计，一是用反间计，花钱买通项羽部下，离间项羽和钟离眛的关系，削弱其实力；二是用恶草具招待楚使，而说丰盛酒席是给范增预备的，结果范增因被项羽怀疑而离去；三是出女子解荥阳围，楚军误以女子为汉军，刘邦得以乘机突围；四是蹑足封韩信为齐王，使其坚定站在汉王一边；五是请假托出游云梦，乘其不备，拘捕韩信，降爵为淮阴侯；六是解白登之围，贿赂匈奴单于阏氏，怂恿冒顿单于网开一面，高祖得以脱身。（参见本丛书《汉高祖》卷）

二、诛吕安刘　称职丞相

汉惠帝六年（前189），因相国曹参已经去世，朝廷分置左右丞相，以安国侯王陵为右丞相，陈平为左丞相，以右为上。

汉惠帝去世，吕后专权，欲封诸吕为王。右丞相王陵坚决反对，而陈平和周勃则表示同意。王陵不满，责备陈、周二人，二人说："如今在朝堂上力争，我们比不上您；但说到保全社稷、安定刘氏后裔,您恐怕就比不上我们了。"吕后不满王陵所为,遂夺去他的相位,升任陈平为右丞相,而以审食其为左丞相。

审食其得宠于吕后,倚势弄权。陈平干脆啥事不管,整天沉迷于酒色,以掩吕氏耳目。吕后的妹妹吕媭,因陈平曾经冒犯丈夫樊哙,始终不满,多次对吕后说:"陈平任右丞相,根本不称职,只会饮醇酒、戏妇人。"陈平听到这话,比以前更加放纵。吕后得知陈平的所作所为,暗暗欢喜不已,竟把吕媭与陈平都叫来,当面说:"俗话说,'小孩和女人的话听不得',不过要看您对我如何罢了。不要担心吕媭的谗言。"

陈平表面应付吕后,言听计从,心里却经常思索诛吕安刘之计。太中大夫陆贾说:"天下安,得意相;天下危,得意将。"劝他结交周勃。陈平依计,先是送给周勃五百金,后又备办酒肴,与周勃共饮,输心相交。周勃也如此回报,两人心意相通。

等到吕后去世,诸吕打算作乱,陈平便与太尉周勃合谋,终于诛杀诸吕,并谋划、迎立代王刘恒即了帝位。

汉文帝即位后,陈平请求病免,其实是想让位于周勃。他对文帝说:"高祖的时候,周勃的功劳不如我;这次诛灭诸吕,我的功劳不如周勃。我愿把右丞相让给周勃。"("高祖时,勃功不如臣平。及诛诸吕,臣功亦不如勃。原以右丞相让勃。"《史记·陈丞相世家》)当时,审食其已经免相,文帝便依陈平之言,以周勃为右丞相,以陈平为左丞相。

过了不久,汉文帝在朝会时,问右丞相周勃:"天下一年判决的讼案有多少件?"周勃谢罪说:"臣实不知。"又问:"天下一年金钱与谷物的收支各有多少?"周勃又谢罪说不知道,紧张惭愧,汗流浃背。

汉文帝问陈平同样的问题,陈平回答说:"这些事都有主管的官吏。"文帝问:"主管官吏是谁?"陈平说:"诉讼决狱的事,有廷尉；钱粮收支的事，有治粟内史。"文帝又问："各种事都有主管，那么，你主管什么？"陈平答道："宰相之职，对上辅佐天子顺四时，理阴阳；对下化育万物，使各得其宜；对外镇抚四夷，统辖诸侯；对内使百姓亲和归附，使卿大夫各司其职、各尽其责。"（"宰相者，上佐天子理阴阳、顺四时，下育万物之宜，外镇抚四夷诸侯，内亲附百姓，使卿大夫各得任其职焉。"同上）

汉文帝听后，连连称善。周勃愈加惭愧，散朝后责备陈平，怪他不早教教自己。陈平笑着说："您任丞相，难道还不知自己的职责吗？如果皇上问您长安城中共有多少个盗贼，您也想勉强回答吗？"确实，文帝所问，正所谓"庶富之基，措刑之本"（刘炎《迩言》），轻忽不得。周勃由此明白自己才能远不如陈平，再加有人劝谏，于是请予病免，文帝答应了他的请求。从此，陈平得以专任丞相之职。

文帝二年（前178），陈平病逝。谥曰"献"。

宋人刘炎，在有人问及"汉祖归功三杰，陈平何独不与"时，答道："起沛、入秦、迁蜀，复有关中，萧（何）、张（良）、韩（信）之宣力已多。凡五年，始得陈平于修武，蹑足随良，未足多也；恶具间楚，楚庸则受之耳？氾阳正位，归功三杰，（陈）平胡得与？是后解围释急，诛吕安刘，平功足以继三杰矣。"（《迩言》卷九）可谓对陈平的中肯评价。

颍阴侯灌婴

灌婴（？—前176），汉朝开国功臣，文帝时太尉、丞相。早年追随汉高祖刘邦，统帅骑兵，屡立战功；汉朝建立后，多次率军平叛。高祖去世后，侍奉惠帝、吕后。吕后去世后，与周勃等诛除诸吕、迎立代王刘恒。文帝即位后，先任太尉、后任丞相，并曾率军出击匈奴。

一、扶汉立业　拜将封侯

灌婴是睢阳（今河南商丘南）人，投奔刘邦之前，是个小商人，以贩卖丝缯为业，在社会底层过着朝不保夕的生活。

秦二世二年（前208），沛公刘邦驻军砀县（今安徽砀山），灌婴得知消息，从睢阳徒步赶来，投奔了刘邦，随后以中涓身份随其征战。因多次立功，灌婴先后获得"宣陵君""昌文君"等爵号。

刘邦被封为汉王，进入汉中，拜灌婴为郎中、中谒者。灌婴协助汉王平定三秦之地，攻下栎阳，降服塞王司马欣、殷王董翳，平定殷王封地；接着，他又协助围困章邯军。在与楚军的作战中，灌婴打败项羽部将龙且、项它的军队，被封为昌文侯。

在楚汉之争中，楚军骑兵较多，汉军处于不利地位。为加强骑兵作战能力，汉王刘邦决定选取骑兵将领。大家推举重泉人李必和骆甲，两人本为秦朝骑士，熟习骑兵。但李必和骆甲推辞说："我们原为秦朝之人，恐怕士兵信不过，还是让我们辅佐大王左右善于骑射的人为好。"灌婴虽然年轻，但已屡经战阵，所以被任命为中大夫，李必、骆甲担任左右校尉。灌婴率领汉骑兵袭击楚骑兵，打了大胜仗。

接着，灌婴奉命单独率军打击楚军，先后击败项冠、王武、桓婴多名楚军将领所率军队，击杀多名骑将。后来，又率领骑兵南渡黄河，护送汉王到洛阳，并受命北上到邯郸迎接大将韩信的军队。回到敖仓，灌婴升为御史大夫。

汉王三年（前204），灌婴以列侯爵位，得到杜县的平乡为食邑。接着，又以御史大夫的身份，奉命率领郎中骑兵，在历下打败齐国的军队,俘虏了齐国车骑将军华无伤等。随后,或独立,或配合,俘获齐国代理丞相田光,追击齐国丞相田横,击败齐将田吸,大败龙且和留公旋的军队。

齐国平定后,灌婴又率领所部,先后打败数名楚将所率军队,攻下数座城邑。尤其是攻取下邳,在平阳打败楚国骑兵。接着降服彭城,俘虏了楚相项它,降服了留、薛、沛、鄫、萧、相等县。后来,灌婴跟随汉王刘邦,在陈县一带大败楚军,斩杀楼烦骑将二人,俘虏骑将八人,因功加封食邑二千五百户。

汉王五年(前202)冬,灌婴与刘邦会师于颐乡(今河南鹿邑东),参加垓下会战。项羽兵败垓下逃走时,灌婴受诏率五千骑兵穷追至东城,迫使项羽自杀,大获全胜。之后又攻下东城、历阳,渡江平定吴地、豫章和会稽等五十二县。

二、平定叛乱　侍奉新君

汉朝建立后,高祖刘邦给灌婴加封食邑三千户。此时,当初分封的异姓王,乘汉朝初立,反叛不断。作为刘邦的得力将领,灌婴以车骑将军之职,首先平定燕王臧荼之乱。第二年回到京城,剖符定封,世代相传,以颍阴二千五百户作食邑,号为"颍阴侯"。

韩王信谋反,借匈奴攻汉。灌婴以车骑将军身份,跟随高祖讨伐。到达马邑后,灌婴单独领兵降服楼烦以北六县,斩杀代国的左丞相,在武泉以北打败匈奴骑兵。接着又跟随高祖,在晋阳一带打败韩王信的匈奴骑兵,所率将士斩匈奴将领一人。又统率燕、赵、齐、梁、楚的车骑部队,打垮了匈奴骑兵。到平城(今山西大同),被匈奴人包围在白登山,随后突围。

代王陈豨反叛,灌婴随高祖攻讨,奉命单独率兵,在曲遂一带攻打陈豨丞相侯敞的军队,斩杀侯敞和特将五人,降服曲逆、卢奴、上曲阳、安国、安平，攻下了东垣。

淮南王英布（即黥布）谋反，灌婴以车骑将军身份率领先遣部队，在相县打败英布的别将，斩杀副将和楼烦骑将三人。又进军打败淮南国上柱国的军队，灌婴亲自活捉左司马一人，所率将士斩杀敌人小将十人，追击败军直到淮河沿岸。英布之乱平定，汉高祖回朝后，确定灌婴以颍阴五千户作食邑，撤销以前所封的食邑。

灌婴随汉高祖刘邦征战，共擒获二千石将吏二人；自己领兵击败敌军十六次，降服四十六个城邑，平定一个诸侯国、两个郡、五十二个县，俘获将军二人，柱国、相国各一人，二千石官吏十人。

英布之乱平定后不久，汉高祖刘邦去世。太子刘盈继位为汉惠帝，政事由母亲吕后决断。惠帝去世后，吕后先后扶立两位小皇帝，自己临朝称制。这一时期，灌婴以列侯身份，侍奉惠帝和吕后。（"婴自破布归，高帝崩，婴以列侯事孝惠帝及吕太后。"《史记·樊郦滕灌列传》）

三、诛吕安刘　出任丞相

吕后去世后，吕产、吕禄等吕氏诸人，打算乘机在都城长安发动叛乱。不过，他们惧怕身经百战的高祖老臣绛侯周勃、颍阴侯灌婴，一时未敢发动。朱虚侯刘章得到这一消息，暗中告诉了兄长齐王刘襄，刘襄便整兵西进讨逆。

得到这一消息，相国吕产等随即派灌婴为大将，率军前往迎击。作为开国元勋，灌婴忠于朝廷，认为诸吕手握重兵，据于关中，意欲倾覆刘氏，自立为帝。如今若是打败齐国，等于给了吕氏帮助。（"诸吕权兵关中，欲危刘氏而自立。今我破齐还报，此益吕氏之资也。"《史记·樊郦滕灌列传》）于是行至荥阳，即屯兵不进；同时联系齐王刘襄及其他诸侯王，与他们联合，等吕氏发动叛乱，共同将其诛灭。齐王刘襄得到消息，也便驻军国境西界，等待局势的进展。

吕产、吕禄图谋作乱，却内外皆有所惧——在内惧怕绛侯周勃、朱虚侯刘章，在外惧怕齐、楚两国之兵，又担心灌婴不听他们的，打算等灌婴和齐王合兵之后再起事，所以犹豫不决。而朝中周勃、陈平等却迅速行动，设计哄骗吕禄交出兵权，控制长安北军，进而攻杀入宫欲挟持小皇帝的吕产，最终将吕氏男女老少一概诛除。

诛除诸吕之后，齐王刘襄引兵返回国都，灌婴军亦从荥阳撤军还朝。随后，同周勃、陈平等朝臣议定，迎立代王刘恒继位。刘恒到达时，灌婴作为老臣，也随丞相陈平等前往渭桥迎候，随后在代邸跪拜称臣，尊刘恒为帝。

代王刘恒即位后，任太尉周勃为右丞相，陈平改为左丞相；大将军灌婴，补任太尉。接着，汉文帝奖赏功臣，灌婴加封食邑三千户、赐金三千斤，与陈平相等。

绛侯周勃自恃功高，赏赐又多——加封万户、赐金五千，因而有人劝他，不如及早谦退，否则可能引祸及身。于是，周勃托病辞了右丞相之职，由左丞相平专任丞相。过了一年，陈平去世，因为一时没有合适人选，便又以周勃为丞相。

汉文帝即位的第二年（前178），号召诸侯就国。可众人多不愿离开长安，将近一年也不见多少动静。于是，文帝便让周勃带头就国，免除了丞相之职，任命太尉灌婴为丞相，撤销太尉一职，原属太尉的职务等统归丞相。

文帝三年（前177）五月，匈奴右贤王背弃和约，率军侵入汉北地、上郡，捕杀吏卒，驱逐居民。六月，汉文帝命丞相灌婴，率骑兵八万五千出击，打跑了匈奴兵。其间，东牟侯刘兴居乘机叛乱，文帝命灌婴收兵回长安，没有深入打击匈奴。

汉文帝四年（前176），颍阴侯灌婴在相位上去世，谥曰"懿"。

汉文帝继位初期，不到四年之中，却有数任丞相：最初是左右双丞相：周勃右丞相（以右为尊），陈平左丞相；一个多月后，周勃辞职，陈平专任丞相；陈平去世后，周勃再任丞相；十个月后，周勃免职就国，灌婴出任丞相。灌婴去世后，张苍接任丞相。

北平侯张苍

张苍（？—前152），汉文帝时丞相。阳武（今河南原阳）人。文帝四年继灌婴为相，文帝后元二年罢相。张苍治政为人，均颇具特点。他精通文章学问、音乐历法，大力发展文化、厘定刑律，是西汉一代名相。他知恩图报，但妻妾众多，生活糜烂。

一、体貌不凡　封侯拜相

张苍喜好读书，博观广记，精通天文历算、音律。在秦朝时，他曾任柱下御史，主管四方文书档案，熟悉天下图书、户籍。后来因为犯了罪，逃归乡里。沛公刘邦起义时，攻城略地，途经阳武，张苍便以宾客的身份追随刘邦，攻打南阳。

一次，张苍违反军纪，按律当斩。行刑时，他解下衣服，露出身体伏在行刑的砧板上。他身躯长大，体肤肥白，像葫芦一般，刚巧被王陵看见。王陵觉得张苍相貌特别，就推想他可能是个内外兼美、颇有能力的人，于是就向刘邦进言，免除了他的死刑。（"苍坐法当斩，解衣伏质，身长大，肥白如瓠，时王陵见而怪其美士，乃言沛公，赦勿斩。"《史记·张丞相列传》，下同）随后，张苍跟随刘邦西入武关，到了咸阳。

后来，刘邦被立为汉王，进入汉中，回师平定三秦之地。赵王陈馀挟私怨，借齐兵攻击常山王张耳，张耳兵败，归降了汉王，刘邦便任命张苍为常山太守。接着，张苍跟随大将韩信攻打赵国，张苍擒获陈馀，立下了大功。赵地平定后，刘邦任命张苍为代国（都太原）的相国，以防御边寇。不久，又调张苍任赵王张耳的相国。张耳死后，张苍又担任张耳之子张敖的相国。后来，又被调回代国任相，辅佐代王刘恒。燕王臧荼谋反，刘邦亲自领兵征讨，张苍以代相的身份随征，建立了军功。

汉高帝六年（前201），张苍受封为北平侯，食邑一千二百户。不久，张苍升任计相（管理财政）。一个月后，又以列侯的身份任主计（即"计相"的改称）。这是鉴于张苍在秦时曾任柱下御史，明习天下图书户籍，且精于书算历法，所以让他以列侯的爵位留居相府，负责管理典校郡国进呈上来的会计账簿。

高帝十一年（前196），淮南王英布谋反，汉高祖刘邦率军亲征。叛乱平定后，高祖立少子刘长为淮南王，命张苍充任淮南王的相国。张苍任淮南王相国共十四年，一直恪尽职守，深受刘长的信任。高后八年（前180），张苍取代平阳侯曹窋出任御史大夫。

吕后去世，张苍与绛侯周勃等人，共同尊立代王刘恒为帝。汉文帝四年（前176），丞相灌婴逝世，张苍遂继任丞相。

二、精通音律　多所制定

从汉朝建立到汉文帝继位，已有二十多年时间。由于天下刚刚安定，朝廷中的将相公卿均出身戎马。唯独张苍颇重文化，喜好图书，无所不观，亦无所不通，对音律和历法的造诣尤称精湛。（"苍本好书，无所不观，无所不通，而尤善律历。"）

张苍在担任计相时，就开始致力于探讨订正历法和音律。因为高祖刘邦是在十月入关灭秦到达霸上的，所以张苍沿袭秦朝历法，仍旧以十月为岁首，不予改革。他还推求五德运行的情形，认为汉朝正当水德旺盛的时期，也就依然以黑色为尚。（"张苍为计相时，绪正律历。以高祖十月始至霸上，因故秦时本以十月为岁首，弗革。推五德之运，以为汉当水德之时，尚黑如故。"）

此外，张苍又吹奏律管，调整乐调，使之合于五声八音，依此推类其他，以制定法律条令。他还制定了器物尺寸、斤两、斛斗等度量的标准，作为天下百工等的依据。直到被任命为丞相后，他才最后完成了全部的工作。因此，司马迁说："汉家言律历者，本之张苍。"

张苍为相十余年，鲁人公孙臣上书，陈述五德终始，认为秦为水德，汉承秦后，应当的土德。土色属黄，不久必有黄龙出现。请改正朔、易服色，一律尚黄，以应天瑞。汉文帝得到上书，交给张苍审查鉴别。张苍究心律历，认为公孙臣所言不对，事情也就搁过了。

谁知到文帝十五年（前165）春，陇西成纪地方，偏偏报称有黄龙出现。汉文帝信以为真，召回公孙臣，任为博士，让他负责草拟顺应土德的历法制度，同时改定元年。张苍见此，便主动请求退职，自行疏远，称病不朝。张苍当时年已九十，老态龙钟，加上曾荐人为中侯，其人犯下作奸玩法、获取私利的罪行，汉文帝特地拿此事责备他。张苍迁延年余，终致病免。

在担任丞相期间，张苍另有一事，值得一提，那就是废除肉刑。肉刑残害肢体，很不人道。名医仓公淳于意被人陷害，犯法当处肉刑，因曾任一定级别的官员，须到都城长安行刑。女儿淳于缇萦不忍父亲受刑，随同来到长安，上书汉文帝。文帝也觉得肉刑残毁肢体，不利于犯人改过自新，便命张苍等找出替代办法。张苍奉诏厘定刑律，用做苦工、鞭笞代替了肉刑，从而消除了自古相传的肉刑。

三、颇知感恩　生活糜烂

张苍为人，颇知感恩。汉初大封功臣，王陵也被封为安国侯。对安国侯王陵早年的救命和知遇之恩，张苍始终感念不置。尊贵显达以后，他对待王陵如侍奉父亲一般。王陵逝世，张苍当了丞相，每逢节假日，他都先去拜候王陵夫人，献上美食，然后才回自己的府邸。

张苍免相后，退归阳武原籍，生活奢侈糜烂。由于年高，牙齿已经全部掉光，需要食人奶为生。他让一些女人当自己的乳母，经常像婴儿一样含乳而饮。他妻妾众多，只要怀过孕的，他就不再接近。张苍寿数极高，活了一百多岁，到汉景帝五年（前152）才去世。谥曰"文"。

说来有趣，张苍的父亲身材短小，不满五尺。等到生了张苍，居然身高八尺以上，以至于因相貌免死，最终受封为侯，登上了丞相的位置。张苍的儿子身体也高到八尺，袭封父爵。传到孙子张类，却又矮到了六尺多，犯了法，失去了世袭的侯位。

张苍可谓汉初学问优长的丞相，在历法、算学方面都取得了不俗成就，在学术史上占有一定地位。我国算学名著《九章算术》，就经过了他的增订、删补。他提出、制定了较为完整的度、量、衡理论和制度，对国计民生多有裨益。太史公司马迁特别强调："汉既初定，文理未明，苍为主计，整齐度量，序律历。"（《史记·太史公自序》）。司马贞《史记索隐》也说："张苍主计，天下作程。"不过，与此同时，史公对他"绌贾生、公孙臣等言正朔服色事而不遵"，也表示不解，诘问"何哉？"（《史记·张丞相列传》）。究竟"何哉"，臆度嫉贤妒能之外，剩下的就是学者的坚执——越有学问，往往越是这样。

传统京剧剧目有《盗宗卷》，主角便是张苍。剧情是：吕后欲夺汉权，恐刘氏宗室反对，命张苍交出所管刘氏家谱（宗卷），然后烧毁。后来，淮河梁王刘婵，命田子春向丞相陈平索要该宗卷，陈平逼张苍交出。张因无宗卷，害怕得罪灭门。不料其子秀玉，玩耍之间曾抄一份，并用黄腊刻成御印，盖在上面。吕后所烧，这是这个副本。张苍闻之大喜，将正本交予陈平。剧情当然有虚构成分，掌管宗卷，倒与张苍曾经的职务相关。

关内侯申屠嘉

申屠嘉（？—前155），汉文帝时丞相。梁国睢阳（今河南商丘）人。文帝后元二年继张苍为丞相，直到病卒。历任都尉、淮阳太守、御史大夫等职，封关内侯。他追随汉高祖刘邦南征北战，曾立下战功。他起身行伍，不学无术，见识远逊萧何、曹参；但他性格刚毅，清廉自持，品节无亏。

一、起身行伍　竟得入相

申屠嘉起身行伍，最初为材官蹶张。蹶张是秦汉主要兵种之一，因能脚踏强弩使之张开，故名。申屠嘉跟随汉王刘邦攻打项羽，因功提升为"队率"（小队长）。汉朝建立后，申屠嘉又随高祖攻打英布（黥布）的叛军，晋升为都尉。汉惠帝时，申屠嘉调任淮阳太守。

文帝元年（前179），朝廷奖掖从前追随高祖刘邦、俸禄在二千石以上的老臣，将他们一律封为关内侯。关内侯为秦汉爵名，二十等爵的第十九级，有侯号而居京畿，无封土、有封户，据此享受征收租税之权。此次共有二十四人得封，申屠嘉也在其中，食邑五百户。后来，张苍担任丞相后，申屠嘉又升任为御史大夫。

文帝后元元年（前163），张苍因律历等事失误，托病不朝，随后免相。其时，皇后之弟窦广国（窦长君），品德突出，也颇有才能，汉文帝有意任其为相，但想了很久还是作罢了。（"广国贤有行，故欲相之，念久之不可。"《史记·张丞相列传》）而且皇后窦氏也不同意，担心天下人以为自己偏私偏爱。而高祖时期的老臣，此时大多已经去世，健在的寥寥无几，也没有合适的。选来择去，难得其宜，最后，文帝遂任命申屠嘉出任丞相。因为申屠嘉的采邑在故安（今河北固安），便封他为故安侯。

申屠嘉任丞相时，已经是老迈之年，不过，比起前任张苍，却还是年轻了二三十岁。

二、守法不阿　嫉邪秉正

申屠嘉为人清廉，在家中从来不受私人的拜谒。（"嘉为人廉直，门不受私谒。"《史记·张丞相列传》）等到升任丞相，更是嫉邪秉正，守法不阿。

当时，太中大夫邓通深得汉文帝的恩宠，前后赏赐的金银积至万万，简直不可胜计。文帝有时闲游，还经常顺便到邓通家休息宴饮。缘此，邓通不免有些恃宠而骄。

一天，申屠嘉入朝奏事，发现邓通站在文帝身边，形神弛怠，举止轻慢，有失礼节。申屠嘉看不顺眼，很是生气。待公事奏毕，他马上进言："陛下如果宠爱侍臣，不妨使他富贵显达。但朝廷仪制，却不可不严肃对待。"（"陛下爱幸臣，则富贵之；至于朝廷之礼，不可以不肃！"同上）文帝早已发现邓通的情形，但怕申屠嘉指名弹劾，连忙出言阻止："你不要说了，容我私行教戒吧！"

申屠嘉见皇上袒护邓通，愈加气愤，退朝回府后，心想："一不做，二不休，我何不乘机处死此奴！"于是派人下了一纸手令，召邓通到相府议事。邓通见丞相召他，料知必无好意，不肯前往。哪知申屠嘉再次派人传语：倘若邓通不来，就要将其处死。邓通听到这话，大为恐慌，赶紧入宫告知文帝，请皇帝替自己说情。汉文帝说："你先去见丞相，我马上派人去召你入宫。"

邓通进入相府，摘掉冠，光着脚，叩首谢罪。申屠嘉整肃衣冠，高居位上，故意不予礼待，开口便骂："朝廷是高皇帝的朝廷。一切朝仪，无论何等人员，都应一律遵守。你一个小臣，居然敢在殿上举止轻佻，应按大不敬论处，例当斩首。来人，即刻推出去斩了！"（"通小臣，戏殿上，大不敬，当斩。吏今行斩之！"同上）府吏满口答应，只是一时未便动手。邓通吓得以首顿地，血流满额，申屠嘉仍然不肯放他。

汉文帝估量申屠嘉已经把邓通整治够了，便派使者持符信去召邓通，且对申屠嘉说："邓通不过是我亲狎的一个弄臣罢了，希望丞相免他死罪，放过他吧！"申屠嘉奉了谕旨，严厉地申诫了邓通，然后才将他释放。邓通见了汉文帝，哭着说："丞相差点杀了我！"从此，邓通的行为收敛了许多。

三、请诛晁错　呕血而死

文帝后元七年（前157）六月，汉文帝去世，汉景帝继位。此时，申屠嘉任丞相已有五年。

景帝前元二年（前155），晁错出任内史（京畿地方长官，掌治京师），屡次参与谋划国家大事，每有献议，景帝无不听从。于是，晁错尊贵专宠，一手把持朝政，大量更改法令制度；同时，他还谋划采取种种措施，削弱诸侯王权势，由此而惹得天下侧目。作为丞相，所进之言不为朝廷采纳，申屠嘉便对晁错心生忌恨。（"丞相嘉自绌所言不用，疾错。"《史记·张丞相列传》）

晁错的内史府大门，原本是由东面通向宫外的，进出不便。

晁错自作主张，改凿了一道门，向南通出。偏偏这门，就凿在了太上皇（汉高祖刘邦之父）庙外面的矮墙上。申屠嘉获知此事，大怒，认为晁错擅自破坏宗庙墙垣，打算请皇帝诛杀他。有人把这消息透露给晁错，晁错非常害怕，连夜入宫进见，向景帝请罪，说明情况。

第二天早朝，丞相申屠嘉果然上表，请求诛杀内史晁错。不料景帝却说："晁错所凿，并非真的太上皇的庙垣，不过是庙的外矮墙而已，与庙无损，不足为罪！"申屠嘉碰了钉子，退朝后，恨恨地对长史说："我真后悔！当初就该先斩了晁错，然后上奏。如今反被晁错所欺。"（"嘉谓长史曰：'吾悔不先斩错，乃先请之，为错所卖。'"同上）

此后，申屠嘉气郁胸中，日日呕血，终致故去。谥曰"节"。申屠嘉的侯爵，传到孙子申屠臾，因犯罪而被废。

司马迁《史记》评价申屠嘉说："申屠嘉可谓刚毅守节矣，然无术学，殆与萧、曹、陈平异矣。"认为申屠嘉平生刚毅守节，清廉自持，是一大特色。但不学无术，见识远逊萧何、曹参、陈平等前辈丞相，则是一大缺憾。

开封侯陶青

陶青（生卒年不详），汉景帝时丞相，高祖功臣陶舍之子。申屠嘉去世后，陶青接任丞相，在位期间碌碌无为，一无建树，备位而已。

陶青的父亲陶舍，曾追随汉高祖刘邦征战，为开国功臣之一。陶舍曾任中尉，任职期间，随从刘邦出击燕、代。高帝十一年（前196）十二月，封开封侯。陶舍去世，谥曰"夷"，史称

"开封夷侯";陶青袭父爵,亦为开封侯。

汉景帝之初,陶青曾任御史大夫。景帝前元二年(前155)八月,申屠嘉病逝,景帝便以陶青为丞相,晁错为御史大夫。

景帝前元三年(前154),吴楚等七国以诛晁错为名,联兵反叛。获知消息,景帝问计晁错,商量出兵事宜。晁错建议景帝御驾亲征,自己留守京城。曾任吴国相国的袁盎,建议诛杀晁错,满足叛王要求,换取七国退兵。景帝采纳袁盎之计,封其为太常,令其秘密整治行装,出使吴国。

袁盎献策十多天后,丞相陶青、中尉陈嘉、廷尉张欧,联名上书,弹劾晁错,提议将其满门抄斩。景帝予以批准,腰斩晁错于东市。

陶青担任丞相期间,正逢多事之秋,七国发动叛乱,周亚夫平灭吴楚,太子刘荣立而复废。但陶青碌碌无为,一无建树。

景帝前元七年(前150),陶青被免职,周亚夫继之为相。

桃侯刘舍

刘舍(?—前141),汉景帝时丞相。项燕之孙,项羽堂弟,楚国下相(今江苏宿迁)人。文帝时袭封桃侯。景帝时继周亚夫任丞相,任上更改官名之外,无所作为,备员而已。

刘舍原本姓项,父亲项襄(刘襄),是项燕最小的儿子,项羽的叔叔。项羽败亡后,项襄与项伯一起归顺刘邦,赐姓为"刘"。

高帝十一年(前196),淮南王英布(黥布)反叛,刘襄以大谒者的身份,跟从高祖刘邦平叛。高帝十二年(前195),受封桃侯,食邑一千户。

文帝十年（前170），刘襄去世，谥曰"安"，刘舍袭爵桃侯。

景帝前元五年（前152），刘舍担任太仆。两年后，升任御史大夫，颇得景帝喜爱。景帝中元三年（前147），丞相周亚夫谢病免相，刘舍继任。

景帝后元元年（前143），刘舍罢相，建陵侯卫绾继任。

武帝建元元年（前141），刘舍病逝，谥曰"哀"。

刘舍才具庸常，本来不是丞相的材料。但当时国家无事，天下太平，刘舍滥竽充数，也还能敷衍过去。

在任期间，刘舍唯一的"相绩"，就是更改官名。起初是景帝下令改"郡守"为"太守"，"郡尉"为"都尉"，又删减侯国"丞相"的"丞"字，只称"相"。刘舍迎合皇帝，拟议改"廷尉"为"大理"，"奉常"为"太常"，"典客"为"大行"，"治粟内史"为"大农"，"将作少府"为"将作大匠"，"主爵中尉"为"都尉"，"长信詹事"为"长信少府"，"九行"为"行人"。景帝准奏。不久，又改"中大夫"为"尉"。

刘舍还与御史大夫卫绾，奏请笞刑之制。此外，就没有什么政事可以称道了。

《史记·张丞相列传》云："自申屠嘉死之后，景帝时开封侯陶青、桃侯刘舍为丞相。及今上（汉武帝）时，柏至侯许昌、平棘侯薛泽、武强侯庄青翟、高陵侯赵周等为丞相。皆以列侯继嗣，娖娖廉谨，为丞相备员而已，无所能发明功名有著于当世者。"陶青、刘舍等人，都是世袭的列侯，平庸无能，谨小慎微，任职丞相不过是滥竽充数，没有一个贡献杰出、功名显赫而著称于世的。太史公的论断，可谓中肯；也正是适逢无事之秋，他们才得以滥竽充数而逍遥一时。

建陵侯卫绾

卫绾（？—前131），汉景帝及武帝时丞相。代郡大陵（今山西文水）人。汉景帝后元元年，继刘舍为丞相。武帝继位后，他仍为相，但不久即被罢免。卫绾在景、武两朝，共做了不到三年的丞相。

一、诚笃谨慎　实无他肠

卫绾因为善于戏车（弄车之技），被任命为宿卫侍从的郎官，服侍汉文帝。后来，积功依次升迁为中郎将。他性情诚笃谨慎，没有什么花花心肠。（"绾以戏车为郎，事文帝，功次迁为中郎将，醇谨无他。"《史记·万石张叔列传》，下同。）

汉景帝做皇太子时，文帝曾召请左右侍臣宴饮，大家都去了，只有卫绾称病未去。经此一事，文帝格外器重他。临崩前，文帝嘱咐景帝，说："卫绾年高有德，你要好生看待。"（"绾长者，善遇之。"）

文帝去世后，景帝即位，有一年多的时间，对卫绾听之任之，不加闻问。而卫绾做事却更加谨慎勤勉，不敢稍存懈怠。

一次，景帝驾幸上林苑，让中郎将卫绾与自己共乘一辆车子，随侍护卫。归来，景帝问卫绾："你知道为什么能跟我同乘一车吗？"卫绾谨慎地回答："微臣由弄车小卒，侥幸因功依次升迁为中郎将，连我自己也不知是什么缘故。"（"臣从车士幸得以功次迁为中郎将，不自知也。"）景帝问起卫绾旧事："当年，我为太子，曾召你饮酒，你不肯赴宴，为什么呢？"卫绾回答："臣死罪死罪！不过当时确实有病。"

又有一次，景帝要赐予一柄宝剑，卫绾辞让说："先皇帝已赐给我六柄剑了，您如今又赐剑，恕臣不能奉诏。"景帝说："大家都喜欢宝剑，也都习惯于用剑交换他物，难道你那六把剑至今还都保留着吗？"卫绾回答："都还在。"景帝颇为惊奇，让人取来，果然一把不少，插在剑鞘之中，就像新的，都不曾佩戴过。（"上使取六剑，剑尚盛，未尝服也。"）卫绾为人行事，诚厚谨慎，皆如此类。

卫绾任中郎将期间，待人宽缓不苛。手下的郎官有了过错，他经常替他们遮掩，又不愿与同列的其他中郎将争长较短，有了功劳成绩，也往往让给他们。景帝很欣赏他，认为他清廉忠厚，没有什么坏心眼。（"上以为廉，忠实无他肠。"）于是，任命他为河间王太傅。

吴楚七国叛乱，卫绾为将军，率领河间兵击吴、楚，有功，升任中尉，职掌京师治安，督察盗贼。过了三年，又因军功被封为建陵侯，时在景帝前元六年（前151）。

二、循资入相　乏善可陈

景帝前元七年（前150），汉景帝因为宫中争权夺势，废掉太子刘荣，降为临江王，并诛了杀太子的舅父栗卿等外戚，且欲穷治其狱。因为卫绾是年高有德、忠厚笃实的长者，景帝不忍心让他来按治这桩大狱，于是特许他告假还乡，另派酷吏郅都审理栗氏一案。

过了不久，景帝立胶东王刘彻为太子，召回卫绾，任命他为太子太傅。不久，又升他为御史大夫。五年后，景帝后元元年（前143），丞相刘舍免职，卫绾循资升任。

卫绾做官，一般是照例供职，无是无非。位居丞相，在朝廷上，不过是举职份内的例行之事按时上奏，除非特殊情况，从不别有建议。景帝认为他敦厚老成，可以辅佐少主，所以大加尊宠，赏赐甚多。卫绾就这样安然做着丞相。

景帝驾崩后，武帝即位。汉武帝刘彻性喜读书，雅重文学。董仲舒进天人三策，请武帝罢黜异言，崇尚孔子，正好与武帝的心意深相契合，大为称赏。卫绾知道武帝嘉美信任董仲舒，立即迎合上意，说各地所举贤良，学习的东西不但无关盛治，反而混乱国政，应该一律予以罢黜。武帝准奏。卫绾本以为自己所奏称旨，可以固位希荣，哪知武帝非一般庸主可比，反倒认为他拾人牙慧，颇不以为然。

建元元年（前140），朝廷认为，景帝卧病时，好多官府中的罪犯无辜衔冤，而丞相卫绾却默默因循，未能负起责任。卫绾竟因此被免去了丞相之职，窦婴继为丞相。这以后不久，卫绾就去世了，谥曰"哀"。

《史记》太史公赞语中说，卫绾合于孔子"讷于言而敏于行"的标准，"是以其教不肃而成，不严而治"。这有点夸大。其实，卫绾为人笃厚谨慎，讷口少言，循默有余，干练不足，因而为相四年，庸庸而已。

鲁相田叔

田叔（生卒年不详），汉高祖时郡守，景帝时鲁国相国。字子卿，齐国田氏的后代，赵国陉城人。田叔一生重仁义而有贤德，廉洁自重，为官尽忠。

一、崇尚侠义　忠于国君

田叔出生在赵国陉城（在今河北定县南），他的祖先，是战国时期齐国田氏的后代。

田叔自幼喜爱剑术，崇尚侠义，为人耿直廉洁、自爱自重。同时，他又曾在乐巨公门下学习黄老之术，因而受到道家思想的一定影响。

田叔性喜交游，常与地方上有名望的人来往。有人把他推荐给赵国的相国赵午，赵午认为他是个人才，又把他引见给了当时的赵王张敖。于是，赵王便把田叔留在宫中，任命为郎中。在赵国任职几年中，田叔为官刚直清廉，颇得赵王的赏识。

高帝七年（前200），代王陈豨在代地谋反，汉高祖前往讨伐。途经赵国时，赵王张敖毕恭毕敬地接待高祖，亲自端食盘为之献食，礼节谦卑恭敬。高祖却箕踞——伸开两条腿坐着，十分轻慢，还无礼地责骂张敖。

当时，相国赵午、贯高等数十人看不下去，个个义愤填膺。众人认为大王太过懦弱，便对他说："您侍奉皇上礼节周全，而皇上竟如此待您，我们想替您出口气。"（"王事上礼备矣，今遇王如是，臣等请为乱。"（《史记·田叔列传》，下同）赵王不同意，还把指头咬出血，告诫他们："我的先人丢了自己的国家，要不是陛下，我们早死得尸体生蛆了，你们怎么能说这样的话呢？不要再说了！"（"先人失国，微陛下，臣等当虫出。公等奈何言若是？毋复出口矣！"）

贯高、赵午等人，知道赵王一向仁厚，不肯做出背德弃恩的事情来，于是决定自己刺杀皇上，事情败露也不连累赵王。后来，贯高派手下行刺皇上，却没有成功。不料此事被人告发，汉高祖下令逮捕赵王和谋反的群臣，赵午等谋逆者大多自杀，只有贯高甘愿被抓。

这样的大案，要到京城审理，高祖特意颁发诏书："赵国有胆敢跟随赵王进京的，满门抄斩。"此时，田叔无所畏惧，为了保护赵王，毅然剃去头发，穿起赤褐色的囚衣，带着束颈刑具，与孟舒作为赵王的家奴，跟随赵王到了长安。

贯高等人谋反的事情水落石出，赵王张敖获得赦免，降为宣平侯。患难见人心，经过此事，张敖深有感触，上书称赞、推举田叔等人。汉高祖对田叔、孟舒的胆识、为人非常赞赏，下令召见他们。在与田叔等人的交谈中，高祖认为这些人的才干超过了朝中的大臣，十分高兴，便任命他们做了郡守或诸侯的国相；田叔做了汉中郡（治今陕西南郑）的郡守。

十多年后，高后去世，诸吕作乱，群臣诛除诸吕，迎立代王刘恒继位。

二、荐举贤才　颇识长者

汉文帝即位后，有一天召见田叔，闲谈中问他："先生知道谁是天下忠厚长者吗？"田叔回答说："臣哪能知道呢？"汉文帝说："先生长者啊，应该知道的。"田叔叩头说："从前的云中郡太守孟舒，是个长者。"

当时，孟舒已被免职，因为匈奴入侵边境大肆劫掠时，他坚守不力，致使云中郡受到侵扰最为严重。可在田叔眼里，孟舒是一位忠诚敦厚的贤者。

汉文帝不解，说："孟舒任云中郡太守十多年，匈奴一旦犯边，孟舒不能坚守，还让士兵毫无必要地死掉几百。难道长者本该杀人吗？先生怎么说孟舒是长者呢？"

对文帝的质问，田叔胸有成竹，叩头说道："这正是孟舒为长者的原因所在。当年贯高等人谋反，皇上明令禁止赵国臣民跟随赵王进京，有敢违令的诛三族。而孟舒剃光头发、颈带刑具，跟随赵王到达京城。孟舒跟随保护赵王，早豁出命去了，哪里料到自己会做云中郡太守呢！"

叙述过孟舒的过去，田叔又就其郡守任上的事情分辩道："朝廷和楚藩长期对峙，士兵已经十分疲惫。匈奴冒顿单于侵犯边塞时，孟舒体谅士兵的情况，不忍心下命令，士兵们却登城拼死作战，犹如儿子为父亲、弟弟为兄长出力效劳一样，正因如此，所以战死者才多达几百人。孟舒哪里是故意要他们送死啊！所以我说孟舒是长者。"

汉文帝听了田叔的一番话，感慨地说："孟舒真是贤德啊！"于是又召回孟舒，让他重新做了云中郡太守。

自汉高祖任命以来，在汉中郡太守的任上，田叔一待就是十年。文帝即位数年后，田叔因犯法而被免去了职务。

三、忠诚可靠　办事周密

文帝后元七年（前157），汉文帝病逝，太子刘启继位，是为汉景帝。

景帝刘启与胞弟梁王刘武关系亲密，曾酒后戏言传位于梁王，而母亲窦太后和梁王本人也都希望如此。袁盎等朝臣坚决反对，认为有违祖制。后来梁王要动用士兵修筑甬道，以方便朝见太后，因袁盎等人谏阻，景帝也没批准。刘武怨恨袁盎，结果派人把他刺杀了。

此案关系重大，想到田叔忠诚可靠，景帝便把他召回，命他到梁国查案。田叔到梁国后，查清了案件的全部事实，掌握了重要的证据，但在返回长安的途中，却亲手把自己所掌握的证据付之一炬。

田叔回到朝廷面见景帝，景帝问他："梁王真的有罪吗？"田叔回答说："梁王的确犯了死罪。"景帝又追有何罪证，田叔反倒劝景帝不必再过问此事。景帝不解，问道："这又是为什么呢？"田叔分析道："梁王有罪却不伏法，这是使汉朝的法律不能实行；

如果依法治罪，太后就会寝食难安，这又会给陛下带来忧虑呀。"（"今梁王不伏诛，是汉法不行也；如其伏法，而太后食不甘味，卧不安席，此忧在陛下也。"）

景帝又让田叔等人谒见窦太后，说明情况。田叔对窦太后说："梁王对此事毫不知情，主持此事的，只有梁王的心腹羊胜、公孙诡之流，这些人已经按国法处治了，梁王并没有受到伤害。"案件发生、朝廷派人查究时，窦太后忧心忡忡，不肯吃喝，哭泣不止。如今听了田叔的话，这才彻底放下心来。

田叔在审理梁王刘武一案中，权衡利弊，思虑周全，既维护了国家法律的尊严，又免除了皇帝的忧虑。景帝认为田叔处理得非常得体，显示出非凡的才能，便任命他为鲁国的相国。

四、恪尽职守　明美救过

鲁王是汉景帝庶子，名叫刘馀。刘馀从小口吃，喜好声色犬马，田叔任相鲁国时，尽心辅佐鲁王。

田叔刚刚到任时，就有百姓纷纷找上门来，向他诉苦。原来，鲁王经常派人夺取百姓财物，类似事情不少，因而诉苦的百姓有一百多人。田叔经过一番思索，决定采取苦肉计来为百姓取回财物。

田叔抓了为首的二十人，每人鞭打五十下；其余的，各打手心二十下。然后怒斥道："难道鲁王不是你们的国君吗？怎么胆敢诽谤你们的君主呢！"其实，田叔这话是说给鲁王听的，言外之意是：鲁王难道不是百姓的君主吗？怎们可以夺取百姓的财物呢！

鲁王听说后，果然十分惭愧，便从府库取出钱财，让田叔还给百姓。田叔说："大王您自己夺取，却让相国去还，这等于是鲁王作恶、相国行善了。"（"王自夺之，使相偿之，是王为恶而相为善也。"）田叔不同意自己去还，而是建议鲁王自己去还。于是，鲁王把钱财如数偿还给了百姓。田叔的这一举措，同样显示了他的周到与厚道。

鲁王喜欢打猎，常常大举出外游猎。为此，田叔经常跟随进入狩猎的苑囿。为了让鲁王勤于政务，田叔想出一个应对策略：田叔伴随游猎时，鲁王总是要他到馆舍中休息，而田叔却常常走出馆舍，在露天地里坐着等待。鲁王多次派人请田叔去馆舍休息，他始终不肯，并说："我们鲁王暴露在苑囿中，我怎能独自待在馆舍里呢！"为此，鲁王果然不再大举出外游猎了。

几年后，田叔逝世。鲁王为失去田叔这位忠诚的国相而深感悲痛，便用一百金给他作祭礼。田叔的小儿子田仁，不肯接受，说："不能因为一百金损害先父名誉。"（"不以百金伤先人名。"）有其父必有其子，田叔的小儿子田仁，也真可谓贤而明者。

太史公司马迁这样评价田叔："孔子称曰'居是国必闻其政'，田叔之谓乎？义不忘贤，明主之美以救过。仁与余善，余故并论之。"田叔称孟舒长者，可谓"义不忘贤"；让主人偿还财物而补过树望，可谓"明主之美以救过"。田仁与太史公、仁安交好，所以顺带表出其贤，史公用意甚厚矣！

武将最数周亚夫

一朝天子一朝臣,尤其关涉身家性命,无不安排自己人。文帝入居未央宫当夜,就任命代国来的宋昌等掌管要害部门的兵权,此后却也未见多少功勋。真正足以领兵作战的,还是老将灌婴、柴武(陈武)等人,尤其是太尉周亚夫。然而,老子"缓急可用"的人物,在儿子那里却成了"非少主臣",私心自用的作用力如此之巨,因而还是少在"心"上作文章的好。

卫将军宋昌

宋昌（生卒年不详），汉文帝亲信大臣。早年随从汉高祖起事，曾任都尉；后随代王，任中尉。陈平、周勃等迎立代王刘恒，宋昌力排众议，剖断形势，终使刘恒决心前往长安。刘恒即位后，随即拜宋昌为卫将军，镇抚京师南北军。后因功封为壮武侯，景帝时降爵为关内侯。

一、力排众议　劝主继位

宋昌的身世，颇有些传奇性。一般认为，他是宋义之孙、宋襄之子。

秦朝末年，陈胜、吴广揭竿而起，各地纷纷响应。楚国趁势复辟，楚怀王熊心（即芈心）成为所有反秦力量的名义首脑。宋义原本是楚国的令尹（相当于宰相），此时则成为楚怀王的大将军，号称"卿子冠军"，刘邦、项羽等各路义军，均归其统辖。秦将章邯攻打赵地，宋义奉楚怀王之命，统兵解救，因屯兵观望不进，意欲坐山观虎斗，项羽发动兵变，将其斩杀。随后，项羽又派人追杀了宋义之子宋襄。

宋昌早年随从沛公刘邦起事，曾任汉王都尉。汉朝定鼎之后，他跟随代王刘恒，任代国中尉。中尉是汉中央和诸侯王国均有的官职，负责都城的治安。

高后八年（前180），太后吕雉去世。周勃、陈平等铲除诸吕，议立皇位继承人，认为代王刘恒最为合适，于是派人前往代国迎接。

得到消息后，刘恒召集亲信，商讨对策。郎中令张武等怀疑其中有诈，劝代王不要去长安。唯独中尉宋昌不以为然，认为"群臣之议皆非也"，事情无可怀疑，力劝代王前往长安继位。

宋昌得出如此论断，主要是基于这样的认识：吕氏不得人心、天下归心刘氏。他从秦王朝土崩瓦解开始，分析了刘氏获得天下的轨迹。秦末战乱，豪杰并起，自以为能得天下者不计其数，最后是刘氏登上了天子之位，别人也就不再存有希望。高祖分封子弟在全国各地做诸侯王，犬牙相制，坚如磐石，没有谁肯以卵击石。汉朝建立后，废除秦朝苛政，与民休养生息，百姓人人自安，天下难以动摇。吕氏专权，权倾朝野，不可谓不强悍。然而，太尉周勃持节到了北军，振臂一呼，人们无不倾向刘氏，最终诛灭诸吕。这些，都说明刘氏天下"乃天授，非人力也"。

基于这样的认识，宋昌认为，眼下即便是朝中大臣图谋变乱，百姓也不会追随，他们还能有什么作为？何况朝内有朱虚侯刘章、东牟侯刘兴居，都是刘氏宗亲；朝外有吴、楚、淮南、琅邪、齐、代等诸侯王，个个势力强大。刘氏天下，安如磐石。

至于为何迎立代王而不是别人，宋昌分析说：如今汉高祖之子，只剩下了淮南王刘长和代王刘恒，而代王不仅年长，而且"贤圣仁孝，闻于天下"。因而，朝中大臣不过是"因天下之心而欲迎立大王"——顺应天下大势、民心向背而已，没什么可怀疑的。（"方今高帝子独淮南王与大王，大王又长，贤圣仁孝闻于天下，故大臣因天下之心而欲迎立大王"《史记·孝文本纪》）。

二、参乘入都　执掌禁军

宋昌劝代王刘恒"勿疑"，可刘恒还是有些狐疑，因而又是和母亲薄氏计议，又是让卜人占卜，最后又派舅舅薄昭到长安打探了一番消息，才作出了决断。不过，尽管如此波折，宋昌分析、建议的"决定性"作用，还是显而易见的。

薄昭从京师长安回来，报告说事情属实，无可怀疑，代王刘恒笑着对宋昌说："果然如你所说。"（"代王乃笑谓宋昌曰：'果如公言。'"《史记·孝文本纪》）接着，刘恒命宋昌参乘——与自己同乘一车，居右陪侍；张武等六人，乘坐驿站的车辆，前往长安。

代王刘恒一行到了长安东北的高陵，便停下休息，不再前行。谨慎的刘恒，又派宋昌快马赶往长安，观察情况是否有变。宋昌到了长安附近的渭桥，以丞相陈平为首的大臣，都已前来迎接代王。

宋昌还报，代王赶到渭桥，群臣拜谒称臣，代王下车还拜。这时，太尉周勃进前请求"借一步说话"。宋昌说："如果说的公事，那就公开说给大家。如果说的是私事，王者不接受私事。"（"所言公，公言之。所言私，王者不受私。"同上）

进到长安，代王刘恒一行先到了代邸——代王在都城的官邸，迎候群臣跟随到达。接着，周勃等群臣上议请代王继位，并奉上了天子玺符，代王多次推让后接受，继位为帝。随后，由相关朝臣用天子法驾迎入未央宫。

刘恒入居皇宫，当晚即拜宋昌为卫将军，镇抚长安南北军。长安南军、北军，负责都城和宫城的卫戍，可见文帝对宋昌的信任和倚重。

三、因功封侯　因罪降爵

文帝元年（前179）三月，仅仅几个月过去，汉王朝就逐渐恢复了秩序，天下安定，内外融洽。对于从代国来的旧臣，汉文帝心存感念，便给以特殊封赏，封宋昌为壮武侯，张武等其他六人后来也都官至九卿。

当此之时,汉文帝还特地提到了宋昌的突出功劳,说:"当大臣们诛灭诸吕、迎我入朝的时候,我犹疑不定,代国群臣也都劝阻我,只有中尉宋昌劝我入京,我才得以事奉宗庙。此前已拜宋昌为卫将军,现在再封他为壮武侯。"("方大臣之诛诸吕迎朕,朕狐疑,皆止朕,唯中尉宋昌劝朕,朕以得保奉宗庙。已尊昌为卫将军,其封昌为壮武侯。"《史记·孝文本纪》)

到了第二年的十月,汉文帝为了削弱功臣集团的势力,下达了"列侯之国"令,就是让封了侯的大臣们各自回到所封侯国去。这一诏命,引起功臣等列侯的强烈不满。文帝不得不有所让步,其中包括取消卫将军屯军。

卫将军屯军,指的正是宋昌所统帅的长安北军。南、北两军都驻扎在汉都长安,但南军只有数千人,北军则多达数万人。文帝裁撤北军,削弱宋昌的军权,意在平衡代国旧臣与汉朝功臣之间的关系。宋昌身份特殊,对他的安排必然具有标志性作用。

到了文帝三年(前177),匈奴侵入北地郡,越过黄河,大肆进行寇掠。汉文帝诏令丞相灌婴,统领八万五千边吏和骑兵,往击匈奴。匈奴兵退去,文帝征调原属中尉统领的内史地区的材官进入长安,改属卫将军宋昌统领,护卫京城。这其实等于又恢复了以前的北军。

文帝十四年(前166)冬,匈奴再次寇边,汉文帝任命中尉周舍为卫将军,但并未提及原来的卫将军宋昌。此后,史书就不见了关于宋昌的记载。

景帝中元四年(前146),宋昌因为犯罪,被夺爵一级,降为关内侯(有食邑,无封国),壮武侯国废除。

郎中令张武

张武（生卒年不详），汉文帝亲信大臣。早年为代国郎中令，周勃、陈平等迎立代王刘恒时，他曾表示怀疑。刘恒即位后，任郎中令，负责宫殿戍卫；文帝去世后，为复土将军，负责安葬事宜。

一、建议观变　乘驿从龙

张武是代王刘恒的亲信之一，在代国任郎中令。当时，汉中央王朝和诸侯王国均设有郎中令，为皇帝或诸侯王的宿卫之臣，负责守护宫殿门户。

高后八年（前180），太后吕雉去世。周勃、陈平等铲除诸吕，议立皇位继承人，认为代王刘恒最为合适，于是派人前往代国迎接。

得到消息后，代王刘恒召集亲信，商讨对策。郎中令张武等人，怀疑其中有诈，劝代王不要前往长安。他们认为，当今朝廷大臣，都是当年追随汉高祖的大将，个个熟习兵事，多谋善诈。只不过慑于高帝、高后的威势，这些人才一向不露声色罢了。如今刚刚诛灭诸吕，喋血京城，来人名义上说是迎接大王，其实不可轻信。（"张武等议曰：汉大臣皆故高帝时大将，习兵，多谋诈，此其数意非止此也。特畏高帝、吕后威严耳。今已诛诸吕，新喋血京师，此以为大王名，实不可信。"《史记·孝文本纪》）

张武等人的分析，其实也不无道理，所谓"习兵，多谋诈"，确实是刘邦老臣的"特色"。因此，他们建议代王假托有病，不要前往，以便观察朝中变化。（"称疾毋往，以观其变。"同上）而中尉宋昌则表示反对，他认为吕氏不得人心，天下归心刘氏，代王应该前往长安即位。

经过一番谋划，最后，刘恒采纳了宋昌的意见，决定入都继位。

前往长安时，宋昌参乘，与代王同乘一车，张武等六人则乘驿车随同。

二、位列九卿　　曾经受贿

到达长安后，代王先在代邸安顿，随后朝臣以天子法驾迎入皇宫。即位当晚，汉文帝刘恒即对亲信分别委以重任，张武被任命为郎中令。郎中令是秦代就有的官职，是所有郎官的长官，负责宫廷戍卫，秦二世时候的赵高，担任的就是这一职务。西汉沿置，秩中二千石，位列九卿。

文帝元年（前179）三月，局势平静之后，汉文帝又对代国老臣格外施恩，给以特殊封赏。除封宋昌壮武侯外，乘驿车跟随代王入京的张武等六人，此时全都官至九卿了。

由于深受皇帝宠信，张武成了臣僚巴结的对象，而他也没能经受住诱惑，私下接受了贿赂。汉文帝发觉此事后，并没有交给官吏审查处理，而是从御府里拿出金钱赐给张武，让他内心感到惭愧。（"群臣如张武等受赂遗金钱，觉，上乃发御府金钱赐之，以愧其心，弗下吏。"《史记·孝文本纪》）可见，汉文帝对代国旧臣，总是另眼相看。而且"张武等"，也说明并非张武一人。

文帝十四年（前166）冬，匈奴入边为寇，杀死了北地都尉孙卬。汉文帝怒不可遏，决定亲征，以中尉周舍为卫将军，郎中令张武被任命为车骑将军，千乘车兵、十万骑卒，屯军渭北。不过，经群臣谏阻和太后阻止，汉文帝没有亲征，张武也没有出击匈奴；而是由张相如等三将军受命统兵，击退了匈奴。

文帝后元六年（前158）冬，匈奴三万人入侵上郡，三万人入侵云中。汉文帝下令兵分六路，进行防御。这六路大军中，将军张武负责屯守北地郡（今甘肃庆阳一带）。

文帝后元七年（前157）六月，汉文帝去世，张武受命为"复土将军"，即监造皇陵的总负责人。朝廷征发皇陵周边县及京城地区士卒三万余人，在白鹿原开山建造陵墓，护送棺椁，以礼安葬。并将随葬品有序摆放，复土如故。（"郎中令武为复土将军，……藏郭、穿、复土属将军武。"同上）

大将军柴武

柴武（？－前163），又作"陈武"，汉初名将，汉文帝时大将军。薛郡薛县人。秦末在家乡举义，后率部归汉。曾参与垓下之战，以功封棘蒲侯。高祖、文帝时，先后率军击败韩王信、朱虚侯刘章叛乱。曾建议用兵南越等，文帝未予采纳。

一、率军归汉　因功封侯

柴武之名，有的史籍又作"陈武"。他祖籍陈郡阳夏（今河南太康），出生在薛郡薛县（今山东枣庄薛城区）。

秦朝末年，反秦起义风起云涌，柴武也率众加入起义队伍，起初隶属于楚国起义领袖项梁的麾下。其间，柴武曾受项梁委派，率领家乡薛邑两千五百人，与沛公刘邦协同作战。

秦二世二年（前208）七月，秦将章邯在攻灭齐王田儋、魏王魏咎之后，把田荣围困在东阿（今山东东阿），柴武与沛公刘邦及项羽等，奉命援救，大破章邯。

这年年末，沛公刘邦率军西进，不久与彭越相遇，合攻昌邑（今山东昌邑），但没有攻下。后来，刘邦撤兵到栗县（今河南夏邑），正好遇上了柴武。此时，柴武的队伍已经扩大到约四千人。于是，柴武归附沛公，将所部并入了沛公的队伍。

大败章邯之后，反秦队伍一路向西，进逼秦都。柴武跟随汉王刘邦，西入潼关，抵达霸上。灭秦之后，汉王刘邦不得不就国，柴武随同进入汉中。经过一段时间的休整，汉王刘邦又率军东进，争夺天下。

汉王四年（前203），汉将韩信引兵攻齐，柴武所率汉军攻打齐国历下（今山东济南）守军，大破田既所率的齐军。

汉王五年（前202），柴武曾参与讨伐龙且之战，以及楚汉的垓下决战。当时，汉王刘邦所率各路大军，将十万楚军包围在垓下。正面对敌的是淮阴侯韩信，左右两翼分别是蓼侯孔聚、费侯陈贺。汉王领兵随后，柴武则与周勃跟在汉王后面，负责汉王部队的后方守卫。（"高祖与诸侯兵共击楚军，与项羽决胜垓下。淮阴侯将三十万自当之，孔将军居左，费将军居右，皇帝在后，绛侯、柴将军在皇帝后。"《史记·高帝本纪》）

垓下一战，楚霸王项羽兵败自刎，在楚汉之争中，汉军取得了决定性胜利。次年三月，柴武因功封为棘蒲侯（国都在今河北临漳西南）。《史记·高祖功臣侯者年表》记云："高祖六年三月丙申，刚侯（柴武谥号）陈武元年。"

二、先礼后兵　败韩王信

秦末，陈胜、吴广首举义旗，而随后主要的反秦力量，其实都是被秦所灭六国的遗留势力。这些势力的主导者，相对于平民出身的刘邦，身份上不无问鼎的某种心理优势。汉朝初建，这些人各据一方，暂时安帖，却又暗流潜伏，一触即发。

高帝十年（前197），不肯安分的韩王信、陈豨等先后发动叛乱，结果均以失败告终，陈豨被斩首，韩王信则逃到了匈奴。

第二年春天，韩王信勾结冒顿单于，率匈奴骑兵侵入参合城（在今山西大同东），对抗汉朝。朝廷派柴武率兵迎击。

柴武先礼后兵，写信给韩王信说："皇帝陛下宽厚仁爱，尽管有些诸侯背叛逃亡，但当他们再度归顺的时候，总是恢复其原有的爵位名号，不加诛杀。这些都是大王您所知道的。现在您是因为战败才逃往匈奴的，并无大罪，您应该赶快来归顺！"（"陛下宽仁，诸侯虽有畔亡，而复归，辄复故位号，不诛也。大王所知。今王以败亡走胡，非有大罪，急自归！"《史记·韩信卢绾列传》）

看了柴武的信，韩王信回信说：

> 陛下擢仆起闾巷，南面称孤，此仆之幸也。荥阳之事，仆不能死，囚于项籍，此一罪也。及寇攻马邑，仆不能坚守，以城降之，此二罪也。今反为寇将兵，与将军争一旦之命，此三罪也。夫种、蠡无一罪，身死、亡。今仆有三罪于陛下，而欲求活于世，此伍子胥所以偾于吴也。今仆亡匿山谷间，旦暮乞贷蛮夷，仆之思归，如痿人不忘起、盲者不忘视也，势不可耳。（《史记·韩信卢绾列传》）

（皇帝把我从里巷平民中提拔上来，使我南面称王，这对我来说是万分荣幸的。在荥阳保卫战中，我不能以死效忠，而被项羽关押，这是我的第一条罪状。等到匈奴进犯马邑，我不能坚守城池，献城投降，这是我的第二条罪状。现在反而为敌人带兵，与将军争战，争这旦夕之间的活头，这是我的第三条罪状。文种、范蠡没有一条罪状，但在成功之后，一个被杀，一个逃亡。现在我对皇帝犯下了三条罪状，还想在世上求取活命，这正是伍子胥在吴国被杀的原因。现在我逃命隐藏在山谷之中，每天都靠向蛮夷乞讨过活，我的思归之心，就像瘫痪的人不忘直立行走，盲人不忘睁眼看看一样，只不过情势不允许罢了。）

韩王信不肯归降，两军不得不战。柴武率军大破匈奴骑兵，攻下参合城，并将韩王信斩杀。

柴武是汉高祖所定汉初十八功侯之一，排名第十三。班固《十八侯铭》中的《将军棘津侯陈武》称："岩岩将军，带武佩威。御雄乘险，难困不违。仇灭主定，四海是桢。功成食土，德被遐迩。"

三、平息叛乱　建议讨逆

诛除诸吕，迎立代王，柴武也是诸朝臣之一。在渭桥迎候、在代邸跪拜进言继位，都有柴武，位次仅在丞相陈平、太尉周勃之后。

文帝三年（前177），汉文帝到达代地（今河北蔚县一带），准备反击进犯的匈奴。济北王刘兴居得知此情，趁势起兵造反，打算袭击荥阳。文帝下令：丞相灌婴撤回部队；棘蒲侯陈武（柴武）为大将军，率军十万，前去讨伐叛军。（"诏罢丞相兵，遣棘蒲侯陈武为大将军，将十万往击之。《史记·孝文本纪》"）又命祁侯缯贺为将军，驻扎荥阳。

这年七月，汉文帝回到京师长安，诏令有关大臣说："济北王背德反上，连累了济北的官吏百姓，这是大逆不道。济北的官吏和民众，凡是在朝廷大军到来之前停止反叛活动的，以及率部投降或献出城邑的，一律赦免，官爵复原。那些曾与刘兴居一起造反但后来投降了的人，也予以赦免。"

八月，柴武所率汉军打垮济北叛军，俘获济北王刘兴居。文帝宣布，赦免济北国中随济北王造反的官吏百姓。刘兴居自杀，济北国国除，设为汉郡。

柴武等人，曾建议征伐南越、朝鲜。他认为，南越、朝鲜，在秦朝鼎盛时期，曾经归附称臣。后来拥兵自固，左右观望。高祖的时候，天下初定，百姓需要休养生息，不宜兴兵。如今形势不同，国力强盛，士民乐用，应该征讨逆党，统一封疆。

汉文帝没有接受柴武的建议，在答复中，他先是自谦一番，然后说：兵事如同凶器，虽然能实现一些愿望，但也动辄损耗，劳民伤财。况且应付匈奴侵扰，已经使军民颇为困惫，令人伤痛。当今之计，应该坚守门户，通使结和，休宁边疆。还是不要议兵为好。

文帝六年（前174），柴武的太子（西汉列侯嫡长子亦可称"太子"）柴奇，与淮南王刘长密谋造反。事情败露后，柴奇及所有参与谋反的人都被诛杀了。

文帝后元元年（前163），柴武去世，谥曰"刚"，史称"刚侯"。因柴奇曾经谋反，故不再安排柴家人继承爵位，棘蒲侯国除。

柴武去世之后，葬在今河北栾城东北寺下村的村西，坟墓高大，称"柴武台"。隋代时，曾在台上建筑善众寺，规模盛大，唐代高僧玄奘未赴天竺取经时，曾在善众寺挂单。如今，柴武台已经辟为文化公园。

大将军张相如

张相如（前229—前165），汉初名将，文帝时大将军。东海郡东阳县人。秦末参加义军，后随陈婴归汉。早年参与楚汉战争，后随高祖平定陈豨叛乱，因功封东阳侯。文帝时曾任太子太傅，有"长者"之谓。年逾古稀，拜大将军率军出击匈奴，回师不久病逝。

一、投身归汉　因功封侯

张相如出生在战国末期，他的少年时代，经历了秦灭六国，以及秦王朝的建立。等到秦二世元年（前209），陈胜、吴广揭竿而起的时候，张相如已经长大成人。

这年九月，东阳（今属江苏）少年杀了县令，拥戴陈婴为首领，举义反秦。二十一岁的张相如投身起义，加入苍头军，成为陈婴属下部将，并屡立战功。后来，陈婴听从母言，以所部投归途经东阳的项梁。

为了凝聚名望，诸路义军寻找楚怀王的后人，结果找到了他的孙子芈心，这孩子当时正为人牧羊。义军立芈心为楚怀王，称为"义帝"，建都盱眙（今属江苏）。陈婴任上柱国，负责保卫都城；张相如则成为楚怀王的御前侍卫将军。上柱国改任别人之后，张相如也随陈婴奔赴了战场。

后来，刘、项分道扬镳，楚汉连年征战。义帝被弑后，张相如随陈婴归汉，在楚汉相争中再立功勋。刘邦称帝后，陈婴被封为堂邑侯，张相如则被拜为中大夫，成为朝廷掌管议论的官员。

当时，匈奴经常侵扰边境，高祖刘邦便派战功卓著的将军，前往北疆镇守。张相如也以中大夫的身份，被派遣到了河间（今河北沧州河间）任郡守。

高帝十年（前197）七月，长期受到高祖猜疑的代相陈豨，接到进京朝见的敕令，无奈之间，与王黄等人一同反叛，自立为代王。高祖刘邦率军亲征。次年（前196）冬天，高祖令绛侯太尉周勃与河间太守张相如同往，直击陈豨，一举平定了叛乱。随后不久，张相如因进击陈豨之功，被封为东阳侯，食一千三百户。

《汉书》对张相如封侯之事，有这样的记载："东阳武侯张相如，高祖六年为中大夫，以河间守击陈豨，力战，功侯，千三百

户。十一年二月癸巳封,三十二年薨。"(《汉书·高惠高后文功臣表第四》)

二、老成望重　堪为长者

高帝十二年(前195),汉高祖刘邦病逝,十六岁的太子刘盈继位为汉惠帝。太后吕雉以刘盈年少,"垂帝听政",把持了朝政大权。惠帝刘盈去世后,吕后临朝称制。

汉惠帝刘盈二十三岁英年早逝,吕后装出痛苦不堪的"失子之悲",说是要把儿子的坟墓筑得高高的,自己站在未央宫楼上就能看到。刘盈的安陵,距长安三十六里之遥,筑得再高,在未央宫也看根本不到,徒然劳民伤财而已。朝臣明知无益,可迫于吕后的淫威,谁也不敢劝谏。

此时,张相如站了出来,决心阻止"高筑陵"的动议。张相如装出一副悲伤的样子,垂泪进谏,认为如果把惠帝陵冢筑得非常高大,在未央宫抬眼就能看到,因此而伤心流泪,必然不利于"陛下"的身体。吕后觉得有理,于是打消了"高筑陵"的念头。

吕后执政八年后去世,太尉周勃、丞相陈平等,诛灭诸吕,迎立代王刘恒为帝。不久之后,汉文帝册立长子刘启为太子。张相如以老臣而"重厚少文",被文帝拜为太子太傅。张相如兢兢业业,竭尽心力教育、辅佐太子,不负文帝厚望。

儒生贾谊,年少才高,多次上奏疏,提出了一系列改革建议。汉文帝对贾谊颇为赏识,破格提拔为"博士",二十一岁时升其为太中大夫,并提议超擢任以公卿之位。张相如与周勃、灌婴等老臣,上书表示反对。文帝就此作罢,让贾生外任长沙王太傅。不过,后来张相如也因此被免去了太子太傅之任。

有一次,汉文帝出巡上林苑,到了虎圈,询问有关苑中动物的情况。上林苑负责人之一的上林尉,一个问题也回答不上来,文帝很生气。这时，负责看管虎圈的啬夫从旁上来，替上林尉回答了所有问题。文帝非常高兴，夸奖了啬夫，并命令随行的谒者仆射张释之，下诏让啬夫升任上林苑一把手——上林令。张释之觉得不妥，便婉转劝谏，请问绛侯周勃、东阳侯张相如是什么样的人。文帝答说，两人都是"长者"。张释之说，这两位长者才能卓著，却都不善言谈；如今提拔了伶牙俐齿的啬夫，怕是会误导天下人卖弄口舌，而不干实事。文帝觉得有理，啬夫之任也就作罢了。文帝亦称张相如为"长者"，评价可谓不低。

三、高龄出战　回师病逝

文帝六年（前174），匈奴冒顿单于去世，其子稽粥即位，号"老上单于"。

文帝十四年（前166）冬天，老上单于背弃和约，亲率十四万大军侵入汉境，杀害边将，掳掠人畜，焚烧城邑。匈奴骑兵的前锋，甚至到了岐州雍地（今陕西凤翔），距离长安仅二百余里，直接威胁到了汉王朝的统治中心。

汉文帝得报，立即命中尉周舍、郎中令张武为将军，发车千乘，骑兵十万，屯驻长安附近，防卫京师；又拜昌侯卢卿为上郡将军，宁侯魏遫为北地将军，隆虑侯周灶为陇西将军，东阳侯张相如为大将军，成侯董赤为前将军，大发上郡、北地、陇西等处兵马车骑，迎击匈奴。此时，张相如已经六十四岁，接到谕旨，当即率军直奔边境。

汉军苦战一月有余，老上单于方退出塞外。不过，汉文帝原本就不打算和匈奴大肆作战，因而汉军总是将匈奴兵逐出塞外，随即退还，不能有所杀伤，并未削弱匈奴的势力。也正因如此，匈奴日益骄横，岁岁入边，杀掠人民畜产甚多。汉王朝深以为患，不得不遣使者，与匈奴再度和亲修好。

历经此次对匈奴作战，六十五岁高龄的张相如染上风寒，回师后便一病不起。第二年，即文帝十五年（前165）初，不幸病逝。朝廷赐谥曰"武"，史称"东阳武侯"，赐葬东阳大云山。

陇西将军周灶

周灶（？—前162），汉初将领。本为刘邦押送的壮丁，后随刘邦起事，作战英勇，因功封隆虑侯。高后、文帝时期，先后率军讨伐南越、抗击匈奴。后以病请辞，在封地安度晚年。

一、追随刘邦　因功封侯

秦二世二年（前208），时为沛县泗水亭长的刘邦，受县里委派，押送壮丁到骊山服役。苦于秦朝苛政，壮丁乘夜逃亡了大半。按当时的秦律，壮丁逃亡，押送者亦是死罪。况且当时只走到安徽、河南交界的芒砀山，离咸阳还有老远，后事肯定不少。

一天夜里，刘邦召集其余壮丁，让他们也都逃跑。壮丁们感激刘邦的恩义，除有家庭之累而离开之外，剩下十多个人，情愿跟随刘邦干一番事业。年轻的周灶，便是这十多人中的一个。

周灶跟随刘邦南征北战，作战英勇，尤其以防守出色闻名。垓下决战中，周灶独当一面，有效阻止了楚军从自己负责的防地突围。楚军军心涣散，刘邦为防止项羽逃走，由二十四名勇将组成狙击小队，周灶就是其中一员。这些狙击手称作"长铍（一种两面有刃的长剑）都尉"，全部使用长兵器，防止项羽近身。最终，逼得楚霸王乌江自刎。

周灶忠贞英勇、稳重宽厚，很受刘邦的重视和信任。汉王元年（前206）十月，周灶升任连敖。连敖是战国时期楚国连尹、莫敖合并而来的一个官号，也就是后来的"典客"，负责外交和宾客接待事务。

刘邦称帝后，周灶被封为隆虑侯，名列功臣前二十余名之中。汉初非军功不可封侯，侯有县侯、乡侯、亭侯三种，周灶受封县侯，是一个上中等的侯。隆虑即今河南林州市（原林县），因县西隆虑山而得名。

受封之后，周灶回到封地坐镇，极力经营隆虑。因而朝中刘、吕争权，周灶不曾参与，也未受影响。

周灶经常到乡间巡察，督促农桑，考察民情。恶人、盗匪，慑于周将军的大名，都销声匿迹。周灶对坏人决不姑息，有个乡官借口向农民摊派取利，周灶毫不留情地将其斩首。

二、转战南北　安度晚年

汉初高后、文帝两朝，主要威胁来自南越和匈奴。作为开国老将，周灶先后参与了征伐南越和抗击匈奴之战。

汉高祖时，南越赵佗被封为南越王，此后与汉廷一直保持使节往来，互市贸易。吕后执政之后，视南越为蛮夷之国，禁绝汉廷与南越的贸易，削去了南越国的封号。赵佗怀疑，这是长沙王想倚仗朝廷的势力，统治长沙和南越两国。于是，高后五年（前183），赵佗宣布脱离汉廷，自称"南越武帝"，发兵进攻长沙国。

高后八年（前180），吕后以周灶为大将，领兵十万，讨伐南越国。当时的南越，即今两广一代，有"南荒"之称，常有瘟疫流行。周灶领兵进军南越时，正值暑热潮湿，士卒中开始流行瘟疫，汉军无法翻山越岭。

过了一年多，吕后去世，周灶便不再进攻，撤军而去。借此机会，赵佗在边境耀武扬威，并贿赂闽粤、西瓯和骆粤，使其归属南越，扩大了自己的领地。赵佗还乘坐黄屋左纛之车，以皇帝身份发号施令,与汉朝天子抗衡。

汉文帝即位后,决定改善与南越的关系。文帝派遣陆贾出使南越,说服赵佗,并亲笔致信。陆贾出使南越,对赵佗申明大义,晓以道理。最终,赵佗顿首谢罪,表示愿意尊奉汉朝皇帝的明诏,作为藩国臣属。

十三年之后,文帝十四年(前166),匈奴大军入侵今宁夏、甘肃一带,前锋甚至抵达距离长安仅二百里的雍地。汉文帝命周灶为陇西将军,率军前往阻止匈奴的攻势;又拜张相如为大将军,率军纵深攻击匈奴。只用一个月,汉军就将匈奴赶出了塞外。

陇西战事后,周灶年已经六十多岁。他感到自己来日无多,上表以病请辞。得到文帝允准,周灶回到封地隆虑,安度晚年。

文帝后元二年(前162),周灶去世,其子周通袭爵隆虑侯。

太尉周亚夫

周亚夫(前199—前143),汉代名将,绛侯周勃次子,沛县(今江苏丰县)人。周亚夫治军严明,深有谋略,在平定吴楚七国之乱中,表现尤为突出。后因朝廷乏人,曾以武将而出任丞相。周亚夫才能卓越,一生出将入相,却因未能顺从皇帝引起不满,交予廷尉究治,受辱不食而死。

一、许负看相 意外封侯

周亚夫出身名门,父亲为绛侯周勃。周勃不仅是汉朝开国功臣,也是迎立汉文帝的主要朝臣之一。

周亚夫开始任河内郡郡守。当时有一老妪,名叫许负,素称善相。周亚夫曾将她邀入署中,让他给自己看相。

许负认真端详了半天,对周亚夫说:"君后三岁而侯。侯八岁为将相,持国秉,贵重矣,于人臣无两。其后九岁而君饿死。"(《史记·绛侯周勃世家》)这话是说,三年之后,周亚夫会封侯。封侯八年之后,出将入相,手握国柄,地位贵显,人臣中一时无两。可惜再过九年,却会饿死。

周亚夫听后,颇感意外,笑着说:"臣之兄已代父侯矣,有如卒,子当代,亚夫何说侯乎?然既已贵如负言,又何说饿死?"(同上)周亚夫认为,第一,自己不可能封侯。因为兄长已经继承了父亲的侯爵,万一大哥故去,还有他的儿子,轮不到自己。第二,自己不可能饿死。既然已经富贵显达,而且无与伦比,又怎么可能受饿而死呢?

周亚夫觉得许负所言,前后矛盾,令人费解,于是求其指示明白。许负回答说:"我这不过是据相而言。"她指着周亚夫的嘴角说:"您嘴边有条直竖的纹理,通入口中,这就是饿死之相了。"("有从理入口,此饿死法也。"同上)周亚夫又惊又疑,半天说不出话来。

说也凑巧,过了三年,周亚夫的兄长周胜之,就是袭封绛侯的那位,因为犯了杀人罪,被剥夺了封爵。汉文帝考虑到周勃有功于朝廷,不愿让他的家族荣誉中断,于是下令选择周勃诸子中最贤明者,以便承袭爵位。大家一致推举周亚夫。就这样,周亚夫封为条侯(县在渤海郡),"续绛侯后"。

二、细柳劳军 亚夫成名

文帝后元六年(前158)冬月,匈奴大举入犯边境。因为好些年不动兵戈,如今突然有虏骑南来,防边将士惊惶不安。汉文帝得到边报,急忙调遣三路军马,往镇三边:一路由中大夫(郎中令属官,秩比二千石)令勉统领,出屯飞狐;一路由前楚相苏意统领，出屯句注；一路则由郎中令张武统领，出屯北地。此外，为防意外疏虞而惊动京师，又令河内太守周亚夫驻兵细柳，宗正刘礼驻兵霸上，祝兹侯徐厉驻兵棘门。

为了鼓舞士气，一天，汉文帝御驾亲出，到近畿劳军。他先到霸上，次到棘门，均不需通报。见皇帝车驾来到，军营主动放行，文帝一行一路奔驰，直入营中。刘礼、徐厉两员主将，深居帐内，直至警跸入营，才率部将慌慌张张前来迎接；而且因为事先不曾迎候御驾，面露惶恐不安之色。等到文帝起驾，两位将领又都亲率全营将士送出营门，拜辞御驾。

不久，文帝一行又来到了细柳营。可这次的情形完全不同，营门口，军士们披坚执锐，弓弩张开，严阵以待。御驾前驱部队到来，被挡在了营外。随驾兵士说："天子就要到了！"军门都尉却正色相拒："将军有令：军中闻将军令，不闻天子之诏！"大军之中，将军的命令才算数，别的不管用。

过了一会儿，文帝御驾到来，又被营兵阻住，不准入内。只见营门内外，甲士森列，持刀竖戟，张弓挟矢，仿若临敌。文帝只好派使者，持天子符节，入营通报。周亚夫接见来使，这才传令开门。营兵打开营门，正色告知天子车马："将军有约，军中不得驱驰！"文帝一行只能按辔徐行。

进入营内，周亚夫披甲佩剑，向文帝拱手行礼，口称："介胄之士不拜，请以军礼见。"文帝不禁为之动容，将身微俯，凭轼致敬，（"天子为动，改容式车"，《史记·绛侯周勃世家》）并派人宣谕军中："皇帝敬劳将军。"完成了劳军礼节，然后肃然离去。

当此之时，群臣认为周亚夫惹到圣驾，都为他捏了一把汗，不知皇上要如何处置。文帝却说："难得啊！这才是真将军呢！至于霸上、棘门的部队，散漫无威，形同儿戏。假如敌人突然来袭，恐怕连主将也难免被擒之辱。周亚夫这样的部队，哪会给敌人可乘之隙呢?"("嗟乎,此真将军矣!曩者霸上、棘门军,若儿戏耳,其将固可袭而虏也。至于亚夫,可得而犯邪!"《史记·绛侯周勃世家》)"称善者久之"——过了好久,文帝仍对周亚夫的治军赞不绝口。

一个多月后,边疆通报说敌军已经出塞,文帝依次撤回各路人马,任命周亚夫为中尉,负责京城保卫和治安。

三、太尉乘传　迤逦东进

汉文帝临终时,曾嘱咐太子刘启:"假如情况紧急,可以让周亚夫统兵。"("即有缓急,周亚夫真可任将兵。"《史记·绛侯周勃世家》)刘启即位后,拜周亚夫为车骑将军。

景帝三年(前154)正月,吴楚七国之乱爆发。景帝当用兵之际,想起了父亲的临终教言,于是晋升周亚夫为太尉,掌管全国大军,东击吴楚。

周亚夫乘六乘传(六匹马拉的传车),率军东行。军至霸上,有个叫赵涉的读书人,拦住他的车骑,说:"将军要东进,诛灭吴楚之乱,此行确实关系重大。胜利了,宗庙安宁,天下安宁;如若不胜,则宗庙危殆,天下纷纷。不知将军能否听听我的看法呢?"周亚夫下车,表示愿闻高论。

赵涉说:"吴王素来富有,久已蓄养死士。此次知道将军东行,定会令死士设伏,邀击将军。将军不可不预为防备。况且兵贵神速,将军何不绕道右行,走蓝田、出武关,进抵洛阳。这样,虽然会晚一两天,但直入武库,掩敌不备,鸣鼓而击之,使诸侯闻风振动,以为将军从天降下,那时不战而威,自会收到好的战果。"

周亚夫听从赵涉之计,汉军星夜兼程,安然抵达洛阳。随即派将士搜索原来行军路线的要隘,果然有吴国的伏兵。接着,周亚夫奏请以赵涉为护军。("周亚夫东击吴楚，至霸上，涉献策右走蓝田，出武关，抵洛阳。亚夫如其计，免遭吴伏兵。乃以涉为护军。"《智囊·兵智部》)

周亚夫率军东进，计划到荥阳（在洛阳东）合兵。途经洛阳时，见到洛阳侠客剧孟，周亚夫大喜，说："吴楚七国造反，我乘坐传车到这里，没想到并未遇到磕绊。以为诸侯王已经得到了剧孟，谁知剧孟还在这里。我只要据守荥阳，以东就没什么可忧虑的了。"（"七国反，吾乘传至此，不自意全。又以为诸侯已得剧孟，剧孟今无动。吾据荥阳，以东无足忧者。"《史记·吴王濞列传》）

到达淮阳（今周口市辖区，在河南东南部），周亚夫拜访已故父亲绛侯周勃的门客邓都尉，问计于他。邓都尉说："吴兵士气十分劲锐，很难与其争锋。楚兵的士气就差多了，坚持不了多久。如今为将军着想，不如引兵东北，坚壁昌邑，把梁国置于吴兵的面前，吴军必定尽出精锐进攻梁军。将军则深沟高垒，派轻兵把住淮河泗水口，阻塞吴军的粮道。吴楚在与梁国相持中，必然军力损耗、粮食断绝，这时以强制疲，破吴势在必成。"（"吴兵锐甚，难与争锋。楚兵轻，不能久。方今为将军计，莫若引兵东北壁昌邑，以梁委吴，吴必尽锐攻之。将军深沟高垒，使轻兵绝淮泗口，塞吴饟道。彼吴、梁相敝而粮食竭，乃以全强制其罢极，破吴必矣。"同上）

邓都尉的策略，可谓深得兵法精髓，周亚夫深于军谋，十分认可。于是，便在昌邑（在今山东）南面扎营，坚壁高垒；同时派出轻兵，断绝吴国的粮道。

周亚夫一路东进，一路访贤，听闻良策，总是善加采纳。吴王刘濞则专断自是，不辨好歹，屡失上策。仅此而言，胜负已经不待战而明。

四、欲取姑予　平息叛乱

吴、楚发兵西进,梁国是必经之地。受命之后,周亚夫审时度势,曾向景帝建策:"楚军向来剽悍,行动迅捷,正面争锋,实难取胜。现在,他们正在进攻梁国。如果采取将取姑与之策,暂时放弃梁地,由他们去占领,从背后断其粮道,这样就可以伺机制服叛军了。"("楚兵剽轻,难与争锋。愿以梁委之,绝其粮道,乃可制。"《史记·绛侯周勃世家》)景帝认为太尉言之有理,便同意了。

到达昌邑后,周亚夫顿兵不进,而为了打通西进的必经之路,吴军攻打梁国越来越急。梁王刘武多次请求援兵,周亚夫抱定主旨,不肯出兵。梁王刘武久待救兵不至,情急之下,又派人到汉景帝那里告周亚夫的状。景帝派人要求救梁,但周亚夫便宜行事,仍旧坚守壁垒。("梁数使使报条侯求救,条侯不许。又使使恶条侯于上,上使人告条侯救梁,复守便宜不行。"《史记·吴王濞列传》)

不过,周亚夫表面上不为所动,暗地里却派弓高侯等轻骑兵潜入敌后,截断吴楚粮道。吴楚军粮秣多被劫走,运输线又全然不通,军中乏粮,将士忍饥挨饿,于是转而攻击汉军,以尽快决一雌雄。但多次挑战,周亚夫始终不肯出战。

时日一长,别说吴楚军沉不住气,就连汉军中也有点人心不稳了。一天晚上,周亚夫营中忽然自相惊扰,声音直达中军帐下,一军皆惊,只有周亚夫依然高卧不起。不一会儿,混乱自然归于平静。过了几天,吴军向汉军军营东南面鼓噪进攻,声势甚大。周亚夫料定其声东击西,派人在西北严阵以待。不出所料,吴军果然以精锐袭击西北,但因汉军早有准备,没能得逞。

吴楚叛军缺粮,将士食不果腹,只好引兵退去。周亚夫趁机派精兵追击，大败吴军。吴王刘濞抛下部队，跟着数千壮士，逃到江南丹徒，建筑工事，以求自保。汉军乘胜作战，吴军大都成了俘虏。周亚夫悬赏千金，购吴王刘濞之头。过了一个月左右，东越国果然有人斩下吴王之头，前来领赏。

这次作战，有攻有守，持续了三个月，最后以吴楚被灭、叛乱平息结束。人们都认为周亚夫谋划正确，措施得当；只有梁王刘武，因周亚夫没有及时出兵相救，结下了梁子。

五、任职丞相　不肯苟合

景帝五年（前152），丞相陶青因病解职。朝中无人可用，周亚夫以武职被任为丞相。此时，周亚夫真的如许负所说，出将入相，一时无两了。

汉景帝本来非常信任、重用周亚夫。后来，景帝要废掉太子刘荣，周亚夫与魏其侯窦婴等，极力反对，争辩不休。景帝不肯改变主意，太子终究还是废了。经此一事，景帝对周亚夫渐渐疏远，大不同于从前。加上梁王刘武每次入朝，都要在太后面前说周亚夫的坏话，周亚夫在朝中地位日渐孤危。

还有两件事，直接导致了周亚夫的悲剧结局。一是皇后之兄王信封侯之事，一是匈奴王唯徐卢等五人封侯之事。

有一天，窦太后对景帝说："皇后的哥哥王信，该封为侯爵了吧？"景帝借口推辞："你的侄儿南皮侯窦彭祖、弟弟章武侯窦广国，先帝在日都未得侯封，还是我嗣位后封的呢！现在，我怎么能刚刚继位，就封皇后的哥哥为侯呢？王信不能封！"窦太后说："人生各以时行，富贵当及己身。当年，我哥哥窦长君在世时，竟然未得封侯，尽管后来他的儿子彭祖被封为侯，但我仍然感到十分遗憾。我看，你还是尽快封王信为侯吧！"景帝说："请让我跟丞相商量一下，再决定此事。"

景帝就王信封侯之事，征询丞相的意见，周亚夫说："高祖曾有约言，非刘氏不得封王，非有功不得封侯；若是违背约定，天下可群起攻击之。王信虽是皇后的兄长，但没有什么功劳，倘若封他为侯，怕与高祖誓约相悖吧？"（"高皇帝约'非刘氏不得王，非有功不得侯。不如约，天下共击之'。今信虽皇后兄，无功，侯之，非约也。"《史记·绛侯周勃世家》）景帝听了，无话可说，只好作罢。

后来，匈奴王唯徐卢等五人归降汉朝，汉景帝非常高兴，要封他们为侯，以此鼓励后来之人。没想到周亚夫却兜头泼了一瓢冷水，他说："这些人背叛国主，归降陛下。倘若加以封赠，此后，我们还怎么责备那些不守节的人臣呢？"（"彼背其主降陛下，陛下侯之，则何以责人臣不守节者乎？"同上）

景帝因周亚夫阻止王信封侯，本来已经很不高兴。如今听了这话，越发恼火，变色说道："丞相议不可用。"认为丞相不合时宜，其论断迂腐难用。随后，景帝把唯徐卢等五人，一律封为列侯。周亚夫讨了一场没趣，接着便称病辞官。景帝免其丞相之职，周亚夫以列侯身份归其府第。时在景帝中元三年（前147），周亚夫任相已约七年。

六、食不置箸　不食而逝

过了一段时间，汉景帝在宫中召见周亚夫，请他吃饭。这次召见，意在考察周亚夫目下行谊如何，脾气是否改了些，因而食物只有一大块肉。周亚夫入席，见所陈肴馔只是一大块肉，没有切开，也没有"置箸"（准备筷子）。周亚夫认为，这是皇上有意轻侮戏弄自己，满脸不高兴地跟"尚席"索要筷子。

景帝看着周亚夫，笑着说："此不足君所乎？"——"难道这还不能满足你的心意吗？"周亚夫听了，羞愤交加，尽管不乐意，也只好向皇上免冠谢罪。景帝才说了一个"起"字,他就站了起来,不待后命,掉头径去。景帝见他出去,叹息道:"此怏怏者,非少主臣也!"如此满腹牢骚、忿忿不平的人,在景帝看来,当然不适合做年轻君主的臣子了。

周亚夫回归府第,郁愤不平。谁知坏事成双,不久,朝廷忽然派人来,让他入廷对簿。

原来,见父亲年迈,儿子周阳预做准备,向尚方工官偷偷买了甲盾五百具,想在周亚夫去世后发丧时使用。尚方是专门给天子制作器物的,所制器物向有例禁。周阳秘密托办,期限急迫,又想少给佣金。结果佣工心中有气,上书控告周亚夫之子私买国家禁器,图谋不轨。景帝一得此信,立即派员审问。

周亚夫到来之后,问官手持文簿,逐条一一责问。周亚夫并不知情,自然无从答起。问官认为他负气倔强,便将情况报告了皇上。景帝骂道:"我根本用不着(你回答)!"("景帝骂之曰:'吾不用也。'"《史记·绛侯周勃世家》)遂命将亚夫移交廷尉究治。

廷尉问周亚夫:"君侯是打算谋反啊?"("君侯欲反邪?")周亚夫此时已经略知案情大概,回答说:"我(儿子)买的,不过是丧葬用品,怎么能说我要造反呢?"("臣所买器,乃葬器也,何谓反邪?")问官讥讽他:"您不在地上谋反,就是想在地下谋反吧?"("君侯纵不反地上,即欲反地下耳。"同上)

问官等千方百计,侮辱侵凌周亚夫。周亚夫生性高傲,豪气不减当年,本来差吏召其入朝时,他就要自杀,只是夫人阻拦才作罢。如今廷尉狱中,受到如此揶揄侵迫,抑塞难平,遂绝食五天,呕血而死。

周亚夫之死,果如相者许负言。不过,这"饿死"并非没有食物,说饿死,固然也算对;说受欺凌而死,或许更为确当。

太史公司马迁在《史记·绛侯周勃世家》中,这样评价周亚夫："亚夫之用兵，持威重，执坚刃，穰苴曷有加焉！足己而不学，守节不逊，终以穷困。悲夫！"

三国魏陈琳在《檄吴将校部曲文》中，专门论到周亚夫平吴楚七国之乱："及吴王濞骄恣屈强，猖猾始乱，自以兵强国富，势陵京城。太尉帅师，甫下荥阳，则七国之军，瓦解冰泮，濞之骂言未绝于口，而丹徒之刃以陷其胸。"

明王世贞云："汉将能持重决胜，无如条侯周亚夫；其为相，侃侃识大体，贤于申屠嘉远矣，父勃亦不如也。"同时指出，周亚夫下狱，根源在于七国之乱时不救梁；而且如果是景帝劳军细柳，周亚夫还像文帝时那样，也会"诏大不敬诛矣，安望其贻之后也"（《王弇州崇论·周亚夫论》）。

俞侯栾布

栾布（？—前145），汉初大臣。与梁王彭越友善，曾任梁国大夫。汉高祖杀彭越后，不顾禁令哭祭，为吏所捕，说动高祖，赦免其罪，并任为都尉。汉文帝时，任燕国相国，并曾率军出击匈奴。吴楚七国之乱时，以击齐之功封俞侯。

一、哭祭彭越　说动高祖

栾布是梁地（今河南商丘一带）人，当初彭越还是平民的时候，曾经和栾布交往，两人交情很深。栾布家贫，在齐地当雇工，给卖酒的人家做佣工。

过了几年，彭越来到巨野做强盗，而栾布却被人劫持，卖到了燕地，给富人家做奴仆。栾布曾替主人家报仇，主人感谢其恩，介绍他认识了燕将臧荼，臧荼推荐他担任了燕国飞都尉。后来臧荼做了燕王，任用栾布做了将领。等到臧荼叛汉，汉军进攻燕国的时候，俘虏了栾布。梁王彭越得知，便向汉高祖进言，请求赎回栾布，让他担任梁国的大夫。汉高祖同意了。

高帝十一年（前196），栾布奉彭越之命出使到齐国。就在此时，汉高祖召见彭越，以谋反的罪名责罚他，诛灭了彭越的三族。之后，又把彭越首级悬挂洛阳城门示众，并下令说："有敢来收殓或探视的，立即逮捕。"

这时，栾布从齐国返回，来到洛阳，在彭越的首级下面，将自己出使的情况作了汇报，边祭祀、边哭泣。看守的吏卒将他逮捕，并报告了皇上。

汉高祖召见栾布，骂道："你要和彭越一同谋反吗？我禁令任何人不得收殓他的首级，你偏偏要祭他哭他，表明你是和彭越一起造反。赶快给我烹杀！"（"若与彭越反邪？吾禁人勿收，若独祠而哭之，与越反明矣。趣亨之。"）高祖左右抬起栾布走向油锅，栾布回头说："希望能让我说一句话再死。"（"原一言而死。"《史记·季布栾布列传》）

汉高祖命左右放开栾布，问道："你想说什么？"栾布说的可不是"一言"，他侃侃而谈，首先回顾了彭越在楚汉之争中的功劳："当年陛下被困彭城，兵败于荥阳、成皋一带的时候，项羽之所以不能顺利西进，就是因为彭越据守梁地，跟汉军联合而为难楚军。在那个时候，只要彭越掉头一走，跟楚联合，汉就失败；跟汉联合，楚就失败。再说垓下之战，没有彭越参战，项羽也不会灭亡。"（"方上之困于彭城，败荥阳、成皋间，项王所以不能西，徒以彭王居梁地，与汉合从苦楚也。当是之时，彭王一顾，与楚则汉破，与汉而楚破。且垓下之会，微彭王，项氏不亡。"同上）

接着，栾布指出：陛下猜忌、诛戮，功臣人人自危，必然会激发更多矛盾冲突。他说："现在天下已经安定，彭越接受符节受了封，也想把这个封爵世世代代传下去。如今陛下仅仅为了向梁国征兵，彭越因病不能前来，陛下就产生怀疑，认为他要谋反，可谋反的形迹还没有显露，却因苛求小节而诛杀了他的家族。如此一来，我担心有功之臣都会感到自己有危险了。"（"天下已定，彭王剖符受封，亦欲传之万世。今陛下一征兵于梁，彭王病不行，而陛下疑以为反，反形未见，以苛小案诛灭之，臣恐功臣人人自危也。"同上）

胸中积郁，一吐为快，再无牵挂，栾布遂毅然赴死，说："现在彭越已经死了，我活着倒不如死去的好，就请陛下烹杀了我吧。"（"今彭王已死，臣生不如死，请就亨。"同上）

栾布这一席话，说动了汉高祖，于是赦免了他的罪过，任命他做了都尉。

二、任相任将　以功封侯

汉文帝的时候，栾布担任燕国相国。栾布曾扬言："穷困潦倒的时候，不能辱身降志的，不是好汉；等到富有显贵的时候，不能称心快意，也算不得贤才。"于是对曾有恩于己的人，便优厚报答；对有怨仇的，就一定设法用法律来除掉。（"布乃称曰：'穷困不能辱身下志，非人也；富贵不能快意，非贤也。'于是尝有德者厚报之，有怨者必以法灭之。"《史记·季布栾布列传》）

文帝十四年（前166）冬，匈奴大举入侵汉朝边境地区，杀了北地都尉印。汉文帝派遣三位将军驻扎陇西、北地、上郡；同时任命中尉周舍为卫将军，郎中令张武为车骑将军，驻军渭北，拱卫京师。文帝本想亲自率军出击匈奴，群臣竭力谏阻，薄太后更是坚决反对，只好作罢。接着，汉文帝命大将军张相如等出击匈奴，栾布以将军的身份参加了这次行动。经过月余苦战，匈奴退走。

景帝前元三年（前154），吴、楚、齐、赵等七国发动叛乱，汉景帝命太尉周亚夫率领三十六位将军，攻击叛乱主力吴、楚；同时，派遣曲周侯郦寄攻击赵国，将军栾布攻击齐国，大将军窦婴屯驻荥阳，监视齐、赵两国之兵。当时，栾布已经退职在家，窦婴向景帝举荐，遂被任用。

齐王刘将闾，原本也是响应谋乱的，但随即后悔，不肯出兵。而齐王的四个兄弟——胶西王刘印等，反而围攻齐都临菑。汉军到来，胶西王等随即解围归国，栾布很快就平定了齐国。郦寄率军围攻赵城，十个月不克。栾布回师，前来助战，两军合兵，引水灌城。赵城崩坏，赵王自杀，赵都邯郸投降。

吴、楚七国叛乱平定后，栾布因功获封鄃侯，并再次担任了燕国的相国。

景帝中元五年（前145），栾布去世。栾布生前任职的燕、齐地方，都为他建造祠庙，称为"栾公社"。（"燕齐之间皆为栾布立社，号曰'栾公社'。"同上）在后世，"栾公社"成了祭祀功臣的典故，简称"栾社"，清人赵翼《吊汤纬堂殉难凤山》诗云："定有他年栾社祭，传芭曲里送迎神。"

栾布身后，其子栾贲继承侯爵，担任太常。后因祭祀所用牲畜不合律令规定，封国被废除。

文臣表率关世风

汉文帝时期的文臣,建策者如贾谊、晁错,谏言者如袁盎、张释之,古今不数数觏者也。建策多不为用,乃时势使然;谏言则几无不从。万石君之家风,季布之信诺,文翁之兴学,均可表率一时、模范千古。景帝时,固有循循之吏,酷吏如郅都者,已经颇见信用;至于武帝,则泛滥之甚。以德化民的同时,固然需要依法治国,但严刑峻法、动辄得咎,终非长久之计。

太中大夫贾谊

贾谊（前200—前168），汉初儒生、文臣，文帝时太中大夫。世称"贾生"，洛阳人。少有才名，弱冠时以善文为郡人所称。文帝时任博士，迁太中大夫，受大臣周勃、灌婴排挤，先后外任长沙王、梁怀王太傅，故后世亦称"贾长沙""贾太傅"。梁怀王坠马死，贾谊深自歉疚，抑郁而亡，年仅三十三岁。贾谊颇多远见卓识，其思想学说对西汉王朝深有影响。

一、年少才高　划策有方

汉高帝七年（前200），贾谊出生于洛阳。洛阳是当时河南郡郡治所在地，经济繁荣，文化发达，这给贾谊的成长提供了有利条件。

贾谊少有才名，年纪稍大之后，曾师从荀况的学生张苍（文帝时曾任丞相）。弱冠之时，就以能诵诗书、善于为文闻名当地。高后五年（前183），河南郡守吴公将其召致门下，甚为器重。（"河南守吴公闻其秀材，召置门下，甚幸爱。"《汉书·贾谊传》）在贾谊的辅佐下，吴公治郡成绩卓著，社会安定，时评为天下第一。

代王刘恒登基后，听说河南郡治理有方，擢升郡守吴公为廷尉，吴公便就势荐举了贾谊。文帝征召贾谊，委以博士之职。当时贾谊只有二十一岁，是所有博士中年纪最轻的。在任博士期间，每逢皇帝让博士们讨论问题，贾谊总是能提出对策，而且每每有精辟见解，获得了同侪的一致赞许。汉文帝非常欣赏，破格提拔，贾谊一年之内就升任太中大夫（掌论议）。

担任太中大夫后，贾谊开始为文帝出谋划策。文帝元年（前

179),贾谊提议进行礼制改革,上《论定制度兴礼乐疏》,以儒学与五行学说为指导,设计了一整套新的礼仪制度,主张"改正朔,易服色,制法度,兴礼乐",以进一步代替秦制。由于当时文帝即位不久,认为条件尚不成熟,因此没有采纳贾谊的建议。

文帝二年(前178),针对当时"背本趋末"(弃农经商),以及"淫侈之风,日日以长"的现象,贾谊上《论积贮疏》,提出重农抑商的经济政策,主张发展农业生产,加强粮食贮备,预防饥荒。文帝采纳了这些建议,下令鼓励农业生产。此外,贾谊还提出让列侯离开京城,各归自己的封地。

鉴于贾谊的突出才能和出色表现,汉文帝打算提拔他担任公卿之职。但周勃、灌婴、冯敬等人嫉妒贾谊的才华,诽谤说他"雒阳之人,年少初学,专欲擅权,纷乱诸事"(《史记·屈原贾生列传》)。就这样,汉文帝逐渐疏远了贾谊,不再采纳他的意见。

二、长沙赋鹏　长安前席

文帝四年(前176),贾谊被外放,担任长沙王太傅。长沙地处南方,离京师长安有数千里之遥,低洼潮湿,在当时是朝臣们谁都不愿意去的地方。

贾谊因被贬离京,长途跋涉,途经湘江的时候,写下了《吊屈原赋》,凭吊有着相似经历的屈原,抒发自己的怨愤之情。

不过,贾谊人在江湖,心在朝堂,经常上书给汉文帝,提出各种建议。比如,周勃因有人告发"谋反"被捕系狱,在狱中受到狱吏的苛待。贾谊就曾上书,建议文帝要以礼对待大臣。在上书中,贾谊说:投鼠尚且忌器,何况是对接近皇帝的贵臣呢?对于君子,应该以礼对待、顾及廉耻,因而向来有赐死之事而没有杀戮侮辱之举。("鼠近于器,尚惮不投,恐伤其器,况于贵臣之近主乎!廉耻节礼以治君子,故有赐死而亡戮辱。"《汉书·贾谊传》）结果"谋反"之事毫无影踪，却也让官至太尉、声威显赫的周勃感受到了大臣面对狱吏的无奈。

汉文帝宠幸嬖臣邓通，把蜀郡的严道铜山赐给他，准其铸钱；同时，又允许吴王刘濞，开豫章铜山铸钱。这样，邓氏钱和吴钱遍布天下。文帝五年（前175），贾谊在长沙上《谏铸钱疏》，指出私人铸钱导致币制混乱，于国于民都很不利，建议文帝下令禁止。

担任长沙王太傅的第三年，有一只鵩鸟（猫头鹰）飞入贾谊的房间，停在了座位的旁边。旧时，猫头鹰被视为不祥之鸟。因贬居长沙，贾谊经常哀伤不止，认为寿命不会久长。如今鵩鸟进宅，更让他伤感不已。于是，他写下了《鵩鸟赋》，抒发自己心中忧愤不平的情绪。

谪居长沙三年后，汉文帝思念贾谊，又征召他入京师。到长安后，文帝在未央宫祭神的"宣室"接见贾谊。文帝因对鬼神之事有所感触，就向贾谊询问相关的事情。贾谊详细讲述了其中的道理，一直谈到深夜。文帝听得十分投入，不知不觉移坐到了坐席的前端。完事之后，文帝说："我很久没看到贾生了，自以为超过他了，今天看来，还比不上他啊。"（"吾久不见贾生，自以为过之，今不及也。"《史记·屈原贾生列传》）

三、梁王太傅　英年早逝

然而，尽管有"前席"之举，但那不过是"不问苍生问鬼神"（李商隐《贾生》），因而这一次，汉文帝仍旧没有对贾谊委以重任，只是任命他为梁怀王太傅。不过，任职之地更近朝廷，梁王刘揖又是文帝宠爱的少子，也不能不算是一种重视。

贾谊虽身在梁国封地，但仍胸怀全国，勤于体察政事。他曾上《陈政事疏》（即《治安策》），指出当时存在的潜在危机，即

"可为痛哭者一，可为流涕者二，可为长叹息者六"，主要包括匈奴侵边、社会矛盾、诸侯王强势越权等，并加以分析论述，提出针对性的因应对策和补救措施。贾谊的这篇长文，系统阐述了自己的治国主张，表现出深刻的见解，具有引人入胜的说服力。

文帝七年（前173），淮南国臣僚阴谋叛乱，淮南王刘长受到牵连，文帝不忍惩处，却要流放他到蜀郡（今四川中部），结果刘长在途中不食而死。文帝对此颇感负疚，第二年（前172）便把刘长的四个儿子都封了列侯。贾谊担心，文帝接着还要把刘长之子由列侯进封为王，于是上疏劝告，但文帝未予采纳。

文帝十一年（前169），贾谊随梁怀王刘揖入朝，不料刘揖坠马而死。贾谊感到自己身为太傅，没有尽到责任，深深自责，经常哭泣，心情忧郁。

梁怀王没有子嗣，按规定，他的封国要随之撤销。贾谊认为，撤销梁国对朝廷不利，他建议为梁怀王立继承人，或者让代王刘参迁到梁国来；扩大梁国和淮阳国的封地，使前者的封地北到黄河，后者南到长江，从而连成一片。文帝采纳了贾谊的建议，迁淮阳王刘武为梁王，另迁城阳王刘喜为淮南王。在后来的吴楚七国之乱中，梁王刘武全力阻截，叛军不得西进。这说明贾谊的建议，确实可谓远见卓识。

梁怀王去世的第二年，即文帝十二年（前168），贾谊在忧郁中去世，年仅三十三岁。

四、王佐之才　远见卓识

贾谊虽然早逝，但其思想遗产，不仅在文帝朝，而且在整个西汉，都有着较为深远的影响。

西汉初年，鉴于连年战乱，需要与民休息，故崇尚道家黄老思想。而儒生陆贾、叔孙通等，总结秦亡教训，提出以儒家思想治国，但未及付诸实践。贾谊认为，秦亡在于"仁义不施"，要使汉朝长治久安，必须施仁义、行仁政，而儒家正是以"仁"为思想核心的。贾谊规划了仁与礼相结合的政治蓝图，将儒家学说推到了政治前台，得到了汉文帝的重视。这种学说，可谓汉武帝时董仲舒"独尊儒术"的先声，历史影响非常深远。

秦王朝废封建、置郡县，被认为是其速亡的原因之一。因此，汉初在杀戮异姓诸王的同时，又大封刘氏诸王，以作屏藩。而有的藩国地大物博、财富丰饶，加之广罗人才、隐匿亡命，势力强大，从而使诸侯王野心膨胀，轻视中央朝廷，甚至图谋不轨。贾谊认为，藩国势力是危害汉王朝安定的首要因素，藩国反不反，并不决定于亲疏，而是决定于"形势"。对此，贾谊提出两项措施：定礼制、定地制。一方面，强调严格区分等级，使诸侯王遵从人臣之礼行事，维护天子的最高威严。另一方面，根据"大都强者先反"的历史教训，采取"众建诸侯而少其力"的方针，即在原有封地上分封更多诸侯，从而分散、削弱其力量，如此一代代地分割下去，愈分愈少，直到"地尽而止"。汉景帝时，晁错的"削藩"之策，可谓贾谊主张的继续；武帝时期颁行主父偃提出的"推恩令"，更是贾谊"众建诸侯而少其力"方针的全面实行。

贾谊主张以农为本，重农抑商。他认为，富商大贾与诸侯王相勾结，奢侈相尚，剥削农民，导致广大农民贫困不堪，极容易导致社会动荡。因此，必须以农为本，重视农民，提倡俭约，反对奢侈。只有重视农业，积累财富尤其是粮食，才能安定百姓生活，为国防奠定基础。同时，崇尚节俭，不仅有助于改善社会风气，也有助于社会总财富的积累，其意义不容忽视。

文帝时期，除朝廷铸钱外，吴王刘濞、嬖臣邓通也都采矿私铸，朝廷不加禁止。这一方面会侵蚀朝廷的财富，一方面也会造成货币混乱。贾谊建议禁止私人铸钱，由中央垄断造币的原料、统一铸钱，即不让铜流布于民间，也不准老百姓私自采炼铜矿。对此，文帝不仅未能推行，邓通私铸还是皇帝自己赐予的特权。不过，贾谊的货币主张，在武帝时成为实践，其禁止私铸的政策正是贾谊思想的延续。

在对待匈奴的问题上，贾谊认为，和亲并不能制止匈奴侵扰。他提出，一方面实行"德战"，"以厚德怀服四夷"；同时，匈奴贵族、平民分别对待，以各种措施争取匈奴民众，孤立单于，进而降服单于。贾谊的这些策略及其"积贮"主张，为汉王朝赢得了较长时间的和平环境，积累了实力，为后来战胜匈奴奠定了实力基础。

贾谊的著述，主要有散文和辞赋。散文主要是政论文，评论时政，议论酣畅，鲁迅称之为"西汉鸿文"，代表作有《过秦论》《论积贮疏》《陈政事疏》等。其辞赋皆为骚体，形式趋于散体化，是汉赋发展的先声，以《吊屈原赋》《鵩鸟赋》最为著名。

对于贾谊，后人评论不一。汉人刘向认为，"贾谊言三代与秦治乱之意，其论甚美，通达国体，虽古之伊、管，未能远过也。使时见用，功化必盛。为庸臣所害，甚可悼痛"（《汉书·贾谊传》）。

宋人苏轼在肯定贾谊王佐之才的同时，也指出了其度量、识见的不足："贾生，王者之佐，而不能自用其才也。贾生志大而量小，才有余而识不足也。"（《贾谊论》）

苏轼指出的不足，在清人袁枚看来，或许正是其"贤"之所在："生不死，帝必用生；生用其所施，必远过晁（错）、董（仲舒）。而卒之天夺其年，岂非命耶？生自伤为傅无状，哭泣过哀，思文帝之恩，惜梁王之死，盖深于情者也，所以为贤也。"（《读贾子》）

太常袁盎

袁盎（？—前148），汉初大臣。《汉书》作"爰盎"，字丝，楚地人。在文、景两朝，先后任中郎、相国、太常等。袁盎个性刚直，卓有才干，深得文帝赏识，景帝时名震朝廷。他议杀晁错，却未能弭乱；直言敢谏，却因此被杀。袁盎强调等级名分，坚持按"礼"行事，与陆贾、贾谊等，共同奠定了以儒治国的理念。

一、为人正直 守礼讲法

袁盎是楚地人，其父从前曾与强盗为伍，后来迁徙定居于安陵（今河南鄢陵西北）。吕后时期，袁盎曾做过吕后侄子吕禄的家臣。代王刘恒继位后，兄长袁哙保举，袁盎做了中郎，成了汉文帝的侍臣。

当时，绛侯周勃任右丞相。诛灭吕氏，拥立文帝，周勃均功不可没，因而成了文帝朝的新任丞相。缘此，周勃很有些踌躇满志，朝觐之后，总是昂然走出朝廷。文帝对周勃也尊敬有加，常常目送他离去。

屡见此种情形，袁盎很是不满，便向文帝进谏。他问文帝："陛下认为，丞相是什么样的人？"文帝答说："丞相是社稷之臣。"袁盎不以为然，并说出一番道理来："绛侯只是通常所谓功臣而已，算不上社稷之臣。社稷之臣，应该是和陛下一荣俱荣、一损俱损的。吕后掌权的时候，诸吕胡作非为，擅自称王，刘氏危如累卵。当时周勃身为太尉，掌握兵权，却不能匡正挽救。等到吕后去世，群臣共同讨伐诸吕，周勃握有兵权，不过顺势而为罢了。因而只能称是功臣，不能称作社稷之臣。"（"绛侯所谓功臣，非社稷臣，社稷臣主在与在，主亡与亡。方吕后时，诸吕用事，擅相王，刘氏不绝如带。是时绛侯为太尉，主兵柄，弗能正。吕后崩，大臣相与共畔诸吕，太尉主兵，适会其成功，所谓功臣，非社稷臣。"《史记·袁盎晁错列传》）

接着，袁盎指出："朝见之时，周勃每每有骄横欺主之色，而陛下却谦虚退让，毫无君臣之礼。我个人认为，陛下不应该这样。"（"丞相如有骄主色。陛下谦让，臣主失礼，窃为陛下不取也。"同上）

文帝接受了袁盎的建议，朝见群臣时，逐渐威严起来。周勃也慢慢开始对皇帝产生了敬畏。周勃因此有些怨恨袁盎，不久之后遇到袁盎，就说："我与你的兄长袁哙有交情，现在你小子却在朝廷上毁谤我！"袁盎毫不退让，并未因此道歉。

后来，周勃因故被罢相，回到封地。当地有人上书告他谋反，周勃被召进京城，囚禁在狱中。此时，朝中的王公大臣怕惹祸上身，都不敢替周勃说情；只有袁盎申明周勃无罪。出狱之后，周勃感念袁盎出力颇多，便与袁盎倾心结交。

二、事前进谏 事后宽慰

淮南王刘长是汉文帝刘恒的异母弟，平时待人处事相当骄横。文帝三年（前177），刘长来京朝见，竟然因昔日的怀恨，擅自杀死了辟阳侯审食其。就此，袁盎劝谏文帝："诸侯过分骄横，必然会生出祸患来。可以适当地削减他们的封地。"袁盎的意思，是要对诸侯王加以节制。但文帝没有听他的意见，这样，淮南王刘长便更加骄横起来。

文帝六年（前174），棘蒲侯柴武（陈武）的太子柴奇意图谋反，事发被诛，牵连到了淮南王刘长。刘长本来多有不法之事,又牵扯上谋反事件,文帝便将其贬往蜀地,用囚车传送。袁盎当时任中郎将,劝谏文帝:"陛下向来放纵淮南王,从不稍稍加以限制,以至落到了现在这种地步,如今却又突然摧折他。淮南王为人刚直,万一路上遇到风寒而死在半途中,人们就会认为陛下不能容人,从而背负杀弟之名。到那时,陛下怎么办呢?"文帝不听,依旧让囚车进发。

囚车行至雍县,淮南王已经不食而死。消息传来,文帝十分悲伤,为之绝食。袁盎入见,文帝说:"没有采纳你的意见,才落得这样。"袁盎宽慰说:"陛下请宽心,这已经是过去的事情了,追悔也于事无补。再说,陛下有三种高出世人的行为,这件事不足以损坏您的名声。"

文帝问:"我有哪三种高出世人的行为?"袁盎答道:"陛下在代国的时候,太后患病,三年里您尽心服侍,亲尝汤药,曾参尚且感到为难,而您做到了,孝道可以说超过了曾参。诛灭诸吕后,您由代国入京,波诡云谲,凶险难料,即使孟贲、夏育的勇气也不及陛下。群臣推举您做皇帝,陛下推辞了五次,而让人称道的许由也只推辞了一次,陛下超过许由四次之多。"("陛下居代时,太后尝病,三年,陛下不交睫,不解衣,汤药非陛下口所尝弗进。夫曾参以布衣犹难之,今陛下亲以王者修之,过曾参孝远矣。夫诸吕用事,大臣专制,然陛下从代乘六传驰不测之渊,虽贲育之勇不及陛下。陛下至代邸,西向让天子位者再,南面让天子位者三。夫许由一让,而陛下五以天下让,过许由四矣。"《史记·袁盎晁错列传》)

袁盎进一步说:"陛下贬谪淮南王,是想让他的心志受些劳苦,使他改正过错。是护送官吏不慎,才导致淮南王病死,这不是陛下的过错。"

文帝听了袁盎的分析,略感宽慰,因问他该如何善后。袁盎建议，妥善处置淮南王的子嗣。随后，文帝将淮南王刘长的四个儿子都封了王。此事过后，袁盎在朝中名声大振。

三、直言敢谏　维护国体

袁盎讲求礼数、规制，这让一些人很不舒服。当时宦官赵同（即赵谈），与袁盎有隙，仗着汉文帝宠幸，经常暗里中伤袁盎。袁盎很感忧虑。袁盎的侄子袁种，时任侍从骑士，他劝袁盎，要敢于和赵同相斗，找机会将其公开羞辱，就可以阻止他继续毁谤了。

文帝出巡，赵同往往同车而乘。于是，袁盎伏在车前，直言进谏："我听说陪同天子共乘高大车舆的人，都是天下的英雄豪杰。如今大汉虽然缺乏人才，陛下也不至于要和受过刀锯切割的人同坐一辆车吧？"（"臣闻天子所与共六尺舆者，皆天下豪英。今汉虽乏人，陛下独奈何与刀锯馀人载！"《史记·袁盎晁错列传》）文帝闻言大笑，让赵同立即下去。赵同流着眼泪下了车，从此再也不敢中伤袁盎。

当然，袁盎直言进谏，主要是为了国家，为了刘氏天下。有时看起来事情不大，但却关系着朝野秩序、天下安危。

有一次，汉文帝从霸陵上山，打算从西边的陡坡疾驰而下。袁盎担心文帝安危，便策马紧挨着皇帝的车子，紧紧挽住缰绳。文帝正色道："怎么，难道将军害怕了？"袁盎答道："我听说，家有千金的人，坐的时候不靠近屋檐；家有百金的人，站的时候不倚在楼台的栏杆上；圣明的君主，也不会去冒险而心存侥幸。现在，陛下竟然驾车纵马，从高坡奔驰而下，假如出现马匹受惊、车辆毁坏的事情，陛下纵然看轻自己，又怎能对得起高祖和太后呢？"（"臣闻千金之子坐不垂堂，百金之子不骑衡，圣主不乘危而徼幸。今陛下骋六騑，驰下峻山，如有马惊车败,陛下纵自轻,奈高庙、太后何?"同上)听了这番话,文帝也就停了下来。

又有一次,文帝驾临上林苑,窦皇后、慎夫人随从。在宫中的时候,因为深受宠幸,慎夫人往往与皇后同席而坐。这一次,负责的人同样安排,可袁盎却让人把慎夫人的坐席向后拉退了一些。慎夫人很生气,不肯就坐;文帝也大怒,起身离去。

回到宫中后,袁盎劝谏文帝说:"我听说,尊贵和卑下有所区别,上下才能和睦。如今陛下既然已经册封了皇后,慎夫人作为姬妾,怎么能和主上同席而坐呢?这样分明失了尊卑之别。再说,陛下宠爱她,不妨厚加赏赐。陛下以为同席而坐是为慎夫人好,其实这恰好可能成为祸害她的根由。陛下难道不知道'人彘'的事吗?"文帝听了,这才转怒为喜,召来慎夫人,把袁盎的话告诉了她。慎夫人也很感念袁盎的提点,赐给他五十金。

四、外为藩相　内谏汉相

袁盎因多次直言劝谏,不能久留京城,奉调出任陇西都尉。到任后,袁盎对部属非常仁慈,爱护有加,士兵们都争着为他舍身效命。后来,袁盎调任齐国相国;不久,又调到吴国为相。

袁盎临行,侄儿袁种对他说:"吴王刘濞骄横欺主,已经很久了,常有谋反之心。你如果要弹劾吴王,他如果不上书弹劾你,就会杀你了。南方阴郁潮湿,你每天只管饮酒度日,时常规劝吴王不要谋反,别管其他事务,这样才不会有性命之忧。"袁盎照此去做,吴王果然很是厚待,不予加害。

不久,袁盎告老还乡,路上碰到丞相申屠嘉,便下车行礼拜见,而申屠嘉却只是在车上表示谢意。回到家里,袁盎觉得在下属跟前丢了面子,便到丞相府拜见申屠嘉。谁知,申屠嘉过了很长时间才出来,态度还非常傲慢。袁盎希望别人回避,单独会见，申屠嘉却说："如果说的是公事，请到官署与长史掾吏商议，我将把你的意见报告上去；如果是私事，我不接受私下的谈话。"

袁盎不肯罢休，便跪着劝道："作为丞相，自我衡量一下，比起陈平、周勃来，您怎么样？"申屠嘉说："我比不上他们。"袁盎说："好，您自己都说比不上他们。陈平、周勃辅佐高祖，平定天下，做了将相，诛杀诸吕，保全了刘氏天下。那时，您只是个脚踏弓弩的蹶张，后来提升为队长，积功做到了淮阳郡守，并没有出谋划策、攻城夺地、野外厮杀的战功。"（"夫陈平、绛侯辅翼高帝，定天下，为将相，而诛诸吕，存刘氏；君乃为材官蹶张，迁为队率，积功至淮阳守，非有奇计攻城野战之功。"《史记·袁盎晁错列传》）

袁盎比较一番过去，接着又着眼当下，说道："再说陛下从代地来，每次上朝，郎官呈上奏书，总是会停下车来听取意见，不能采用的，搁在一边；可以接受的，就欣然采纳。这是为什么呢？是想以此招揽天下贤才。皇上每天都听闻从前没听过的事情，明白从前不曾明白的道理，一天比一天英明智慧；您现在却封闭天下人之口，一天天更加愚昧。以圣明的君主来督责愚昧的丞相，依我看，你遭受祸患的日子不远了！"（"且陛下从代来，每朝，郎官上书疏，未尝不止辇受其言，言不可用置之，言可受采之，未尝不称善。何也？则欲以致天下贤士大夫。上日闻所不闻，明所不知，日益圣智；君今自闭钳天下之口而日益愚。夫以圣主责愚相，君受祸不久矣。"同上）

申屠嘉毕竟明白事理，听了袁盎的话，拜了两拜，说道："我是个鄙陋庸俗的人，就是不聪明，幸蒙将军教诲。"接着，申屠嘉将袁盎引入内室同坐，奉之为上宾。

五、议杀晁错　出使吴国

袁盎与晁错同朝为臣，却素不交往。他不喜欢晁错，只要有晁错在，袁盎就转身离去；只要有袁盎在，晁错也不会待着。两个人从来没有在一起谈过话。

汉文帝去世后，景帝继位，重用晁错。晁错担任御史大夫之后，便派官吏追查袁盎接受吴王刘濞财物之事，要按罪行的轻重给予惩罚。就这样，景帝下诏令赦免袁盎为庶人。

吴楚叛乱的消息传到京城，晁错对丞史说："袁盎收受了吴王的许多金钱，专门替他遮掩，说他不会反叛。现在反叛已成事实，他肯定知道叛乱的阴谋，丞史应该究治袁盎的罪。"丞史说："事情还没有暴露出来，就进行惩治，有可能中断叛乱阴谋。现在叛军向西进发，惩办袁盎也于事无补。再说，袁盎有没有阴谋，还得核实。"丞史说得有理，晁错犹豫不决。

有人把这事告知了袁盎，袁盎非常惶恐，当夜就去拜见魏其侯窦婴，说明吴王反叛的缘由，希望面见皇上当庭对状。窦婴进宫做了汇报，景帝召袁盎进见。

袁盎曾任吴相，对吴国算是知情人，景帝召见，随即问道："你曾经担任吴相，知道吴国臣僚田禄伯的为人吗？如今吴楚反叛，在你看来如何呢？"（"君尝为吴相，知吴臣田禄伯为人乎？今吴、楚反，于公意何如？"）袁盎答道："用不着担心，很快就会没事的。"（"不足忧也，今破矣。"《汉书·袁盎晁错传》）

景帝又问："吴王靠山铸钱，靠海煮盐，招引天下豪杰，年龄很大了还造反，如果没有十分的把握，恐怕不会行动吧？怎么能说他成不了事呢？"（"吴王即山铸钱，煮海为盐，诱天下豪桀，白头举事，此其计不百全，岂发乎？何以言其无能为也？"）袁盎回答说："吴王确实有铜盐之利，但豪杰之士怎么会被他引诱呢！

若是吴王果真得到了豪杰，也应该是辅助他做符合道义的事情，怎么会造反呢？吴王引诱到的，都是些无所事事的混混，亡命嗜利的奸人，所以才沉瀣一气作乱的。"（"吴铜、盐之利则有之，安得豪桀而诱之！诚令吴得豪桀，亦且辅而为谊，不反矣。吴所诱，皆亡赖子弟，亡命铸钱奸人，故相诱以乱。"《汉书·袁盎晁错传》）听了袁盎这话，晁错也颇以为然。

景帝接着问："有什么计策呢？"袁盎请求景帝屏退旁人。景帝撵走众人，只剩下晁错，袁盎又说："我说的话，臣下不应该知道。"（"臣所言，人臣不得知。"同上）于是连晁错也屏退了。景帝追问，袁盎这才答道："吴、楚给诸侯王的信，说高皇帝立子弟为王，各有封地。如今晁错擅自挑诸侯王的毛病，找茬儿削夺封地，所以才一同起事，发兵西进，只不过是要诛杀晁错、恢复封地罢了。眼下的计策，只要斩了晁错，派使者宣布赦免吴、楚七国之罪，恢复已经削夺的封地，就可以兵不血刃消除叛乱。"（"吴、楚相遗书，言高皇帝王子弟各有分地，今贼臣晁错擅適诸侯，削夺之地，以故反名为西共诛错，复故地而罢。方今计，独有斩错，发使赦吴、楚七国，复其故地，则兵可毋血刃而俱罢。"同上）

听了这话，景帝默然良久，说："要看真实情况如何，否则我会不惜以一个人来给天下人作出交代。"（"顾诚何如，吾不爱一人谢天下。"《史记·吴王刘濞列传》）袁盎说："我的计策不过如此，还请皇上深思熟虑。"（"愚计出此，唯上孰计之。"同上）结果，景帝决定牺牲晁错以换取诸侯退兵，于是封袁盎为太常，要他秘密整治行装，出使吴国。

晁错被杀，袁盎以太常身份出使吴国。到了吴国，吴王刘濞想让袁盎担任领军将领，为自己所用，袁盎不肯。刘濞叛心已定，既然袁盎不肯就范，便想杀死他。刘濞派都尉带领五百人，把汉使袁盎围困在军中。岂料袁盎竟然越出重围逃走了。

原来,袁盎担任吴相时,有个从史(从吏)爱上了自己的婢女,与之私通。袁盎知道后,并未声张,对待从史一如既往。后来有人告诉从史,说袁盎知道他跟婢女私通之事,从史害怕袁盎治罪,就逃走了。得知从史逃走,袁盎亲自驾车追回,并把婢女赐给他,仍旧让他做从史。

这次出使吴国被困,从史刚好是围困袁盎的校尉司马。司马变卖随身财物,买了两担味道浓厚的酒,打算灌醉守城的士兵。恰好碰上天气寒冷,士兵们又饿又渴,喝了很多酒,醉得东倒西歪。司马乘夜来见袁盎,让他逃走。袁盎不知所以,问道:"您是干什么的?"司马说:"我是原先做从史,与您的婢女私通的人。"袁盎这才吃惊地道谢说:"你有父母在堂,我可不能因此连累你。"司马说:"您只管走就是了。我也要逃走,把父母藏起来,您又何必担心呢?"接着,司马用刀割开军营的帐幕,引导袁盎从醉倒的士兵中间逃了出来。

天亮之后,袁盎碰到梁国的骑兵,便借了马匹,骑马奔驰回到朝廷,将出使吴国的情况报告了皇上。

六、因谏致怨 被刺身亡

吴楚叛军平息之后,景帝改封楚元王之子平陆侯刘礼为楚王,袁盎担任楚相。其间,袁盎曾上书进言,但未被景帝采纳。

后来,袁盎因病免官,闲居在家。洛阳人剧孟拜访,袁盎热情地接待了他。有个安陵地方的富人,对袁盎说:"我听说剧孟是个赌徒,您为什么要和这种人来往呢?"袁盎说:"剧孟虽然是个赌徒,但他母亲去世,送葬客人的车子有一千多辆,这说明他有过人之处。再说,危难的事情人人都有。一旦遇到急事去敲门,不用亲人找借口,不以生死为托辞,天下人所寄予希望的,就只有季心、剧孟了。如今您身后经常跟着几个骑马的,可一旦遇到紧急之事，难道能依靠他们吗？"（"剧孟虽博徒，然母死，客送葬车千馀乘，此亦有过人者。且缓急人所有。夫一旦有急叩门，不以亲为解，不以存亡为辞，天下所望者，独季心、剧孟耳。今公常从数骑，一旦有缓急，宁足恃乎！"《史记·袁盎晁错列传》）袁盎将那富人痛骂一顿，从此不再来往。众人听了这件事，无不赞赏。

袁盎虽然闲居在家，但名声在外，景帝还是经常派人来，向他寻计问策。

景帝曾有"酒话"，说是兄终弟及，"传位于王"。偏爱小儿子的窦太后，对此也很上心。袁盎得知消息，向景帝进言劝止，从而终止了这个议题。

未能成为皇位继承人，梁王刘武心怀怨恨，便派人去谋刺袁盎。刺客来到关中，打听袁盎的为人，众人都赞不绝口。于是刺客放弃计划，去见袁盎，说："我受了梁王的金钱，来刺杀您。您是个厚道人，我不忍心下手。不过，后边还会有十几拨人来行刺，希望您小心戒备。"（"臣受梁王金来刺君，君长者，不忍刺君。然后刺君者十馀曹，备之！"同上）

袁盎心中很是不快，后来家里又接二连三发生了许多怪事，便到棓生那里去卜问吉凶。回家的时候，袁盎被梁国后续的刺客拦在安陵城门外，刺杀了。

袁盎有着较为浓厚的儒家意识，强调等级名分，要求人们遵从"礼"制，不能僭越。劝谏汉文帝保持帝王威严，拉退慎夫人坐席，阻止宦官和文帝同乘，坚持嫡长子继承制，诸事都可谓儒家礼治思想的体现。

袁盎并不以著述著称，但他以直言劝谏的形式，与陆贾、贾谊等人，一起奠定了汉初的儒家治国理念，成为董仲舒"罢黜百家，表彰六经"的先声。

御史大夫晁错

晁错（前200—前154），文景时期文臣。颍川（今河南禹州）人。善辩多谋，早年有"智囊"之称。历任太常掌故、太子家令、内史、御史大夫等。先后提出重农贵粟、移民实边及削藩诸策，后者引发吴楚七国以"诛晁错"之名发动叛乱，景帝听从袁盎之议，结果晁错被朝衣斩于东市。

一、曾任掌故　号曰"智囊"

晁错出生于汉高祖末年，那时，汉王朝建立已经有些年头，社会安定。年轻的时候，晁错曾师从轵人张恢先，学习战国时期申不害、商鞅的刑名之学。与他同学的，有洛阳人宋孟以及西汉宗室的刘礼。

汉文帝时期，因突出的文学才能，晁错被任命为太常掌故。太常掌管宗庙礼仪，兼管文化教育等，也统辖博士和太学，位列九卿。太常属官有太史令，掌管起草文书、编定史书，兼管国家典籍等，而其下的"掌故"一职，则负责收集、管理国家历史故事等。

历经焚书坑儒、秦末战乱，前代典籍损失严重，学术传承几近断绝。汉初高祖、惠帝时期，主要致力于恢复社会秩序、发展生产，无暇过多顾及文事。到文景时期，学术文化的恢复成为重要任务。为延续学术传统，朝廷首先着眼经典传授。当时，天下研究《尚书》的，只有济南的伏生，于是晁错受太常派遣，奉命去跟他学习《尚书》。

经过几个月的学习，尤其是克服语言障碍，晁错掌握了伏生所教。学成归朝后,晁错被任命为太子舍人、门大夫,后又升为博士。

在任博士时,晁错上《言太子宜知术数疏》,陈说太子应通晓治国的方法,得到文帝赞赏,拜为太子家令。晁错能言善辩,得到太子刘启的宠信,太子家里称他为"智囊"("以其辩得幸太子,太子家号曰'智囊'。"《史记·袁盎晁错列传》)

二、上疏建策　位列三公

文帝十一年(前169),匈奴屡犯边境,侵扰狄道。汉文帝发兵征讨,晁错乘机向文帝上《言兵事疏》,提出"以蛮夷攻蛮夷"。文帝很赞赏,赐晁错玺书"宠答"(表示嘉许的答复),这在当时可谓极其荣宠之事。《汉书·袁盎晁错传》载文帝之书云:"皇帝问太子家令:上书言兵体三章,闻之。书言'狂夫之言,而明主择焉'。今则不然。言者不狂,而择者不明,国之大患,故在于此。使夫不明择于不狂,是以万听而万不当也。"不过,文帝并未采纳晁错主动出击的建议。

接着,晁错又上《守边劝农疏》,提出用经济措施鼓励移民,用"移民实边"的办法抵御外患,被文帝采纳。于是晁错又上《募民实塞疏》,对如何安置移民等提出了具体措施。

文帝十五年(前165),汉文帝令朝臣推举贤良、方正、文学之士,晁错被推举为贤良。文帝亲自出题,就"明于国家大体""通于人事终始""直言极谏""吏之不平,政之不宣,民之不宁"等问题,进行"策问"。当时贾谊已经去世,参加对策的一百多人中,晁错的回答(即《举贤良对策》)是最好的,深得文帝嘉许。("时,贾谊已死,对策者百余人,唯错为高第……"《史记·袁盎晁错列传》)

此后,晁错又多次上书文帝,提出削藩和改革法令的建议。

文帝虽未采纳,但十分赏识他的才能,由太子家令提升为中大夫。太子刘启也很赞成晁错所提策略,而袁盎等大臣并不喜欢晁错,持反对态度。("数上书孝文时,言削诸侯事,及法令可更定者。书数十上,孝文不听,然奇其材,迁为中大夫。当是时,太子善错计策,袁盎诸大功臣多不好错。"同上)

文帝后元七年(前157),汉文帝去世,太子刘启即位,提升晁错任左内史。晁错多次单独晋见景帝,议论国家大事,每有献议,景帝无不听从,宠信程度超过了九卿。当时的许多法令,都是经晁错之手修改订立的。

晁错频繁更定法令,引起丞相申屠嘉的不满。申屠嘉心怀忌恨,很想整治晁错,却又因皇上的宠信而无能为力。谁料,不久便逮到了机会。

原来,内史府的大门,原本由东面通向府外,进出不太方便。缘此,晁错自作主张,改凿了一道门,向南通出,以方便出入。偏偏这道门,就凿在了太上皇(汉高祖刘邦之父)庙外面的矮墙上。申屠嘉获知此事,拟请皇帝诛杀晁错,理由是他擅自破坏宗庙墙垣。有人传来消息,晁错很害怕,连夜入宫进见,向景帝请罪,说明情况。

第二天早朝,丞相申屠嘉果然上表,请求诛杀晁错。景帝早知情况,便说:"晁错所凿,并非庙垣,不过是庙外的矮墙而已,不足为罪!"("上曰:'此非庙垣,乃壖中垣,不致于法。'"同上)申屠嘉未能扳倒晁错,后悔没有先斩后奏,抑郁成疾,不久病逝。

申屠嘉去世后,汉景帝提升晁错为御史大夫,位列三公,地位愈加显贵。

三、建策削藩　因过削地

汉初,基于对秦王朝废封建、置郡县而亡的认识,大量分封同姓诸王，遍布王国四境，本意是以其屏藩大汉王朝。始料不及的是，藩国势力野蛮生长，反倒成了中央王朝的威胁。文帝时，诸侯王不轨犯上之事就不时有之。到景帝时，中央和诸侯王之间的矛盾更为尖锐，吴王刘濞叛乱的迹象更加明显，已经到了朝廷不能不有所措置的时候。

景帝前元二年（前155），晁错上奏"说景帝削吴"，此即史称之《削藩策》。文云：

> 昔高帝初定天下，昆弟少，诸子弱，大封同姓。故孽子悼惠王，王齐七十二城；庶弟元王，王楚四十城；兄子王吴五十余城。封三庶孽，分天下半。今吴王前有太子之隙，诈称病不朝，于古法当诛。文帝不忍，因赐几杖，德至厚也。不改过自新，乃益骄恣，公即山铸钱，煮海为盐，诱天下亡人谋作乱逆。今削之亦反，不削亦反。削之，其反亟，祸小；不削之，其反迟，祸大。（《汉书·荆燕吴传》）

> （当初高祖刚平定天下时，因兄弟较少，几个儿子年幼，大封同姓为诸侯王。所以高祖庶子刘肥封为齐王，辖七十二城；高祖庶弟刘交封为楚王，辖四十城；高祖兄子刘濞封为吴王，辖五十余城。这三个庶出的王，其封国几乎占了天下的一半。现在吴王刘濞因以前皇太子误杀其子而与朝廷结怨，托病不来朝见，依法应当诛杀。文帝仁慈，不忍处罚，反赐几杖给他，允许他不再朝觐，朝廷恩德足够厚了。吴王不改过自新，反而更加骄横，肆无忌惮，公然开山采矿铸钱，煮海水为盐，招引天下逃亡的罪人，阴谋作乱。现在，削地他会反，不削也会反。削地，他反得快，祸害要小些；不削地，反得慢一些，祸害更大。）

奏章递到朝廷，汉景帝命令公卿、列侯和皇族集会讨论。因景帝宠信晁错，没有人公开反对，只有魏其侯窦婴明确表示不同意，由此和晁错结了梁子。

其实，晁错建议削藩，也并非"一刀切"，而是以诸侯王的过错为突破口，即"因过削地"，谁有错就削谁的地。景帝三年（前154）冬，楚元王之孙、袭爵楚王刘戊来朝，晁错乘机上奏说，刘戊以前为薄太后服丧期间，私与宫女通奸，请皇帝诛杀。景帝下诏不诛，但削去了楚国的东海郡。此后，赵王刘遂有罪，削其常山郡；胶西王刘卬卖爵捣鬼，削其六县。而要削去吴国豫章、会稽二郡的议论，也开始沸沸扬扬。

就在此时，晁错的父亲从家乡颍川赶来，对儿子说："皇上继位不久，你主政削藩，侵害诸侯利益，疏远皇亲骨肉，惹人咒骂，积怨很多。你这是在做什么呢？"（"上初即位，公为政用事，侵削诸侯，疏人骨肉，口让多怨，公何为也？"晁错说："必须的。如果不削藩，皇上就得不到尊重，国家也不会安定。"（"固也。不如此，天子不尊，宗庙不安。"）父亲叹道："刘家天下是安定了，可却要危及我们晁家，我离开你回家了！"（"刘氏安矣，而晁氏危，吾去公归矣！"）回到家里，老爷子饮药而死，临终遗言："我不想看见灾祸加到自己身上。"（"吾不忍见祸逮身。"均《汉书·袁盎晁错传》）

四、七国叛乱　晁错腰斩

晁错变更法令、主张削藩，早已引起诸侯王的不满。如今连续削夺藩国封地，时间较为集中，地域较为庞大，诸侯王的反叛心理很快变成了行动。景帝前元三年（前154）正月，吴、楚等七国发动叛乱，史称"吴楚七国之乱"。

吴楚七国声称，之所以发动叛乱，是要"诛晁错，清君侧"。

其实，诸侯王谁都知道，没有景帝的准允，削藩、更令，没有一项能够施行。因此，吴王刘濞等不满的，不仅是晁错，还有朝廷；不仅要"清君侧"，其实是要连"君"都清掉。刘濞手下应高诱惑胶西王刘戊之语，以及晁错被杀之后吴、楚两军的行动，均是明证。

吴楚叛乱的消息传来，景帝和晁错商量出兵事宜。晁错建议景帝御驾亲征，自己留守京城。适逢魏其侯窦婴入宫，提到了袁盎，于是景帝立即予以召见。

原来，袁盎曾任吴相，晁错曾跟人提及，袁盎肯定知道吴王叛乱的阴谋，却又替他遮掩。袁盎因晁错怀疑他收受梁王财物，此时已被削职为民，得到这个消息，害怕再受惩罚，连忙拜见魏其侯窦婴，说明情况，希望面见景帝。窦婴与晁错也有过节，命运相关，便入宫请求景帝召见袁盎。

袁盎因其旧时的职任，对吴国算是个知情人，景帝召见，便问如何看待吴、楚反叛。袁盎认为，根本不用担心，很快就会没事的，接着解释说："吴王虽然有铜、盐之利，但却招引不到豪杰；假如果真得到豪杰，也应该辅助他做符合道义的事情，不会煽动造反。吴王引诱到的，都是些无所事事的混混，亡命谋利的奸人，所以才沉瀣一气作乱的。"听了袁盎这话，晁错也很以为然。（"错曰：'盎策之善。'"《汉书·袁盎晁错传》）

景帝接着问："那有什么计策呢？"袁盎请求景帝屏退闲人。景帝撵走众人，只剩下晁错，袁盎又说："我说的话，臣下不宜知道。"此时，晁错赶紧避开，到了东边的厢房，心中恨恨不已。接着，袁盎说：吴、楚造反，都是因为晁错挑诸侯王的毛病，找茬儿削夺封地，他们不过是要诛杀晁错、恢复封地。如今只要杀了晁错，派使者宣布赦免吴、楚等国之罪，恢复已经削夺的封地，就可以兵不血刃消除叛乱。

听了这话，景帝默然良久，（上嘿然良久，曰："顾诚何如，吾不爱一人以谢天下。"《史记·吴王刘濞列传》）决定牺牲晁错，以换取诸侯退兵。于是封窦婴为大将军，并任命袁盎为太常，让他秘密整治行装，出使吴国。

十多天后，丞相陶青、中尉陈嘉、廷尉张欧，联名上书弹劾晁错。他们揪住的过错，是晁错建议皇帝亲征、自己留守，并说"数百万大军，都交在大臣手里，难以放心"；又说"吴国附近的城邑，不妨暂时放弃给吴王"。他们认为，晁错不称扬皇上的贤德诚信，意图疏远与群臣百姓的关系，又要把朝廷的城邑给了吴王，违背为臣之礼，实属大逆不道，应当腰斩晁错并灭门。（"错不称陛下德信，欲疏群臣百姓，又欲以城邑予吴，亡臣子礼，大逆无道。错当要斩，父母妻子同产无少长皆弃市。"《汉书·袁盎晁错传》）景帝览奏，竟然当即曰"可"。

此时，晁错尚毫不知情。景帝派中尉到晁错家，下诏骗晁错上朝议事。车马经过长安东市，中尉停车，向晁错宣读诏书，将他腰斩，当时晁错身上还穿着朝服。（"错殊不知。乃使中尉召错，绐载行市。错衣朝衣，斩东市。"同上）

晁错死后，景帝以谒者仆射邓公为校尉，命其赴抗击吴、楚的前线。邓公从前线归来，汇报军情，景帝问他："听到晁错已死，吴、楚是否已经罢兵？"邓公说："吴王谋划反叛已经几十年了，因削地而恼怒爆发，诛晁错不过是个名头，目标根本不在晁错。"（"吴为反数十岁矣，发怒削地，以诛错为名，其意不在错也。"同上）

五、不善谋身　世哀其忠

关于晁错削藩之事，历来议论颇多。分而言之，首先，削藩总体上大概是没错的。在晁错之前，贾谊就已经有过相关设想。

不同意削藩的朝臣，不过是担心激发变乱，并非觉得藩国势力可以任其发展。然而，以不作为作羁縻之策，未必就能打消藩王的叛逆心理。考查中国历史，不难明白这一点，无论异姓、同姓，不是直到明、清，藩王反叛还屡见不鲜吗？何况汉景帝时期，战国纷纭并未在记忆中消失，汉初王侯叛乱更是耳熟能详，问鼎、逐鹿的意识随时都有可能由潜而显。

其次，是削藩的时机和方法。晁错"因错削地"的方法，给了削藩一个理由，不能说毫无道理。至于时机，其实很难说什么时候就好，而晁错所言"今削之亦反，不削亦反。削之，其反亟，祸小；不削之，其反迟，祸大"，诚如是。吴、楚之乱虽说七国，其实是以吴或者再加上楚为主，也没有对中央王朝形成多么大的正面冲击，没有形成旷日持久的对峙。

有人拿汉武帝时期主父偃设计的"推恩令"，跟晁错的削藩比较，判定优劣。其实，这种比较抹杀了一个历史事实，那就是两个时期的形势不同。无论藩国的实力，还是藩王的性格、野心，后一时期均要相差很远。因而，"恩"要是放到吴王刘濞等人身上，未必就推得开来；反倒是晁错削藩，以及七国叛乱的失败，给后来的"推恩"打下了基础。

对于晁错建议皇帝御驾亲征、自己留守京城，历来多所非议。如苏轼就说："世之君子，欲求非常之功，则无务为自全之计。使错自将而讨吴楚，未必无功。惟其欲自固其身，而天子不悦，奸臣得以乘其隙。错之所以自全者，乃其所以自祸欤！"（《晁错论》）不务自全，这没错；错自将兵，功就难说了。要知晁错毕竟是文臣，未曾征战，即便麾下有能征惯战之将，他又能否指挥裕如？何况晁错惹下的人，实在不少。

晁错的性格，班固以为"峭直刻深"，崖岸严峻，骨鲠执拗，不肯饶人，能下狠手，这种性格及其作为，使他与朝中大臣多有不和,所谓"袁盎诸大功臣多不好错"。这也导致他缓急之间,无人相助,终至朝衣东市。如果当时有人站出来,替他说几句话,或许结果就会不同。因此,班固认为"晁错锐于为国远虑,而不见身害";并肯定他的忠诚:"错虽不终,世哀其忠。"明人李贽所谓"错但可谓之不善谋身,不可谓之不善谋国也"(《藏书·晁错》),可谓中肯。

至于晁错的文学成就,鲁迅先生将其与贾谊并论,指出:"谊尤有文采,而沉实则稍逊,如其《治安策》《过秦论》,与晁错之《贤良对策》《言兵事疏》《守边劝农疏》,皆为西汉鸿文,沾溉后人,其泽甚迨;然以二人之论匈奴者相较,则可见贾生之言,乃颇疏阔,不能与晁错之深识为伦比矣。"(《汉文学史纲要》)

廷尉张释之

张释之(生卒年不详),汉文帝时廷尉。早年捐赀为郎,十年未迁。袁盎推荐,任为谒者,此后累迁公车令、中大夫、中郎将等。后任廷尉,依法断案,一丝不苟。曾弹劾刘启,故景帝时因之贬官。张释之严于执法,公正不阿,时人称赞"张释之为廷尉,天下无冤民"。

一、捐赀为郎 进谏升职

张释之是堵阳(今河南南阳方城)人,字季。早年间,他和哥哥张仲一起生活。由于家中颇有资财,张释之捐官做了骑郎(郎官的一种),侍奉汉文帝。

张释之为官十年,默默无名,也没有升迁。为此,他深感不安,觉得白白浪费兄长的钱财不是个事情,打算辞官回家。中郎将袁盎深知张释之德才兼备，觉得走了实在可惜，便请求皇上调补他担任谒者（负责传达、通报）。

张释之朝见皇帝，仪式结束之后，便上前陈说利国利民的千年大计。文帝说："不要高谈阔论，还是说些切合实际而且眼下就能实施的吧。"（"卑之，毋甚高论，令今可施行也。"《史记·张释之冯唐列传》）于是，张释之转到秦汉之际，论述秦之所以灭亡、汉之所以兴起，谈了很久。文帝听了，觉得很好，就任命他做了谒者仆射（谒者的长官）。

担任谒者仆射时，张释之曾随汉文帝到上林苑观虎。当时，文帝询问苑中动物的事情，问了十几个问题，上林尉环顾左右，不能回答。看管虎圈的啬夫，从旁代上林尉回答这些问题，答得很是周全。此人借机显摆自己熟悉业务，有问必答，而且机敏灵活、口才辨给。文帝说："吏不当若是邪？尉无赖！"文帝认为做官就应该像啬夫这样，上林尉不合格；进而下诏张释之，任命啬夫为上林令——上林苑的一把手。

张释之不赞同文帝的做法，就转着弯问皇上，如何看待绛侯周勃及东阳侯张相如。文帝回答说，两人都是年高德劭的"长者"。张释之趁势说："周勃和张相如是长者，但两人都不善言谈。现在您这样做，岂不是让人们效法伶牙俐齿的啬夫吗？"（"夫绛侯、东阳侯称为长者，此两人言事曾不能出口，岂敩此啬夫谍谍利口捷给哉！"同上）

随后，张释之援引历史，以秦朝重用徒具文笔、毫无恻隐之心的文书官吏，终致亡国为例，建议文帝不要因为啬夫伶牙俐齿就越级提拔，以免上行下效，形成不正之风。（"且秦以任刀笔之吏，吏争以亟疾苛察相高，然其敝徒文具耳，无恻隐之实。以故不闻其过，陵迟而至于二世，天下土崩。今陛下以啬夫口辩而超迁之，臣恐天下随风靡靡，争为口辩而无其实。且下之化上疾于景响，举错不可不审也。"同上）汉文帝觉得张释之所言在理，就听从他的建议，没有提拔啬夫。

离开上林苑，汉文帝车驾回宫，让张释之陪乘。路上，文帝问张释之秦朝执政的失败之处，张释之据实而言。文帝非常满意，就任命张释之做了公车令。

二、弹劾太子　遗留隐患

张释之担任的公车令，主要掌管南阙宫门（司马门）事宜。一次，太子刘启与弟弟梁王刘揖，同乘一辆车入朝。经过司马门时，两人没有下车，违反了宫卫令。张释之追上去，阻止他们进宫，并以"不下公门不敬"的罪名，上奏弹劾太子和梁王。

薄太后知道了这件事情，文帝无奈，只好向母亲免冠谢罪，说自己"教子不谨"。随后，太后派使者传达自己的诏令，赦免太子、梁王之罪，二人这才得以进入宫中。

汉文帝觉得张释之与众不同，接着又任命他做了中大夫。过了不久，又升任中郎将。

担任中郎将期间，张释之曾随文帝和慎夫人出行，前往霸陵。文帝登临霸陵，向北眺望，指着通往新丰的道路，对慎夫人说："这就是通往邯郸的道路啊。"接着，文帝让慎夫人鼓瑟，自己和着曲调歌唱，不觉心中凄然感伤，回头对群臣说："嗟乎！以北山石为椁，用纻絮斫陈，蔡漆其间，岂可动哉！"（《史记·张释之冯唐列传》）

汉文帝有感而发，说起了死后的棺椁。他觉得，用北山的石头做椁（外棺），用切碎的苎麻丝絮填塞缝隙，再涂上厚厚的漆，就牢不可动了。群臣随声附和，都认为这个办法很好。

张释之却不以为然，他上前进言说："使其中有可欲者，虽锢南山犹有郄；使其中无可欲者，虽无石椁，又何戚焉！"

（同上）如果里面有诱人贪欲的东西，即使封铸南山做棺椁，也会有缝隙；如果里面没有此类东西，即使没有石椁，也用不着忧虑。

闻听张释之所言，文帝认为说得很对。若是墓穴中引诱人欲者众多，再坚固也无济于事。不过，道理虽然清楚，古来帝王，仍旧无不苦心经营墓葬，大量随葬财宝。

三、秉公执法　刚正不阿

后来，张释之又被任命做了廷尉，成了朝廷掌管司法的最高长官。担任廷尉期间，张释之秉公执法，刚正不阿，一丝不苟，受到了人们的称赞。

汉文帝外出，行至中渭桥，突然有人从桥下跑出来，惊了御驾的马。差点儿摔下车，文帝因此十分恼火，下令拘捕其人，交给廷尉查办。张释之审讯得知，那人见御驾经过，一时躲不开，就藏到了桥底下。过了一会儿，以为御驾已过，没想到出来正巧赶上。据此案情，张释之依法判定那人"冒犯车驾，罚金四两"，上奏朝廷。

文帝接到奏报，很是生气，认为判得过轻。张释之解释说："法律是天子和百姓应该共同遵守的，不应偏私。法律有明确定规，如果加重处罚，如何取信于民？廷尉是天下公正执法的带头人，如果廷尉不公正，地方也会不公，百姓就会慌恐不安。"（"法者天子所与天下公共也。今法如此而更重之，是法不信于民也。且方其时，上使立诛之则已。今既下廷尉，廷尉，天下之平也，一倾而天下用法皆为轻重，民安所措其手足？"《史记·张释之冯唐列传》）并请"陛下察之"。汉文帝思考良久，说："廷尉的量刑判决是对的。"

又有一次，有人偷窃汉高祖祠庙塑像座前的玉环，被卫士当场抓获。心思动到了祖宗祠庙上,汉文帝很恼火,要廷尉严厉治罪。按照有关偷盗宗庙器物的法律,张释之判处偷窃者弃市。

文帝览奏大怒,说:"这个人无法无天,竟敢偷窃先帝祠庙里的器物。我把他交给廷尉,意思是想判处族刑。而廷尉却按法律的一般规定论处,这不符合我恭敬承奉宗庙的心意。"张释之见皇帝大怒,就免冠叩头说:"依法如此就足够了。罪行既然相等,就不能依盗哪个庙来区别轻重、差别处置。现在偷高祖庙里的器物判族刑,万一有愚民在高祖的长陵上挖了一把土,陛下将按什么法来判罪呢?"("法如是足也。且罪等,然以逆顺为差。今盗宗庙器而族之,有如万分之一,假令愚民取长陵一抔土,陛下何以加其法乎?"同上)文帝无话可说,与太后商量了一阵,最后还是批准了张释之的判决。

条侯周亚夫、梁国国相王恬开,见张释之议论公平,甚为赞叹,就同他结为亲密朋友。由此,张释之受到了天下人的称颂。("是时,中尉条侯周亚夫与梁相山都侯王恬开见释之持议平,乃结为亲友。张廷尉由此天下称之。"同上)

四、羞辱增重　降职尚过

汉文帝去世后,太子刘启即位为景帝。张释之早年曾弹劾太子,因而内心极为惶恐,打算称病隐退,又担心招致更大的惩罚;想当面向景帝谢罪,又不知道该怎么办。后来采用了王生的计策,终于得见皇上当面谢罪,而景帝并没有责怪他。

关于这位王生,还曾有这样一则轶事。王生是汉初隐士,喜好黄老之学,很受时人尊重。他曾应召入朝,三公九卿满堂。王生袜带松了,让张释之替他系上。张释之便跪下,替他系好了袜带。("王生者,善为黄老言,处士也。尝召居廷中,三公九卿尽

会立。王生老人,曰'吾袜解',顾谓张廷尉:'为我结袜!'释之跪而结之。"《史记·张释之冯唐列传》)

事后,有人问王生,为何要在朝堂之羞辱廷尉。王生说:"我年纪大了,地位也不高,自己思忖帮不上张廷尉什么忙,所以才这样做。张释之是天下名臣,我羞辱他,正是为了增强他的名声。"("吾老且贱,自度终无益于张廷尉。张廷尉方今天下名臣,吾故聊辱廷尉,使跪结袜,欲以重之。"同上)大臣们听了这话,都称赞王生的贤德,也更为敬重张释之。

不过,昔日毕竟曾经得罪,不予归罪,不等于亲信重用。一年后,张释之被贬为淮南国相。《史记》谓"犹尚以前过也",汉景帝显然还是不曾放过以前的事情。

又过了很久,张释之才去世,只是其间的情事,很少见到记载了。

后世在其家乡河南南阳方城县,建有张公祠(又名"张释之祠"),以纪念张释之。祠堂始建年代无考,明宣德四年(1429)复建,此后又多次重修。祠堂位于县城西关释之路西段北侧,祠内现有明代"汉张廷尉祠记"碑一通。1979年,张公祠列为方城县级文物保护单位。

郎中署长冯唐

冯唐(生卒年不详),汉文帝时郎中署长、楚国国相。代郡人。他以孝行著称,被举荐入朝为郎。他直言文帝有名将李牧也"弗能用",从而使御边有方的云中郡守魏尚得以起复。他身历三朝,景帝时任楚相,武帝时已九十多岁而不能任官。其论将帅之语,司马迁谓之"有味"。

一、年高郎官　直言无忌

冯唐的祖父,是战国时期的赵国中丘(今山东临沂境内)人。到了冯唐的父亲,移居到了代郡(治今河北蔚县)。汉朝建立后,又迁徙到了安陵(今河南鄢陵西北)。

冯唐以孝行著称于时,因而受到地方官长的举荐,到朝中做了郎中署长。汉代任官,有所谓"察举"(亦称"选举"),即自下而上选举人才。"察举"才德兼重,对"孝"行尤为重视,好多人因此而做了官。郎中是皇帝的侍从官,随时建议,并接受顾问、差遣。冯唐被举荐担任郎中时,年龄已经很大了。

一次,汉文帝乘车经过冯唐任职的官署,问他:"老人家怎么还在做郎官?家在哪里?"冯唐如实做了回答。文帝说:"我在代国的时候,我的尚食监高袪,多次和我谈到赵将李齐的才能,讲述他在钜鹿城下作战的情形。现在每次吃饭时,我总会想起钜鹿之战时的李齐。老人家知道这个人吗?"

冯唐回答说:"跟廉颇、李牧的将才比起来,他还差了一些。"文帝问:"凭什么这样说呢?"冯唐说:"我祖父在赵国的时候,曾经担任统兵将领,跟李牧交情很好;我父亲从前做过代相,和李齐过从甚密。所以了解他们的为人。"

接着,冯唐讲述了有关廉颇和李牧的情况。汉文帝听完,十分高兴,拍着大腿说:"可惜呀!我偏偏碰不到廉颇、李牧这样的将才。要是有了他们,我哪里还用得着担忧匈奴呢!"("嗟乎!吾独不得廉颇、李牧时为吾将,吾岂忧匈奴哉!"《史记·张释之冯唐列传》)冯唐却说:"主臣!陛下虽得廉颇、李牧,弗能用也。"冯唐认为,汉文帝就是得到了廉颇、李牧,也不会任用。这里的"主臣"二字,令人费解。古人有的解释说是"若今人谢曰'惶恐'也",就像今天的人说自己诚惶诚恐;有的解释是说是"言主臣道，不敢欺也"。总归是：不管怎样，有话就实话实说。

冯唐的实话实说惹恼了皇帝，人家怒气冲冲，起身便回宫而去。过了好久，汉文帝召见冯唐，责备他说："您为什么当着众人埋汰我呢？难道不能抽空私地下告诉我吗？"（"公奈何众辱我，独无间处乎？"）冯唐谢罪说："我这样的鄙陋之人，不懂得忌讳回避。"（"鄙人不知忌讳。"均同上）不过，说话的方式问题清楚了，但为何文帝"虽得廉颇、李牧，弗能用"，还是个闷葫芦。

二、细说李牧　巧救魏尚

汉文帝没等来廉颇、李牧，倒是匈奴大举进犯边地，还杀死了北地都尉孙卬。文帝为此忧虑不已，终于又一次询问冯唐："您为什么认为我不能任用廉颇、李牧呢？"

冯唐的回答，可谓长篇大论。他首先以古语立论，说："臣闻上古王者之遣将也，跪而推毂，曰：'阃以内者，寡人制之；阃以外者，将军制之。'军功爵赏，皆决于外，归而奏之。"这说的是传闻：上古时候，君王派军遣将，跪下来推着车毂说："国门（国都城门）以内的事，寡人决断；国门以外的事，将军裁定。"军中因功封爵奖赏之事，都由将军在外决定，归来之后再奏报朝廷。

这种传闻是否属实？冯唐肯定"此非虚言"，因为事有明证。接着，他转述了祖父说过的李牧之事。李牧担任赵国将领，在边境统率军队，军市上征收的税金，都自行用来做了军饷或赏赐，朝廷从不干预。国君交给他重任，唯一要求是战胜成功。因此，李牧能够充分发挥才智，从而指挥大军，北面驱逐单于，大破东胡，消灭澹林，西面抑制强秦，南面支援韩、魏。那个时候，赵国几乎成了天下的霸主。后来赵王赵迁即位，他听信郭开的谗言，杀了李牧，让颜聚代替。结果是军溃兵败，国君被俘，国家灭亡。

李牧的成功,在于"阃以外者,将军制之。军功爵赏,皆决于外"。冯唐认为汉文帝"弗能用",也正在于此。而且有现实的例子,那就是魏尚。魏尚任云中郡守,军市所得税金,全都犒赏了士兵。他还拿出个人的钱财,五天杀一次牛,宴请宾客、军吏及左右亲近,因而深得人心,肯出死力。匈奴远远躲开,不敢靠近云中边塞。这说明,魏尚治军,类似李牧,也卓有成效,可谓将才。

然而,魏尚也遭遇到了阻遏乃至灾祸。匈奴曾经入侵过一次,魏尚率军出击,杀死很多敌军。杀敌受赏,天经地义。士兵们大多来自村野,只知道拼力作战,杀敌俘虏,然后报功领赏。朝廷官吏却死抠法条,只要一句话对不上,应得的奖赏就不能兑现。这明显有违"军功爵赏,皆决于外"。更过分的是,魏尚只是多报杀敌六人,就被削夺爵位,判刑一年。两方面比较,显然是奖赏太轻、惩罚太重。

最后,冯唐归结说:"由此说来,陛下即使得到廉颇、李牧,也是不能重用的。"并说自己不顾忌讳,该当死罪。

不过,这一次,汉文帝没有生气,还很高兴,当天就让冯唐持节出使,前去赦免魏尚,让他重新担任云中郡守;同时,任命冯唐为车骑都尉,掌管中尉和各郡国的车战之士。宋人苏轼《江城子·密州出猎》词有句"持节云中,何日遣冯唐",用的正是冯唐之典:"什么时候皇帝会派人来,就像汉文帝派遣冯唐到云中赦免魏尚之罪(一样信任我)呢?"表达了坡公为国效力的迫切性情。

冯唐长寿,一直活到了景帝、武帝朝。汉景帝即位后,让冯唐做了楚国的国相,不久又予免职。汉武帝即位时,征求贤良之士,大家举荐冯唐。可冯唐已经九十多岁,不能再做官了,于是任用他的儿子冯遂做了郎官。

《史记》张释之与冯唐合传。司马迁评价二人云:"张季之言长者,守法不阿意;冯公之论将率,有味哉!有味哉!语曰:'不知其人,视其友。'二君之所称诵,可著廊庙。《书》曰:'不偏不党,王道荡荡;不党不偏,王道便便。'张季、冯公近之矣。"(《史记·张释之冯唐传》)

万石君石奋

石奋(?—前124),汉初大臣。字天威,河南温县人。早年追随高祖刘邦,文帝时任太中大夫、太子太傅,景帝时官至九卿。四子官均二千石,父子五人万石,故景帝称之"万石君"。万石君以身作则,其家"以孝谨闻乎郡国",人称"万石家风"。

一、恭谨无比 位列九卿

石奋的父亲,是战国时期的赵国人,赵国亡国后,迁徙到了河内郡温县(今河南温县)人。

汉高祖刘邦东出攻击楚霸王项羽,经过河内郡,石奋当时十五岁,在当地做小吏,侍候高祖。

闲暇之时,高祖跟石奋闲谈,喜欢他恭敬有礼,便问道:"你还有什么人?"石奋回答说:"我只有母亲,不幸已经失明。家里很穷。还有一个姐姐,会鼓瑟。"高祖说:"你能跟随我吗?"他说:"愿意尽力效劳。"

于是,汉高祖刘邦把石奋的姐姐召来,封为美人(妃嫔的一种),让石奋做了中涓,把家迁到了长安城的中戚里。"戚里"是长安的特殊街区,住的都是国戚,《史记索隐》引小颜所谓:"于上有姻戚者皆居之,故名其里为戚里。"史书称,石奋获得这些待遇,"以姊为美人故也"(《史记·万石张叔列传》),都是因为他姐姐做了汉宫美人的缘故。

中涓的职责,是"主通书谒出入命"(《史记正义》引如淳),即文书、接待以及通传命令等。担任中涓期间,石奋曾经接待过陈平。

汉文帝时,石奋靠多年积累功劳,当上了太中大夫。石奋缺少文才学问,但恭敬谨严却无人能比。("其官至孝文时,积功劳至大中大夫。无文学,恭谨无与比。")东阳侯张相如曾任太子太傅,他被免职后,朝廷开始遴选能够胜任此职的人,经大家一致推荐,石奋担任了太子太傅。("选可为傅者,皆推奋,奋为太子太傅。"《史记·万石张叔列传》)太子太傅虽然没有多少实权,但作为太子的师傅,职位重要,对人品的要求尤为严格。

汉景帝即位后,石奋已经进入九卿之列。对于这位恭谨无比的昔日老师,景帝刘启颇为敬畏,接近了,就有些害怕,于是就让石奋外任,做了诸侯国的国相。

其时,石奋的几个儿子——长子石建、次子石甲、三子石乙、四子石庆,因为品行端正、心地良善、孝敬父母、办事谨严,官都做到了二千石。如此家庭,如此朝臣,实属少见,因此汉景帝说:"石君和他的四个儿子,都是二千石的官员。作为臣子的尊贵光宠,竟然集中在他一家!"("石君及四子皆二千石,人臣尊宠乃集其门。"同上)称呼石奋为"万石君"。

汉景帝末年,万石君告老回家,享受上大夫的俸禄;而朝廷举行盛大典礼和令节朝会时,他都作为大臣前来参加。

石奋的恭敬严谨,表现在诸多方面,对皇帝尤其如此。他每次入宫,经过皇宫门楼时,一定要下车急走,表示恭敬;见到皇帝的车驾,一定要手扶在车轼上,表示致意。皇帝赏赐的食物送到家,他必定叩头跪拜之后才弯腰低头去吃,就像在皇帝面前一样。而子孙辈做小吏，回家看望他，石奋也一定要穿上朝服接见，不直呼他们的名字。

石奋对子孙的要求十分严格。子孙中谁有了过错，他不责斥，而是坐到侧旁的座位上，对着餐桌不肯吃饭。如此一来，其他子孙便纷纷责备犯错的人，再通过族中长辈求情，本人袒露上身表示认错，并表示坚决改正，才答允他们的请求。在子孙面前，石奋自己也非常严谨，成年子孙在身边时，即便是闲居在家，他也一定要穿戴整齐，显示出严肃整齐的样子。

石奋严格要求，子孙们也都谨遵教诲，以他为榜样行事。就连家中的仆人，也都非常温和谨慎。在石奋的教诲、带动之下，一家上下因孝顺谨慎而闻名于各郡县和各诸侯国，即使齐、鲁二地品行朴实的儒生们，也都认为自己不如他们。（"万石君家以孝谨闻乎郡国，虽齐鲁诸儒质行，皆自以为不及也。"同上）

二、子孙高官　任事唯谨

汉景帝及武帝前期，黄老思想仍占据统治地位，太后窦氏尊崇黄老、压制儒学，官员的选任往往与此有关。武帝建元二年（前139），郎中令王臧因推崇儒学获罪，被免了职。窦太后认为，儒生多文饰浮夸而不够朴实，万石君一家不善夸夸其谈而能身体力行，就让石奋的长子石建做了郎中令，小儿子石庆做了内史。（"皇太后以为儒者文多质少，今万石君家不言而躬行，乃以长子建为郎中令，少子庆为内史。"《史记·万石张叔列传》）

石建做了郎中令，每五天休假一天。回家拜见父亲时，先是进入侍者的小屋，私下询问父亲情况，拿走父亲的内衣去门外水沟亲自洗涤，再交给侍者，不敢让父亲知道。

石建做郎中令时，有事要向皇帝进谏，能避开他人时就畅所欲言，说得峻急；及至朝廷谒见时，则显出不善说话的样子。如此一来，谏言也进了，体面也保持了，因而皇帝对石建也很尊敬和礼待。

石奋家迁居陵里后，有一次，担任内史的石庆酒醉归来，进入里门时没有下车。万石君知道后，不肯吃饭。石庆很害怕，肉袒请求恕罪，石奋仍不允许。兄长石建和族人也肉袒请求，石奋才责备说："内史官位尊贵，进入里门时，里中父老都急忙回避，而内史却依然坐在车里没有表示，本是应该的嘛？"（"内史贵人，入闾里，里中长老皆走匿，而内史坐车中自如，固当！"同上）说完，喝令石庆走开。从此以后，石庆和石家弟兄进入里巷时，都下车快步走回家。

武帝元朔五年（前124），万石君石奋去世。长子石建悲痛欲绝，以至于手扶拐杖才能走路。过了一年多，石建也去世了。万石君的子孙们都很孝顺，其中石建最突出，甚至超过了万石君。

武帝元狩元年（前122），汉武帝册立了太子，并在群臣中选拔太子太傅。石庆时任沛郡郡守，有幸被选中。这是父亲石奋之后，万石君家出的第二位太子太傅。七年之后，石庆升任御史大夫。

武帝元鼎五年（前112）秋，丞相因罪被罢免，石庆以家世背景和忠诚名声，被任命为丞相，并封为牧秋侯。不过，汉武帝喜欢任用年轻人，朝中有桑弘羊、王温舒、儿宽等人，各自主持经济、吏治、文学，国家大事由这些人决定，丞相只不过是忠厚、谨慎的摆设罢了（"事不关决于丞相，丞相醇谨而已。"同上）

石庆内敛谨慎，缺乏大的志略，在任九年，没有多少作为。太初二年（前103）去世，朝廷赐谥曰"恬"。石庆喜爱次子石德，武帝便让石德继承了父亲的爵位。后来，石德担任太常，犯法应该处死，家里出钱赎罪，他被贬为平民。

石庆担任丞相时，石家子孙中，官至二千石的有十三人。石庆死后，这些人多因犯法而遭到罢免，石家孝敬、严谨的家风便逐渐衰落了。

三、万石家风　孝谨闻名

万石君石奋家的家庭风尚，后人称之为"万石家风"。万石家风的核心，正是汉景帝所称"万石君家以孝谨闻乎郡国"中的"孝谨"二字。

万石家风的形成，当然首先在于石奋本人的言传身教。从史籍记载中，看不到太多言传的内容，甚至是子孙有了过失，也"不谯让"——不责怪。可知的教言，是四子石庆任内史，酒醉回家，进入里巷之门也不下车，挨了几句责骂。更多的时候，是"对案不食"，让子弟自己反省、认错。

或许正是"身教胜于言教"的缘故，史籍记载言传少，记载身教则较多，无论朝会还是燕居，无论对上还是对下，可谓琐细。家长以身作则，不用过多说教，效果立竿见影。《史记》所谓"子孙遵教，亦如之"，说的正是身教；有了榜样，"如之"即可。而这种作风，应该说也造就了"万石君家不言而躬行"（窦太后语）的作风。

万石君家的"孝"，突出表现在长子石建身上，所谓"诸子孙咸孝，然建最甚，甚于万石君"（《史记·万石张叔列传》）。石建担任郎中令时，已经"老白首"，年纪也不小了。而他每隔五天的休假日，都要回家看望父亲。不仅如此，他还取了父亲的"中稁厕牏"（内衣和便器），亲自浣洗，然后通过仆人转交，而不让父亲知道。

石奋去世后，石建"哭泣哀思，扶杖乃能行"。过了一年多，石建也去世了。就是说，石建因为哀思过度，过早离开了人世。自然，这也是孝的表现。

不过，如果仅仅把"孝"局限在上述这些，显然是不足的。传统孝养中，食养、色养之外，更有养志，即在志业方面实现长辈的愿望。无疑，万石君的子辈，这一点做得不错，不仅做到了高官，还秉持着父亲的作风。

关于万石君家的"谨"，石奋之外，《史记》还载有石建、石庆的两件小事：

> 建为郎中令，书奏事，事下，建读之，曰："误书！'马'者与尾当五，今乃四，不足一。上谴死矣！"甚惶恐。其为谨慎，虽他皆如是。

石建担任郎中令时，有一次上书奏事，"马（馬）"字下边少写了一笔，以为皇上要谴责，很是惶恐。其他诸事，石建也都是如此谨慎。

> 万石君少子庆为太仆，御出，上问车中几马，庆以策数马毕，举手曰："六马。"庆于诸子中最为简易矣，然犹如此。为齐相，举齐国皆慕其家行，不言而齐国大治，为立石相祠。

石庆是万石君四个儿子里最随便的一个，因此有"醉归，入外门不下车"之举。可他为皇帝驾车出行，皇上问车有几匹马，他举着马鞭一一数过才作答，可谓谨慎之极。

对于万石家风如此之"谨"，后世有人颇不以为然，尤其是在大干快上、好高骛远的时代或环境。如果说"马"字少写了一笔，在皇朝时代确实也可能受到责难，但一目了然的"六马"，似乎不必一一数来。然而，我们领会、效法万石家风，师其事之外,更要师法其意,也就是精神。回顾我们的历史,不严谨慎重造成的损失甚至灾难,足够触目惊心。更何况,一个社会、一个国度,不应该只有一种人:敢想敢干的人需要,小心谨慎的人也必不可少。否则,无论是哪个"一种",也都是不健全的。

太中大夫直不疑

直不疑(生卒年不详),汉初文臣,汉文帝时任郎官、太中大夫;景帝时御史大夫,封塞侯。直不疑钟情老子学说,为官低调内敛,不好树立名声;别人猜疑、诬蔑,他都淡然处之,不作过多辩白。缘此,人们都称他为"长者"。

直不疑是南阳(今河南南阳)人,关于他的身世及早期事迹,史籍记载很少。

汉文帝时期,直不疑担任郎官,做皇帝的侍从。一次,跟他同住的郎官回家探亲,匆忙中误拿了同事的金子。不久,主人发觉丢了金子,就胡乱猜疑直不疑。直不疑没有辩解,而是坦然承认,并买金子还给那人。探家的郎官知道自己误拿,回来就马上归还了。丢金子的那位郎官误会了直不疑,感到非常惭愧。这件事流传开来,人们都因此称直不疑为忠厚长者。

直不疑的优秀品行,也受到了汉文帝的称赞,并加以提拔,直不疑逐渐升到了太中大夫。有一次上朝时,有人诽谤他:"直不疑相貌很美,可偏偏要和自己的嫂子私通。"直不疑听了,只是平静地说:"我是没有兄长的。"仅此而已,终究没有再为自己辩白。

吴、楚七国之乱的时候,直不疑以二千石官员的身份,带领汉军参加了平叛战争。景帝后元元年(前143),直不疑被任命为御史大夫。朝廷总结、表彰平定七国之乱的有功人员，直不疑因功被封为塞侯。

汉武帝建元年间，直不疑与丞相卫绾，都因为过失而被免去了官职。

直不疑尊崇老子的学说，"无为而治"，可以说是他为官的原则。无论到哪里做官，他都因循前任所为，唯恐人们知道他做官的事迹。他不喜欢树立名声，被人称为长者。（"其所临，为官如故，唯恐人知其为吏迹也。不好立名称，称为长者。"《史记·万石张叔列传》）

直不疑去世后，儿子直相如承袭侯爵之位。到了孙子直望的时候，由于进献酎金不合要求，从而失去了爵位。

郎中令周仁

周仁（生卒年不详），汉初大臣。汉文帝时，为太子舍人，迁太中大夫；景帝继位，任为郎中令，并封汝坟侯。为人深沉不言，廉洁不贪；但垢污"处诣"，君子讥之。

周仁，《史记》谓之"周文者，名仁"，《汉书》径谓"周仁"。也有说他"字季房"的。周仁近祖居任城（今河北任县），因而他是任城人。

周仁的家世颇不简单，他的远祖姬烈，是周平王的小儿子。姬烈又称"姬武"，因其掌中纹路似"武"字而得名。姬烈封汝坟侯，地在河南。周仁是姬烈的二十一世孙。

周仁习医，早年以医术行世。因为医术高明，汉文帝召见，并任命他为太子舍人，而当时的太子刘启，就是后来的汉景帝。后来，周仁积累功绩，迁任太中大夫。

景帝即位后，周仁被任为郎中令。因为周仁是周朝宗室的后代，朝廷格外看待，把他复封为汝坟侯，赐号"正公"，以便延续姬周的嗣绪。因汝坟低下潮湿，后来迁至了安成。

周仁性格深沉稳重，从不泄露别人的隐秘。他平常所穿，上衣破旧补缀，下裤尿渍肮脏，有意显示不怎么清洁，因此得到了皇上的宠幸。不清洁，不泄密，使他得以进入皇宫卧室。（"仁为人阴重不泄，常衣弊补衣溺袴，故为不洁清，以是得幸，入卧内。"《汉书·万石卫直周张传》。《史记·万石张叔列传》，"弊"作"敝"，"故"作"期"，"得幸"下有"景帝"二字。）

景帝和后宫妃子在卧内嬉戏，周仁经常在旁边，但始终不言不语。景帝有时候问到某人的长短，他就说："皇上自己观察。"即便知道别人的缺点，他也不在皇上面前加以诋毁。（"于后宫秘戏，仁常在旁，终无所言。上时问人，仁曰：'上自察之。'然亦无所毁。"《汉书·万石卫直周张传》）

汉景帝曾经两次亲到其家，周仁便搬家躲到阳陵去住。景帝赏赐很多，但他始终推让，不敢接受。诸侯群臣的贿赂，他也从不接受。

汉武帝即位后，周仁作为景帝时的老臣，很受敬重。周仁因病免职，回家养老，仍旧享受二千石的俸禄。他的子孙，后来也都做到了高官。

太史公《史记》，把万石君石奋（及其子石建、石庆）、卫绾、直不疑、周仁、张叔列于一传；班孟坚《汉书》亦然。这些人的突出特点，就是不苟言笑，但又有区别，因而评价有别。史公谓石奋、卫绾、张叔，符合夫子所说的"讷于言而敏于行"。班氏把塞侯直不疑也算在里头，而史公则谓"塞侯微巧，而周文（周仁）处谲（古同"谄"），君子讥之"，二人对直不疑评价不同。而班氏所言"君子讥之"者有石建："至石建之浣衣，周仁为垢污，君子讥之。"史公未把石建纳入"君子讥之"的行列，大概觉得为父亲"浣（内）衣"，算不得大事，又属家事，且可谓孝心显露，君子无需"讥之"。周仁同在马、班"讥之"之列，可谓逃无可逃。然一则见其"垢污"，一则见其"处谄"，却又不同。显然，"垢污"是手段，是表象；"处谄"是目标，是实质。视角不同，深度也就不同，史识即于此见矣？

中尉郅都

郅都（生卒年不详），西汉大臣。汉景帝时期，先后任中郎将、中尉，及济南太守、雁门太守。他是汉朝最早的酷吏，曾以严刑峻法镇压不法豪强，维护社会秩序。任雁门太守时，匈奴闻其威名，远避而去。但处理临江王刘荣一案，不无过失，最后也因此丧命。

一、为人勇敢　直言进谏

郅都是河东郡杨县（今山西洪洞）人。汉文帝时期，郅都任郎官，是皇帝的侍从。

郅都为人刚勇果敢，气力也大。他公正廉洁，私人求情的信，他拆都不拆；别人送的礼，他从不接受；私人的请托，他从不理会。（"都为人勇，有气力，公廉，不发私书，问遗无所受，请寄无所听。"《史记·酷吏列传》）

做官之后，郅都经常对自己说："已经离开父母出来做官，就应当奉公尽职，保持节操而死在官位上，终究不能顾念妻子儿女。"（"常自称曰：'已倍亲而仕，身固当奉职死节官下，终不顾妻子矣。'"同上）

汉景帝继位之后,郅都当了中郎将。西汉有五官、左、右三个中郎署,各置中郎将,以统领皇帝的侍卫。由于将军不常置,有战事的时候,才给统兵官冠以"将军"之称,所以平时武官的最高官职就是中郎将,"秩比二千石",掌管皇家卫队,属九卿之一的光禄勋管辖。

在担任中郎将期间,郅都敢于直言进谏,能在朝堂当面指出大臣的过失。就是面对皇帝,他也敢于有话直说。

有一次,郅都跟随汉景帝到上林苑,宫人贾姬上厕所,不料一头野猪突然闯了进去。景帝用眼神示意郅都前去救护,郅都没动。景帝想拿着兵器亲自去救,郅都跪在面前说:"失掉一个姬妾,还会有个姬妾进宫,天下难道会缺少贾姬这样的人吗?陛下纵然看轻自己,可是祖庙和太后怎么办呢?"("亡一姬复一姬进,天下所少宁贾姬等乎?陛下纵自轻,奈宗庙太后何!"同上)景帝听了,回转身来,而野猪也离开了。

窦太后听说此事后,一为儿子,一为自己,都十分高兴,赐给郅都金百斤。而景帝也从此更加重视郅都了。

二、酷吏本色 严酷少仁

汉朝初年,政府与民休息,倡导"无为而治"。在这种政府"无为"的形势下,豪强地主势力迅速膨胀,有的横行地方,蔑视官府,不守国法。济南郡的瞷氏家族,族内共有三百多家,仗着户多人众,强横奸滑,称霸地方,为难官府。地方官遵循常法,"莫能制"。

面对这种状况,汉景帝拜郅都为济南郡太守,让他前往处理。

到济南郡后,郅都不循常法,以暴制暴,雷厉风行。他首先抓住瞷氏家族几个首恶分子的罪状,把他们灭了门。其余家庭见这位新太守如此"狠辣",吓得腿都发抖,再也不敢对抗官府了。

郅都强力打击济南豪强，效果显著，影响也很大。过了一年多，济南郡风气大变，夜不闭户，路不拾遗。而周围十多个郡的郡守，畏惧郅都就如同畏惧上级官府。（"居岁余，郡中不拾遗。旁十余郡守畏都如大府。"《史记·酷吏列传》）

景帝前元七年（前150），郅都晋升为中尉，掌管京师的治安警卫，亲领长安北军。他执法不阿，从不趋炎附势，也不看权臣脸色行事。丞相周亚夫官高傲慢，而郅都见到他，只是作揖而已。（"丞相条侯至贵倨也，而都揖丞相。"同上）

当然，也有大不相同的。季布的弟弟季心，为人任侠，气盖关中，士人都争着为他卖命。那时候，季心以勇敢，季布以信诺，闻名关中一带。郅都曾和季心同朝为官，对季心从来不敢怠慢。（季心"尝为中司马，中尉郅都不敢不加礼"，《史记·季布栾布列传》）

汉初轻徭薄赋，到文景时期，经济繁荣，人民大多安居乐业，很少有百姓违法之事。而郅都严刑酷法，对权豪贵戚也不放过。列侯和皇族见到他，都侧目而视，称呼他为"苍鹰"。（"是时民朴，畏罪自重，而都独先严酷，致行法不避贵戚，列侯宗室见都侧目而视，号曰'苍鹰'。"同上）

也就在景帝前元七年，因为母亲栗姬失宠，而刘彻之母王娡暗中唆使大臣请求皇帝立栗姬为皇后，景帝大怒，结果将太子刘荣废为临江王。随后，景帝下令诛杀刘荣舅舅栗卿等人，因为建陵侯卫绾年长厚道，不忍心，赐他告老还乡，而让郅都去抓捕处置栗氏族人。（"上废太子，诛栗卿之属。上以为绾长者，不忍，乃赐绾告归，而使郅都治捕栗氏。"《史记·万石张叔列传》）

景帝中元二年（前148）三月，临江王刘荣被控占用宗庙外墙之地建盖宫殿。景帝征召临江王入京，然后命其到中尉府对簿，由郅都审问。

郅都的责讯，甚是严厉。刘荣很害怕，希望上书皇帝说明情况。刘荣请求给自己书写工具——竹简和刀笔，郅都不许，并严禁手下官吏提供。窦太后的堂侄魏其侯窦婴，曾任太子太傅，和刘荣感情深厚。当年刘荣被废，他力争不得，非常遗憾，如今得知刘荣希望上书皇帝，便派人暗中送去了刀笔书简。

依照汉律，侵占庙地乃杀头之罪。但刘荣占用的，不过是汉文帝庙墙外的一块空地，罪不至死。但碰上了酷吏郅都，而父亲景帝又似乎不闻不问，因而拿到工具后，刘荣写了谢罪书，就用刀笔自尽了。

三、守边敌窜　旧事身死

窦太后得知长孙的死讯，大怒，准备严厉处置郅都。见此情形，汉景帝只得将郅都罢官，让他离京回乡。随后，景帝又派使者持节，任命郅都为雁门郡太守，不必转道长安，直接赴雁门上任，根据情况自行处理事务。（"孝景帝乃使使持节拜都为雁门太守，而便道之官，得以便宜从事。"《史记·酷吏列传》）景帝如此安排，显然是要尽可能避开窦太后。

雁门是汉朝的边郡，经常受到匈奴的侵扰，既是抗击匈奴的前线，也是匈奴侵扰的重灾区。匈奴人早知郅都的威名，郅都出任雁门郡守，匈奴骑兵便全军后撤，远远避开。

匈奴人曾以郅都为形象，用木头刻成人偶，当作箭靶，令匈奴骑兵奔驰射击。匈奴骑兵畏惧郅都，竟无一人能够射中。郅都任雁门太守直到去世，其间匈奴一直没敢靠近雁门。当然，这也要客观看待：郅都与魏尚不同，未见其备边防匈有何良策，匈奴之畏惧，还在一个"酷"字；因为汉文帝善意睦邻、忍忿退让，所以匈奴遇到一个"酷"——敢开杀戒的，就麻溜躲开了。

无论景帝如何设法，郅都重新被重用的事情，还是给窦太后知道了。于是，窦太后抓住郅都为防备匈奴擅调军队之事，提出将其逮捕法办。景帝替郅都辩解，说："郅都是忠臣。"打算把他放了。窦太后不忘刘荣之死，反诘道："临江王难道就不是忠臣吗？"

在窦太后的干涉下，郅都最终还是被杀了。郅都死后不久，匈奴骑兵重新侵入雁门。老太后报了私仇，却也毁了国家的"长城"。

汉代景、武两朝，酷吏横行，武帝时期尤甚。封建时代，不谈"依法"也罢，但"酷"还是要找准方向、分清是非，不能一味"豪横"。对于不法豪强（当今的"黑恶势力"）以及外敌，郅都是对的；对于临江王刘荣，应该说就差了些。

老太后说得对：郅都是忠臣，临江王就不是了吗？太子刘荣被废为临江王，未见怨言；在其封国，临江王很得民众拥护，他离开国都入京时，百姓都为他担心流泪。临江王在封国的名声，郅都应该知道一些，难道这不是首先应该体谅的吗？

郅都不肯提供书写工具，如果意在阻止儿子向老子说明情况，这分明是无情；如说是担心出意外，而意外就出在他的中尉府，这分明是失职。

郅都之所以如此之"酷"，跟皇帝也不无干系，而这体现了景帝与文帝的不同，以及武帝之于景帝的青出于蓝——汉武帝时期，大概是历史上酷吏最为盛行、猖獗的时间段；特务除外。

陈寿《三国志》云："郅都守边，匈奴窜迹。故贤人所在，折冲万里，信国家之利器，崇替之所由也。"（《三国志·吴书·张顾诸葛步传》）郅都算不算贤人，姑且不论；守边而"匈奴窜迹"，众口一词，称赞不绝。"酷"对外敌，这才应该是"酷"的"正用"。

河东郡守季布

季布（生卒年不详），汉初大臣，汉文帝时河东郡守。起初为项羽部将，数度围困刘邦。汉朝建立，刘邦悬赏捉拿，因夏侯婴进言得以赦免，并入朝任郎中；后在惠帝、文帝朝分别任中郎将、河东郡守。他本为楚地著名游侠，讲义气，重信用，时称"得黄金百斤，不如得季布一诺"。

一、侠客本色　面斥樊哙

季布是楚地人，为人好逞意气，爱打抱不平，被人视为"游侠"，在楚地很有名气。在楚汉战争中，项羽派他率领军队，曾屡次击败汉军，使汉王刘邦受到困窘。等到项羽灭亡，刘邦称帝，出千金悬赏捉拿季布，有胆敢窝藏者要诛灭三族。

季布躲藏在濮阳（今属河南）一个周姓人家家里。周家的主人对季布说："朝廷悬赏捉拿你非常紧急，逐户追踪搜查，马上要到我家来了，如果将军能够听从我的话，我才敢给你献个计策；如果不能，我情愿先自杀。"季布连忙表示愿意听他的话。周家的主人便把季布的头发剃掉，用铁箍束住他的脖子，穿上粗布衣服，把他放在运货的大车里，将他和周家的几十个奴仆一起卖给鲁地的朱家。朱家也是侠客，他一见季布，便买下来安置在田地里耕作，并且告诫他的儿子说："田间耕作之事，都要听从这个佣人的吩咐，一定要和他吃同样的饭。"

朱家安顿好季布后，便乘坐轻便马车到洛阳去，拜见汝阴侯滕公夏侯婴。夏侯婴留他盘桓饮酒，朱家乘机对夏侯婴说："季布犯了什么大罪，皇上追捕他这么急迫？"夏侯婴说："季布率领楚军,多次使皇上受到困窘,因此非常怨恨,定要抓到才肯罢休。"朱家说:"做臣下的,各受主上差遣,季布受项羽差遣,完全是分内之事。项羽的臣下,难道应该全都杀掉吗?现在皇上刚刚平定天下,仅仅因为私人怨恨就悬赏千金去追捕一个人,岂不是向天下人显示自己器量狭小吗?再说凭着季布的贤能,朝廷追捕又如此急迫,他不是向北逃到匈奴去,就会向南逃到越地去。这种忌恨勇士而逼其投奔敌国的举动,就是伍子胥所以要鞭打楚平王尸体的原因了。您为什么不寻找机会向皇上说明呢?"夏侯婴知道朱家是位大侠客,猜想季布一定隐藏在他那里,便答应说:"好。"

夏侯婴等待机会,果然照朱家的意思向皇上奏明,汉高祖就赦免了季布。当时,许多有名望的人物都称赞季布能变刚强为柔顺,朱家也因此而在当时出了名。后来季布被高祖召见,表示服罪谢恩,高祖任命他做了郎中。

汉惠帝时期,吕后当政,季布担任中郎将。那时,匈奴单于写信侮辱吕后,吕后大为恼火,召集众将商议此事。吕后的妹夫上将军樊哙说:"我愿带领十万人马,横扫匈奴。"将领们都迎合吕后旨意,齐声说:"好。"只有季布不随声附和,他说:"樊哙这个人真该斩首啊!当年,高皇帝亲率四十万大军,尚且被围困在平城,当时樊哙也在里面。如今用十万人马,怎么就能横扫匈奴呢?这是当面撒谎!再说秦朝正因为对匈奴用兵,穷兵黩武,才引起陈胜等人起义造反。直到现在创伤还没有治好,而樊哙又当面阿谀逢迎,难道想让天下动荡不安吗?"当时殿上的将领都感到惊恐,但吕后并没有发作,也不再议论攻打匈奴的事了。

二、一诺千金　名闻天下

汉文帝的时候,季布任河东郡守。有人盛赞季布的才能,文帝便召见他，打算任命他做御史大夫。这时，又有人说季布勇敢，但好发酒疯，不宜做朝廷近臣。结果，汉文帝动摇了重用季布之念头。

季布来到京城长安，在客馆居留了一个月，文帝召见时，却让他回到原郡去。季布颇为不甘，便对皇上说："我没有什么功劳，却受到您的恩宠，得以在河东郡任职。现在陛下无缘无故召见我，这一定是有人妄誉我来欺骗陛下；我来到京城，陛下没有给我任何职事，就遣回原郡，这一定是有人在您面前毁谤我。陛下因为一个人赞誉我就召见，又因为一个人毁谤就疏远，我担心天下有识之士听到这事，就窥探出陛下为人处事的深浅了。"汉文帝听了，默不作声，觉得很难为情，过了很久才说："河东郡对我来说很是重要，好比我的大腿和臂膀，所以我才特地召见你啊！"于是季布就辞别皇上，回到河东郡守的原任。

楚地有个叫曹丘的先生，擅长辞令，能言善辩，多次靠趋炎附势、借重权势获得钱财。他曾经侍奉过宦官赵谈等贵人，与汉文帝妻兄窦长君也有交情。季布听说了这事，便写信劝窦长君说："我听说曹丘先生不是个德高望重的人，希望您不要和他来往。"等到曹丘回乡，想请窦长君写封信，介绍自己结识季布，窦长君说："季布不喜欢您，您就不要去啦。"曹丘坚持要去，得到窦长君的信，便启程前往。

曹丘并未直接去见季布，而是派人先把窦长君的信送去。季布接到信，果然大怒，在家里等着曹丘来。几天后，曹丘来到，一见面就对季布作了个揖，说道："楚地人有句谚语说：'得到黄金百斤，比不上得到季布的一句诺言。'（"得黄金百，不如得季布一诺。"《史记·季布栾布列传》。）您怎么能在梁、楚一带获得这样的声誉呢？再说我是楚地人，您也是楚地人。如果让我到处宣扬您的事迹，会使天下人都知道您的名字，难道我对您的作用还不重要吗？您为什么这样坚决地拒绝我呢！"季布听了非常高兴，请曹丘进入内室，并留他住了几个月，作为最尊贵的客人对待，还送他丰厚的礼物。季布的名声之所以远近闻名，都是曹丘替他宣扬的结果。

季布的弟弟名叫季心，十分骁勇，勇气为关中之冠；而且季心待人恭敬谨慎，经常仗义行侠。因为他好打不平，周围几千里的士人都争着替他效命。季心曾经因为杀过人，逃到吴地，隐藏在汉景帝近臣袁盎家里。季心用对待兄长的礼节侍奉袁盎，把灌夫、籍福这些人视为弟弟。他曾经担任中尉下属的司马之职，有"酷吏"之称的中尉郅都也不敢不对他以礼相待。许多年轻人，常常暗中假冒他的名义到外边办事。在那个时候，季心因勇敢而出名，季布因重诺言而出名，兄弟二人在关中声名显著。

蜀郡郡守文翁

文翁（前187—前110），汉代大臣，景帝末年蜀郡郡守。任职期间，大力推进地方官学，建学校，育人才，使蜀地风俗大化，成为"好文雅"之邦。

文翁，姓文名党，字仲翁，庐江舒县（今安徽舒城县）人。他年少好学，通晓《春秋》，任郡县小官吏时，因品学兼优，经过考察而被荐举提拔。

汉景帝末年，文翁受命担任蜀郡郡守。文翁富有仁爱之心，喜欢教育化导，他见蜀地偏远鄙陋，民风野蛮落后，便打算诱导教化，使之改进。于是，他在郡县小吏中挑选聪敏有才能者，选出张叔等十多人，亲自叮咛勉励，然后派他们到京城长安，拜朝廷的博士为师，学习各种学问，诸如儒家经典、法规法令等。

为了支持这些学子的学习，文翁尽可能减少郡守府中的开支，购买蜀刀、蜀布等蜀地的特产等，委托有关官员送给朝廷的博士。

几年之后，这些蜀地青年学成归来，文翁让他们担任一些重要的职务，并逐步考察，择优提拔，其中有的成了郡守、刺史。

同时，文翁在成都市里修建学官（公立学校），招收学生教育培养，条件较差那些县里的子弟，徭役等均予免除。经过学习之后，学问较高的弟子，用来增补郡县官员的缺额；学问稍次的，担任"孝弟力田"（孝父母、敬兄长和努力务农的表率）。

文翁还经常挑选学官中的青少年，在自己身边做事，以便实习历练。每次到各县巡查，更是要从学生中挑选那些通晓经书、品行端正的，一起前往，让他们宣传政令法律，在官府中自由出入。当地官民看到这些学生，都认为他们很荣耀，便也抢着成为学官弟子；有钱人甚至肯于花钱，以求成为学官弟子。

就这样，蜀地的民风大有改观，人们都很重视文化教育，向学风气十分浓厚。那时，蜀地到京城长安求学的人，几乎和齐鲁之地的一样多。

到武帝时期，鉴于蜀郡地方官学的良好成效，汉武帝即下令全国郡县都建立学校，并设置专门的官员管理，以便发展教育，以文化俗。建学校、设专员，有始于文翁之说，（"至武帝时，乃令天下郡国皆立学校官，自文翁为之始云。"《汉书·循吏传》）后世也有以文翁为"公学始祖"者。

此外，文翁还十分重视农田水利建设，他主持疏通湔江堰，作为都江堰的配套工程，灌溉郫都、彭州的农田，使都江堰水利工程增加灌溉面积一千七百顷。

《汉书·循吏传》记载前汉循吏六人，第一个就是文翁。《汉书》又载："文翁终于蜀，吏民为立祠堂，岁时祭祀不绝。"文翁以皖人而客死蜀地,当地官民为纪念他而建立祠堂,按时祭祀,始终不绝。元始四年(公元4年),汉平帝诏建祠于石室(在今成都),以祀文翁。此外,成都多地都建有文翁祠。

"石室"即石室精舍,也就是文翁最初所建的学校——蜀郡郡学,后人称之为"文翁石室"。它是我国乃至世界上第一所地方官办学校,司马相如曾在这里求学。

班孟坚在传记末尾感慨曰:"至今巴蜀好文雅,文翁之化也。"向慕、赞美之意毕显。也正是文翁所造就的文雅"土壤",后来才生长出司马相如这样的大文学家。而《汉书·地理志》谓蜀地尚文,产生王褒、严遵、扬雄之徒,是"文翁倡其教,相如为之师"。此可见文翁、相如,沾溉巴蜀文化不菲。

一时文士尽风流

　　战国养士之风,汉初流风余韵犹在,诸侯王亦有门客,门客又多文士。吴王刘濞、梁王刘武,其尤者也,邹阳、枚乘曾游。惠帝四年废"挟书律",儒家经籍复出,民间讲学恢复,一批儒生走入世人视野,不乏朝廷拜为博士者,辕固、韩婴、胡毋生即是。无论文章的创作还是学术的讲求,尤其汉赋和儒学,此时均可谓发轫之期,为汉武帝时期的繁盛做好了铺垫。

儒士贾山

贾山（生卒年不详），西汉儒士，颍川人。曾从祖父为学，"涉猎书记，不能为醇儒"。早年曾做过颍阴侯灌婴的骑从。汉文帝时，多次上书言事，"言多激切，善指事意，然终不加罚"。其所上《至言》，借秦为喻，言治乱之道，颇得大体。

一、多次上书　言事激切

贾山是西汉颍川（郡治今河南禹县）人。关于他的生活年代，《汉书·贾邹枚路传》并列于邹、枚、路，可见其年长于邹阳，或者早于邹阳离世。

贾山的祖父贾祛，《汉书》谓"故魏王时博士弟子"——曾经是魏王时候的博士弟子，具体情形多不可考。秦及汉初的博士，多为皇室顾问，或亦掌管图籍、教育等；而博士弟子，即博士所教授的学生。贾祛曾做博士弟子，应该受过较为专门的教育，有一定的学问。

秦代七十博士，汉初博士更少，博士弟子亦属凤毛麟角，足以为人师傅。贾山正是跟祖父学习的，这种条件，在当时应该不会很多。不过，"所言涉猎书记，不能为醇儒"，这说明，贾山学的是儒家学说，但因为有所旁涉，所以不能为"醇儒"——学问专精纯正的儒者。

贾山"尝给事颍阴侯为骑"，即曾经做过颍阴侯的骑马侍从。颍阴侯即灌婴，汉王朝开国功臣，在楚汉争战中，他正是汉王刘邦的骑兵将领。"给事"，即"供职"，引申为"侍奉"；"骑"，骑马的侍从，《韩非子·说林下》："公孙弘断发而为越王骑。"

贾山曾在朝廷任何职务，不得而知。汉文帝时，他曾多次上书，其中最为著名的是《至言》，留待下文；此外，一是谏汉文帝除铸钱令，一是讼淮南王无大罪，一是言柴唐子为不善。

钱币关系国家命脉，一般禁止私铸。汉初高祖时期，已经存在私铸，但出于不得已，并非朝廷本意。《汉书·食货志》即云："汉兴，以为秦钱重难用，更令民铸荚钱。"高后摄政时期，朝廷治理能力已足够强大，所以禁止私铸。文帝五年（前175），"夏四月，除盗铸钱令"，从禁止变成了放任。对此，贾山曾上书谏阻，"山复上书谏，以为变先帝法，非是"。但其实宠臣邓通，就是文帝准允私铸的，所以文帝不纳，并让有司下章诘责。对此，贾山回应说："钱者，亡用器也，而可以易富贵。富贵者，人主之操柄也，令民为之，是与人主共操柄，不可长也。"钱虽然没有实际用处，却可以颠倒富贵；富贵之权应该掌握在人主手中，民间可以私铸，就等于大权与民共握，怕是难以长久。

淮南王刘长，是汉文帝刘恒的异母弟，恃亲而骄，在封国为非作歹，俨然王国"天子"，屡次上书出言不逊。后来有人告发他的手下，与棘蒲侯柴武的太子柴奇，密谋造反。经有司审断，认为刘长罪当弃市，文帝不忍，赦免死罪，流放蜀地。贾山"讼淮南王无大罪，宜急令反（返）国"，因为刘长谋反之事，尚不确凿。结果，刘长性刚，不受屈辱，在流放途中不食而死。

与淮南王刘长谋反有干连的，是棘蒲侯柴武的太子柴奇，贾山认为其"为不善，足以戒"。"为不善"，即谋反，三国邓展《汉书》注："《淮南传》棘蒲侯柴武太子柴奇与士伍开章谋反。"贾山认为柴奇谋反是确凿的，必须提高警惕。

二、《至言》要道　先王是崇

史载贾山"文帝时，言治乱之道，借秦为喻，名曰《至言》"

（《汉书·贾邹枚路传》）。《至言》是贾山的传世名作，文章以秦的兴亡历史为喻，论述治乱之道，劝说文帝兴礼义、造太学，虚心纳谏，减损游乐射猎，修先王之道。

虚心纳谏，为古来圣君明主必备品质，也可谓臣子进言论说最多的主题。贾山这里，站在历史的高度，论述纳谏改过："古者圣王之制，史在前书过失，工诵箴谏，瞽诵诗谏，公卿比谏，士传言谏，庶人谤于道，商旅议于市，然后君得闻其过失也。闻其过失而改之，见义而从之，所以永有天下也。"圣王之所以"圣"，缘于有史、工、瞽、公卿、士、庶人、商旅等，各种人群、各种形式的规过导正。而后代君王，往往连公卿的谏言都听不到、听不进去，无怪乎难成气候。

逸乐，某种角度上讲，可谓人性所向。但逸乐需要条件，穷苦百姓没有条件，也便无从谈起。帝王则不同，不仅有条件，还有庸臣纵容、佞倖诱惑，能够抑制这种欲望的，古来不多。汉文帝崇尚俭朴，较能寡欲，但也"从豪俊之臣、方正之士，直与之日日猎射，击兔伐狐"，因此贾山愿其"少衰（减少）射猎"。

贾山所建之策，更为核心的问题，是定明堂、造太学，讲礼义、崇孝悌，修先王之道。如此，则"风行俗成，万世之基定"；而秦正是因为"不笃礼义，故天殃已加矣"。一个社会，必须养成一种风气，让纯正的道德风尚植入人心，使良好的行为规范成为习惯，这才是国之大者，这才是万世之基。而定明堂、造太学，就是养成这种风气的重要一端。

关于先王之道，贾山谈到了尧舜、汤武，更谈到了文王，突出其善待士人、礼待臣下：

（《诗》）曰："济济多士，文王以宁。"天下未尝亡士也，然而文王独言以"宁"者何也？文王好仁则仁兴，得士而敬之则士用，用之有礼义。故不致其爱敬，则不能尽其心；不能尽其心，则不能尽其力；不能尽其力，则不能成其功。故古之贤君于其臣也，尊其爵禄而亲之；疾则临视之亡数，死则往吊哭之，……故古之君人者于其臣也，可谓尽礼矣。服法服，端容貌，正颜色，然后见之。故臣下莫敢不竭力尽死以报其上，功德立于后世，而令闻不忘也。

班孟坚谓贾山"不能为醇儒"，是否定中有肯定——虽不能"醇"，毕竟是"儒"。古来"醇乎醇"如亚圣孟子者，能有几人？"大醇小疵"如荀、扬者亦属仅见。窃意贾山，亦韩文公所云"大醇小疵"者乎？

汉文帝毕竟可谓有道明君，所以尽管贾山"言多激切，善指事意（擅于切中事情的要害）"，文帝"终不加罚，所以广谏争之路也"。也正因此，清人陈廷敬曾感慨："自贾生以来，晁错、贾山、邹阳、枚乘、路温舒皆有文学词辨，数进谏说。……以余观数子，温舒之学几于纯已，使其遇文帝，所建言当不仅如此已也。"（《午亭文编·史评〈汉书〉"温舒牧"》）

辩士邹阳

邹阳（约前206—前129），汉初文人，齐地临菑人。为人足智多谋，刚直不苟。初为吴王刘濞门客，书谏不纳，转而投入梁王刘武门下。因羊胜等忌恨中伤，被梁王下狱，狱中上书自明获释。刘武派人刺杀袁盎，担心朝廷彻查，邹阳奔波设法，最终息事宁人。

一、吴王门客　书谏不纳

战国时期，养士之风特盛，所养士人等一般称为"门客"。战国四公子，乃其尤者，有的门客多达千人；周秦之际的吕不韦，也广有门客，他名下的《吕氏春秋》正是其门客所成。养士需要财力物力，非势雄财厚者不办，因此，其人不是公子王孙，就是一世权豪。

西汉初年，公子王孙封王封侯，广有封地，势大财雄，具备养士的条件。因此，诸侯王都有门客一类的人物，《汉书》所谓"诸侯王皆自治民聘贤"（《贾邹枚路传》）。其中吴王刘濞、淮南王刘安，是其突出者。

当时，吴王刘濞招致四方游士，邹阳与严忌、枚乘等人，都以能文善辩，在吴王这里谋得了职务。而诸侯王网罗各种人才，并非仅仅图名，而是各有用意，其中不乏不可告人者。刘濞收罗亡命，壮大实力之外，也在预备不时之用；刘安养士，也不仅是要编写《淮南鸿烈传》（《淮南子》），后来也造了反。

吴王刘濞因为皇太子误伤吴太子致死，心中满怀怨忿，托病不去朝觐，暗地里谋划作乱。邹阳发现苗头，便上书进谏。当时，谋反之事尚属隐秘，不能明白直言，只能隐晦曲折地劝说。所以邹阳先说秦朝的事例，顺势说到本朝，指出吴国面对胡、越、齐、赵、淮南诸多隐患。接着，邹阳列举赵幽王刘友、淮南厉王刘长的例子，指出"鸷鸟累百，不如一鹗"，一旦有人告发，就要出事，刘友、刘长，便一个被幽、一个被遣，最终都丧了命。因此，"计议不得，虽诸（专诸）、贲（孟贲）不能安其位，亦明矣。故愿大王审画（仔细考虑）而已"（《汉书·贾邹枚路传》）。

邹阳的这封《上吴王书》，曲里拐弯，多用隐语，虽说"言外见意"，其实当事者心知肚明。只不过吴王刘濞的怨恨之心早已生根,哪里能听得进去,结果只能是"不纳"。

吴王阴谋作乱,又不纳忠言,再待下去,有朝一日,或许就会受其牵连。于是,邹阳与枚乘、严忌等人离开吴国,到了梁国。梁王刘武是汉景帝的弟弟,位尊势盛,"亦待士"——也罗致、供养士人,所以邹阳等人又做了梁王的门客。

二、刚直遭忌　狱中上书

汉初诸侯王养士者,梁王刘武也堪称突出。史载他"招延四方豪桀,自山以东游说之士。莫不毕至"(《史记·梁孝王世家》)。而汉初养士,一如战国诸公子,也是鱼龙混杂。吴王如此,梁王亦如此。刘武门客中的羊胜、公孙诡,不仅不能匡正主人,还作恶多端。

邹阳为人足智多谋,又性情刚直,特立独行,不肯苟合取容。羊胜、公孙诡人品不佳,邹阳也就不爱搭理。羊胜、公孙诡忌恨邹阳,便在梁王刘武面前告他的恶状。梁王很生气,就把邹阳投入狱中,打算把他杀了。

邹阳在外乡游历,如今遭受谗言而被捕,担心死后留下恶名,各处传播,就在狱中给梁王写了封信,这就是著名的《狱中上梁王书》(又作《于狱中上书自明》)。不同于上吴王刘濞的谏书,这封书信征引史事,反复申说,情词恳切,哀伤悲叹中不乏激愤慷慨。

书信开头,以荆轲、卫先生的遭遇,比拟自己当下的状况,隐约表达出自己尽忠、守信,却不为人了解。"左右不明",倒也罢了;"燕、秦不寤",可就不会有荆轲、卫先生为之效力了。

> 臣闻忠无不报,信不见疑,臣常(尝)以为然,徒虚语耳。昔荆轲慕燕丹之义,白虹贯日,太子畏之;卫先生为秦

画长平之事，太白食昴，昭王疑之。夫精变天地而信不谕两主，岂不哀哉！今臣尽忠竭诚，毕议愿知，左右不明，卒从吏讯，为世所疑。是使荆轲、卫先生复起，而燕、秦不寤也。愿大王孰（熟）察之。

接着，又举玉人、李斯的例子，希望梁王明白自己的忠悃，不要听奸佞的谗言。前段是"愿大王孰察"，把事情弄明白；这一段增"少加怜"几个字，用意更进一层。

> 昔玉人献宝，楚王诛之；李斯竭忠，胡亥极刑。是以箕子阳狂，接舆避世，恐遭此患也。愿大王察玉人、李斯之意，而后楚王、胡亥之听，毋使臣为箕子、接舆所笑。臣闻比干剖心，子胥鸱夷，臣始不信，乃今知之。愿大王孰察，少加怜焉。

前两段意在说明当下情况，举的都是反面的例子；第三段举正面的例子，说明该当如何，归结到"两主二臣，剖心析肝相信"。而所以能如此，则贵在"相知"，不为浮辞所转移。这里，不经意间点出进谗言者，为下文做了铺垫。

> 语曰："有白头如新，倾盖如故。"何则？知与不知也。故樊於期逃秦之燕，借荆轲首以奉丹事；王奢去齐之魏，临城自刭以却齐而存魏。夫王奢、樊於期非新于齐、秦而故于燕、魏也，所以去二国、死两君者，行合于志，慕义无穷也。是以苏秦不信于天下，为燕尾生；白圭战亡六城，为魏取中山。何则？诚有以相知也。苏秦相燕，人恶之燕王，燕王按剑而怒，食以駃騠；白圭显于中山，人恶之于魏文侯，

文侯赐以夜光之璧。何则？两主二臣，剖心析肝相信，岂移于浮辞哉！

接下来，从"妒嫉"入笔，举出正反两方面的例子，说明"意合则胡越为兄弟，不合则骨肉为仇敌"。而其间的关键，是"公听并观，垂明当世"；反之，则"偏听生奸，独任成乱"。

故女无美恶，入宫见妒；士无贤不肖，入朝见嫉。昔司马喜膑脚于宋，卒相中山；范雎拉胁折齿于魏，卒为应侯。此二人者，皆信必然之画，捐朋党之私，挟孤独之交，故不能自免于嫉妒之人也。是以申徒狄蹈雍之河，徐衍负石入海，不容于世，义不苟取比周于朝以移主上之心。故百里奚乞食于道路，缪公委之以政；宁戚饭牛车下，桓公任之以国。此二人者，岂素宦于朝，借誉于左右，然后二主用之哉？感于心，合于行，坚如胶漆，昆弟不能离，岂惑于众口哉？故偏听生奸，独任成乱。昔鲁听季孙之说逐孔子，宋任子冉之计囚墨翟。夫以孔、墨之辩，不能自免于谗谀，而二国以危。何则？众口铄金，积毁销骨也。秦用戎人由徐而伯中国，齐用越人子臧而强威、宣。此二国岂系于俗、牵于世，系奇偏之浮辞哉？公听并观，垂明当世。故意合则胡越为兄弟，由徐、子臧是矣；不合则骨肉为仇敌，朱、象、管、蔡是矣。今人主诚能用齐、秦之明，后宋、鲁之听，则五伯不足侔，而三王易为也。

上书自明，必先明人（使人明白情由、道理）；仅仅明人，仍然不够，还需指出按道理行事的益处。因而邹阳接着举齐桓晋文的例子，指出"晋文亲其雠，强伯诸侯；齐桓用其仇，而一匡天下",原因就在于"慈仁殷勤,诚加于心",不会被"虚辞"所左右。

最后,邹阳又举秦始皇和周文王的例子,指出前者亡国,在于信用近幸;后者王天下,在于广收博采。而如今梁王信从谗言,不能善待豪杰之士,必然不会有"尽忠信而趋阙下者"。

> 是以圣王制世御俗,独化于陶钧之上,而不牵乎卑辞之语,不夺乎众多之口。故秦皇帝任中庶子蒙嘉之言,以信荆轲,而匕首窃发;周文王猎泾渭,载吕尚归,以王天下。秦信左右而亡,周用乌集而王。何则?以其能越挛拘之语,驰域外之议,独观乎昭旷之道也。
>
> 今人主沉谄谀之辞,牵帷廧之制,使不羁之士与牛骥同皁,此鲍焦所以愤于世也。
>
> 臣闻盛饰入朝者不以私污义,底厉名号者不以利伤行。故里名胜母,曾子不入;邑号朝歌,墨子回车。今欲使天下寥廓之士笼于威重之权,胁于位势之贵,回面污行,以事谄谀之人,而求亲近于左右,则士有伏死堀穴岩薮之中耳,安有尽忠信而趋阙下者哉!

邹阳虽被囚狱中,杀身之祸就在眼前,但他并不媚上取怜,上书中继续谏诤,字里行间还有些"不逊"(司马迁语),许多语句满是锋棱,充分显示了他的"忼直""不苟合"的性格;而历举史事,借古喻今,左右逢源,雄辩不羁,也可谓他"智略"的表现。

梁王刘武看过邹阳的上书,立刻将他释放,并列为上等宾客。("书奏孝王,孝王立出之,卒为上客。"《汉书·贾邹枚路传》)

三、巧说王信　解脱梁王

公子王孙之所以养士，图名（尤其是战国四公子）之外，也是为应付不时之需。吴王刘濞、梁王刘武，自然也是如此。而在梁王那里，邹阳就显示了其突出的作用。

梁王刘武与景帝刘启关系密切，又很受母亲窦太后宠爱，所以不乏僭越、过分之举。羊胜、公孙诡曾经谋划，打算让梁王刘武继承皇位。而因为景帝的一句"酒话"，窦太后就希望景帝百年之后传位刘武，当时反对的是窦婴，结果景帝立长子刘荣为太子；刘荣被废为临江王，窦太后旧事重提，这次谏阻的是袁盎，于是景帝又立第十子刘彻为太子，彻底断了梁王继位的念头。

后来，梁王刘武又打算动用兵卒，修筑直通长乐宫的甬道，以便随时朝见母亲窦太后。袁盎等人都表示反对，景帝也就没有准允。刘武对袁盎本就早有怨恨，加上这次的阻挠，更是恨入骨髓，竟然派人刺杀了他。

袁盎被刺，震惊朝野，景帝也非常不满，下令追查。梁王刘武担心羊胜、公孙诡被朝廷抓去，说出不利于自己的话，就逼迫两人自杀了。尽管如此，刘武还是不放心，因而希望朝廷停止追究。在这紧要关头，刘武想到了邹阳，觉得此人可用，就让他携带千金，设法不让朝廷追究自己的责任。

邹阳早就知道，齐地有个王先生，年已八十出头，往往能出奇计。邹阳前往谒见，介绍了情况，请求帮助。王先生说："难啊！皇帝心里恨上了谁，下定决心要杀他，实在是难以解脱。以太后地位之高，兄弟骨肉之亲，尚且不能终止，何况臣下呢？"

接着，这位王先生还举了秦朝的例子。那时，太后与吕不韦私通，秦始皇非常生气，要处置太后，群臣谏阻的死了不少人。后来茅焦说了大道理，始皇也并非心悦诚服，不过是勉强听从罢了。因而，这类事情非常棘手。

最后，王先生问邹阳："眼下你要上哪儿去？"邹阳答说："邹、鲁地方的人们信守经学，齐、楚多有足智善辩之人，韩、魏则有奇行异节之士，我打算逐一请教。"（"邹、鲁守经学，齐、楚多辩知，韩、魏时有奇节，吾将历问之。"《汉书·贾邹枚路传》）王先生说："你去吧，回来的时候，来我这儿一趟，再西去长安。"

邹阳在外奔波了一个多月，毫无进展，回来的时候，又去拜访王先生，说："我要到西边去了，该怎们办呢？"王先生说，自己先前本来就想献计，但自揣鄙陋，比不上众人，也就没说；这一次，他叮嘱邹阳："你如果走的话，一定要去见王长君，士人没有能比得过他的。"（"若子行，必往见王长君，士无过此者矣。"同上）邹阳心领神会，答曰"敬诺"。

王先生所说的王长君，名叫王信，字长君，是景帝皇后王娡的兄长。这样的人物及其关系，真是不可多得。邹阳没回梁国，就直接到了长安，通过其门客，见到了王信。邹阳逗留数日，找机会对王信说："我听说您的妹妹宠冠后宫，一时无两，而您的行为却有很多不甚检点。如今穷究袁盎遇刺，梁王害怕被杀，太后懊恼，怒气没处发泄，就会转而拿贵幸的大臣开刀，您可就危险了。"

王信听了这番话，很是害怕，问该如何处置。邹阳建议他劝说皇上，不再追究梁国的事情，如此就能跟太后结成良好关系，皇后也就能得到皇上和太后两方面的宠爱，本人的地位也就固若金汤了。王信当下应允，随后找机会劝说皇帝，加上长公主刘嫖也替梁王在窦太后跟前说情，这件事果然不了了之。

邹阳去世后，归葬故里临菑。清朝咸丰元年（1851），临菑知县邹崇孟立"汉邹阳故里碑"。

辞赋家枚乘

枚乘（？—前138），汉代辞赋家。字叔，淮阴人。早年为吴王郎中，两度上书谏止叛乱，因而知名。朝廷任为弘农都尉，但因非其所好而以病辞官，重至梁国交游英俊。晚年受汉武帝安车蒲轮征召，途中去世。枚乘以辞赋名家，是汉大赋的开创者，与邹阳、司马相如等并称"邹枚""枚马"。

一、两谏吴王 由是知名

枚乘，字叔。近人章太炎，原名学乘、字枚叔，就是为纪念枚乘而取的。枚乘是古淮阴人，一般认为即今江苏淮安之淮阴区（原淮阴县），那里如今建有枚乘故里。

枚乘以文学知名，早年在吴国，做吴王刘濞的郎中（文学侍从）。同时在吴国的，还有邹阳、严忌等人。刘濞密谋叛乱，苗头显现，邹阳上书进谏，枚乘也曾上书，其文后世谓之《上书谏吴王》。

书中首先表达自己欲进忠言，所谓"臣乘原（愿）披腹心而效愚忠，惟大王少加意念恻怛之心于臣乘言"。随后指出行、变"所欲为"的两种结果："必若行所欲为，危于累卵，难于上天；变所欲为，易于反掌，安于泰山。"由于此时反叛还在密谋之中，所以又说："欲人勿闻，莫若勿言；欲人勿知，莫若勿为。"这其实是告诫吴王，朝廷应有所闻、已有准备，起事也不可能成功。最后，站在道德高度，进一步劝谏："积德累行，不知其善，有时而用；弃义背理，不知其恶，有时而亡。臣原大王熟计而身行之，此百世不易之道也。"（《汉书·贾邹枚路传》）

这通上书，主要是用连续比喻的形式，以较为隐晦的语意，规劝吴王刘濞审时度势，放弃反叛的念头。这里摘出的，多是意义较为明显的语句。但不论如何，刘濞终究是置若罔闻。于是，枚乘离开吴国，往游梁国。

汉景帝刘启即位后，御史大夫晁错建议削藩，先后削去了楚国的东海郡、赵国的常山郡、胶西国的六个县。景帝前元三年（前154），朝臣议论削减吴国封地，刘濞唯恐削减封地无休无止，于是与楚、赵、胶西等六国联合，以诛晁错为名发动叛乱。景帝听从袁盎等人的建议，将晁错朝衣斩于东市，对诸侯做出了善意的姿态。此时，枚乘又上书劝谏刘濞停止叛乱，此即《上书重谏吴王》。但刘濞不纳枚乘建议，执意继续叛乱，结果兵败逃亡至东越被杀。

书中首先以史况今。秦所以能灭六国，是因为"地利不同，民轻重不等"，而如今"汉据全秦之地，兼六国之众，……地相什而民相百"，胜负不言自明。接着抬举吴王，谓其"威加天下，功过汤武"，因为"汉亲诛其三公，以谢前过"。而且吴国无论幅员、地利、财富、玩好，均最为突出，朝廷则珍怪、粮食、园囿、池台、城垒均有不如。所以"吴有诸侯之位，而实富于天子；有隐匿之名，而居过于中国"，吴王本该心满意足。因此，借坡下驴，还来得及，否则不会有好果子吃。

此书最后一段，枚乘对战况的分析，与形势的发展基本吻合。诸如汉军东进、梁王据守，"绝吴之饷道""待吴之饥"，齐"四国不得出兵其郡，赵囚邯郸"，吴王"虽欲反都，亦不得已"，均可谓一一如所言。这说明，枚乘虽一介文士，却眼光独到，远绝群流。而此时他已非梁臣，仍然上书，一以谋国，又见忠恳，实在不可多得。

二、《七发》创体　大赋肇端

吴楚七国之乱平定后，枚乘因两次上书劝谏吴王刘濞，举世知名。汉景帝任其为弘农郡都尉，但枚乘长期做诸侯大国的上宾，喜欢与贤才俊彦往来，不喜欢做官，于是称病辞了职。（"景帝召拜乘为弘农都尉。乘久为大国上宾，与英俊并游，得其所好，不乐郡吏，以病去官。"《汉书·贾邹枚路传》）随后，枚乘又到了梁国。

景帝中元六年（前144），梁王刘武去世。之后，大约在次年（前143），枚乘返回了故乡淮阴。

汉武帝做太子时，就听说了枚乘的名气，等到他即位，枚乘已经年迈。建元三年（前138），武帝以安车蒲轮（蒲草裹着车轮的小车）征召，结果枚乘在途中就去世了。

枚乘是辞赋大家，史载："梁客皆善属辞赋，乘尤高。"（《汉书》）当时，梁国聚集了大批文人墨客，所谓"梁苑客"，其中不乏邹阳等辞赋名家，而枚乘是其中成就最高者。明人黎民表《梁园歌》云："四方宾客皆麇至，枚叔邹阳最称美。"

枚乘的代表作《七发》，是一篇讽谕性的作品。赋中假托楚太子有病，吴客前去探望，以问答形式构成八段文字。首段为序，借吴客之口，指出楚太子所患之病，缘于贪欲过度、享乐无时，非一般药灸所能医治，只能"以要言妙道说而去也"。接着的二至八段，吴客以七种办法启发楚太子，为他去病。前六种"药剂"是音乐之美、饮食之丰、车马之盛、宫苑之宏深、田猎之壮阔、观涛之娱目舒心，结果全不管用。最后，吴客推荐文学方术之士，"论天下之精微，理万物之是非"，结果太子霍然而愈。

《七发》的主旨，在于揭示贵族腐朽生活戕害人身，劝诫贵族子弟不要过分沉溺于安逸享乐。作品辞采华美，气势壮观，其中"观涛"一节尤其生动，使人如临其境、如闻其声。这篇赋作，标志着汉代大赋的发端，对后世影响很大；其主客问答的形式，连写七件事的结构方式，为后世所沿习，形成赋中的"七体"，多有仿作。

枚乘去世后，汉武帝诏问其子，结果没有能文的；后来得到枚乘的庶子枚皋，让他做了文学侍从。枚皋不通经书，但诙谐调笑，甚得武帝宠幸。猎射嬉游之际，武帝每有所感，即命其作赋。枚皋才思敏捷，受诏即成，所赋甚多。同时大文学家司马相如，善于为文而出手较慢，所作虽少，但好于枚皋。南朝梁张率奉命作《待诏赋》，梁武帝读后赞道："相如工而不敏，枚皋速而不工。卿可谓兼二子于金马矣！"后因以"马迟枚速""马迟枚疾"或"马工枚速"，概括司马相如和枚皋的写作，也比喻文人才性各异、为文有别。

传经伏生

伏生（约前268—前178），汉代经师，济南人。曾为秦博士。秦焚书时，藏《尚书》于宅壁，汉初存二十八篇，以之传授齐鲁之间。汉文帝时求治《尚书》者，以年高不能行，使太常掌故晁错往受。《今文尚书》学者，皆出其门。相传作有《尚书大传》，寿高百岁。其传经之功，颇为世人称道。

一、秦时博士　藏《书》宅壁

伏生，姓伏、名胜，或云字子贱；亦有谓其为孔子学生宓子贱后人者（"宓"通"伏"）。"生"是"先生"的省称，指年长而有学问、有德行的人。《史记·儒林列传》"言《尚书》自济南伏生，言《礼》自鲁高堂生，言《易》自菑川田生，言《春秋》于齐鲁自胡毋生"，均是如此。此外如治《诗》的辕固生、韩生，治《穀梁春秋》的瑕丘江生，亦是。

伏生自幼嗜古好学，相传十岁时就开始攻读《尚书》等经典。由于《尚书》艰涩难懂，为专心研读，伏生住在空屋里，身上缠条粗绳，每读一遍，就在绳子上打个结。不久，十寻（八尺为寻）的绳子上便扣结满满。（"以绳绕腰领，一读一结，十寻之绳，皆成结矣。"段成式《酉阳杂俎》）

学有所成之后，伏生成了"秦博士"，是秦朝的七十位博士之一。

我国古代的博士，除"博学之士"的意义外，更多是指一种官职。许慎《五经异义》云："战国时，齐置博士之官。"《史记·循吏列传》称公孙休为鲁博士，《龟策列传》称卫平为宋博士。这说明战国时期已有博士之制。

到了秦朝，博士制度已经较为完善。《汉书·百官公卿表》云："博士，秦官。掌通古今，秩比六百石，员多至数十人。"《史记·秦始皇本纪》载：秦始皇三十四年（前213），"始皇置酒咸阳宫，博士七十人前为寿"，故后世多有"秦七十博士"之谓。关于秦博士的职掌，马非百《秦集史》认为"其职掌有三：一曰通古今；二曰辩然否；三曰典教职"。

秦博士的三项职掌中，"辨然否"，《史记·秦始皇本纪》曾有记载。当时廷议，仆射周青臣主张"以诸侯为郡县"，而"博士齐人淳于越"则主张"封子弟功臣，自为枝辅"。汉初的博士，其实也主要是这种"辨然否""备顾问"的角色；正规、系统的"典教职"，则应是汉武帝确立五经博士以后的事情。

秦朝的博士，有一项特权，即研读一般人无从寓目的书籍。李斯建议"焚书"时说："臣请史官非秦记皆烧之。非博士官所职，天下敢有藏《诗》《书》、百家语者，悉诣守、尉杂烧之。"（《史记·秦始皇本纪》）大概正是缘于此吧，秦始皇焚书时，伏生才得以将私人所有的《尚书》，冒险藏于宅壁之中。随后，伏生遵令前往秦都咸阳。

秦末战乱，伏生流亡异乡。天下平定后，伏生返回故里，时间已经过去了二十年。伏生从壁中找出所藏《尚书》，发现长时间水浸虫蠹，损失大半，仅剩二十九篇——二十八篇正文和一篇序言。伏生即以此二十九篇，教授于齐、鲁之间。（"秦时焚书，伏生壁藏之。其后兵大起，流亡，汉定，伏生求其书，亡数十篇，独得二十九篇，即以教于齐鲁之间。"《史记·儒林列传》）

二、传授《书经》　千古一人

汉朝建立之初，首当其冲的要务，是安定社会、恢复经济，其他不急之务，尚属无暇顾及。而且直到惠帝四年（前191），政府才废止了秦皇焚书时颁布的"挟书律"。这样，此前藏起来的书籍，才陆续"抛头露面"，私人授徒讲学也在民间恢复起来。伏生以《尚书》二十九篇"教于齐鲁间"，正在此时。

到汉文帝时，国家经过一段时间的休养生息，经济、社会方面大体均已恢复，文事也就有了顾及的可能。伏生藏有《尚书》，并在民间传授，这消息传到朝廷，文帝就要召伏生入朝。无奈伏生年逾九旬，不能出行，只好派人前往学习，于是便命太常掌故晁错前去。

由于年迈，伏生说话有些含糊，只有女儿羲娥才能完全听懂。于是，伏生先讲给羲娥，再由羲娥转述给晁错，同时还得克服方言的隔阂。经过数月的学习，晁错学完《尚书》，并记录了下来。

伏生所藏的《尚书》原本，是以秦代流行的小篆（秦篆）写成的。而他所授《尚书》，则是用"今文"记录下来的，所以称为《今文尚书》。而所谓"今文"，也就是汉代当时的文字"汉隶"。《尚书》重见天日，汉代始终列于学官。

伏生是前代仅存的《尚书》学者，因而汉代较早的《尚书》研究者，几乎都是他的弟子。传说伏生还著有《尚书大传》，但实际上，这书是他去世后由门弟子等编辑而成的，且今已失传。伏生之后，《尚书》之学发展成三家，即欧阳生的"欧阳氏学"，夏侯胜的"大夏侯氏学"，夏侯建的"小夏侯氏学"。这些人均出自伏生门下，而伏生的再传弟子——欧阳生弟子兒宽，最得师祖精义。

遗憾的是，伏生所传《今文尚书》，后来也已失传。汉景帝时期，鲁共王刘馀曾打算拆毁孔子旧宅，扩建宫室苑囿。拆除过程中，听到钟磬琴瑟奏乐之声，不敢再拆。接着，在屋墙复壁之中，得到了孔子后裔所藏的竹简，包括《论语》《尚书》《礼经》《孝经》等书。这些书用先秦的蝌蚪文或大篆写成，所以称为"古文"。后来，孔子十二世孙孔安国，以伏生所传校订孔壁《古文尚书》，多出二十五篇。《商书·盘庚》分上、中、下，伏生合而为一；《周书·顾命》与《康王之诰》，伏生合在一起；《秦誓》上、下两篇，亦合在一起。如此又多出四篇，总共五十九篇。这五十九篇，就是我们今天所见之《尚书》。

伏生在我国古代典籍的保护和传授方面，占有突出地位。唐颜师古《汉书注》云："当汉文之世传《尚书》者，惟伏生一人耳。且《古文尚书》出自孔壁，孔安国以今文读之，因以起其家。倘无伏生《书》，则孔壁古文虽出，安国将不能读，此经亦永绝矣。"因此，有人说："汉无伏生，则《尚书》不传；传而无伏生，亦不明其义。"

对于有功儒典的伏生，后世给予了很高的礼遇。唐太宗贞观二十一年（647），太宗下诏"以伏生配享孔子庙庭"。宋真宗咸平四年（1001），伏生被封为"乘氏伯"。此外，历代艺术家还以绘画的形式，生动描绘伏生传授经典。这些画作，多以"（伏生）授经图"为名，如唐王维《伏生授经图》，隋展子虔《授经图》，明杜堇、崔子忠、陈洪绶（陈老莲）《伏生授经图》；此外，清代黄慎，近代黄山寿等，也都画过这一题材。

博士辕固

辕固（生卒年不详），汉初儒生，汉景帝时博士、河间王太傅，武帝时以贤良征召而未任。他以治《诗》闻名，是《齐诗》学派的宗师。他与黄生争论汤放桀、武王伐纣，持论坚正；他因称《老子》为"家人言"，被窦太后派去"刺豕"；他对公孙弘的告诫，可谓万世名言。

一、治《诗》名家　纵论汤武

辕固，又名"辕固生"。《汉书》作"辕固"，《史记》称"辕固生"。一般认为，《史记》所称之"生"，指儒生；类似的还有伏生、高堂生、胡毋生、田生，以及黄生、王生等。

辕固是齐人，其地在今山东境内。齐是周代诸侯国，在战国时期为七雄之一。当时齐国不仅国力强盛，而且学术发达，齐都临菑稷下学宫，会聚了来自各地的许多学者，齐宣王时多达千余人，形成了举世闻名的"稷下学派"。太史公《史记·田齐世家》云："宣王喜文学游说之士，自如驺衍、淳于髡、田骈、接予、慎到、环渊之徒七十六人，皆赐列第，为上大夫。不治而议论，是以齐稷下之士复盛。"

尽管到了战国末期,稷下学派已经风光不再,但深厚的学术传统,在社会上仍有广泛影响。辕固生长在这样的国度,也便成为一代学术大家。

辕固以《诗经》研究知名。当时,《诗经》研究有三大家,《史记》所谓"言《诗》,于鲁则申培公,于齐则辕固生,于燕则韩太傅"(《史记·儒林列传》)追随辕固学《诗》者众多,从而形成以齐人为主的《齐诗》学派,史称"诸齐以《诗》显贵,皆固之弟子也"(同上)。

汉景帝时期,辕固被景帝拜为博士,成了官方传授儒家经典的老师。

有一次,在汉景帝面前,辕固与黄生发生争执,争论的问题:"汤武革命"究竟是"受命"还是"篡弑"。

黄生说:"汤王、武王,并不是秉承天命继位天子,而是弑君篡位。"("汤、武非受命,乃杀也。")

辕固反驳说:"不对。夏桀、殷纣暴虐昏乱,天下人心归向商汤、周武,商汤、周武顺应天下人心而诛杀桀、纣;桀、纣的百姓不肯为其效命而心向汤、武,汤、武迫不得已才立为天子。这不是秉承天命又是什么?"("不然。夫桀、纣荒乱,天下之心皆归汤、武,汤、武因天下之心而诛桀、纣,桀、纣之民弗为使而归汤、武,汤、武不得已而立。非受命为何?")

黄生说:"俗话说:'帽子虽然破旧,但一定是戴在头上;鞋子虽然崭新,也必定穿在脚下。'为什么呢?因为上下有别嘛。桀、纣虽然无道,但仍是君主而在上位;汤、武虽然圣明,却是身为臣子而居下位。君主有了过错,臣子不能劝谏纠正以维护其尊严,反而因过错过而诛杀君主,取而代之,南面称尊,这不是弑君又是什么?"("'冠虽敝必加于首,履虽新必贯于足。'何者?上下之分也。今桀、纣虽失道,然君上也;汤、武虽圣,臣下也。夫主有失行，臣不正言匡过以尊天子，反因过而诛之，代立南面，非杀而何？"）

辕固答道："如果按你的说法，那高皇帝取代秦朝即天子之位，也不对了吗？"（"必若云，是高皇帝代秦即天子之位，非邪？"）

景帝见他们争论不休，话说得有些走样，便道："吃肉不吃马肝，不算不知肉的美味；谈学问的人不谈汤、武是否受天命继位，也不算愚笨。"（"食肉毋食马肝，未为不知味也；言学者毋言汤、武受命，不为愚。"均《史记·儒林列传》）如此，这场争论才停了下来。

辕固与黄生争论的问题，其实孟子早就有过论述。《孟子·梁惠王下》云："齐宣王问曰：'汤放桀，武王伐纣，有诸？'孟子对曰：'于《传》有之。'曰：'臣弑其君，可乎？'曰：'贼仁者谓之贼，贼义者谓之残，残贼之人谓之一夫。闻诛一夫纣矣，未闻弑君也。'孟子认为，桀、纣失民心而失天下，汤、武得民心而得天下，汤放逐桀是为百姓复仇，武王伐纣是救民于水火。君主不行仁义、残害百姓，就是"一夫"（独夫民贼），人皆可杀之。

二、"家言"《老子》　箴言公孙

汉初与民休息，推尊"无为而治"，黄老思想盛行。文帝窦皇后热衷这一思想，并要求儿子刘启和窦氏子弟必读黄帝、老子之书，并尊崇其中道理。

景帝继位后，社会政治、经济形势发生变化，黄老思想已经不太适应时代要求，儒学地位日益提升，并与黄老学说产生冲突。景帝刘启表面不置可否，实际上倾向儒家思想，并暗中鼓励儒家势力。

窦太后顽固守旧，不甘失势，竭力维护黄老，打击儒学。有一次,她召来辕固,询问《老子》一书如何,辕固却说:"这不过是些平常的言论罢了。"("此是家人言耳。"《史记·儒林列传》)窦太后听了,怒道:"安得司空城旦书乎!"(同上)

司徒是掌管刑徒的官员,也就是司法官。"城旦"是秦汉时期的刑罚名,指筑城四年的劳役;"城旦书",泛称刑书。《汉书音义》云:"道家以儒、法为急,比之于律令。"窦太后这里,是把儒家《诗》《书》比作了管制犯人的刑书。她老人家气愤之余,又下令让辕固到兽圈里去"刺豕"——刺杀野猪。

野猪凶猛异常,也很难致命,窦太后要辕固"刺豕",其实是给他难看,甚至要他的命。景帝知道后,觉得太后生气过火,而辕固直言无罪,便暗中派人送去利剑,结果辕固正好刺中野猪心脏,一剑毙命。太后无话可说,不能再加罪责,只好作罢。

辕固之事,虽说有惊无险,却可见窦太后维护黄老的决心和势力。所以终景帝一朝,因窦太后的缘故,儒家博士均属待问之职,从未被真正重用过。

过了不久,景帝认为辕固廉洁正直,就拜他为清河王刘乘的太傅。刘乘是汉景帝十四个儿子中的第十三子,母亲王儿姁,姨母则是皇后王娡。

史书记载"久之,免官",即很久以后,辕固因病免官。这说明,辕固担任清河王太傅,时间不算短。

汉武帝即位后,又以品德贤良,征召辕固入朝。然而,那些喜好阿谀的俗儒,大多嫉妒诋毁辕固,说"固老"(辕固老了),武帝也就不再任官,遣归而已。而此时,辕固已经九十多岁了。

辕固被征召时,薛邑人公孙弘同被征召,却不敢正视辕固。辕固对他说:"公孙子,务正学以言,无曲学以阿世!"(《史记·儒林列传》)这话从学问角度而发,告诫公孙弘,要致力于合乎正道的学问而立言，不可用歪解经典的邪曲之说去迎合世俗；总之，是要求真正的学者不说违背道理和良心的话。显然，这话对后世乃至于今的学者，都是难得的良言。

博士韩婴

韩婴（生卒年不详），汉初学者。以治《诗》知名，是"韩诗"学派的创立者；亦治《易》，专传家人。汉文帝时拜博士，景帝时为常山王太傅。武帝时，曾与董仲舒殿前论辩，"仲舒不能难"。所著《韩诗外传》，先引古事及杂说，后征引《诗》句为证，故称"外传"，至今存世，为《诗经》研究重要著作。

一、两朝为官　董不能屈

韩婴是燕人，以研究《诗经》知名，《史记》所谓"言《诗》，于鲁则申培公，于齐则辕固生，于燕则韩太傅"（《儒林列传》），韩太傅即指韩婴。较之辕固，韩婴更早成为博士——汉文帝时期，他就被拜为博士了。

到了汉景帝时期，景帝第十四子刘舜，在其同胞的三个哥哥相继封王后，也在景帝中元五年（前145）封常山王，封国正在燕地（都襄国，今河北邢台襄都。封国后改常山郡）。当时，刘舜只有八岁，还在需要师傅辅导的年龄，因而次年，景帝就任命韩婴为常山王太傅——这也正是《史记》等古籍称他为"韩太傅"的缘故。

韩婴担任太傅后，周游燕、赵等诸侯国，在河间国与董仲舒相遇，曾展开辩论。董仲舒以"通《五经》，能持论，善属文"著称，名气很大。韩婴学识渊博，引经据典，两人唇枪舌剑，激辩三日，众人听得十分过瘾。

汉武帝继位之初，祖母窦太后仍然健在，儒家思想还是受到一定程度的抑制。窦太后去世后，汉武帝放开手脚，开始自己独立的治国之路。他多次召举贤良方正，策问古今治世之道。这一次，韩婴与董仲舒再度进行辩论，而且是当着皇帝的面。（"武帝时，婴尝与董仲舒论于上前。"《汉书·儒林传》）二人虽然均属儒家，但各有主张和见解，汉武帝有意支持董仲舒，但韩婴不为所屈，观点鲜明，论述精湛，故史称"其人精悍，处事分明，仲舒不能难也"（同上）。

二、《诗》家专门　《外传》传世

汉初有所谓齐、鲁、韩"三家《诗》"，其中"齐《诗》"，齐人辕固所传；"鲁《诗》"，鲁人申培公所传；"韩《诗》"，即燕人韩婴所传。鲁《诗》、齐《诗》均以地望名，而韩《诗》则以姓氏名。

关于韩婴的著述，《汉书·艺文志》《易》类有《韩氏》二篇；《诗》类有《韩故》三十六卷，《韩内传》四卷、《韩外传》六卷，《韩说》四十一卷。但南宋以后，仅存《韩诗外传》。其他书有清代以来的辑佚本，但均非全貌；故今所见韩婴著作，唯《韩诗外传》最为知名。

《韩诗外传》说《诗》，与齐、鲁大不相同，《汉书·儒林传》所谓"其语颇与齐、鲁间殊"。其书大多先叙述一个故事，或讲述一番道理，然后引用《诗》句作结，或引《诗》后略加阐发，由此表达一个中心意思，体现作者的观点。如卷一第二十四章提出"中心存善，而日新之，则独居而乐，德充而形"；卷五第七章说明为学当循序渐进，"闻其末而达其本者，圣（最高境界）也"；卷五第十九章论述治国"得贤则昌，失贤则亡"，"殷鉴不

远,在夏后之世"。此举一例明之:

> 卷五第十九章
> 昔者禹以夏王,桀以夏亡;汤以殷王,纣以殷亡。故无常安之国,无恒治之民,得贤则昌,失贤则亡。自古及今,未有不然者也。夫明镜者所以照形也,往古者所以知今也。夫知恶往古之所以危亡而不袭蹈其所以安存者,则无以异乎却行而求逮于前人也。鄙语曰:"不知为吏,视已成事。"或曰:"前车覆而后车不诫,是以后车覆也。"故夏之所以亡者而殷为之,殷之所以亡者而周为之。故殷可以鉴于夏,而周可以鉴于殷。《诗》曰:"殷鉴不远,在夏后之世。"
>
> (从前大禹因夏朝而称王,夏桀则因夏朝而灭亡;商汤因殷商而称王,殷纣则因殷商而灭亡。所以没有长久安定的国家,也没有总能治理的民众,得到贤人就昌盛,失去贤人就灭亡。从古至今,没有不是这样的。明镜是用来照出形貌的,过去是用来了解今天的。那些否定过去的危殆、灭亡之路,却又不走上安定、存续之路的人,跟那些向后倒退却希望赶上前面之人的人,没什么两样。俚语有云:"不懂得做官吏,就看看别人已经做成的事。"又有人说:"前边的车翻了,后边的车不警惕,所以后边的车也翻了。"夏朝灭亡是因为有殷商,殷商灭亡是因为有周朝。所以,考察殷商可以认识夏朝,而考察周朝可以认识殷商。《诗经》说:"殷商的教训并不远,应该知道夏桀是个怎样的下场。")

就联系程度而言,对于《诗经》,《韩诗外传》既不是注释,也不算阐发。因此,南宋陈振孙《直斋书录解题》说它"盖多记杂说,不专解《诗》";明人王世贞则谓"大抵引《诗》以证事,而非引事以明《诗》"。(《四库全书总目提要》:"王世贞称'《外传》引《诗》以证事,非引事以明《诗》',其说至确。")故其书名为"外传",一如《国语》之称"《春秋》外传"("内传"则指《左传》)。

史称"诸齐以《诗》显贵,皆固之弟子也",而"燕、赵间言《诗》者由韩生"——燕、赵谈论《诗经》的,都出自韩婴。赵子、淮南贲生,就是韩婴的高徒。赵子传蔡谊,三传形成"韩诗"的王学、食子学和长孙学,徒众甚多。

韩婴也治《易》,并曾以之传授;但是由于燕、赵之人更喜欢《诗》,所以其《易》学没有推广,只是在家族内部传授而已。("韩生亦以《易》授人,推《易》意而为之传。燕、赵间好《诗》,故其《易》微,唯韩氏自传之。"《汉书·儒林传》)韩婴的孙子韩商,后来成了《易》学博士。汉宣帝时,涿郡的韩生,是韩商的后代,因《易》学被朝廷征召。回答诏问时,他说自己接受的《易》学,就是祖上韩太傅所传;自己也曾学习祖上的《韩诗》,但觉得赶不上《易》学的精深。("所受《易》即先太傅所传也。尝受《韩诗》,不如韩氏《易》深。"同上)宣帝时期的司隶校尉盖宽饶,原本是跟孟喜学《易》的,后来见到韩生的《易》学,很为欣赏、爱好,便转而跟从他学习了。

博士胡毋生

胡毋生(生卒年不详),汉初博士。齐(今山东淄博)人。专治《公羊春秋》,与董仲舒齐名。

胡毋生,《汉书》作"胡母生"。"毋""母"通假,"胡母"同"胡毋",为复姓。"生"是"儒生"的省称。古籍多载其字

"子都"，谓之"胡毋子都"。

汉初的博士，文帝时有《书》《诗》博士，还有诸子传记博士，据载共有七十余人。其时，《论语》《孟子》尚属"传记"，故其博士不在"经"博士之列。景帝时，《诗》《书》之外，又增加了《春秋》博士。到武帝时，复增《易》《礼》博士，合为五经博士，而原有的传记博士则均予罢黜。

《史记·儒林列传》云："言《春秋》，于齐、鲁自胡毋生，于赵自董仲舒。"《汉书·儒林传》亦云："言《春秋》，于齐则胡毋生，于赵则董仲舒。"

历代解《春秋经》者三家，即左氏、公羊、穀梁，分别形成左氏学、公羊学、穀梁学。胡毋生与董仲舒，均治《公羊春秋》。

公羊学派，始于战国时齐人公羊高。公羊高则受学于孔子弟子子夏，传其学说于子孙。传四代至公羊寿，胡毋生师事之，并成为公羊学一代大师。

汉景帝时，胡毋生拜博士。但其时窦太后尚在，崇尚黄老，儒学受到压抑。于是，胡毋生告老还乡，在齐地教学，传授《公羊春秋》。因此，齐地谈论《春秋》的，大多是胡毋生的弟子。其中鼎鼎大名者为公孙弘，此外还有兰陵褚大、东平嬴公、广川段仲、温吕步舒等。

《公羊春秋》，此前均为口传，没有写本。到了胡毋生，他和老师公羊寿一起，用汉隶将口传"著于竹帛"，使《公羊传》有了成书，公羊学说亦于此定型。此外，胡毋生还归纳公羊义例，著成《公羊条例》一书，使公羊学说条理化。东汉末年何休作《公羊解诂》，就曾"依胡毋生《条例》，多得其正"（何体《公羊解诂·自序》）。

胡毋生长于董仲舒，在做博士时，曾与董同业。董仲舒著书称其德，曰："胡毋子都贱为布衣，贫为陋夫。然而乐义好礼，正行至死。故天下尊其身,而俗慕其声,甚可荣也。"(《文馆词林》李固引,见唐晏《两汉三国学案》卷八)这是说,胡毋生虽然身处贫贱、地位不高,但他喜好、崇尚礼义,一辈子行为端正,所以天下人都很尊崇他,世俗间仰慕他的名声,很值得以之为荣。

几个特殊人物

　　人物之"特殊",在于身份、行事之特别,作用、影响之特异。汉文帝时期,颇有些特殊人物,嬖臣、宦官之外,多是民间人物,又以操方技者为多,医卜星象无不有之。他们的存在,绝不只是为史籍增添了几许杂色和谐趣,有的甚至关系天意民心。男子之外,一老一少两女子,或以善相而驰名朝野,或以救父而使废肉刑,一则成为千古奇谭,一则成为千古佳话。

嬖臣邓通

邓通（生卒年不详），汉文帝嬖臣。蜀郡南安（今四川乐山）人。早年曾为黄头郎。后得汉文帝宠幸，赏赐无数，官至上大夫。文帝赐其铜山，准予铸钱，富甲天下。景帝即位后免官，旋因盗运铜钱出境犯法，钱财悉数罚没，寄居人家，困饿而死。

一、"邓犹登也" 尊幸日异

邓通的父亲邓贤，生逢汉初，朝廷与民休养生息，故而积累了些财富，家道还算殷实。邓通是家里的第四个孩子，上边还有三个姐姐。

少年时期，邓通也曾读书习文，做过一些杂役。由于生长在水乡泽国，经常戏水摸鱼，练就了出色的水性。邓家希望儿子出人头地，家里又颇有些财富，于是便自备车马衣饰，送邓通前往京师长安，做了黄头郎（头戴黄帽），掌管行船之事。（《史》《汉》均称，邓通"以濯船为黄头郎"。濯，通"櫂"。）

汉文帝曾做梦想上天，却无论如何也上不去。这时有个人黄头郎，从后面推了一把，就上去了。文帝回头注意到，这位黄头郎穿了一件横腰的单短衫，衣带背后打了个结。睡醒之后，文帝来到未央宫西边苍池中的渐台，暗中寻找推自己上天的黄头郎。

也真凑巧，偏偏这时邓通就出现了。文帝见他衣带在后面打结，正如梦中所见。一问之下，得知其姓邓名通，"'邓'犹'登'也，文帝甚说（悦）"（《汉书·佞幸传》）。高兴之余，汉文帝对邓通宠幸有加，简直是日甚一日（"尊幸之，日日异"），赏赐钱财数以巨万计（"赏赐通巨万以十数"）。邓通成了皇帝身边的近臣——上大夫（太中大夫），俸禄二千石的高官。

邓通老实巴交，不喜欢与人交往，即便赐他洗沐（休假），他也不肯外出，汉文帝时不时地到他家"游戏"。可邓通没有别的才能，不能推荐人才、提供建议，只不过自己谨小慎微讨好皇上而已。（"不能有所荐达，独自谨身以媚上而已。"《汉书·佞幸传》）

二、吮痈留恨　轻慢受诫

汉文帝对邓通青眼有加，邓通对文帝也可谓忠心耿耿，屈意侍奉。最突出的，莫过于"吮痈"之举了。

有段时间，汉文帝得了痈（毒疮），邓通经常为皇上吮吸脓疮。文帝闷闷不乐——可能是有感而发吧，问邓通："天下谁最爱我呢？"邓通回答说："应该莫过于太子了。"后来太子来探病，文帝便让太子吮吸患处。太子尽管也做了，但却面露为难之色。事后听说邓通经常给皇上吮痈，太子颇为惭愧，却也由此怨恨上了邓通。

尽管"愿谨"（老实谨慎），但邓通还是有些恃宠而骄，结果差点儿因此丢了小命。

有一次，丞相申屠嘉入朝奏事，发现邓通站在皇帝身边，无精打采，举止轻慢。申屠嘉看不顺眼，很是生气。等公事汇报完毕，他马上向文帝进言，希望皇上顾及朝廷仪制，对宠爱的侍臣不要过于宽纵。对邓通的举止，文帝也早就看在眼里，此时连忙打岔，说是自己下去私行教戒就是了。

见皇上袒护邓通，申屠嘉更加气愤了，退朝回府后，就下了一道手令，派人召邓通到相府议事。邓通知道没好事，哪肯前往。申屠嘉再次派人传话，说是邓通如果不来，就要下令将其处死。邓通闻听，吓得不得了，赶紧入宫求救，文帝却要他先去见丞相。

邓通到了相府，摘冠光脚，叩头谢罪。申屠嘉故意不予礼待，开口大骂："你一个小臣，竟敢敢在殿上举止轻佻，应按大不敬论处，例当斩首！"随即命人"推出去斩了"。邓通吓得以首顿地，血流满额，申屠嘉仍旧不依不饶。

汉文帝估量申屠嘉把邓通整治得差不多了，便派使者持符信去召邓通，并说邓通不过是自己亲狎的一个弄臣罢了，希望丞相免他死罪。申屠嘉这才将邓通放了。邓通见了汉文帝，哭丧着脸说："丞相差点儿把我给杀了！"此后，邓通精神多了。

三、即山铸钱　困饿而死

邓通得到皇上难以数计的赏赐，可有一次文帝让善相许负给他相面，许负偏偏说"当贫饿死"——贫穷不堪，困饿而死。堂堂的皇帝当然不相信这个：我的宠臣怎么会饿死呢！文帝说："能让邓通富有的在于我，怎么说他会贫困呢？"（"能富通者在我也。何谓贫乎？"《史记·佞幸列传》）接着，文帝把蜀地严道（今四川荥经）铜山赐给邓通，准许他私自采铜铸钱。

既有铜山，又可铸钱，汉文帝简直把国家公器给了邓通。邓通所铸铜钱，与别地所铸有些不同。一是即山而铸，没有原料之忧，所以用原始铜铸钱，铸出来的是纯铜的红铜钱，而别地所铸是人工配比的铜锡合金的青铜钱。二是所铸铜钱，上穿或下穿，有一块凸起，从而加重了铜钱的分量。——这不仅为着区别，也是为了炫耀。

邓通所铸铜钱，史称"邓氏钱"，俗称"邓通钱"。尽管同是"半两钱"，但邓通所铸显然要更受欢迎。因而，邓氏钱遍布天下——甚至不仅仅是汉朝境内。邓通的富有程度，由此不难想见。

一朝天子一朝臣，何况邓通吮痈，还曾令太子难堪。景帝刘启继位后，邓通免官家居，铜山也被追夺。过了不久，有人告发邓通，说他把所铸的钱盗运到了徼（边界）外。景帝命有关人员查验讯问,"颇有其事"——果有其事,而且还不少。

到了案子了结,邓通的家财全部没收,却还远远不够应予罚没的总数。就这样,尽管馆陶公主有所赐予,但一到手就被官吏没收而去,邓通身上连一根簪子也留不下,馆陶公主只得让人接济衣食。邓通寄居在别人家里,不名一文,最后病饿交加,死在了那里。

宦官赵同、北宫伯子

赵同、北宫伯子(生卒年均不详),汉文帝时期宦官,人品各异,受宠原因及程度也不同。

《史记·佞幸列传》云:"孝文时中宠臣,士人则邓通,宦者则赵同、北宫伯子。北宫伯子以爱人长者;而赵同以星气幸,常为文帝参乘;邓通无伎能。"

"无伎能"的邓通,一如前述。北宫伯子记载很少,所谓"以爱人长者",说他是靠爱护别人、恭谨厚道得宠的,可见其人也算得宦官里的佼佼者。

赵同,本名"赵谈",司马迁避父讳,在《史记》里改写为"赵同";班固《汉书》则用本名。据《史记》,赵同是靠观星望气之类的方术得宠的;《汉书》则谓"以数幸"——是靠术数之类得宠的。《史》《汉》所记略有不同,大概赵同是方士出身,或者学过相关的伎术。

北宫伯子得宠表现如何,史籍未见记载,赵同则主要是"常为文帝参乘"(《史记·佞幸列传》)。参乘,同"骖乘"。古时乘车,尊者在左,御者在中,一人在右陪坐,担任警卫。陪坐右边的这个人,称"参乘"或"车右"。《史记·项羽本纪》所述鸿门宴上，张良介绍樊哙时，便说："沛公之参乘樊哙者也。"

赵同的宠幸过于北宫伯子，品行却大是不及。这或者可从《汉书·季布栾布田叔传》的记载揆得："辩士曹丘生数招权顾金钱，事贵人赵谈等，与窦长君善。（季）布闻，寄书谏长君曰：'吾闻曹丘生非长者，勿与通。'"窦长君是窦皇后的兄长，一诺千金的季布，劝他不要和曹丘生交往，因为此人趋炎附势、招权纳贿，"事贵人赵谈等"；人以群分，曹丘生如此，赵同大概也好不到哪里去；"贵人"，则点明了其因宠而贵，不无贬义。

当时，袁盎任中郎将，讲求规矩礼数，让一些人很不舒服。赵同与袁盎有过节，仗着汉文帝宠幸，经常说袁盎的坏话，袁盎很感忧虑。袁盎的侄子袁种，时任侍从骑士，他劝袁盎，要敢于与之斗争，找机会公开羞辱，他的毁谤就不起作用了。（"君与斗，廷辱之，使其毁不用。"《史记·袁盎晁错列传》。《汉书·袁盎晁错传》作："君众辱之，后虽恶君，上不复信。"）

有一次，"孝文帝出，赵同参乘"（《汉书·袁盎晁错传》作"上朝东宫，赵谈骖乘"）。袁盎伏在车前，进谏道："我听说陪同天子共乘高大车舆的人，都是天下的英雄豪杰。如今大汉虽然缺乏人才，陛下也不至于要和挨过刀锯的人同坐一辆车吧？"（"臣闻天子所与共六尺舆者，皆天下豪英。今汉虽乏人，陛下独奈何与刀锯馀人载！"《史记·袁盎晁错列传》）

袁盎所言，堪比利刃。乃父高祖刘邦，参乘是樊将军樊哙，而自己的参乘却是"刀锯馀人"，这对比实在悬殊。文帝听了袁盎的话，只得笑着让赵同立即下去。赵同流着眼泪下了车，从此再也不敢中伤袁盎了。

至于赵同（以及北宫伯子等）后来的情形，就再也未见记载了。这或许是当时的宦官，大体上还没有祸害到国政的缘故，无需记载了。

神仙家公孙臣

公孙臣（生卒年不详），汉初神仙家。鲁地（今山东曲阜）人。汉文帝时，上书言五德终始之说，文帝召拜博士，命其起草相关制度。此后不知所终。

一、王朝兴替　五德终始

我国历史上很早就有"五德终始"之说。所谓"五德"，指木、火、土、金、水五种德性；而"终始"，则指"五德"由始至终、终而复始的循环运行。众所周知，金木水火土为"五行"，五者因物性而相生相克。战国时期，阴阳学派的代表人物邹衍，以五行相克的关系，来解释王朝兴替、历史变迁，创立"五德终始"之说。

邹衍认为，"五德从所不胜，虞土、夏木、殷金、周火"（《文选》李善注引）；"代火者必将水"，"数备将徙于土"（《吕氏春秋·有始览·应同》）。就是说，虞（舜）、夏、殷、周的历史兴替，是一个胜负转化的发展过程，土、木、金、火、水依次相胜而具有阶段性，始于土、终于水、徙于土循环往复又具有周期性。而且"凡帝王者之将兴也，天必先见祥乎下民"（同上），即新王朝的兴起，上天都会以一定的符瑞显示。

按着邹衍的学说，周是火德，秦是水德（尚黑），那么汉就应该是土德（土克水）。但汉王刘邦因曾为黑帝立祠，他得到天下，自然认为是天命所归，而黑帝属水，所以还是把汉朝定为水德。这打乱了"五德终始"的循环，因而陆续有人要求改正朔、易服色，而公孙臣就是其中一个。

二、黄龙乍现　公孙得意

汉文帝十四年（前166），公孙臣上书云："始秦得水德，今汉受之，推终始传，则汉当土德，土德之应黄龙见。宜改正朔、易服色，色上黄。"（《汉书·郊祀志》）这话说得很明白，即汉朝应是土德，色尚黄，其瑞应则为黄龙。

时任丞相张苍，也是一位喜好律历的专家。公孙弘认为汉朝当为土德，受命的符应是黄龙见。张苍则认为秦朝残暴，历时又短，不能算水德，汉朝才是水德，符应是河决金堤，从而否定了公孙弘的论断。（"汉乃水德之时，河决金堤其符也。年始冬十月，色外黑内赤，与德相应。如公孙臣言非是。"《汉书·郊祀志》）既然丞相否定，又不见瑞应，文帝也就搁过了事。

谁知第二年夏天，地方报称，陇西成纪有黄龙出现。文帝这回信了公孙臣，召他回朝，拜为博士，命他与儒生一起草议改正朔、易服色诸事，以顺应土德。（"十五年，黄龙见成纪，天子乃复召鲁公孙臣，以为博士，申明土德事。"《史记·孝文本纪》）张苍被"打脸"，便主动求退，称病不再上朝。

不过，在此之后，也就再不见有关公孙臣的记载。

方士新垣平

新垣平（？—前163），汉文帝时方士。赵（今河北一带）人。他以望气进见文帝，获得高官厚赐，尊贵一时；之后一而再、再而三，玩弄种种骗人的把戏；最终把戏被戳穿，落了个身死族灭的下场。

一、术士望气　进见天子

"望气"是古代占候术的一种,即观望云气的色彩、形状及变化,据此附会人事,预言吉凶休咎。

关于"望气",历史记载的,有宝物之气,多涉及宝鼎、宝剑、宝玉等,屡见不鲜。最为突出的,则是天子气,可谓史不绝书。

《史记·项羽本纪》载,刘邦赴鸿门宴,范增劝项羽杀掉他,就是因为有"天子气":"吾令人望其气,皆成龙虎,成五彩,此天子气也。急击勿失!"

《后汉书·光武帝纪》载,莽新末年,望气者见舂陵城郭"气佳,郁郁葱葱然",而那里正是光武帝刘秀的故乡,因此有人扬言"刘秀当为天子"。

《汉书·宣帝纪》则记载了汉武帝时的"天子气":"至后元二年,武帝疾,往来长杨、五柞宫。望气者言长安狱中有天子气,上遣使者分条中都官狱系者,轻重皆杀之。"把监狱里的轻重案犯都杀了,是否"天子气"就成了乌龙?不是。原来,因为巫蛊之事,武帝杀了太子、皇孙等,其他则关在狱中,包括当时尚在襁褓的刘询——汉武帝的曾孙,后来的汉宣帝。武帝因"天子气",杀尽了狱中人,刘询却在朝臣庇护下躲过一劫。

新垣平擅长望气,文帝十五年(前165),他进见文帝,说是长安东北有五彩神气,形似人的冠冕。东北方是神明居住的地方,而西方是神明的坟墓。现在天上的祥瑞降临(长安城东北方出现神气),应该立祠奉祀上帝,以合符应。("长安东北有神气,成五采,若人冠絻焉。或曰东北神明之舍,西方神明之墓也。天瑞下,宜立祠上帝,以合符应。"《史记·封禅书》)

文帝听信这话,就在渭阳修建了五帝庙。这里的"五帝",指的是五方五帝,即东方木德青帝、南方火德赤帝、中央土德黄帝、西方金德白帝、北方水德玄帝。这座五帝庙南临渭水（故云"渭阳"），五帝同奉一庙之中，每帝按照五德五方各居一殿，殿门如所祠该帝颜色。（"于是作渭阳五帝庙，同宇，帝一殿，面各五门，各如其帝色。"同上）

五帝庙建好之后，第二年夏季四月，文帝亲自郊祀渭阳五帝。《史记·封禅书》记述当时情形，谓"权火举而祠，若光辉然属天焉"。权火是古代祭祀时所举的燎火，火光烛天，可谓壮观、吉祥。祭祀之后，新垣平被封为上大夫，赏赐多达千金。

后来的一天，文帝出游，行至长门，仿佛看到路北有五个人，便以为是五帝降临，随即在那里建了一座"五帝坛"，以"五牢"（牛、羊、猪各五）致祭。

二、欺上贾祸　身死族灭

新垣平并未见好就收，而是继续鼓捣，玩着骗人把戏。

文帝十七年（前163），新垣平又对汉文帝说，有宝玉之气来到了天子阙下。随后，果然有人献上一尊玉杯，上面还刻着"人主延寿"四字。文帝见此，自然大喜。

过了些日子，新垣平又说，根据他的观测，太阳在一日之内会两次出现在中天（"臣候日再中"）。果然，"居顷之，日却复中"（见《史记·封禅书》，下同），太阳过了中天之后，又退回来过了一次中天。这一次，文帝的反应动作更大："于是始更以十七年为元年，令天下大酺。"以在位的第十七年为他自己的（后元）元年，并命令全天下会饮庆贺。

喜好祥瑞，大概是历代帝王的通病。新垣平摸透了这种脾性，继续玩火。这一次他盯上的是周鼎——王权的象征，说是当初周鼎失落在泗水里，如今河水泛滥，连通了泗水，自己望见东北方的汾阴有金宝气，应该是周鼎要出现了。不过，虽然有了征兆，要是不主动迎接，周鼎还是不会自己到来。（"周鼎亡在泗水中，今河溢通泗，臣望东北汾阴直有金宝气，意周鼎其出乎？兆见不迎则不至。"）

这一次，汉文帝还是信了，命人在汾阴（在今山西万荣县）修了一座祠庙。这座祠庙位于黄河南岸，临河而立。文帝盼望周鼎出现，结果只能落空。试想，泗水里的铜鼎，怎么可能"流"到黄河里来呢？倒是后来汉武帝时，真的在汾阴得到一尊宝鼎，并改元"元鼎"；不同之处，只说是"宝鼎"，而非周鼎。

其实，方士们的种种把戏，明眼人不难识破，而帝王门痴心太过，才屡屡上当。对于新垣平的所作所为，丞相张苍和廷尉张释之等，早就起了怀疑。很快，石头露出了水面："人有上书告新垣平所言气神事皆诈也。"比如那尊玉杯，就是他事先安排，让人献上的，杯上的字也是人为——刻字的工匠给找到了。

文帝下令革去新垣平的官职，交给廷尉等官吏审问。在铁证面前，新垣平交代了欺诈的前后经过。随即，有司将他斩杀，并诛灭三族。

不像秦皇汉武，汉文帝毕竟是个比较明智的君主，从此以后，他懒得再去理什么改正朔、易服色、祭祀神明的事情，渭阳五帝庙、长门五帝坛的祭祀，则交给朝廷的祠官打理，按时奉祀，自己则不再去了。（"自是之后，文帝怠于改正朔服色神明之事，而渭阳、长门五帝使祠官领，以时致礼，不往焉。"）

卜者司马季主

司马季主（生卒年不详），汉初卜者，楚国人。精通《易经》及黄老之术，见识广博。设卜于长安东市，朝臣宋忠、贾谊造访，闻其一席言谈，茫然若失，感受到卜者与士大夫的"天冠地屦"之别，明白了"道高益安，势高益危"的道理。

一、司马卖卜　宋贾光顾

司马季主是楚国人，褚少孙称他为"楚贤大夫"。他到长安游学，通晓《易经》，并懂得黄、老之术，见闻广博而远大。他曾在长安东市卖卜，贾谊、宋忠两位朝臣，曾经光顾他的卜馆。

当时，宋忠任中大夫，贾谊任博士。有一天恰逢休沐假日，他们相偕外出，边走边讨论先王、圣人的道术，以及人情事理等，不由得相对慨叹。

贾谊说："我听说，古代的圣人，如果不在朝廷做官，就一定在医师、卜者之中。如今，我们已经见过三公九卿，以及朝中的士大夫，对他们已经足够了解，试着去到卜者那里，看看他们的风采如何。"

两人一同乘车来到街上，在专营卜筮的街市转悠。天刚下过雨，路上行人很少，司马季主正闲坐在卜馆里，三四个弟子陪着他，正在讨论天地之道、日月运转，以及阴阳吉凶的本原。

宋、贾两位大夫到来，拜了两拜，礼貌地求见。司马季主看看他们的状貌，显出心里有数的样子。他上前以礼相见，叫弟子引导客人就座。坐定之后，司马季主接着讲述，说了"数千言"，都很有道理。

宋忠、贾谊听了，突然觉得心有所悟，便整整冠缨，正襟危坐，说："看先生的容颜，听先生的谈话，我们觉得，当今之世未曾见过。为什么要处在卑微的行业里，做这种污下的事情呢？"

司马季主听了，捧腹大笑，随即说："看两位大夫，好像是有道术的人，所说怎么会这样鄙陋，措辞怎么会如此粗野呢？你们认为的贤者该是怎样，高尚的人又是谁呢？怎么把地位卑微、行为污下加在长者头上了呢?"

宋、贾二人说:"尊贵的官爵,优厚的俸禄,世人以为高尚,也是贤才所居。如今先生所居不是那种地位,所以说是卑微。说话不能令人尽信,行为不切实际,取用不合情理,所以说是污下。卜筮之类的人,确为世俗所轻视。"为了说明卜者身份不高、行为可耻,他们还举出世人的"常言道":"卜者多言夸严以得人情,虚高人禄命以说(悦)人志,擅言祸灾以伤人心,矫言鬼神以尽人财,厚求拜谢以私于己。"(《史记·日者列传》)这话可谓道尽古今卜者、相者之流的伎俩。

司马季主听了,请两位"安坐",然后慢条斯理,长篇大论。太史公不惜篇幅,将这番话转录下来,大概认为司马季主所言多得道理,也有助于草根人物扬眉吐气,而让那些自许"高人"者弄个灰头土脸,何乐不为?

二、侃侃高论　折服士夫

司马季主首先比拟说明,"能知别贤与不肖者寡矣"——能区别贤与不肖的人,实在是少之又少。这等于否定了宋、贾二人所论。否定得三言两语,轻松之极;也说明二人所论,不值多驳。随后,司马季主曰:

"贤之行也,直道以正谏,三谏不听则退。其誉人也不望其报,恶人也不顾其怨,以便国家利众为务。故官非其任不处也,禄非其功不受也;见人不正,虽贵不敬也;见人有污,虽尊不下也;得不为喜,去不为恨;非其罪也,虽累辱而不愧也。"(《史记·日者列传》)这里,司马季主从行为的角度,界定了何为(真正的)"贤者",归结起来,不过是直道而行、以便国利众为务。

正论之后,接着驳论,指出二人所谓"贤者",说起来令人羞愧。这些人趋炎附势,以利相交;结党营私,排斥君子;谋求私利,损害别人;枉法用权,残害百姓。其中画出的"官相",可谓曲尽其貌:刚做官时,竭力耍弄伎俩,粉饰虚假功劳,拿着华而不实的文书欺蒙君王,以便爬上高位;任官职后,自夸其功,假的说成真的,没的变成有的,少的改为多的,以求位更尊、权更大。这些人吃喝玩乐、声色犬马,无所不有,不顾父母亲人死活,专做违法害民的勾当,肆意挥霍,虚耗公家。这些"贤者",其实就是不用兵刃的强盗、不用武器的暴徒,是一群虐待父母而未曾定罪、杀害国君而未被讨伐的家伙而已。

随后进一步指出,所谓"贤者",不是无能,就是怠政,所以"盗贼发不能禁,夷貊不服不能摄,奸邪起不能塞,官秏(耗)乱不能治,四时不和不能调,岁谷不孰不能適"。最后把矛头转到了宋、贾等人身上:"子独不见鸱枭之与凤皇翔乎?兰芷芎䓖弃于广野,蒿萧成林,使君子退而不显众,公等是也。"(同上)这等于说,"贤者"其实是些"蔽贤者"。

说过了"贤者",回头又说卜筮者。首先论其大者,"法天地,象四时,顺于仁义,分策定卦",伏羲画卦、文王演卦而天下治。大话未必令人信服,因此又从具体行为论述卜筮者既有礼、又有德、还有用:"且夫卜筮者,扫除设坐,正其冠带,然后乃言事,此有礼也。言而鬼神或以飨(享用祭品),忠臣以事其上,孝子以养其亲,慈父以畜其子,此有德者也。而以义置(花费)数十百钱,病者或以愈,且死或以生,患或以免,事或以成,嫁子娶妇或以养生。此之为德,岂直(值)数十百钱哉!"(同上)"卜筮者利大而谢(问卜者的馈谢)少",因此正合了老子的一句话:"上德不德,是以有德。"

引证过老子,又引证庄子,并列举说明卜者有过于君子:"庄子曰:'君子内无饥寒之患,外无劫夺之忧,居上而敬,居下不为害,君子之道也。'今夫卜筮者之为业也,积之无委聚,藏之不用府库，徙之不用辎车，负装之不重，止（停下）而用之无尽索之时。持不尽索之物，游于无穷之世，虽庄氏之行未能增于是也，子何故而云不可卜哉？"（同上）

然而，卜者之言并非全都应验，这毕竟是个不足。对此，司马季主玩起了太极："天不足西北，星辰西北移；地不足东南，以海为池；日中必移，月满必亏；先王之道，乍存乍亡。公责卜者言必信，不亦惑乎？"（同上）既然天地、日月尚有不足，先王之道也是时亡时存，为什么要对卜者求全责备呢？

最后，司马季主以比拟，站在"长者"的高地，埋汰士大夫一番："骐骥不能与罢（疲）驴为驷，而凤皇不与燕雀为群，而贤者亦不与不肖者同列。故君子处卑隐以辟（避）众，自匿以辟（避）伦，微（暗中）见德顺以除群害，以明天性，助上养下，多其功利，不求尊誉。公之等喁喁者也，何知长者之道乎！"他这等于说，自己所以业卜，正缘于"贤者不与不肖者同列"。

听到这里，宋忠、贾谊若有所失，一脸茫然，深情怅惘，口不能言。二人摄衣而起，再拜而辞，走起来晕晕乎乎，出门兀自上车，伏轼低头，始终像是透不过气来。

过了三天，宋忠在殿门外见到贾谊，便凑到一起，避开旁人，慨叹道："道高益安，势高益危。居赫赫之势，失身且有日矣。夫卜而有不审，不见夺糈（精米）；为人主计而不审，身无所处。"卜与士大夫比较的结果，是"相去远矣，犹天冠地屦也"。因此，士大夫根本不配对卜者说三道四。

宋忠和贾谊，后来的结果都不好：宋忠出使匈奴，没到就返回，被判了罪；贾谊做梁怀王太傅，梁王不慎坠马丧命，贾谊引咎抑郁而终。列传末尾云："此务华绝根者也。"说他们追求华贵，却断送了性命。

我们似乎可以这样理解：太史公所述，不过是拿了卜者与士大夫捉对，旨在说明，诚实劳动的平民百姓，强过品不洁、行不端却夸夸其谈、自高地位的士大夫。

善相许负

许负（生卒年不详），汉初女相士，河内温县人。她以善相闻名，曾相文帝之母薄氏、条侯周亚夫、文帝嬖臣邓通，均得奇验。据载，她还曾被高祖刘邦封为亭侯，著有《相书》等。

一、河内老妪　箭垛人物

许负是河内温县（今河南温县）人，生活于秦汉之际。关于她的性别，日本学者泷川资言在其《史记会注考证》中，认为是男性；但多数人认为是女性，司马贞《史记索隐》引应劭即云："负，河内温人，老妪也。"

研究者指出，许负并非姓许、名负，"负"是"媍"字的省简字，也是"妇"字的异体字。汉代妇女名为"负"者不少，诸如《高祖本纪》中的武负，刘向《列女传》卷三之"魏曲沃负"，等等。而源于上古巫文化的方士，在汉代也女性为主体，这种文化背景也给许负为女性增添了可信度。

司马贞《史记索隐》引姚察按语云："按《楚汉春秋》，高祖封负为鸣雌亭侯，是知妇人亦有封邑。"类似记载，还有敦煌类书《珉玉集》"善相"条载："豹后被煞（杀），高祖因纳薄姬，遂生文帝，果如许负之言。高祖后封许负之为雌亭侯。"《类林杂说》卷五《相征》亦有类似记载。不过，一般认为，《楚汉春秋》所记应当存疑，许负不可能封侯。比如《三国志》裴松之注称："汉高祖时封皆列侯，未有乡、亭之爵，疑此封为不然。"而史籍明确记载汉初女子封侯的，只有三个人：鲁侯奚涓母刘疵，萧何的夫人（名同，姓不详），吕后的妹妹吕媭。

此外，相传许负还有著述，即所谓《相经》。《汉书·艺文志》有"《相人》二十四卷"，未注撰者。明确提到许负《相经》的，是唐代刘知几的《史通·书志》："至若许负《相经》、杨雄《方言》，并当时所重，见传流俗。"但因《汉书》未著录，《史通》所记或当视为托名。不过，后世所记许负名下的著述，可谓极多：《隋书·经籍志》著录已佚樊、许、唐氏《武王相书》，许氏当指许负；《历代名画记》记录《黄帝薛樊许氏相图》，许氏亦指许负；《通志·艺文略》著录《许负金歌》、许负《相书》；《宋史·艺文志》著录许负《形神心鉴图》、许负《相诀》，等等。显然，这些均属托名之作；所以托名，也正缘于许负在相术史上的尊崇地位。许负一如鲁班，都是胡适先生所谓"箭垛式人物"，后人把许多著述、发明，一股脑都加在了他们身上。

二、三相多疑　无不奇验

许负之所以知名，在于她给几位知名人物看过相，且都奇验，并被正史记录了下来。这三个人，一是汉文帝刘恒母亲薄氏，二是条侯周亚夫，三是文帝嬖臣邓通。

> 薄太后，父吴人，姓薄氏，秦时与故魏王宗家女魏媪通，生薄姬，而薄父死山阴，因葬焉。及诸侯畔秦，魏豹立为魏王，而魏媪内其女于魏宫。媪之许负所相，相薄姬，云当生天子。……汉王入织室，见薄姬有色，诏内后宫，岁余不得幸。……汉王心惨然，怜薄姬，是日召而幸之。薄姬曰："昨暮夜妾梦苍龙据吾腹。"高帝曰："此贵征也，吾为女（汝）遂成之。"一幸生男，是为代王。（《史记·外戚世家》）

薄氏是个私生女，父亲是姓薄的吴地人，母亲是魏王宗室人家之女，史书称为"魏媪"。后来，魏媪把薄氏送进了魏王宫。魏媪曾请许负给薄氏看相，许负说她会生天子。

魏王豹被汉王刘邦打败，其王国变成了一个郡，薄氏也随母亲魏媪，一起被俘虏到荥阳，在织室里织布。有一次，刘邦闲逛，无意中进了织室，见到薄氏颇有姿色，就把她要进了后宫。进入汉宫后，薄氏一年多没见到汉王，后来偶然临幸，怀孕生下了刘恒。

应该说，魏媪请许负看相，一者说明当时此风颇盛，二者说明许负知名度颇高。魏王豹的一场乌龙，则说明许负看相很有灵验的名声。原来，魏豹得知许负所言，以为天子理当应在自己儿子身上，于是背叛了汉王刘邦。魏王的这种自作聪明、一厢情愿，分明是中了许负之言的"毒"。

> 条侯亚夫自未侯为河内守时，许负相之，曰："君后三岁而侯。侯八岁为将相，持国秉，贵重矣，于人臣无两。其后九岁而君饿死。"……居三岁，其兄绛侯胜之有罪，孝文帝择绛侯（周勃）子贤者，皆推亚夫，乃封亚夫为条侯，续绛侯后。……初，吏捕条侯，条侯欲自杀，夫人止之，以故不得死，遂入廷尉。因不食五日，呕血而死。（《史记·绛侯周勃世家》）

在条侯周亚夫身上，许负的预言更为神奇，涉及时间、爵位、职位、下场，最后都一一应验。如此，则许负可谓善相，甚至是"神相"了。

对许负所相，当时周亚夫本人并不认可，因为其中又诸多不可思议：大哥已经继承父亲的爵位，大哥去世则其子袭爵，轮不到自己；普通人一般也不会饿死，而既然官高爵显，又怎么会饿死呢？偏偏是周亚夫本人，因功而获得了侯爵；又因为受儿子犯法的牵连，皇帝也不甚待见，在监狱里受到凌辱，不食而死。

上（汉文帝）使善相者相通，曰："当贫饿死。"文帝曰："能富通者在我也。何谓贫乎？"于是赐邓通蜀严道铜山，得自铸钱，"邓氏钱"布天下。其富如此。……及文帝崩，景帝立，邓通免，家居。居无何，人有告邓通盗出徼外铸钱。下吏验问，颇有之，遂竟案，尽没入邓通家，尚负责（债）数巨万。长公主赐邓通，吏辄随没入之，一簪不得著身。于是长公主乃令假衣食。竟不得名一钱，寄死人家。（《史记·佞幸列传》）

这里只说是"善相者"，不言其名；只有王符《潜夫论》，指明为"许负"。大概是因了薄氏、周亚夫之相的缘故，后世多将这位"善相者"归于许负。这一次的结果，更为不可思议——有皇帝加持，可以开山铸钱（后世所谓的"自己开银行、印钞票"），怎么也会饿死？原来，老皇帝宠幸，新皇帝不给面儿，"县官不如现管"而已。

侠客剧孟

剧孟（生卒年不详），汉初游侠。以"任侠"闻名，倾动诸侯，七国之乱中，周亚夫谓其"若一敌国"；又好博，却多是少年游戏，袁盎谓其缓急间"天下仰望"。

剧孟是雒阳（今河南洛阳）人。当时，洛阳一带的人，大多靠经商为生，也以经商而闻名；剧孟不同，他是因仗义行侠而名声远扬，朝野知名。

吴楚七国发动叛乱后，汉景帝任命条侯周亚夫为太尉，统帅三十六位将军，率军东进，迎击叛军。按照计划，到荥阳（今属河南，在洛阳东）后，汉军诸部要合兵行动。

汉军到达洛阳，周亚夫见到剧孟，非常高兴，说："七国起兵造反，我乘坐传车到这里，没想到还挺顺利的。以为诸侯王已经得到剧孟，谁知剧孟还在这里。我只要据守荥阳，以东就没什么可担忧的了。"（"七国反，吾乘传至此，不自意全。又以为诸侯已得剧孟，剧孟今无动。吾据荥阳，以东无足忧者。"《史记·吴王濞列传》）

《史记·游侠列传》所记周亚夫见到剧孟所言，与《濞传》略有不同："吴、楚举大事而不求剧孟，吾知其无能为已。"周亚夫为何如此看重剧孟？《游侠列传》给出了原因："天下骚动，宰相（《汉书》作"大将军"）得之，若一敌国云。"天下动乱之时，得到剧孟，顶得上一个诸侯国。由此可见剧孟影响之广、能量之大。

剧孟的行为，与侠客朱家大致相同，爱打抱不平，扶弱济贫。剧孟喜欢博弈，他所做的，其实多半是少年人的游戏。剧孟的母亲故世时，远近前来送葬的车有一千多辆。（"剧孟行大类朱家，而好博，多少年之戏。然孟母死，自远方送丧盖千乘。"《史记·游侠列传》）

吴楚七国叛乱平定后，汉景帝改封楚元王刘交之子刘礼为楚王，袁盎担任楚相。袁盎曾上书进言，未被采纳，便托病辞官，闲居在家。其间，袁盎和乡里人一起打发时光，玩斗鸡赛狗的游戏。剧孟前来拜访，袁盎热情接待了他。

安陵地方有个富人，对袁盎说："我听说剧孟是个赌徒，您为什么要和这种人来往呢?"袁盎说:"剧孟虽是赌徒,可他母亲去世时,送葬客人的车子有一千多辆,这也是因为他有过人的地方。再说危难之时,人人皆有。一旦有急事前去敲门,能不用父母还活着推脱,不用有事不在家拒绝,天下所仰望的,只有季心、剧孟而已。("盎曰:'剧孟虽博徒,然母死,客送葬车千余乘,此亦有过人者。且缓急人所有。夫一旦有急叩门,不以亲为解,不以存亡为辞,天下所望者,独季心、剧孟耳。'"《史记·袁盎晁错列传》)如今您身后总有几个骑兵随从,一旦遇到急事,这些人难道可以依靠吗?"袁盎痛骂富人,从此不再与他来往。众人听了这件事,都认为袁盎做得对。

剧孟去世后,家里连十金的钱财也没有。这说明,剧孟仗义疏财、肯于助人,而他"好博"也与钱财无关。

名医淳于意

淳于意(约前215—前140),汉初名医。曾任齐太仓令,后专业从医。曾从公孙光、公乘阳庆学习,得到黄帝、扁鹊《脉书》,及诸秘传奇方。医术精湛,辨证审脉,治病多验。后因受诬获罪当刑,其女缇萦上书文帝,得以获免。《史记》载其二十五例医案,称为"诊籍",是我国现存最早的病史记录。

一、辞官业医　多从名师

淳于意是齐地临菑(今山东淄博)人,复姓淳于,名意。他原本也是读书人,走的也是"学而优则仕"的路子。他曾经做过齐国的太仓令(掌管粮仓),因而《史记》等称他为"仓公"或"太仓公"。但由于不愿意跟做官的来往,也不喜欢趋承逢迎上司，没过多久，他就辞去官职，专心医术。

淳于意从小就爱好医学，对医术药方之类很有兴趣。成名之后，汉文帝曾经向他询问有关学医及医术的问题，回答之中，他介绍了自己拜两位名医学医的经过。

起初，淳于意用学到的医术、方剂试着给人看病，大多没有效验。后来，他拜菑川人公孙光为师，向他学习医术。淳于意十分好学，又颇有见地，公孙光很是看重，便把自己的医术和收藏的药方，全部传授给了淳于意，还很高兴地预言他日后能成国医（"公必为国工。"《史记·扁鹊仓公列传》）

一段时间之后，公孙光觉得再没有什么可教，便给淳于意介绍了另一位同行。这人叫公乘阳庆，也是临菑当地的名医，医术高过公孙光。公乘阳庆善于诊病开方，他的药方非常奇特，闻所未闻。公孙光中年的时候，曾经想跟他学习，获得这些奇方，但因为中间人说他"非其人"——不是那个材地，也就没有去。后来，因为与公乘阳庆儿子的关系，公孙光得以推荐淳于意去向这位名医学习。

高后八年（前180），淳于意拜见公乘阳庆，成了他的弟子。当时，公乘阳庆已经七十多岁，家里又很富裕，没有经济负担，虽然医术高明，却很少给人看病，也不收徒弟。淳于意聪明好学，殷勤懂事，侍奉老师非常周到，于是，公乘阳庆倾囊相授，把黄帝和扁鹊的诊脉书以及药剂理论，全都教给了他。不过，公乘阳庆却叮嘱淳于意："小心不要让我的子孙知道你跟我学过药方。"（"慎毋令我子孙知若学我方也。"同上）这就是说，公乘阳庆只把自己的奇方传给了淳于意一个人。

公乘阳庆曾对淳于意说："把你学过的医书全部抛开，这些都是不正确的。我有古代先辈医家传授的黄帝、扁鹊的诊脉书，还有观察面色诊病的方法，能使你预判病人的生死，决断疑难病症，决定能否医治；还有药剂理论的书籍，也都非常精辟。我家中富足，只因心里喜欢你，才把自己收藏的秘方和书全教给你。"淳于意深感幸运，表示这些不是他原本敢于奢望的，因而异常感激。

第一年，淳于意学习了老师传授给他的《脉书》上经、下经，对面色诊病、听诊、揆度阴阳等进行了系统的研习，并在实践中反复琢磨，不断得出自己的见解。到了第二年，淳于意开始试着给人看病，虽然有了效果，但还不精到。到了第三年，淳于意开始独立为人治病，判断病人的愈后效果，达到了灵验、精确的程度。就这样，淳于意在公乘阳庆那里学医三年，终于学有所成。

此外，淳于意还曾向其他名医求教学习，所谓"出行游国中，问善为方数者事之久矣，见事数师，悉受其要事，尽其方书意，及解论之"（同上）。

二、缇萦救父　仓公授徒

淳于意医术精湛，往往能够妙手回春，人们都说他是神医。名气越来越大，关注也就越来越多。有些地方大员或朝廷官员，都想把他留在自己身边，专门为官府服务；甚至藩国的诸侯王，也凭借自己的势力，希望"垄断"淳于意的医术。

当时，赵王、胶西王、济南王、吴王，都曾想召淳于意去，做自己的侍医，但淳于意全都谢绝了。淳于意曾说，齐文王刘则患病的时候，他家里非常贫穷，想给人治病，但实在担心官吏委任自己做侍医，就没有去。做了侍医，受到束缚，势必不能外出行医。因此，淳于意把户籍迁到了附近邻居的名下，不再管理家事，四处行医求学。

淳于意四处行医，居无定所，有时候也不给某些人治病，得罪了一些权贵，对他心怀怨忿。（"左右行游诸侯，不以家为家，或不为人治病，病家多怨之者。"《史记·扁鹊仓公列传》）于是，这些人罗织罪名向皇帝告状，文帝十三年（前167），淳于意被判处肉刑。

肉刑是残损身体的刑罚，自古就有，很不人道。由于曾任官员，淳于意的刑罚，需要到都城长安执行。淳于意只有五个女儿，他觉得缓急之间，连个帮忙的人都没有。谁知他的小女儿淳于缇萦，跟随他到了长安，上书汉文帝，替父亲伸冤，并指出肉刑不利于人们改过自新。结果，文帝免除了淳于意的刑罚，还下诏废除了肉刑。

从此之后，淳于意不再担心权贵们的陷害，专心一意地给百姓治病。

后来，鉴于其高超的医术，淳于意家居的时候，汉文帝曾诏问有关问题："方伎所长，及所能治病者？有其书无有？皆安受学？受学几何岁？尝有所验，何县里人也？何病？医药已，其病之状皆何如？"要求"具悉而对"。淳于意的生平，尤其是跟公孙光、公乘阳庆两位名医学习的详细经过，就出于他对于诏问的应对。

汉文帝还曾诏问："诊病决死生，能全无失乎？"淳于意对曰："意治病人，必先切其脉，乃治之。败逆者不可治，其顺者乃治之。心不精脉，所期死生视可治，时时失之，臣意不能全也。"就是说，从脉理看，有的能治，有的不能治；能治则生，不能治则死。然而，脉理的诊断，却做不到全无失误。就连千古名医淳于意也会"时时失之""不能全"，那么，"医闹"就毫无道理了。

与两位老师不同，淳于意带过不止一位徒弟。当文帝就此诏问时，淳于意应对说，自己教授过好几个徒弟，如宋邑、唐安、高期、王禹、杜信、冯信等。这些人身份不一，如高期、王禹学是济北王的太医，杜信是高永侯的家丞，而宋邑、唐安很可能就是一般平民。他们有的学习一年多，有的学习两年。淳于意所教有所不同，各有侧重，各人的成就也不一。

淳于意活了七十多岁，去世后葬于今临淄夏庄村西南。

三、千古名医　史载"诊籍"

淳于意不仅教出了好几个徒弟，还留存下了不少医案。这些医案，正是应汉文帝诏问而作，太史公《史记·扁鹊仓公列传》详尽记载，称为"诊籍"。这是我国现存最早见于文献记载的医案，比西方诊籍的创立早了数百年。

在"诊籍"中，淳于意介绍了二十五个病例，记载了患者姓名、职业、籍里、疾病症状、脉象、诊断、治疗方式和预后推断等情况，反映了淳于意高超的医术。

临菑氾里有个叫簿吾的女子，病得很厉害，找了许多医生，都认为得的是寒热病，没法医治。病家又请来淳于意，只见病人肚子鼓得很大，肚皮黄粗，用手轻轻一按，病人就痛苦呻吟。淳于意诊脉后，确诊是"蛲瘕"病，即蛲虫在病人肚子里多得结成了块。于是取来一撮莞花，让她用水冲服，结果打出的虫子有好几升。病人顿时感觉轻松了许多，三十天后就完全康复了。

齐国有个姓淳于的司马病了，找淳于意去看。淳于意切脉后告诉他，这是"洞风痛"，症状是吃了马上就拉，病因是刚吃饱了就跑所致。"对！"病人回答说，"昨天我到君王家吃马肝，吃得很饱，正好家中有急事，我就赶紧骑快马跑回家，结果就拉开了肚子，到现在已经几十次了。"淳于意告诉他，只要喝点稻草烧的米汁，七八天就会好的。结果病人按淳于意的话去做，真的七八天就痊愈了。

齐国有位名叫循的郎中令得了病，很多医生认为他的病是逆气进入胸腹引起的，都用针刺法治疗。淳于意诊断之后说："你患的是涌疝，这种病会让人无法排泄大小便。"循说："我不能大小便已经整整三天了。"淳于意让他服用火剂汤，只喝下一剂，就能够大小便了；喝了两剂，大小便就十分畅通；喝下第三剂，病就全好了。淳于意认为，这种病是由于房事引起的，左手脉象急迫是热邪向下流，右手脉象急迫是热邪向上涌，都反映不出五脏的脉气，所以称为"涌疝"。

菑川王患病，头疼高烧，心情烦躁，召淳于意去医治。淳于意诊脉后，说他得了严重的"蹶"病，病因是洗完头发，没有擦干就睡觉，热邪逆行，侵入头部和肩部引起的。淳于意用冷水拍在其头部，针刺其足阳明经脉，左右各刺三针，病很快就好了。

济北王的乳母说自己脚心发热、胸中郁闷，请淳于意去诊治。淳于意说："这是热厥病。"随即在其足心各刺三穴，拔针时，按住针孔，不让血液流出，乳母的病很快就痊愈了。她的这种病，是源于饮酒大醉。

淳于意还说，除此（《史记》所在二十五例）之外，其他诊断以及治愈的病例实在太多了，由于时间太长而有所遗忘，没有完全记住。

汉文帝的诏问中，还问到一个问题："你所预估的病人生死期限，有的与实际不一致，这是什么原因呢？"淳于意回答说："出现这种情况，或是因为病人在饮食、喜怒等方面不加节制，或是因为用药不当，或是因为针灸不当，所以病人没有如期而死——提前死了。"淳于意的这种认识，说明了疾病、寿命与生活方式的关系。

对于淳于意的医学成就，医圣张仲景《伤寒杂病论·序》指出："上古有神农、黄帝、岐伯；中古有长桑、扁鹊；汉有公乘阳庆、仓公；下此以往，未之闻也。"

民女淳于缇萦

淳于缇萦（约前174—?），汉文帝时民间女子，淳于意之女。齐临菑（今山东淄博）人。淳于意行医得罪权豪，被诬下狱，当受肉刑。缇萦毅然随父赴京，上书朝廷，陈述父亲为官廉平，甘愿身充官婢，为父赎罪。文帝深受感动，宽免了淳于意，并下诏废除了肉刑。

一、父为名医　得罪判刑

淳于缇萦的父亲淳于意，本来是个读书人，但从小喜欢医术药方。他曾拜当时的名医公乘阳庆等为师，学习医术。公乘阳庆喜欢勤谨的淳于意，便让他丢掉原来的老方子，把自己的秘方都给了他，还传授了扁鹊等名医的诊脉之书。由此，淳于意尽得公乘阳庆的真传，医术精进。

后来，淳于意做了太仓令（掌管粮仓），因此被称为"仓公"或"太仓公"。但由于不愿意跟做官的来往，也不喜欢趋承逢迎上司，没过多久，他就辞去官职，专心医术，长期行医民间，颇有名望。

由于医术精湛，王公贵族竞相罗致。当时，赵王、胶西王、济南王、吴王，都曾召他去做府中的医生，但淳于意都谢绝了。由于周游各地，四海为家，多次拒绝到朱门高第出诊，因而引起不少人的怨恨。于是，富豪权贵罗织陷害，汉文帝十三年（前167），淳于意被判处肉刑。

肉刑是前代一直就有的刑罚，主要有黥（脸上刺字）、劓（割掉鼻子）、刖（砍去左趾或右趾）等。这些刑罚均为残损人的肢体，故称"肉刑"。按照汉朝当时的律令，凡是做过官的人，受肉刑必须到京城执行。因此，淳于意要被传车押送到长安去受刑。

淳于意有五个女儿，没有儿子。离家前往长安时，几个女儿跟在囚车之后，哭哭啼啼。淳于意无可奈何，忿忿地骂道："生子不生男，缓急无可使者！"（《史记·扁鹊仓公列传》。《汉书·刑法志》作："生子不生男，缓急非有益！"）他觉得，没有男孩子，到了紧要关头，女儿再多也没用。

缇萦听了父亲的话，又是伤心，又是气愤。她想："为什么偏偏女儿就没有用呢？"她要陪父亲一起西行，到长安去，家人再三劝阻，也没能拦住。

二、长安上书　肉刑终废

到了长安，缇萦托人写了书状，递交朝廷。那上书写道：

> 妾父为吏，齐中皆称其廉平，今坐法当刑。妾伤夫死者不可复生，刑者不可复属，虽后欲改过自新，其道亡繇（无由）也。妾愿没入为官婢，以赎父刑罪，使得自新。（《汉书·刑法志》）

缇萦说：我的父亲做官，齐国的百姓都称赞他廉洁公平。现在触犯了法律，应当受刑。我哀伤的是，人死不能复生，受刑致残不能复原，就是想改过自新，也没有机会了。我情愿给官府做奴婢，替父亲赎罪，使父亲能够改过自新。

汉文帝看了上书，对缇萦的孝亲之意十分同情，便免除了淳于意的刑罚。同时，文帝觉得肉刑"痛而不德"，应该废除。因此给御史大夫冯敬等朝臣下诏，让他们修订有关的法令。诏书曰：

盖闻有虞氏之时，画衣冠、异章服以为戮，而民弗犯，何治之至也！今法有肉刑三，而奸不止，其咎安在？非乃朕德之薄而教不明与？吾甚自愧。故夫训道不纯，而愚民陷焉。《诗》曰："恺弟君子，民之父母。"今人有过，教未施而刑已加焉，或欲改行为善，而道亡繇至，朕甚怜之。夫刑至断支体、刻肌肤，终身不息，何其刑之痛而不德也！岂为民父母之意哉？其除肉刑，有以易之；及令罪人各以轻重，不亡逃，有年而免。具为令。（《汉书·刑法志》）

文帝的诏书，首先回顾大舜时，犯了罪的人，只在衣帽上做特别图形或颜色的标志，作为处罚，民众就不犯法了。进而古今对比：如今实行三种肉刑，犯法之事却屡禁不止，原因就在于道德不厚、教化不明。犯了过错，没有施加教育就给予刑罚，想改过从善也没有机会。残害肢体、损伤肌肤，留下终生残疾，既令人痛苦、又不合道德。因此，应该废除肉刑，用别的来代替；不管判刑轻重，期满后就应该释放，从而予人改过自新的机会。

经丞相、御史大夫等朝臣商议，最终确定将黥刑改为做苦工，罚为城旦、舂；劓刑改为笞三百；断趾刑改为笞五百。汉文帝一律依议。从此，夏商周三代以来一直存在的肉刑得以废除，成为中国法律史上的里程碑。而缇萦上书救父的孝行，也成了孝道的典型。

或许，某种程度上可以说，正是小女子缇萦的至孝之心和上书救父之举，促进了肉刑的废除。刘向《列女传》云："缇萦讼父，亦孔有识，推诚上书，文雅甚备，小女之言，乃感圣意，终除肉刑，以免父事。"班固亦有诗赞曰：

三王德弥薄,惟后用肉刑。太仓令有罪,就递长安城。
自恨身无子,困急独茕茕。小女痛父言,死者不可生。
上书诣阙下,思古歌《鸡鸣》。忧心摧折裂,晨风扬激声。
圣汉孝文帝,恻然感至情。百男何愦愦,不如一缇萦。